Marie Talabot

Une Aveyronnaise dans le tourbillon du XIXe siècle

Du même auteur

Aux éditions De Borée

L'Enfant du buron

LOUIS MERCADIÉ

MARIE TALABOT

Une Aveyronnaise dans le tourbillon du XIXe siècle

De Borée
Terre de poche

« Collectionnez les pierres que l'on vous jette,
c'est le début d'un piédestal. »

Hector Berlioz

Préface

Le fabuleux destin de Marie Talabot

UN ÉTRANGE MAUSOLÉE de marbre blanc domine la vallée d'Olt de sa royale stature. Quelle héroïne, souveraine ou sainte, célèbre-t-on ici ? Le passant s'interroge, tant le contraste est fort entre la modestie d'une petite ville tranquille et le faste insolite du monument. Qui était donc cette Marie Talabot (1822-1889) qu'il entend commémorer ?

Une parvenue, une courtisane, disaient, disent encore, certains, sans indulgence pour cette petite fille pauvre, Marie-Anne Savy, née de rien, orpheline besogneuse, et devenue, par la force de l'amour et la grâce de la réussite sociale, une des femmes les plus riches et les plus connues de la France du Second Empire, la compagne, puis la légitime épouse de Paulin Talabot (1799-1885). Cet ingénieur visionnaire, grand entrepreneur saint-simonien, avait fait le pari de l'industrie et des voies de communication. Il croyait au progrès technique, à la vapeur, au machinisme, et à la puissance irrésistible des chemins de fer dont il fut le zélateur, créateur du PLM, le fameux réseau Paris-Lyon-Méditerranée. Il fut l'un des artisans de la Révolution industrielle, celle du charbon et de l'acier, des mines et des grandes usines, « cathédrales » du Second Empire, dont il fut un acteur de premier plan.

Du saint-simonisme, le premier, celui des années 1830-1848, il avait aussi les convictions sociales et morales. Il croyait à l'émancipation des prolétaires par le travail, maître du monde ; et à celle des femmes, par la liberté de l'amour. Il attachait peu d'importance aux convenances, au mariage, et davantage à la conjugalité. Il s'éprit de Marie-Anne, domestique, qu'il prit à son service. Elle était belle, distinguée, intelligente, active. Il l'associa à ses projets, ses lectures, ses relations, ses voyages. Marie devint sa compagne, plus tard son épouse et sa légataire, en dépit de l'opposition tenace d'une famille bourgeoise, conventionnelle, qui marqua jusqu'au bout son mépris en excluant Marie du faire-part de décès de Paulin. Tout ne fut pas rose et lisse dans ce parcours.

Pour lui, l'aîné de vingt ans, un peu Pygmalion, Marie se transforma complètement. Elle devint instruite et cultivée. Elle fréquenta les livres et les expositions, industrielles et artistiques. Elle apprit l'anglais, les manières du monde, les modes, l'art de la conversation. Excellente et séduisante maîtresse de maison, elle fit de leur demeure du Roucas Blanc, à Marseille, et de leur salon de la rue de Rivoli, à Paris, des lieux d'échange et de rencontre entre les artisans de la modernité, techniciens de haut vol, tel l'Anglais Stephenson, Gustave Eiffel, les hommes de science, tel l'astronome Le Verrier, et les artistes, comme Delacroix, Henner, Laurens ou Gavarni. C'est le mari de Lucile Le Verrier, qu'elle considérait comme la fille qu'elle n'avait pas eue, l'architecte Lucien Magne, qui conçut le projet du mausolée dont la matière – le marbre et non le fer – l'esthétique, traditionnelle, et la symbolique, monarchique et pieuse, expriment les contradictions insondables de ce destin hors du commun. Comme un besoin de revanche sur la pauvreté et l'humiliation.

Louis Mercadié, remarquable connaisseur de l'histoire de la vallée d'Olt et de Saint-Geniez, raconte avec érudition et talent cette saga personnelle et collective. Il a plongé dans les sources les plus diverses, sondé les archives, les correspondances, exploré la mémoire orale, parcouru les lieux dont il est familier, et tendu entre ces buttes témoins les fils d'un imaginaire indispensable pour suppléer les manques. Derrière l'individuel, il montre le social, sans jamais perdre le tracé d'un parcours singulier. Intrigué depuis l'enfance par le monument de la colline, par la réputation sulfureuse de Marie, il a voulu la retrouver dans les vicissitudes – et la rectitude – de son existence mouvementée, lui rendre justice sans hagiographie et donner corps à ces héros de la modernité que furent Marie et Paulin Talabot, en ces temps où tout semblait possible.

Son récit a le sérieux de l'histoire et les couleurs du roman. Une réussite.

Michelle Perrot

*Professeur émérite d'histoire contemporaine à l'université de Paris VII – Jussieu, Michelle Perrot a codirigé, avec Georges Duby, l'*Histoire des femmes en Occident, de l'Antiquité à nos jours *(Plon, 1990-1992). Elle a publié* Les Femmes ou les Silences de l'histoire *(Flammarion, 1998) et* Mon histoire des femmes *(Seuil, 2006).*

Avant-propos

SUR LA COLLINE DES MORTS, le monument dédié à la mémoire de Marie Talabot, née Marie-Anne Savy, domine la ville de sa masse blanche. Monument prétentieux dû à l'orgueil posthume de cette femme, a-t-on dit trop fréquemment. Il paraîtrait qu'elle ne put se défendre d'une vanité mêlée de rancœur contre ses compatriotes et voulut les dominer en dormant sous le faste de ce tombeau qui devint pour eux le tombeau d'une parvenue.

Mausolée remarquable certes, doté d'une colossale statue de marbre blanc représentant la défunte en prière, drapée d'un manteau royal, à genoux et les mains jointes. Mausolée majestueux, d'une richesse évidente, éclatante même, tombeau d'une reine ou d'une sainte, le passant s'interroge toujours…

Marie Talabot mourut le 26 novembre 1889 dans son château du Roucas Blanc à Marseille. Après des obsèques en grande pompe, tant dans cette ville qu'à Saint-Geniez-d'Olt, auxquelles assista une foule de personnalités, le lourd cercueil de plomb et de chêne qui abritait sa dépouille mortelle embaumée fut emporté jusqu'au cimetière. Établi sur les ruines du château féodal qui autrefois couronnait la colline du Pic du Roi[1], le « champ des morts » domine aujourd'hui largement la ville. Sur ces hautes terres balayées par les vents, pauvres comme riches s'entassaient là depuis plusieurs générations.

On ensevelit provisoirement le cercueil de Marie Talabot à même la terre, dans la concession[2] qu'elle avait elle-même acquise six ans plus tôt. Ce lieu, situé le plus au nord du cimetière de Saint-Geniez-d'Olt, dans la partie la plus éloignée de la ville et qui jouxtait alors les fosses communes des pauvres et des enfants, ne pouvait être plus discret. Tout près de sa concession, en cette terre réservée aux plus défavorisés, dormaient les parents de la défunte…

C'est alors que se mirent en mouvement les transactions nécessaires à l'érection de son mausolée et qui allaient pérenniser le souvenir de Marie-Anne Savy, devenue la grande Marie Talabot. Dès lors, les langues qui s'étaient calmées durant plusieurs décennies se délièrent à nouveau. Ces quelques jaloux incitèrent la populace à vouer Marie-Anne aux gémonies. Fière, orgueilleuse même, elle aurait répondu à leurs insultes : « Vous ne voulez pas me voir vivante ? Je vous dominerai après ma mort ! » Cette phrase est-elle vraie[3] ? Toujours est-il que son tombeau domine largement la ville comme un fier emblème, comme une belle revanche ! Aujourd'hui, d'aucuns trouvent dommageable ce mausolée érigé dans un style et une pierre qui tranchent trop fortement avec l'ensemble de l'architecture locale. Mais ce que l'on semble regretter le plus, c'est le rasement total des ruines[4] de l'ancien château qui couronnait la ville de ses ruines émouvantes. Certains ressentent une forme de sacrilège, commis par l'anéantissement définitif de ces vestiges antiques, et dicté par l'orgueil d'une femme.

L'importance de sa succession avait incité Marie Talabot à tout préparer avant sa mort. Elle avait écrit son testament[1] en son château du Limousin le 24 septembre 1886, donnant alors les détails qu'elle souhaitait pour l'édification de son futur tombeau :

« L'architecte Lucien Magne aura la mission de faire mettre au concours un monument tumulaire qu'on édifiera au cimetière de Saint-Geniez, Aveyron. Je le prie de faire surveiller les travaux par le sieur Henry Ginesty[2]… On trouvera sur l'armoire de mon cabinet de toilette, au Roucas, un projet fait par Blondel et Guilbert[3]. La mosaïque indiquée dans le fond d'un panneau et le portrait de la femme vivante sur le devant me plaisent, et je prie que ces deux conditions soient respectées, mosaïque dorée claire faisant le fond. Pour la statue, le buste de Guilbert et le portrait de Schommer[4] serviront d'indication. Tel quel sur le projet, la femme est trop mal posée, à l'artiste qui aura été choisi au concours de trouver, à Lucien Magne d'affairer.

Je désigne pour ce monument la somme de 160 000 francs en dégrevant les déplacements des artistes et de l'architecte Magne…

Dans quelque lieu que je me trouve surprise par la mort, je désire être embaumée, placée dans un cercueil en plomb et être transportée dans le cimetière de Saint-Geniez-d'Olt. Les frais en seront payés avec les fonds qu'on trouvera disponibles (et) qui n'altéreront pas les 160 000 francs destinés au monument. »

Les dispositions testamentaires de Marie Talabot avaient le mérite d'être claires et ne négligeaient en rien sa future sépulture. Son souci reflétait le désir d'affirmer sa réussite sociale, mais encore de lutter contre l'oubli. Peut-être avait-elle lu Chateaubriand : « Vous qui aimez la gloire, soignez votre tombeau, tâchez d'y faire bonne figure, car vous y resterez ! »

Mais les concepteurs de son mausolée dépasseront largement l'idée, assez simple quoique onéreuse, qu'elle avait formulée. Leur talent, doublé peut-être d'une ambition particulière, déclencha une sorte d'immortalité orgueilleuse qui perdure toujours.

La famille Savy ou Saby, d'où naquit Marie-Anne, était originaire d'Auvergne. Elle s'implanta en Aveyron, sur les berges du Lot, non loin de Saint-Geniez-d'Olt, dès 1650[1]. Famille nombreuse, elle essaima dans diverses petites bourgades aveyronnaises.

Sortie du ruisseau, Marie-Anne Savy s'est élevée jusqu'aux marches des plus grands. Elle était née peu avant Noël, et sa vie, après une enfance difficile, ressembla à un conte de fées. Mais les plus belles romances s'achèvent souvent sur une note de tristesse…

À la mort de sa mère, Marie-Anne n'avait que cinq ans. La misère s'appesantit alors lourdement sur la famille. Mais au contact de la vie, l'adolescente gagna un aplomb qui, bien souvent, déconcerta. Elle quitta la vallée du Lot pour le Midi et devint bonne à tout faire. Le destin lui fit rencontrer un homme brillant en la personne de Paulin Talabot, le constructeur des premiers réseaux ferroviaires de France. À son contact, Marie-Anne apprit les bonnes manières, s'instruisit, et gravit les échelons de la haute société du Second Empire puis de la IIIe République.

Alors que tout semblait opposer Paulin Talabot et Marie-Anne Savy, de la différence de classes sociales jusqu'à la différence d'âge, l'écart entre ces deux êtres fut finalement assez étroit : volontaires, ouverts au monde et à la vie, amoureux des arts, mécènes, ils vécurent dans un amour profond et réciproque, au moins durant plus de trois décennies.

Mais à Saint-Geniez-d'Olt, alors qu'elle affichait avec trop d'ostentation les signes de sa réussite – sans doute sa revanche sur une enfance difficile –, certains aristocrates aigris, voire ruinés, jetèrent l'anathème sur cette femme trop belle, trop fière et surtout trop libre !

Dans ce siècle victorien et bien souvent hypocrite, mais qui signa la naissance du féminisme, Marie Talabot fut une personne indépendante, éprise de liberté, et une aventurière au meilleur sens du terme. Au sein de l'impressionnant cortège de ces femmes pionnières et astucieuses qui ont bouleversé la vie et ont permis aux hommes d'être ce qu'ils sont, Marie occupa convenablement sa place et sut la faire respecter. Paulin l'aima pour sa beauté, mais ce fut pour son intelligence et sa vivacité qu'il la garda à ses côtés. Quelles furent les relations de ces deux êtres d'exception ? Certainement des relations exceptionnelles. Faites du côté masculin d'un émerveillement devant une femme éblouissante et volontaire. Faites du côté féminin d'admiration profonde pour le polytechnicien doté d'une intelligence et d'une envergure remarquables.

Femme hors du commun, elle fut pionnière dans la recherche de la liberté des femmes au côté d'un homme d'obédience saint-simonienne dont la doctrine promulguait leur émancipation. Elle ne voulut pas subir sa vie mais écrire son destin. Elle fut aimante et aimée, redoutablement charitable, peut-être même idéaliste, et n'oublia jamais son enfance difficile ni les pauvres vieux qui, comme son père, mouraient dans les hospices. Mais elle but aussi la vie, sut la vivre avec bonheur et volupté, mena une existence mondaine scintillante, même si on la traita de « femme de mauvaise vie » et de « grande horizontale[1] » dans ce siècle de crinolines virevoltantes qui devint, ironie du sort, le triomphe de la courtisane !

Durant ce XIXe siècle, l'inégalité des sexes resta un principe et un fait sur tous les plans. Au cours de l'éphémère IIe République, la contestation féminine qui s'éleva alors ne fut qu'anecdotique. Il fallut beaucoup de courage et d'opiniâtreté à ces femmes pionnières ou révolutionnaires, résistantes ou inspiratrices, à l'instar de George Sand, pour s'extirper de leur gangue de dépendance. Depuis trop longtemps elles y étaient asservies et, durant des siècles, elles furent honteusement bafouées. Tertullien ne qualifiait-il pas la femme de « porte de l'enfer » et Bossuet de « produit d'os surnuméraire » ?

Alors que plusieurs biographies ont été écrites sur l'ingénieur Paulin Talabot, l'histoire de Marie-Anne Savy ne laissa guère de traces écrites, si ce n'est quelques lettres découvertes fortuitement en quelques malles ou placards poussiéreux. Mais de très nombreux témoignages, glanés auprès de sa famille ou de celle de son époux, de personnes âgées de Saint-Geniez-d'Olt et de ses environs, mais encore de Nîmes, Marseille, Paris, Lyon, Limoges, Avignon, Nice..., où les Talabot laissèrent de nombreuses traces de leurs passages, nous ont apporté des informations qui, recoupées entre elles, ont permis de reconstituer une partie de la vie de cette femme, vouée à une condition des plus humbles, et qui devint une éclatante femme de monde.

Par ailleurs, une jeune fille du Second Empire, Lucile Le Verrier, fille de l'éminent astronome Urbain Le Verrier qui découvrit la planète Neptune, écrivait régulièrement ses cahiers intimes. Ceux-ci furent trouvés dans le grenier d'une maison de province par Lionel Mirisch, écrivain, qui publia ces documents[1]. Or, Lucile Le Verrier devint « presque » la fille adoptive de Marie et Paulin Talabot qui l'adoraient et l'invitaient fréquemment chez eux. Ses « cahiers de jeune fille » évoquent à plusieurs reprises l'intimité de la vie des Talabot.

Parmi les sources où nous avons puisé ces informations, l'une des plus importantes est issue de Mme Marie-Anne Anaïs Palangié, née Thédenat[2]. Femme honnête et droite, contemporaine de Marie Talabot, elle habitait le château de Sainte-Eulalie-d'Olt. Née pendant la guerre de 1848, elle mourut en sa vénérable demeure le 12 mars 1940. Quelques jeunes filles de l'époque, devenues grand-mères, arrière-grand-mères aujourd'hui ou religieuses, ont travaillé chez elle comme bonnes, femmes de chambres ou jardinières. Toutes celles que nous avons interrogées louèrent les qualités morales de leur patronne. Celle-ci leur parlait de cette « grande et fine dame[3] » qu'était devenue Marie Talabot. Mme Palangié déjeunait souvent au château de la Falque. Elle y rencontra Marie, s'en fit une amie à tel point qu'elle fut reçue chez elle à Marseille, dans son château du Roucas Blanc, comme à Paris où elle assista parfois à ses salons mondains. Toutefois, au fil de cette recherche, certaines périodes de la vie de Marie-Anne Savy sont restées dans l'ombre.

Enfin, par une démarche personnelle, une analyse graphologique des lettres écrites par Marie Talabot a été demandée, en 2004, à Mme Tei Tel Balim, de

Maisons-Laffitte. Elle rédigea à cet effet un rapport dont nous trouverons certains passages au fil de cette biographie. Son analyse, très pertinente, nous a permis de cerner plus précisément le caractère de cette Aveyronnaise qui fait aujourd'hui l'objet de notre recherche. Cependant, sa personnalité n'en demeure pas moins une question ouverte.

De nos jours, Marie séduit toujours. Peut-être parce qu'elle se pénétra de cet amour de liberté, qui paraît être le signe distinctif d'une population violemment opposée à toutes les oppressions. Peut-être aussi parce qu'elle sut lutter avec intelligence dans un monde phallocrate et dominateur. Il est certain que dans l'immense contribution apportée par les femmes à la construction de la société Marie donna généreusement sa part. D'ailleurs, parmi les grands qui illustrèrent la ville de Saint-Geniez-d'Olt, aucun ne laissa une empreinte si forte que celle de cette femme qui sut faire un pied de nez étonnant à sa pauvreté. Elle aura connu la misère, le travail et la gloire, les fastes d'une vie exceptionnelle et des hommes qui l'ont aimée, éduquée, éblouie parfois.

En écrivant cet ouvrage, nous n'avons eu qu'une seule démarche, celle de rectifier l'honneur de Marie Talabot.

Louis Mercadié

I

Naître et survivre

Une modeste demeure

LUNDI 15 DÉCEMBRE 1822. Un vent glacial balayait le hameau de Lous[1]. Des monts d'Aubrac tout proches, couverts d'une neige épaisse, le froid descendait jusque sur les bords du Lot. Là-haut, sur les hautes terres, l'écir soufflait. L'écir, ce vent chargé d'aiguilles blanches qui vous mord le visage et façonne, en quelques minutes, de redoutables congères, l'écir qui fait tourbillonner la neige en rafales en obscurcissant le ciel et plonge le voyageur dans une véritable angoisse. Un vent terrible à vrai dire !

Antoine Savy connaissait ce temps où l'on grelotte dans les chaumières, où les interstices des murs laissent volontiers passer un air froid que le feu de cheminée ne réchauffe pas. Il se hâtait, un fagot de frêne sec sous le bras. Près de l'escalier de sa maison, un tas de bois déjà bien entamé indiquait que l'hiver avait été précoce…

Antoine était très soucieux ; il avait déjà perdu deux enfants et trois épouses. Anne Chalier, qu'il avait épousée onze mois plus tôt, allait accoucher. Elle se battait pour mettre au monde son premier-né. Sa grossesse avait été difficile. Antoine veillait sur elle jour et nuit. Habitué à l'action, d'un caractère pragmatique, il avait tout préparé pour que la délivrance soit la plus douce possible pour sa femme de trente-six ans. Lui, déclinait déjà ses soixante-deux ans. Leur mariage avait été célébré le 30 janvier de cette même année. Depuis, ils vivaient dans le vieux quartier de la Poujade à Saint-Geniez-d'Olt[1]. Mais, pour plus d'espace, la naissance étant imminente, ils s'étaient installés dans « l'oustal des Saby[2] », modeste demeure du hameau de Lous qui appartenait à un vieil oncle d'Antoine.

À présent, le feu crépitait allégrement. De l'oule[3] noire, suspendue à la crémaillère, s'échappaient de suaves effluves. La soupe cuisait doucement, répandant une bonne odeur de poireaux, de choux et de lard fondu. Auprès de l'âtre, assise sur le cantou[4], une grosse matrone, venue du village voisin, surveillait le feu. C'était une bonne accoucheuse[5], disait-on dans le pays, on pouvait compter sur elle ! Elle avait pour nom Justine et détenait un savoir empirique de sa mère et de sa grand-mère. Abréger les tourments de la femme souffrante était pour elle une priorité ! Aussi, on l'appréciait hautement dans le pays, alors que d'autres n'avaient pas trop bonne réputation[6]. Incontestablement, l'accouchement était affaire de femmes. Ces matrones, bien souvent d'un certain âge, à l'attitude impérieuse, étaient fort utiles, voire indispensables dans les villages les plus reculés. Certains en possédaient plusieurs, sorte de « chœur antique de vieilles à moitié sorcières, mais qui savaient…[7] ». La Justine attendait que les efforts de la parturiente se fassent plus précis, mais Antoine trouvait cette attente trop longue, et la présence de la matrone ne le rassurait qu'à moitié. Aussi demanda-t-il à son voisin Joseph d'appeler le médecin. Il partit aussitôt vers la ville de Saint-Geniez-d'Olt, distante de deux lieues. Deux lieues de chemin encombré de neige et de glace…

Le docteur Simon Rogéry[1], maire de la ville, possédait une petite calèche et une jument robuste. Il se tirait toujours des mauvais pas. Et Dieu savait les difficultés d'accès à ces fermes disséminées en des lieux escarpés sur les pentes de l'Aubrac et reliées par de mauvais chemins. Il était encore dans la maison commune lorsque Joseph l'appela, et ne perdit pas de temps pour se rendre à Lous au chevet de la femme d'Antoine. Celui-ci décida d'aller dégager la cour et le chemin pour faciliter l'accès à la maison.

Tout en cassant la glace épaisse qui recouvrait le sol de pavés, le visage cinglé par le froid vif, Antoine Savy pensait à son petit Guillaume[2], son unique garçon qu'il avait perdu quelque trente-trois ans plus tôt, un mois après une naissance difficile alors que grondait la Révolution. Puis à Marie-Anne[3], née en 1791 et qui ne vécut que deux ans…

Antoine pensait à ces moments forts qui martelaient toujours sa mémoire depuis le décès de sa première épouse, Catherine. Elle mourut de chagrin après la perte de ses deux enfants. Il pensait aussi à Marie, sa deuxième femme, originaire de Mandailles, qu'il perdit en 1806 de la typhoïde. Françoise, sa troisième épouse, fileuse de talent, décédée deux ans après son mariage, qui avait été célébré en 1814. Antoine avait enfin épousé Anne Chalier en quatrième noce[4]. De constitution robuste, Anne était lozérienne, originaire de Rieutort-de-Randon. Mais un premier enfant à trente-six ans représentait quelque danger. Le docteur

Rogéry ne le lui avait pas caché. Après tous ces deuils successifs, après tant de douleurs et de misères, Antoine recherchait davantage de sécurité pour sa chère épouse et ne regrettait pas d'avoir fait appel au médecin, n'en déplaise à la matrone. Il est vrai qu'à cette époque, alors que l'hygiène était toute relative, les enfants naissaient dans le danger et la douleur. On n'opposait à la mort qu'une résistance légère et on l'acceptait avec résignation parce que c'était tout simplement la volonté de Dieu.

Au hameau de Lous, la cour et l'extrémité du chemin étaient à présent dégagées. Antoine Savy revenait au chevet de son épouse, sa chemise trempée de sueur malgré la morsure du froid. Justine s'activait auprès d'Anne qui venait de perdre les eaux. Son visage était pâle, son regard fiévreux. Les douleurs l'avaient prise dès le lever du jour. La naissance s'annonçait laborieuse et délicate. Antoine, peut-être plus que la future maman, vit arriver le docteur Rogéry avec soulagement. Enfin, non sans difficultés, une fillette naquit en ce 15 décembre 1822. Il était six heures du soir et la neige commençait à tomber. Comme le voulait la tradition, on alluma le « calel ». Il s'agissait d'une coutume ancestrale qui dictait d'allumer une lampe emplie d'huile bénite à la naissance d'un enfant, mais aussi lors du décès d'une personne. L'existence des Rouergats, qu'ils soient riches ou pauvres, se situait immanquablement entre ces deux lumières, symboles de vie lors de la naissance, et de son prolongement après la mort d'un être cher[1].

La nuit avait absorbé toute la vallée. De Lous, on ne devinait plus la rivière qui coulait au fond. Le vent continuait de souffler en bourrasques furibondes et s'insinuait sous la porte, entraînant les flocons de neige jusque sur le plancher. Dans la petite demeure, le feu crépitait joyeux. L'heureux père appela son bébé Marie-Anne[1], comme la fillette qu'il eut de Catherine sa première épouse. Il l'avait tellement aimée, cette petite Marie-Anne ! Il allait pouvoir reporter cet amour non assouvi, cet amour tronqué tragiquement au bout de quelques mois, cet amour anéanti par la maladie et la misère sur ce beau rayon de soleil et d'espérance qui venait d'entrer dans sa modeste chaumière. Antoine était aux anges !

À cette époque où la mortalité infantile était très élevée, le baptême devait suivre de près la naissance, ce qui impliquait naturellement l'absence de la mère à la cérémonie. Ainsi, dès le lendemain Marie Rosière, veuve de Jean dit Boudourquié[2], emmitoufla le mieux qu'elle put le nouveau-né et partit vers Saint-Geniez-d'Olt, accompagnée d'Antoine. Ils furent reçus à la sacristie de l'église paroissiale par l'un des vicaires de l'abbé Delbosc, l'abbé Pestre[3] qui donna le baptême à l'enfant. Marie Rosière devint sa marraine.

Anne se releva assez rapidement de ses couches, mais ne put cependant participer aux fêtes liturgiques de Noël. En effet, les relevailles, cérémonie qui permettait aux jeunes mères d'être purifiées[4] afin de pouvoir réintégrer la communauté paroissiale, n'eurent lieu qu'en tout début d'année. Il est vrai que certaines mères n'appréciaient guère ce rituel et passaient outre, car elles y ressentaient une certaine humiliation. Cependant, la mère de Marie-Anne, très imbue de spiritualité, suivit strictement les règles de la religion et s'y soumit. Quinze jours après ses couches, elle se présenta à l'entrée de l'église de Saint-Geniez, en haut de l'escalier à double révolution[5]. Le vicaire Céré l'accueillit et prononça le rituel de purification. Suivant la coutume, elle offrit alors un cadeau au prêtre, quelques châtaignes et des œufs, et put désormais regagner le sein de la communauté paroissiale[1].

Antoine était si heureux que, à la naissance de sa fille, il respecta une vieille tradition, celle de planter une rangée de peupliers. Cet arbre était en effet « l'arbre à dot ». Lorsqu'une fille naissait, il était courant de planter vingt à trente peupliers, car, lorsqu'elle serait en âge de se marier, ces arbres seraient assez forts pour être coupés puis vendus afin de servir de dot. Sur les bords de la rivière, en aval du village de Sainte-Eulalie-d'Olt, Antoine possédait une lande de terre que lui avait donnée un vieil oncle. Ce fut là qu'il planta les peupliers en ce mois de février 1823[2].

On se serra un peu plus dans l'étroite maisonnette dont le rez-de-chaussée était la pièce unique à vivre. Outre une table à gros tiroirs, deux bancs et un vaisselier rustique faits de bois de châtaignier, une alcôve bien protégée où se cachait le lit, l'essentiel de l'espace était encombré du métier à tisser, d'un rouet, de divers écheveaux et bobines de laines plus ou moins grossières. Au sous-sol, une cave, une soue où l'on élevait le cochon et un petit édicule contenant du matériel agricole. La maison jouxtait l'ancienne tour des seigneurs de Lous, les Curières[3].

Marie-Anne fit ses premiers pas au hameau de Lous, dans cette petite demeure au toit de lauzes grises, aux murs de pierres rondes et de terre rouge. Tout près de l'alcôve, au moyen de quelques planches, son père avait aménagé un lit étroit équipé d'une paillasse et d'un matelas de laine. C'est là que dormait la petite. La vie s'écoulait pauvre, mais simple et heureuse. Il y avait donc de la place pour le bonheur ! Antoine vaquait à son métier de tisserand qui lui rapportait quelques maigres subsides. Il travaillait encore son jardin et un petit carré attenant. De temps en temps, de larges journées chez un fermier du coin complétaient quelque peu l'ordinaire, mais la terre du pays, qui se présentait parfois hostile parfois généreuse, ne rapportait jamais autant que la peine que l'on pouvait y consacrer. On pouvait labourer puis semer sans jamais être sûr de récolter !

La petite fille jouait avec les enfants des voisins dans la cour située au devant de sa maison. Elle avait un chiot, joli bâtard, que lui avait donné un dinandier italien qui se déplaçait de village en hameau. On l'appelait « Carlo lo Cantaïre » (Carlo le chanteur), car il chantait tout le temps, et fort bien d'ailleurs. Il passait de temps à autre et drainait naturellement près de lui les enfants qui l'adoraient. C'était tout un spectacle lorsqu'il déballait ses casseroles, pichets, marmites et autres ustensiles de cuivre et de laiton. Il en vendait, en réparait, en fabriquait, et restait quelques jours suivant le travail qu'on lui confiait. Les maîtresses de maison voyaient en lui un « sauveur » pour leurs modestes batteries de cuisine, et les enfants, une attraction excitante. Marie-Anne et son petit chien, qu'elle avait appelé « Carlo » en souvenir du dinandier, étaient inséparables. Il la suivait partout, au four pour aller chercher le pain, dans les châtaigneraies toutes proches ou sur les bords de la rivière qui coulait tout en bas. Ce fut l'une des meilleures périodes de son enfance dont elle se souviendra plus tard. Et ses parents la flattaient comme une jeune reine, car elle était une enfant bénie !

La mort entre dans la maison

Dès sa plus tendre jeunesse, Marie-Anne participait auprès de ses parents aux tâches les plus naturelles, cherchant l'eau à la source, rentrant le bois pour le feu de cheminée, se rendant utile à la « tuaison » du cochon[1] pour préparer saucisses et jambons, pâtés et autres salaisons qui fournissaient la viande de l'année. Il fallait encore glaner, ramasser châtaignes et glands, couper la paille de seigle, aider à la récolte du chanvre ou à la fabrication du pain que son père cuisait chaque semaine au four commun du hameau. Toute petite, elle dut seconder au mieux son vieux papa et parfois remplacer sa maman souffrante, trop souvent souffrante... En effet, depuis quelques mois, elle ne quittait guère le lit. Une fièvre tenace l'affaiblissait. Antoine la soignait du mieux qu'il pouvait et se tournait naturellement vers la pharmacopée insolite de l'époque, composée de remèdes simples dont certains se révélaient parfois efficaces. Ainsi, à plusieurs reprises, il enferma son épouse, nue, dans un grand sac de toile de jute et dans lequel il tassa, tout autour de son corps, des feuilles de frêne. Cette thérapeutique très ancienne permettait d'entraîner une forte sudation et dilatait les pores de la peau, lesquels absorbaient la substance contenue dans les feuilles[2]. Mais ce procédé, relativement efficace lorsqu'une personne prenait froid et devenait fiévreuse, n'eut aucun effet sur la malade. On lui fit boire du « lait d'amande », composé d'amandes pilées additionnées de miel liquide et d'eau, remède que l'on administrait en cas de fièvre hectique, fièvre prolongée et caractérisée par un amaigrissement progressif et de grandes variations de température. On essaya d'autres médications plus complexes dans lesquelles on utilisait des ingrédients locaux, mais qui se révélèrent, elles aussi, sans effet. La maladie reprit de plus belle…

Bien souvent, les plus pauvres n'avaient recours qu'à ce type de thérapeutique. Aussi Anne absorbait-elle ce fameux bouillon de serpent que lui préparait régulièrement son mari. Un remède énergique, disait-on alors, pour ranimer les forces vitales et musculaires, composé d'une vipère desséchée et cuite en décoction. Dans chaque ferme, il suffisait de relever la tête vers les poutres noircies du plafond pour apercevoir nombre de ces reptiles écorchés, suspendus en couronne à une pointe ou cheville de bois. Ce remède était très en vogue dans la région[1]. De même, on lui fit boire de la « vipérine » que l'on considérait comme souveraine contre les bronchites et les maux d'estomac, et que l'on fabriquait en laissant macérer une vipère vivante dans de l'eau de vie. Le mélange de venin et d'alcool devenait une « bonne thérapeutique » ! À ce sujet, les lettres de la marquise de Sévigné furent très explicites : « C'est aux vipères que je dois la pleine santé dont je jouis… Elles tempèrent le sang, elles le purifient, elles le rafraîchissent[2]… »

Enfin, l'on appela le docteur Rogéry[3]. Il ne vit pas d'un bon œil le mal qui rongeait l'épouse d'Antoine qui, jour après jour, brûlait un peu de sa vie. Il vint régulièrement la visiter, essayant d'atténuer sa souffrance et de lui donner courage. Un soir, il comprit qu'il n'y avait plus d'espoir, et que son agonie serait lente et douloureuse, sa jeunesse luttant pied à pied contre la mort… Malheureusement, le médecin avait vu juste. Chaque jour qui passait réduisait la vie de la jeune femme, étendue, tremblante, fiévreuse, vidée sur son lit de souffrance.

Marie-Anne, petite fille ouverte, espiègle et dynamique, suppléait sa mère suivant ses capacités. Elle comprenait fort bien le chagrin profond qui minait son père. Mais le mal sournois, insidieux qui s'en prenait à sa mère, ce mal que l'on ne voyait point et dont la multitude de potions médicamenteuses ne parvenait à venir à bout, la désorientait totalement. La maladie invisible, pernicieuse qui lui prenait lentement sa mère, Marie-Anne la redoutera toute sa vie ! Toute sa vie elle traînera avec elle cette douleur ressentie alors, celle de voir s'éteindre à petit feu sa maman adorée. Malgré la présence de parents, d'amis ou de voisins qui cherchaient à la rassurer, elle comprit très vite qu'un drame allait se jouer. Son père paraissait s'effondrer au fur et à mesure que sa mère s'affaiblissait. La petite assista avec effroi à cette longue agonie qu'elle vécut jusqu'en ses moindres détails, jusqu'au dernier souffle. Avec la mort de sa mère, Marie-Anne entra de plain-pied dans le monde de la misère.

Anne Savy mourut le 21 octobre 1827. Elle avait quarante-deux ans et laissait sa fille unique de cinq ans à la charge de son mari, veuf pour la quatrième fois et âgé de soixante-sept ans !

C'est alors que le deuil s'appesantit sur « l'oustal des Saby » dont on ferma porte et fenêtres. On arrêta le balancier de la comtoise qui rythmait les heures du jour et de la nuit. On alluma le calel, celui-là même qui servit à la naissance de Marie-Anne. On revêtit la petite fille d'une robe noire qui l'enserra jusqu'au cou. Sa mante de deuil lui couvrait la tête et retombait sur ses épaules. On ne voyait que son petit visage blanc encadré de ce capuchon à plis droits… Dans le petit jardin potager, où seuls quelques choux gelés émergeaient de la neige, on accrocha une bande de tissu noir sur les deux « bourgnous [1] ». Il s'agissait d'une tradition rouergate qui consistait à étendre le deuil à toute la maisonnée. Les abeilles détenaient une place importante puisqu'elles fournissaient le miel pour l'alimentation et la cire pour la confection des cierges. Il était donc naturel de les associer au deuil de la maison. Les gens de la terre les respectaient et supposaient d'ailleurs que les injures et les blasphèmes les irritaient... Enfin, deux amis d'Antoine, Jean-Jacques Simoneau-Rozié et Philippe Bousquet[1], allèrent déclarer le décès et commander le cercueil à l'un des menuisiers de la ville.

Alors que l'on emportait le corps de la défunte, une vieille voisine sortit le calel et le déposa à l'extérieur de la maison, dans la cour, à l'abri du petit escalier. Personne ne devait souffler cette flamme qui devait s'éteindre d'elle-même. Ainsi le voulait la tradition.

Une fois encore, Antoine se traînait derrière le corbillard des pauvres qui emportait sa quatrième épouse. Il n'avait plus d'âge. Ses yeux profonds, entourés de rides épaisses, n'avaient plus de larmes pour pleurer. Ses amis et voisins restaient, près de lui, attentionnés, utiles, mais il ne les voyait pas ! Il fixait le cercueil, fait de bois blanc[2] qui n'était même pas couvert d'un drap mortuaire. Il aurait fallu payer pour des obsèques plus cérémonieuses, mais l'argent manquait. De même à l'église, son épouse n'eut droit qu'à deux cierges, au catafalque à un seul niveau, à la croix de bois et à une simple tenture de toile noire, suspendue dans le chœur. C'était tout pour les enterrements de troisième classe ! En revanche, ceux qui pouvaient se payer des obsèques « en première »[3] obtenaient six cierges dûment placés près du cercueil, le catafalque à trois niveaux, la croix de bronze, les tentures de velours noir aux décors brodés d'argent et installées sur toutes les faces de la nef et du chœur. Enfin, un long sermon dans lequel on soulignait les vertus du défunt et la sonnerie appropriée des cloches pouvaient dire beaucoup sur l'aisance de la famille endeuillée.

Les obsèques furent célébrées le 24 octobre, au lendemain de l'inauguration en grande pompe de la chapelle Notre-Dame-des-Buis[1]. Un jeune vicaire, l'abbé Bastide, que nous évoquerons plus loin, entoura de son amitié et de sa présence Antoine et sa petite fille désormais en partie orpheline. Dès le lendemain des obsèques, on se remit au travail. La terre ne pouvait attendre ! Courbé par le malheur, mais réaliste, le père comprenait que, désormais, il y aurait deux bras de moins pour l'aider. Cette vie rude et précaire dictait des règles immuables de survie où chacun avait sa place. Le rôle de l'homme était à l'extérieur de la maisonnée, celui de la femme concernait toujours deux points : donner la vie et gérer sa maison ! Tout était là, tout simplement et Antoine le savait bien !

Plongée dans une peine inconsolable, la petite Marie-Anne se retrouvait seule avec son père déjà vieux. Elle n'eut plus droit à l'insouciance de l'enfance. Son caractère s'endurcit pour survivre, et mûrit très tôt dans ce contexte difficile qui lui imposa de réagir. Bien sûr, les voisins offrirent leur aide, leur appui, sa marraine Marie Rosière aussi. Elle devint cependant très vite une enfant aguerrie, déjà armée pour la suite de sa vie.

Alors qu'elle venait d'atteindre ses sept ans, son père fit une mauvaise chute et se cassa une jambe en descendant les rives du Lot. On dut fermer la maison. À près de soixante-dix ans, Antoine se retrouva à l'hospice de Saint-Geniez-d'Olt. Marie-Anne fut hébergée quelque temps chez sa vieille marraine qui habitait rue de la Poujade, puis on la confia à l'orphelinat de l'hospice tenu par les religieuses de Notre-Dame-de-France.

Plus tard, devenue adulte, Marie-Anne évoquera ces moments terribles qu'elle affronta cependant avec courage et opiniâtreté : « Ce trou noir de la misère et de la solitude m'effrayait. À tout prix je ne voulus pas y disparaître[1]. »

II

L'éducation à Saint-Geniez-d'Olt

Une ville de grands hommes

L'ENSEIGNEMENT DONNÉ dans la bonne ville de Saint-Geniez-d'Olt existait depuis le XVIe siècle. Il devint rapidement de haut niveau et sa renommée s'étendit dans les départements limitrophes. Le séminaire Saint-Charles-de-Borromée, l'un des premiers établissements d'éducation du Rouergue, accueillit jusqu'à trois cents élèves dont certains illustrèrent brillamment Saint-Geniez dans de nombreux domaines. L'abbé Guillaume Thomas Raynal[1] fut peut-être le plus fameux d'entre tous. Citons encore l'abbé Bonnaterre[2], naturaliste, membre de plusieurs académies savantes, le juge de Benoît[3], député à l'Assemblée de Haute-Guyenne, le capucin Chabot[4] farouche conventionnel guillotiné au côté de Danton, les frères Higonet[5], généraux de l'Empire, dont l'un fut tué à Iéna, le moraliste Girou de Buzareingues[6], l'abbé Pestre, encyclopédiste, ami de l'économiste Turgot et collaborateur de d'Alembert et de Diderot.

Plusieurs associations religieuses possédaient l'apanage de l'enseignement féminin, que ce soit dans les petites écoles de campagne ou dans les pensionnats réputés. Elles donnaient une instruction religieuse et primaire aux jeunes filles. D'ailleurs, il n'était pas concevable d'élever les petites filles ailleurs que dans le giron de l'Église. Dans la seconde moitié du XVIIe siècle, on éduquait les demoiselles de la « bonne société » au monastère de la Bénissons-Dieu, situé aux portes de Saint-Geniez[1]. Dans le même temps, la congrégation dite de « l'Union chrétienne », établie en 1672, créait un pensionnat destiné à recevoir les filles des environs. Plus tard, Mme Couret du Terrail[2], supérieure générale des religieuses de Notre-Dame-de-France, fonda, avec l'aide de Simon Rogéry et de Mme Vallat, une maison d'éducation pour « jeunes demoiselles » ainsi qu'une école gratuite pour les « filles pauvres » de la commune. On ouvrit celle-ci le 1er novembre 1817. Alors qu'une grande disette touchait fortement le pays, entraînant une augmentation singulière du paupérisme, cette école vint à propos. De plus, une véritable explosion démographique surgit à partir de 1820 et dura un demi-siècle. De 335 000 habitants, l'Aveyron passa, en 1885, à 416 000 habitants[3] !

Alors que la situation économique de cette époque se démantelait inexorablement, la misère n'en finissait pas de se répandre. De nombreuses mères et leurs bébés mouraient au cours des couches. À la porte de l'hospice ou des hôtels particuliers, sur le parvis de l'église, il n'était pas rare de découvrir des nouveau-nés, d'un ou deux jours, couchés dans un berceau rustique ou une vieille corbeille. Les orphelins traînaient dans les rues, mendiant un morceau de pain, une pièce d'étoffe pour se couvrir. De surcroît, durant l'hiver

1829, un froid particulièrement intense s'ajouta à la misère omniprésente. Les pauvres vivaient de ce que la terre, redoutablement ingrate, voulait bien leur donner. Mais c'était peut-être les enfants qui offraient l'image la plus affligeante de la pauvreté. Les maisons de charité furent rapidement débordées par la prise en charge des orphelins.

Œuvres de bienfaisance

Devant le grand nombre d'indigents et d'orphelins, devant tant de détresse, un homme de Saint-Geniez, un grand homme au cœur généreux et dévoué, celui qui avait recueilli le premier cri de Marie-Anne, se penchait avec une sollicitude particulièrement humaine sur le sort des plus infortunés de ses contemporains. Cet homme était le docteur Simon Rogéry, maire de la ville depuis 1804. Dès les premiers jours de son mandat, il s'attaqua à la misère en créant un « service de secours à domicile ». Son organisation en ce domaine fit école, à tel point que le comte d'Arros[1], préfet de l'Aveyron, ordonna la publication officielle du règlement instauré par Simon Rogéry lui-même pour cette œuvre de bienfaisance. Le préfet précisait que les Conseils de charité des autres villes du département pouvaient puiser des leçons utiles dans ce document. Celui-ci, imprimé en 1822, fut dédié à « Son Altesse Royale, Mme la duchesse de Berry[2] ».

Par ailleurs, connaissant les difficultés de ses administrés, Simon Rogéry proposa au conseil municipal d'établir une « école primaire de charité ». Le 31 octobre 1826, la municipalité au grand complet décida de créer cette école, totalement gratuite, pour « cinquante jeunes enfants choisis par le bureau de bienfaisance dans les familles les plus pauvres ou peu aisées de la commune[1] ».

Afin d'apporter les fonds nécessaires à l'ouverture de ce nouvel établissement, on utilisa le produit de la vente des manuscrits du philosophe Guillaume Thomas Raynal que ses héritiers avaient donnés à la ville de Saint-Geniez-d'Olt. En effet, quelques années plus tôt, le 6 mai 1820, le conseil municipal avait cédé « aux sieurs Costes et Compagnie les manuscrits de l'*Histoire philosophique et politique des deux Indes,* moyennant 220 exemplaires complets, avec portrait de l'auteur, figures et atlas dont vingt brochés[2] ». Le produit de cette vente d'ouvrages fut placé en rentes que l'on utilisa pour l'ouverture de cette école qui fut établie dans les bâtiments de l'hôtel de ville. Elle reçut le nom de l'illustre philosophe « Guillaume Thomas Raynal ».

Dans la petite ville aveyronnaise, on multiplia les aides de toutes parts. « Les Dames de miséricorde », qui depuis un temps immémorial formaient une association charitable sous le nom d'œuvres de miséricorde, apportaient encore leur soutien précieux[3]. Elles s'engageaient sur un travail de longue haleine, quêtant pour les pauvres, mais aussi donnant beaucoup de leur personne et de leur argent.

Durant le XIXe siècle, des femmes riches ou pauvres, religieuses ou laïques, bourgeoises ou plébéiennes, se sont unies dans un même combat contre la misère. Il convient de souligner le travail remarquable et de longue haleine que ces Dames de miséricorde fournirent à la ville de Saint-Geniez-d'Olt. Le docteur Rogéry affirmait : « Grâce à cette institution, aucun besoin n'est resté sans secours, aucune peine sans consolation, aucune souffrance sans commisération parmi les classes indigentes. Cette institution s'est transmise comme un héritage de charité, de génération en génération, dans les principales familles de la ville, sans statut, sans règlement, sans organisation particulière[1]... » Ce médecin encourageait toutes formes de charité, d'écoles, d'institutions. En cela, il était efficacement secondé par l'abbé Delbosc, vénérable vieillard qui, à son décès en 1837, légua ses biens aux pauvres et à l'hospice.

La petite Marie-Anne, qui n'avait pas encore atteint ses huit ans, fut accueillie au sein de l'orphelinat dont les locaux jouxtaient ceux de l'hospice. En ces lieux de misère, qui recevaient dans une vie plus ou moins liée les enfants comme les vieillards, elle apprit les bases du français. Depuis sa naissance, elle n'était confrontée qu'à l'idiome du pays, le patois. Cette langue omniprésente, elle l'apprit dès le berceau, de la bouche même de ses parents. Ses proches, ses voisins, tout le monde parlait patois, la langue populaire du Rouergue[2]. Certains actes publics, certaines notes manuscrites étaient ainsi rédigés. L'homme d'affaires entretenait ses clients dans cet idiome, de même, du haut de sa chaire, le curé prêchait ainsi. Marie-Anne ne reniera jamais sa langue maternelle. Par la suite, devenue grande dame, elle devisera naturellement en patois avec ses amis d'enfance lors de ses visites à Saint-Geniez-d'Olt. Précisons que de 1820 à 1850, autant dire jusqu'au vote de la loi Falloux[3], l'instruction n'était pas décrétée obligatoire. Le langage courant, usuel, journalier de tous les instants était donc cette langue du pays. Les gens du peuple recevaient ainsi une instruction mi-patoise mi-française au travers d'une méthode orale d'usage.

Quatre religieuses géraient l'orphelinat situé dans les bâtiments de l'hospice, rue du Cours. La supérieure faisait office d'économe et dirigeait les divers services. Au tout début du XIXe siècle, hospice et orphelinat comportaient soixante-neuf lits. Sous l'impulsion de Simon Rogéry, on réorganisa l'établissement qui fut doté d'un règlement et de quatre religieuses supplémentaires, dont l'une détenait la mission spécifique de surveiller et de diriger les orphelins.

Une discipline sévère régnait sur l'établissement, mais Marie-Anne ne s'en plaignait pas : très tôt, le matin, ablutions à l'eau froide, parfois glacée, séances de peignage à cause des poux, messe quotidienne et récitation du chapelet. Quant aux repas, ils étaient pris en silence et ponctués de lectures de l'Ancien et du Nouveau Testament.

Au sein même de l'orphelinat, convenablement équipé de rouets et de métiers à tisser, les enfants apprenaient déjà les rudiments du tissage. Ils œuvraient encore à la cuisine et au jardin de l'hospice, au balayage des chambres et des couloirs, au transport de l'eau et du bois. Marie-Anne devint très vite une habituée de ces travaux. Ne le faisait-elle pas déjà depuis de nombreuses années chez elle ?

Seuls les après-midi du dimanche demeuraient libres. Les enfants allaient gambader en ville ou jouaient sur les places publiques. Mais à la belle saison, l'attrait de l'eau devenait le plus fort. En aval ou en amont de la cité, ils s'approchaient des pêcheurs qui lançaient adroitement leur filet, mais se délectaient surtout de voir s'immerger, entre les rochers, les fameux « cabussaïres[1] » habillés d'un pantalon resserré avec des ficelles au niveau des chevilles. Ils plongeaient ainsi, en apnée, pour aller traquer à mains nues de gros poissons reclus au fond des caves rocheuses. Ils inséraient alors les proies capturées sous la ceinture où elles restaient prisonnières comme dans une bourriche. Spectacles saisissants de ces hommes qui ressortaient essoufflés de l'eau, affublés d'un vêtement où gigotaient de belles pièces ! Adultes comme enfants, chacun était subjugué par leur adresse et les grosses prises destinées à nourrir leur famille[1], qu'ils ramenaient alors fièrement sur la berge. Leur attitude, pour le moins intrépide, incitait les enfants à en faire autant. Beaucoup apprirent ainsi à nager. Ce fut le cas pour Marie-Anne qui adorait barboter et ne s'en privait point, d'autant que les religieuses de l'orphelinat permettaient cette distraction. Seule condition exigée, ne pas rentrer mouillé dans l'établissement. Alors, les enfants se séchaient convenablement au soleil, se peignaient comme ils pouvaient, et respectaient scrupuleusement les consignes, car cette liberté était vraiment exaltante à goûter et ils ne souhaitaient pas la perdre ! De plus, les pêcheurs leur offraient généreusement du poisson qu'ils ramenaient alors fièrement aux cuisines de l'hospice.

À l'orphelinat, Marie-Anne grandit auprès d'une petite amie qui avait intégré l'établissement depuis quelques années. C'était une enfant trouvée. On l'avait prénommée Noëlle car elle fut recueillie par des marguillières le matin de Noël, sous le porche de l'église paroissiale. Enveloppée d'une sorte de pèlerine épaisse, sur laquelle on avait cousu une grande poche emplie de châtaignes grillées, elle portait autour du cou une chaîne de métal retenant un bijou étoile gravé d'entrelacs. On lui donna le nom de « Castanié », par allusion aux châtaignes trouvées sur elle. Lorsqu'on la découvrit tremblante de froid, la petite ne devait avoir que trois ou quatre ans, peut-être un peu plus, mais on ne sut jamais son âge exact, ni son origine. Toutefois, Noëlle et Marie-Anne pouvaient avoir sensiblement le même âge. Elles se suivaient partout, accomplissant les tâches qu'on leur confiait avec entrain. Vivant sous le même toit, partageant le même travail, les mêmes repas, elles s'épaulaient naturellement comme deux sœurs[1]. Espiègles, autant l'une que l'autre, elles adoraient courir dans le jardin au risque de se faire vertement tancer par les sœurs jardinières si, malheureusement, elles écrasaient une fleur ou marchaient sur les plates-bandes de légumes. Il y avait là, au fond du potager, une palissade de bois sur laquelle les deux gamines traçaient, avec des morceaux de plâtre, des soleils souriants, des soleils aux petits yeux ronds, à la bouche pleine de rires[2]... Mais l'orphelinat ne devait être qu'une étape pour ces enfants, avant qu'ils puissent être loués, accueillis dans quelque ferme ou placés en usine. De temps à autre, ils se rendaient à l'école gratuite des pauvres. On y accueillait tous ceux que le destin avait frappés.

Simon Rogéry veillait particulièrement à ce que l'on n'oubliât personne, notamment les enfants trouvés que l'on confiait aux religieuses. Pour le médecin, les bases de l'instruction que l'on dispensait, associées à un travail salvateur, pouvaient fondamentalement changer le destin de ceux qui étaient touchés par la pauvreté. Grâce à ces aides, de nombreux enfants purent, par la suite, s'orienter vers un travail solide, fonder une famille, accéder à un rang convenable de l'échelle sociale.

Les petites mains de l'industrie textile

La draperie de Saint-Geniez-d'Olt, dont l'essentiel du travail s'effectuait jadis à domicile, existait depuis fort longtemps. Les femmes filaient la laine, les hommes tissaient, les enfants aidaient les uns et les autres. Par l'intermédiaire des foires, le commerce se développait. On exporta dans le Rouergue, le Languedoc, la Provence, le Lyonnais, enfin à l'étranger.

Mais une concurrence sévère, venant de l'Angleterre, s'instaura en France et en Italie dès la fin du XVIIIe siècle. Les apprêts et les teintures des nouveaux produits anglais étaient de qualité nettement supérieure, à tel point qu'ils surpassèrent rapidement ceux de Saint-Geniez-d'Olt. Dès lors, les marchés de la petite ville aveyronnaise déclinèrent assez rapidement. La décadence se précipita, accentuée par les contrecoups de la politique et l'anarchie administrative. La ville fut brutalement appauvrie par une récession qui affecta tous les secteurs de l'industrie locale. De 1812 à 1820, le nombre de métiers à tisser, qui symbolisaient la puissance économique de la cité, tomba de 600 à 120. Lorsque Marie-Anne naquit en 1822, Saint-Geniez-d'Olt et ses campagnes possédaient encore de nombreuses fabriques familiales. Alors que la population du canton s'élevait à près de 7 000 habitants en ce début du XIXe siècle, il ne restait plus que 300 ouvriers et ouvrières qui travaillaient en usine. Persévéraient quelque 600 tisserands qui œuvraient encore individuellement chez eux, en entreprise familiale. Le père de Marie-Anne était l'un de ceux-là. Comme ses nombreux collègues artisans, il commercialisait le produit de son travail sur les foires du pays sans toutefois obtenir un revenu convenable. La crise du textile toucha d'abord les plus pauvres. Cependant, l'ensemble de la population, très active jusqu'alors, et qui s'était singulièrement développée en vingt ans[1], se retrouva dans l'impossibilité d'écouler sa production. Elle dut obligatoirement recourir à d'autres activités, notamment celle des travaux agricoles. On se mit à planter davantage de vignes, sans se douter que, quelques décennies plus tard, elles seraient en grande partie ravagées par un terrible fléau, le phylloxera. Par ailleurs, beaucoup d'ouvriers durent s'expatrier faute de travail.

L'atmosphère était plutôt insalubre dans la filature où travaillait la petite Marie-Anne. Il est vrai qu'avec la proximité du ruisseau, qui tombait en cascades depuis les monts d'Aubrac, et la rivière du Lot dont la force des eaux entraînait des moulins, l'humidité était permanente, mais nécessaire aussi pour conserver au fil souplesse, élasticité et moiteur. Une ambiance poussiéreuse, où les duvets et autres particules de laine flottaient abondamment dans l'air, s'ajoutait à l'insalubrité des lieux.

Malgré ses neuf ans, Marie-Anne ne fut pas considérée comme une enfant, mais comme une travailleuse à part entière. Au tout début, elle fut employée à nettoyer les bobines et leurs supports, à ranger les accessoires, à ramasser les déchets. Puis, avec une autre gamine du pays, on la rattacha à un métier sous l'autorité d'un fileur : tâche déjà importante où il convenait de surveiller le déroulement des bobines et de lier les fils qui se brisaient. Auprès des deux petites filles, un démon d'acier ruisselant d'huile tournait avec fracas et fouettait l'air de sa courroie : un véritable danger qui pouvait happer à tout moment un enfant comme un fétu de paille. Les petites en avaient peur ! Et pendant ce temps, devant une bobine, elles suivaient attentivement de la main le rythme haletant du métier pour renouer un fil cassé… Souples, petits, agiles, les enfants représentaient la main-d'œuvre idéale pour se glisser sous les métiers. La plupart de ces tâches s'accomplissaient à plat ventre ou sur le dos. Les orphelins de l'hospice, dociles et malléables, constituaient un « personnel apprécié » par l'industrie locale. Déjà pliés sous une autorité sévère, la vie communautaire de ces enfants et leur obéissance aux règlements faisaient qu'ils étaient faciles à diriger, faciles à exploiter aussi !

Un arrêté de 1796, issu du ministère de l'Intérieur, permettait justement aux patrons l'emploi des enfants abandonnés ou des orphelins recueillis par les hospices. Il faudra attendre les lois de 1841 et de 1874 pour que le travail soit réglementé et que l'on songe enfin à leur santé[1]. Cependant, les problèmes relatifs à l'enfance ne deviendront un souci majeur que sous la IIIe République, où l'on votera une loi sur la répression des violences, voies de fait et cruautés commises envers eux. La loi de 1841, qui limita le travail à douze heures pour les enfants de huit à douze ans, causa de vifs remous. Pour certains, elle pouvait induire des habitudes de paresse : « Nous ne voulons pas qu'ils vivent jusqu'à dix ans sans avoir contracté l'habitude salutaire du travail. » Pour d'autres, cette diminution du temps de travail appauvrirait indubitablement les foyers modestes. Cependant, l'emploi d'enfants dans les fabriques diminuait les salaires des ouvriers adultes, et cette véritable concurrence enfantine affaiblissait la position de ces derniers sur le marché du travail : situation désastreuse, alarmante même, mais qui ne pouvait être gérée que très lentement. Paul Gemähling[2] analysait ainsi la situation : « C'est un des plus tragiques aspects de la lutte pour la vie que le spectacle des générations s'écrasant les unes contre les autres, comme les flots de la mer, et poussant impitoyablement les vieillards vers la tombe. »

Dès six heures du matin, Marie-Anne devait se rendre à la filature. Elle y restait jusqu'à huit heures du soir, soit une journée de quatorze heures au moins, dont douze heures et demie de travail effectif en déduisant les temps de pause. Et cela six jours par semaine[1]. Elle gagnait vingt centimes par jour, vingt centimes qui retombaient dans l'escarcelle de l'hospice pour elle et son vieux papa[2].

Alors que le froid suspendait le cours de la rivière et que la plaine disparaissait sous un épais manteau de neige, la petite orpheline, son amie Noëlle et ses camarades de même condition devaient remonter à pied le chemin qui les guidait jusqu'à leur lieu de travail. Spectacle parfois déchirant de ces enfants au regard d'adulte, se donnant la main pour avancer dans la nuit noire. Villermé[3] nous donne une approche émouvante de ces allers-retours quotidiens entre l'orphelinat et la filature : « Cette multitude d'enfants maigres, hâves, couverts de haillons qui avancent pieds nus dans la pluie et la boue, portant à la main, et quand il pleut, sous leur vêtement devenu imperméable par l'huile des métiers tombée sur eux, le morceau de pain qui doit les nourrir jusqu'à leur retour… »

Ayant de la compassion pour « leurs enfants », et afin que le froid de l'hiver ne gerce pas trop leurs lèvres fragiles, les religieuses leur appliquaient de la graisse de coq ramollie quelques instants dans de l'eau chaude. Mais ce qu'ils redoutaient le plus était les engelures des doigts ou des orteils que les dames du couvent soignaient en plongeant les parties congestionnées par le froid dans des décoctions de céleri. Remèdes simples mais efficaces que les enfants appréciaient au cœur de l'hiver.

Le père de Marie-Anne allait mieux. De ce fait, comme le règlement l'exigeait, il devait travailler : « Le travail est obligatoire dans l'hospice pour tout individu en état de se lever. Il est accordé des gratifications en nourriture en compensation du produit du travail, car la ration alimentaire journalière est peu abondante, avec un déjeuner à huit heures et seulement un dîner[1]. » Ainsi, les quelques sous qu'il pouvait gagner s'ajoutaient avec ceux de sa fille au budget de l'hospice. Antoine était un bon paysan, âpre au labeur, têtu, acharné à l'ouvrage, avare de paroles mais très généreux. Tant bien que mal, il se louait comme tâcheron pour de menus travaux et rendait de bons services à la communauté en tissant ou en travaillant le jardin. D'ailleurs, c'était avec passion qu'il entretenait les plates-bandes de légumes nécessaires à l'alimentation de la collectivité. Il convient de souligner que la misère de cette époque entraîna un élan de charité et de solidarité remarquable à l'égard des plus démunis qui, eux-mêmes, savaient partager. Par ailleurs, un médecin et un chirurgien exerçaient à titre gratuit pour le petit hospice et l'orphelinat[2].

Les enfants trouvés

Durant cette enfance difficile, laborieuse et particulièrement noire pour la petite Marie-Anne, un jeune prêtre, fils du directeur des postes de la ville, l'abbé Célestin Bastide[3], fut nommé vicaire à Saint-Geniez-d'Olt. Diplomate, dévoué, il sut aider, guider, conseiller la jeunesse qu'on lui confia. À son époque, alors que le nombre d'enfants inconnus augmentait considérablement, il ouvrit un registre[4] concernant le baptême de ces enfants, et écrivit en préambule : « Quelques années après avoir commencé le présent registre, voyant le nombre prodigieux et affligeant des enfants trouvés, de concert avec mes respectables confrères, nous avons jugé à propos de nommer ici la paroisse de la mère, lorsque nous en avions connaissance. Par là, on verra que Saint-Geniez se trouve malheureusement le rendez-vous de presque toutes les filles perdues des environs qui viennent y cacher leur déshonneur et chercher secours chez les accoucheuses. Par conséquent, ce serait une injustice d'attribuer à la paroisse de Saint-Geniez le libertinage effrayant et scandaleux que constate le présent registre. » On comprend au travers de ce texte, mais aussi en parcourant l'intégralité du document, la misère profonde et omniprésente qui ne manquait pas de converger vers la ville. Généralement, les enfants trouvés n'avaient que quelques jours. La moitié mourait avant la fin du premier mois, et la mortalité était telle que sur cinquante nourrissons trouvés seule une dizaine atteignait les deux ans[1].

L'abbé Bastide encouragea la jeunesse tourmentée de son époque. Il fut très attentif aux orphelins, aux enfants trouvés comme aux « enfants du péché », comprenant leur désarroi, les incitant au travail salvateur. À cet effet, il recherchait des familles d'accueil susceptibles de recevoir ces petits pour quelques travaux agricoles : la moisson, les vendanges, le ramassage des châtaignes. Cela permettait aux orphelins de retrouver, ne serait-ce que pour quelques semaines, l'ambiance d'une famille[2].

Ce prêtre prit en charge l'éducation religieuse de Marie-Anne et lui donna sa première communion. En 1833, il organisa la grande confirmation qui eut lieu lors de la visite pastorale de Mgr Giraud[3]. La petite fille garda toute sa vie le souvenir ému de cette cérémonie grandiose et lumineuse où elle était à l'honneur avec ses petits camarades.

Par ailleurs, une association dite des « Jeunes Demoiselles » se réunissait régulièrement tous les lundis, dans une salle de l'hospice, afin de confectionner des habits que l'on distribuait aux enfants des pauvres[1]. Issues de familles aisées, ces demoiselles s'étaient encore dévouées à la fabrication de vêtements de fêtes afin que ces adolescents, orphelins ou enfants trouvés, aient une présentation convenable le jour de ladite confirmation. Marie-Anne évoquera, adulte, le splendide châle brodé qu'elle reçut ce jour-là des mains de ces jeunes filles. Un an plus tard, le 29 mai 1834, elle le remit pour une autre cérémonie exceptionnelle qui se déroula sur les hautes terres d'Aubrac, au village de Naves[2]. En effet ce jour-là, on inaugura en grande pompe l'érection d'un chemin de croix, à laquelle assistèrent dix-huit prêtres venus des paroisses environnantes et notamment de Saint-Geniez-d'Olt. Les orphelins de l'hospice furent conviés à cette fête, mais il fallut partir très tôt le matin, sur des chars à bancs découverts que l'on avait emplis de fleurs. La veille, afin de préparer comme il se devait cette cérémonie, les enfants avaient parcouru la campagne pour la cueillette d'immenses brassées de fleurs. Ces moments simples devinrent des moments inoubliables pour Marie comme pour ses compagnons.

Alors qu'elle venait d'atteindre ses treize ans, on eut pitié de cette enfant qui dépérissait visiblement dans l'atmosphère insalubre de l'usine. Les courants d'air et l'humidité n'arrangeaient guère les choses. Marie-Anne était en effet très souvent malade, car elle prenait froid. À l'orphelinat, on lui faisait boire du « lait ferré », une boisson énergisante qu'elle devait absorber le soir, avant de se coucher. Il s'agissait de lait de vache ou de chèvre, sucré au miel et additionné d'eau-de-vie, et dans lequel on trempait, à plusieurs reprises, une tige de métal chauffée à blanc au feu de la grosse cuisinière de l'hospice. Ce remède devait venir à bout de nombreux refroidissements. Cependant, une Dame de miséricorde obtint de la placer[1] comme bonne à tout faire chez les Palangié, l'une des plus anciennes familles bourgeoises de la ville qui possédait une fabrique de drap et qui donna trois maires remarquables entre le milieu du XIXe siècle et le milieu du XXe siècle[2]. Marie-Anne fit ainsi l'apprentissage de la vie dans une famille étrangère et dut s'accoutumer à l'obéissance, aux ordres et au respect de ses maîtres. Pour les pauvres, la dépendance représentait une situation tout à fait normale. La petite bonne s'adapta ainsi parfaitement à cette situation. Durant deux années, elle vécut dans cette famille qui sut lui transmettre de vraies valeurs tout en lui donnant amour et tendresse. Sa vie durant, elle gardera contact et saura se confier, à plusieurs reprises, à Mme Palangié.

Marie-Anne devint une belle adolescente à la chevelure brune et très souple, au teint lumineux et frais, à la peau fine[3]. On remarquait déjà sa beauté singulière, mais on sentait poindre surtout une intelligence vive, une affirmation évidente de caractère. Déjà, elle ne laissait personne indifférent.

En 1837, alors qu'elle n'avait pas encore atteint ses quinze ans, l'adolescente suivit le flux migratoire[4] des enfants du pays. Pour bon nombre de personnes, il s'agissait là d'une nécessité vitale : trouver du travail ! Il est probable que la famille Palangié ne put garder à son service la jeune fille. Cependant, ses patrons s'employèrent à lui trouver une autre place. Depuis plusieurs générations, ils commerçaient[1] avec des négociants de Marseille, entretenant avec eux d'excellentes relations. Un membre de cette famille, vivant dans le Midi, trouva une place de bonne d'enfants pour Marie-Anne, chez un ménage fortuné de cette ville, la famille Fraissinet[2].

Ainsi, Marie-Anne Savy, la petite Marmotte*, quitta les rives du Lot pour les bords de la Méditerranée. À cette époque, l'émigration prit une ampleur considérable. Une disette frappa à plusieurs reprises. Des années tristes furent difficilement supportées par la paysannerie aveyronnaise qui se nourrissait parfois de pain fait de racines de fougères pilées. La misère et la pauvreté furent des facteurs déterminants pour entraîner des masses de population soit vers le Nouveau Monde, où de fortes colonies aveyronnaises se fondèrent en Californie et en Argentine[3], soit et surtout vers les grandes villes françaises, Paris et Marseille notamment. La région du Languedoc, l'Espagne et l'Italie reçurent encore de nombreux Aveyronnais. Le phénomène se développa très rapidement à tel point qu'à la fin du XIXe siècle on recensait autant d'Aveyronnais à l'extérieur du département qu'à l'intérieur. Dès lors, le Rouergue apparut comme une terre ingrate qui ne pouvait plus nourrir ses habitants.

---

* *Nous utiliserons à plusieurs reprises les termes de « Marmots » et de « Marmottes » qui désignent les habitants de Saint-Geniez-d'Olt. Diverses légendes ont été avancées tendant à expliquer cette appellation quelque peu insolite. Voir à cet effet Louis Mercadié,* Saint-Geniez-d'Olt en Rouergue, *Éditions de la Chantellerie, 1990.*

Alors qu'ils avaient toujours vécu en autarcie, ces Rouergats exilés, opiniâtres et doués pour le travail, goûtèrent à une certaine liberté d'existence en se tournant vers la conquête du commerce des vins et du charbon. Mais aussi en assurant d'humbles métiers tels que porteur d'eau, allumeur de réverbères, cocher de fiacre ou bonne à tout faire.

Déracinés et éloignés de leur pays, ces paysans durent parfois supporter les quolibets des citadins. Ne sachant pour la plupart ni lire ni écrire, ne connaissant guère que le patois pour s'exprimer, il était assez facile de les mépriser. Aussi eurent-ils l'idée de se retrouver, de s'épauler, de s'entre-aider, recréant ainsi la solidarité villageoise perdue en des associations dénommées « amicales. » Tous les ans, un grand banquet fraternel, où l'on parlait bien évidemment du pays, les unissait.

Ces immigrés conservèrent toujours des relations privilégiées avec la paroisse de leur naissance. Ils ne l'oublieront jamais, sauront la soutenir dans les difficultés, participeront financièrement aux projets de restauration, notamment des édifices religieux, mais encore dans l'aide aux associations charitables et humaines[1] (écoles, sapeurs-pompiers, orphelinats, conseils de fabrique, etc.). Plus tard, Marie-Anne se distinguera certes par son implication dans les œuvres mais surtout par sa charité hors du commun.

III

Voyage dans le Midi

Quitter sa terre natale

Marie-Anne dut quitter son vieux père, sa marraine, ses camarades orphelins dont sa petite amie Noëlle, ses patrons les Palangié ainsi que les religieuses qui représentaient sa famille. Malgré ses soixante-dix-neuf ans, sœur Saint-Sernin avait été pour elle une véritable mère. Ce fut un déchirement pour la jeune fille que de quitter cette femme dont la droiture, la tendresse, l'attention et l'amour maternel l'avaient imprégnée. Elle ne la revit jamais, la religieuse mourut l'année suivante. La jeune fille emporta dans ses bagages un maigre trésor que lui confectionna Mme Palangié : quelques robes et fichus, un grand manteau de laine, deux paires de galoches ferrées, du petit linge, des draps et des couvertures. Tout cela fut rangé dans une petite malle de bois, fermement maintenue par des lanières de cuir. Sa patronne lui avait ajouté des livres de piété, dont une bible, un chapelet ainsi que le paiement de ses gages très largement augmentés.

Puis il fallut gagner la ville de Marseille. À cette époque, cela relevait quasiment de l'aventure. Généralement, seuls les hommes d'affaires ou les bourgeois se déplaçaient hors du département. Pour aller de Saint-Geniez-d'Olt à Rodez, une journée était nécessaire. Pour Paris ou Marseille, il fallait au moins une grosse semaine. Si l'on ne parcourait pas cette distance à pied, la diligence ou la vieille patache rendait service sur les routes cahoteuses du Rouergue. Celles-ci n'étant que de terre, on acceptait volontiers les secousses violentes du voyage sur des sols défoncés, détrempés parfois en cloaques boueux. Il n'était pas rare que les réseaux de routes royales ou impériales bloquent diligences, pataches, calèches ou autres malles-poste sur des fondrières profondes creusées par les intempéries. Les voyages au centre de la France, dans un relief tourmenté, sous des climats parfois redoutables, entraînaient invariablement des arrêts intempestifs et des retards considérables tant pour les voyageurs que pour les dépêches[1]

Entamer un tel voyage en cette première moitié du XIXe siècle représentait une véritable expédition. Déjà sur les routes de France trois ans plus tôt, Prosper Mérimée[2] notait amèrement : « Les moyens de transport sont fatigants, les gîtes d'étape d'une propreté douteuse, en proie aux punaises, couché dans un lit où de gros rats ont établi leur domicile… » Tout aussi isolées que les hameaux ou les villages, les villes vivaient en autarcie. Seuls, les petits marchés et les foires alimentaient régulièrement une vie plus active, plus ouverte en permettant quelques échanges[3].

De longue date déjà, les pièces de drap confectionnées à Saint-Geniez trouvaient preneurs sur les étals de

Montpellier, Sète, Nîmes, Beaucaire, Marseille et se commercialisaient jusqu'en Italie, Sicile, Espagne ou Syrie. Les grandes foires de Livourne, en Italie, et son port méditerranéen, permettaient un débouché sûr et lucratif pour le drap fabriqué en vallée du Lot aveyronnaise. Ainsi, très régulièrement, des négociants faisaient ce voyage. On confia Marie-Anne à un groupe de marchands de drap qui travaillait pour la maison Palangié et qui, justement, descendait vers la Toscane[1].

Mais un tel périple ne s'effectuait pas au hasard. Il fallut préparer méticuleusement les diligences et leurs carrioles : on vérifia les fers et les rênes des chevaux, les timons et les roues, la qualité des bâches et des cordages. On effectua enfin le chargement de diverses étoffes : flanelles, impériales, razes, escots, serges[2]. Puis, par un soir mémorable, cahotant au trot de ses chevaux, l'imposant convoi emporta avec quelque espoir au cœur, mais aussi beaucoup de vague à l'âme, la jeune fille qui laissait dans les murs de l'hospice son vieux père. Une nouvelle vie allait devoir commencer !

Le voyage fut long, très long, car les attelages s'obligeaient à de fréquentes étapes sur les chemins pentus de la région, mais fort heureusement pourvus de relais où l'on pouvait se restaurer et échanger les chevaux fatigués. Marie-Anne, comme ses compagnons de voyage, appréciaient les arrêts aux foires importantes, telle celle de Beaucaire. Quelques marchands de drap de Saint-Geniez-d'Olt entretenaient des relations étroites et très fructueuses[3] avec cette ville située au carrefour d'antiques voies terrestres et fluviales. La jeune fille donnait son coup de main aux déchargements et rechargements des toiles, et s'occupait à la préparation des repas, au blanchiment de la troupe, au brossage et à l'alimentation des chevaux. Il fallait bien payer le voyage !

Marseille

Marie-Anne Savy déposa son baluchon chez les Fraissinet, grande famille de notables marseillais. Marc-Constantin Fraissinet[1], armateur, était né dans cette ville en 1787. Il avait succédé à son père en 1817 comme courtier de commerce, puis s'était tourné délibérément vers l'armement en prenant la direction d'une ligne de cabotage à vapeur en 1837.

La jeune fille arriva à cette date au 33, cours Bonaparte. Il s'agissait d'un immeuble de cinq étages, nouvellement construit sur une avenue spacieuse bordée de platanes. Depuis cinq ou six ans, les Fraissinet et leurs domestiques habitaient ce beau quartier de Marseille. Marc-Constantin avait fait bâtir cet immeuble pour sa nombreuse famille de douze enfants. Marie-Anne fut donc accueillie dans cette maisonnée où, déjà, domestiques et bonnes s'activaient au service de tous. On lui confia la fonction de femme de chambre pour les six enfants de moins de douze ans, dont quatre garçons[2], Louis, Félix, Léon et Albert, et deux filles, Zoé et Zamé. Ces enfants avaient encore six frères et sœurs de plus de douze ans : Émilien, Adolphe, Edmond, Alexis, Augusta et Clotilde. La patronne de Marie-Anne, Suzette Fraissinet, était une femme responsable qui assurait le bon fonctionnement de sa maison par des règles strictes et une poigne de fer. Elle exigeait de ses employés discrétion et obéissance[3].

Il est certain qu'à cette époque la condition des bonnes fut parfois détestable. Alors que leur journée débutait à six heures du matin, elle ne se terminait que vers neuf ou dix heures du soir, parfois davantage lors de réceptions ou de fêtes familiales. Bien souvent, l'ensemble du personnel devait servir. Mais aucune législation particulière ne gérait cette situation. La bonne relevait du domaine privé et faisait ainsi partie intégrante de la vie familiale. Généralement, une liberté de quelques heures était octroyée le dimanche après-midi.

Très souvent, les bonnes assuraient diverses tâches. Elles allumaient les feux, montaient d'innombrables escaliers pour porter dans les chambres des brocs d'eau chaude, pouvaient être à la fois blanchisseuses et femmes de chambre, cuisinières et gardiennes d'enfants. Leurs fonctions, alourdies par l'absence d'eau courante et de commodités élémentaires, s'amplifiaient encore par le transport du bois ou du charbon, ou tout simplement de victuailles.

Dans la famille Fraissinet, l'éducation occupait une place prépondérante. Les parents veillaient fermement à inculquer des valeurs morales, sociales et religieuses à leurs enfants certes, mais aussi à leurs domestiques. La rigueur de l'éthique protestante n'était pas une vaine attitude pour Marc-Constantin Fraissinet, très imbu des préceptes de l'Église réformée que lui avait transmis son père. Ce dernier fut en effet à l'origine du rétablissement du culte protestant à Marseille[1].

L'esprit autoritaire, terriblement sévère, qui régnait chez les Fraissinet n'empêchait pas une attitude très ouverte envers toutes formes de charité, qu'elles soient sociales ou religieuses. Le chef de cette famille anima la plupart des œuvres de bienfaisance, participa entre autre à la fondation de « L'Infirmerie protestante » qui devint plus tard l'hôpital Ambroise-Paré. Il se distingua encore par son action efficace lors des épidémies de choléra. Il était naturel, dans cette famille, de se tourner vers les plus humbles et la petite Marmotte en faisait partie. Humble parmi les humbles, elle n'avait rien, sinon un vieux papa dans un hospice au fin fond de l'Aveyron. Bien sûr, elle n'était pas un cas unique dans cette pauvreté qui hantait lamentablement ce XIXe siècle. Les orphelins demeuraient très nombreux. Aussi, le rôle de cette bourgeoisie marseillaise, quoique volontiers ostentatoire dans ses largesses, devint capital pour le sort des plus faibles.

D'emblée, Marie-Anne fut confrontée à une grosse charge de travail. Mais la jeune fille fit preuve d'une étonnante faculté d'adaptation et sut acquérir rapidement les manières empreintes d'élégance et de discrétion que les grands bourgeois de l'époque exigeaient de leurs domestiques.

Tout en vaquant à ses occupations, elle regardait ce monde qui n'était pas le sien. Attentive, elle observait, comparait, analysait… et apprenait vite ! Son intelligence le lui permettait. Alors que l'on enseignait aux filles Fraissinet les notions générales de diplomatie, de conversation et d'élégance, notions réservées aux jeunes filles bourgeoises, la petite bonne n'en perdait pas une miette. De même, les leçons de morale, si contraignantes soient-elles pour les jeunes filles de cette époque, ne rebutaient en rien son esprit ouvert. C'est ainsi qu'elle acquit, au sein de cette famille, les bases solides de ses futurs devoirs envers les autres.

Auprès de ses patrons, qui recevaient du beau monde, Marie-Anne restait à l'écoute des nouvelles apportées par les convives qui ne manquaient pas de s'asseoir à la table des Fraissinet. Bien souvent, la jeune fille dut servir des hôtes prestigieux. Venaient en visite des notables de

Marseille, Lyon, Nîmes, Paris, de l'étranger aussi. Armateurs, ingénieurs, financiers, industriels, politiques, hommes de sciences et hommes de Dieu devenaient des habitués chez Marc-Constantin Fraissinet[1].

La grande question d'alors, qui ne manquait pas de surgir au cours des repas, concernait l'établissement d'une première liaison ferroviaire dans la région, entre le bassin houiller de La Grand-Combe et Beaucaire : sujet récurrent entre ces hommes responsables qui souhaitaient mener à bien leur projet. Parmi ceux-ci, les Pastré, Borelli, Rothschild, Bazin, Luce, Talabot[2], des hommes à la puissance financière et politique évidente. Trois mois plus tôt, le 27 juillet 1837, ils s'étaient associés pour contourner les difficultés de réalisation inhérentes à un tel projet qui traînait depuis quatre ans. Leurs compétences désormais réunies, leur affaire avançait à grands pas.

Marie-Anne côtoya tout ce monde aux fonctions, fortunes et destins très éclectiques. Toujours à sa place, elle respectait scrupuleusement les diktats de sa patronne : tenue irréprochable, propreté, discrétion, amabilité. La jeune fille connaissait son travail et le faisait bien. Ces hommes, aux tempes grisonnantes, appréciaient sa beauté et sa grâce naturelle, son sens affirmé de la répartie qu'elle maîtrisait d'ailleurs parfaitement, tout en accusant une grande retenue. Dans son rôle, sa toute jeune élégance faisait merveille. Par ailleurs, elle absorbait avec avidité les nouvelles extraordinaires que ne manquaient pas de colporter les armateurs, les récits rocambolesques qui émaillaient divinement les soirées parfois fort tardives, les inventions étranges et prometteuses d'avenir que l'on commentait avec force détails. À n'en pas douter, Marie-Anne fut plongée dans un autre monde, si loin, si troublant, si différent aussi de celui qu'elle avait connu jusqu'alors.

À sa petite maison de pierre et de terre, à ses amis de l'orphelinat restés au pays, elle ne pensait plus vraiment. Très absorbée par ses nouvelles tâches, par ce monde particulier, fascinant, exubérant même, par ce monde de savants qu'elle approchait un peu plus chaque jour, la jeune fille découvrit que la vie pouvait être autre, qu'elle pouvait se gagner, se conquérir, se modifier pour peu que l'on se mette en condition et que l'on y croie !

Marie-Anne profita de l'éducation dispensée sur place aux enfants Fraissinet pour acquérir quelques connaissances. Elle qui n'avait pas appris grand-chose à l'école de Saint-Geniez-d'Olt, elle essayait de mettre les bouchées doubles afin de combler des lacunes trop profondes. Curieuse, boulimique de savoir, elle écoutait avec attention, enregistrait méthodiquement les bribes de leçons qui parvenaient jusqu'à elle. Parfois, Marc-Constantin apportait des précisions à ses enfants mais aussi à ses domestiques sur tel ou tel événement religieux, politique, scientifique ou financier. Cet homme érudit transmettait son savoir avec une réelle pédagogie. On le respectait, on l'admirait, on le craignait, on l'écoutait. Son autorité n'était jamais contestée. Naturellement, il orientait les études de ses enfants et décidait de leur avenir. Ainsi avait-il recruté une institutrice, Mlle Rouffio, et une gouvernante anglaise, Mlle Rosalie[1] qui se rendaient chez eux. Pour la petite bonne, ce fut une aubaine car, à leur contact, elle fit d'énormes progrès et entendit pour la première fois la langue anglaise. « L'anglais m'a toujours plu », dira-t-elle plus tard[2].

Roquefavour ou les premiers émois amoureux

Aux belles journées, les Fraissinet quittaient Marseille pour se rendre dans leur propriété campagnarde située non loin d'Aix-en-Provence, sur la commune de Ventabren. Il s'agissait de Roquefavour, bastide provençale du XVIIIe siècle, sise au cœur d'un immense domaine de 560 hectares que Marc-Constantin avait acheté en 1826, onze ans après son mariage. La demeure, percée de hautes fenêtres donnant sur un parc où de grands arbres étalaient leurs frondaisons, était très agréable. D'immenses potagers, des vignes, des mûriers (l'on y élevait le ver à soie), des terres cultivées occupaient de nombreux ouvriers.

Marie-Anne suivit évidemment la troupe de domestiques qui laissa le 33, cours Bonaparte pour la résidence d'été de Roquefavour. Les jeunes enfants de la famille trouvaient, en ces lieux bucoliques, d'autres jeux, tandis que les plus grands, qui venaient de quitter leur école austère, aspiraient enfin à un peu de liberté et de détente. Les grands garçons Fraissinet n'hésitaient pas à chahuter Marie-Anne, à présent belle jeune fille qui paraissait un peu plus que son âge. « Un visage ovale, un teint éclatant, des yeux noirs et brillants, un front intelligent, une bouche mignonne et un corps superbe[1] », les garçons tournaient volontiers autour de l'employée de leurs parents. Mais Marie s'affirmait, savait tenir tête à leurs taquineries avec gentillesse, patience et humour.

Bientôt, dans l'effervescence de la maisonnée, où une certaine promiscuité était inévitable en regard du nombre de personnes qui y résidaient[2], Marie-Anne comprit qu'Adolphe, quatrième enfant des Fraissinet, ne lui était pas indifférent. Adolphe, élégant jeune homme, aux cheveux bruns, aux yeux noirs, vifs et perçants, à la prestance naturelle, n'était son aîné que d'un an. Il revenait du collège de Sorèze dans le Tarn, où ses frères et son père avaient déjà fait leurs études[1].

Dans l'ambiance estivale de Roquefavour, une idylle naquit rapidement entre les jeunes gens. La lumière, le soleil, le site champêtre se mirent certainement de la partie. Il se créa des liens subtils entre les deux êtres qui aimaient se retrouver seuls. Adolphe prétextait avoir besoin de Marie-Anne pour telle ou telle besogne et provoquait ainsi des rencontres inopinées. Il se sentait bouleversé par la beauté de la jeune fille qui le fascinait par son naturel et son regard noir, inquisiteur et tendre à la fois. Et dans ses paroles ardentes, celle-ci trouvait une chaleur inédite et réconfortante. Son jeune cœur palpita pour la première fois au rythme de l'amour…

Malgré le nombre important de personnes qui vivaient sous le toit de Roquefavour, et le risque que cela représentait, il était assez tentant, pour le couple d'amoureux, de se retrouver discrètement dans l'une des pièces de l'immense demeure ou dans un coin reculé du parc. L'un comme l'autre se dépêchaient d'accomplir leurs tâches respectives[2] et se rejoignaient ensuite.

Marie-Anne irradiait littéralement de joie. Elle ne voyait pas ou peut-être ne voulait-elle pas voir les différences sociales incommensurables qui la séparaient de son petit ami. Elle vivait au présent, montrait naturellement son bonheur dans la gaieté qui l'habitait, mais conservait toutefois une distance respectable avec Adolphe : chaque fois qu'ils se trouvaient en présence des membres de la famille, ou même des autres servantes et domestiques, les deux amoureux maintenaient une attitude réservée[3] et faisaient très attention que l'on ne puisse discerner dans leur attitude, leurs gestes ou même leurs regards quelque trace de connivence.

Mais vint la fin de l'automne. Malgré leur discrétion, Suzette Fraissinet surprit les jeunes amoureux dans une situation quelque peu équivoque. Elle, qui avait toujours redouté les dangers moraux susceptibles d'atteindre ses fils, elle, qui régulièrement les mettait en garde contre le vice et la tentation, elle, qui leur dictait de choisir convenablement leurs fréquentations, elle, pour qui la femme devait être avant tout la gardienne des vertus morales, fut très affectée. Elle s'en ouvrit à son époux…

Pour Marc-Constantin, comme pour sa femme, une telle liaison ne pouvait se concevoir. Ne serait-ce qu'en regard des considérations financières, éléments nécessaires et indispensables à un bon mariage dans cette société bourgeoise. Pour Marc-Constantin, ce genre de fantaisie ne pouvait s'admettre sous son toit ! Lui, qui fit toujours respecter avec autorité religion et morale, qui fut rigoureux pour lui-même comme pour les autres, ne put admettre cette situation. Il exigea qu'Adolphe parte à l'étranger afin d'y terminer ses études. Ainsi éloigné de la petite bonne, il aurait tôt fait de l'oublier ! Adolphe partit en Allemagne, dans le Wurtemberg, et y resta près de deux ans[1]. Quant à Marie-Anne, son péché était si grand qu'en aucun cas elle ne pouvait continuer à vivre dans cette demeure. Était-elle déjà une fille perdue, elle qui n'avait que seize ans ?

Cette bourgeoisie victorienne, puritaine, conformiste, aux interdits pesants, attachée aux signes extérieurs de la respectabilité et de la morale de son milieu, fut sans pitié pour la jeune fille. D'ailleurs, l'Église du XIXe siècle ne comptait-elle pas particulièrement sur les femmes pour opérer la reconquête des âmes ? Et là, Marie-Anne avait failli ! Il n'était donc pas possible, pour le couple rigoriste, de tolérer une telle incartade : leur bonne avait entraîné leur fils vers le péché ! Il est certain qu'à cette époque les hommes pouvaient faire à peu près tout ce qu'ils voulaient, mais une seule loi dictait la conduite de la femme : « surtout, ne pas se faire prendre » car les conséquences pouvaient être dramatiques !

Choquée, davantage par l'attitude de ses patrons que par les sermons et remontrances dont elle fit l'objet, Marie-Anne ne put concevoir cette injustice. En son for intérieur, elle ne pouvait admettre qu'on la rende responsable d'une mauvaise conduite, alors que seul son cœur avait parlé. Elle pleura longuement. Sur son premier amour anéanti, sur cette insoutenable iniquité. À nouveau, elle se sentit seule et désorientée, perdue et éloignée de ceux qui auraient pu la réconforter[1]. Mais que pouvait-elle espérer de cette situation dont l'aboutissement était de toute façon voué à l'échec ? Devrait-elle, toute sa vie, se soumettre à l'autoritarisme des autres ? Elle se demanda quelle destinée pouvait désormais l'attendre… Était-ce là, dans ces moments difficiles, qu'elle prit conscience de son asservissement de bonne à tout faire et de femme qui ne devait qu'écouter et obéir ?

Ce soir-là, le cœur gros, elle dut servir à table le même groupe de personnalités qui se retrouvaient habituellement dans le cadre de leur récente association. Celle-ci venait enfin de prendre corps et allait se concrétiser dans les années à venir par la construction de la fameuse ligne ferroviaire de la région devant relier La Grand-Combe à Beaucaire. Une œuvre remarquable allait naître de leurs réflexions car cette ligne deviendra « le premier exemple de chemin de fer établi sur un type qui depuis n'a plus varié[2] ». Heureux d'avoir conclu leur projet grâce à une fructueuse collaboration, ces hommes enfin détendus après une somme considérable de travaux harassants plaisantaient avec entrain. Mais leur joie contrastait singulièrement avec l'attitude de Marie-Anne qui, d'habitude, offrait largement son sourire lumineux. Le visage fermé et triste, la jeune fille ne put contenir ses larmes, ce qui, évidemment, interpella les convives. L'ingénieur Paulin Talabot, qui faisait partie du groupe, souhaita connaître les tourments qui semblaient atteindre leur gentille serveuse. En deux mots, l'armateur Fraissinet expliqua à ses hôtes qu'il ne pouvait conserver plus longtemps Marie-Anne à son service et qu'il devait lui trouver une autre place…

Talabot avait déjà remarqué l'efficacité mais aussi la classe de la petite bonne. Il proposa de la prendre à son service. Or, à cette époque, il vivait maritalement à Nîmes, dans une vaste demeure où se tenaient à la fois ses appartements et bureaux qu'il partageait encore avec Charles Didion[1], autre ingénieur, chargé comme lui d'importantes études. Dès le lendemain, Marie-Anne suivit donc Paulin Talabot à Nîmes…

IV

Paulin Talabot

Le saint-simonisme

PAULIN TALABOT NAQUIT À LIMOGES le 18 août 1799. Son père, avocat au présidial de cette ville, eut huit enfants. Trois d'entre eux, Paulin, Léon et Edmond[1] suivirent l'École polytechnique. À sa sortie, brillant élève de la section Arts et Métiers, Paulin fut affecté en tant qu'ingénieur au corps des Ponts et Chaussées, où il trouva d'ailleurs le travail peu enthousiasmant. À cette époque, les frères Talabot rencontrèrent les cercles saint-simoniens dont les idées influenceront beaucoup plus Edmond que ses deux frères.

Rappelons que le saint-simonisme est né des idées développées par Claude de Rouvroy, comte de Saint-Simon[2]. Après sa mort, en 1825, ses disciples immédiats, notamment le polytechnicien Prosper Enfantin[3], recrutèrent de nombreux adeptes séduits par cette nouvelle doctrine véhiculée avec passion, à tel point que naquit une véritable Église, l'Église saint-simonienne, dotée de cérémonies initiatiques et de règles précises. Parmi les adeptes, de jeunes ingénieurs tels que les frères Talabot, Hippolyte Carnot, Jules Seguin, Michel Chevalier, mais encore Émile et Isaac Pereire, Ferdinand de Lesseps, Louis de Blanc de Guizard[1]...

Par sa philosophie, Saint-Simon avait enflammé une foule d'esprits passionnés et aventureux, esprits d'élite au demeurant, qui souhaitèrent une transformation profonde de la société par des moyens pacifiques. « Partisans d'un rôle important de l'État dans la distribution des richesses, ils n'en sont pas moins libéraux dans leur vision de la hiérarchie sociale. À chacun selon ses capacités, à chaque capacité suivant ses œuvres[2]. »

Le rôle des saint-simoniens fut incontestablement très important. Ils tinrent le premier rang dans la grande propagande en faveur du chemin de fer, et multiplièrent à cet effet interventions, projets, démonstrations. Dans leur démarche, ils voulaient « transformer le sort de l'humanité en rapprochant les hommes ». Hommes de projets techniques comme hommes de finances, les disciples de Saint-Simon s'intéressèrent à l'avenir des transports. Grâce à leurs écrits, ils contribuèrent à faire naître et développer l'industrie du chemin de fer en France[3] : pour eux, « le train devait unir fraternellement toutes les nations ! ». Cependant, leurs enseignements ne portèrent pas tout de suite leurs fruits. Dans l'ensemble, les acteurs politiques suivirent mal ce nouveau mouvement car ils pensaient que les moyens de transport déjà existants, routes, chemins, canaux, étaient amplement suffisants. Adolphe Thiers, chef du gouvernement du roi, affirmait : « Je sais bien qu'en France les paysans ne s'en serviront pas beaucoup... » Ou encore : « Ce nouveau moyen de transport ne sera jamais tout au plus qu'une aimable distraction pour les badauds des grandes villes[4]. »

Comme on le verra plus loin, la construction du premier chemin de fer à vapeur apparut, aux yeux de certains, comme la création d'un monde très restreint d'ingénieurs qui présentèrent des projets jugés trop audacieux. Cependant, grâce aux financiers spéculateurs et aux économistes qui entrevoyaient, dans cette réalisation, une œuvre sociale de première importance[1], ces grands travaux purent commencer. Ils allèrent bouleverser le paysage de la France.

Paulin Talabot avait étudié, autrefois, ces conceptions libérales prônées avec talent par les philosophes du siècle des Lumières. Volontiers, il les fit siennes et les associa aux idées saint-simoniennes. Cet homme intelligent allait mettre sa fougue et son dynamisme au service de la nation. Le premier poste important qu'il occupa fut celui de Decize dans la Nièvre, où il travailla sur les chantiers du canal du Berry. Il connut alors deux jeunes ingénieurs avec lesquels il conserva toute sa vie d'excellentes relations : Charles Didion, qui devait faire carrière dans les chemins de fer, et Paul-Adrien Bourdaloue, qui se rendit célèbre dans des opérations géodésiques[2].

Quelques années plus tard, en 1829, le maréchal Soult[3] l'appela afin d'élargir et d'aménager le canal de Beaucaire reliant le Rhône et Marseille au très actif port d'Aigues-Mortes. Ce fut le début d'une belle épopée pour Paulin Talabot qui, désormais, s'installa à Nîmes. Lors d'une excursion dans les montagnes d'Alais[4], en 1830, il fut frappé de voir l'exploitation des mines de charbon de La Grand-Combe, dans le Gard, bridée par des moyens de transport rudimentaires. L'ingénieur comprit alors où se situait sa véritable vocation. À cette époque, la navigation à vapeur prenait son essor sur toutes les mers, et les villes de Marseille, Aigues-Mortes et Sète réclamaient du charbon. Mais les houillères d'Alais ne pouvaient utiliser que des charrettes tirées par des bœufs pour livrer leurs produits. Les moyens de transports étaient donc trop lents, trop peu performants et très onéreux, à tel point que le charbon alésien revenait plus cher que le charbon anglais directement importé de Cardiff en pays de Galles ! Influencé par sa visite auprès de George Stephenson[1], Talabot conçut alors le projet de mettre en communication rapide le bassin houiller de La Grand-Combe, exploité depuis 1809, avec le littoral méditerranéen. Par ailleurs, il entrevoyait l'importance que l'industrie naissante allait prendre et méditait des entreprises autrement plus vastes. Dans son idée, il traçait déjà le plan d'un système de communication qui aurait rapproché Londres de l'Hindoustan par un chemin de fer traversant toute la France et rejoignant des paquebots pour lesquels on aurait percé l'isthme de Suez ! Comme on le verra, Paulin Talabot fut l'un des précurseurs de Ferdinand de Lesseps.

Les Stephenson

À cette époque, l'Angleterre représentait le berceau d'où devaient naître, avec l'industrie du XIXe siècle, les destinées nouvelles des sociétés européennes. Paulin Talabot s'y rendit en 1830 et rencontra Stephenson. Celui-ci évaluait déjà l'avenir réservé aux chemins de fer et sollicitait la concession de la ligne de Liverpool à Manchester[2]. Stephenson était un homme de génie, issu des rangs les plus modestes. Il s'était distingué par des inventions de haute valeur et songeait à doter l'Angleterre d'un réseau de voies ferrées reliant tous les centres de l'activité économique. Mais il avait été considéré par ses pairs comme un rêveur et on l'avait éconduit avec plus d'un mot d'ironie blessante. Cependant, Talabot apprécia ses grandes vues, et aussi, plus que tout peut-être, ce courage, cette volonté, cette opiniâtreté qui le caractérisaient fortement. George Stephenson et son fils Robert tissèrent avec l'ingénieur Talabot de solides liens d'amitié. Toute leur vie, ces hommes d'exception conservèrent des contacts et des échanges fructueux et sympathiques.

Talabot résolut d'utiliser en France les idées de cet inventeur doué d'un bon sens évident. Or, depuis peu, une voie ferrée avait été construite pour le service des mines de Saint-Étienne. Il reconnut que, dans l'association féconde de ces deux idées, c'est-à-dire, l'extraction de la houille et le transport du charbon par voie ferrée, résidait la première solution au problème qu'il poursuivait : l'introduction en France du chemin de fer à rails plats et des machines à roues qui équipaient déjà les mines anglaises depuis plusieurs décennies. Dès 1831, il présenta, devant le Conseil général des Ponts et Chaussées, un projet de voie ferroviaire qui étonna quelque peu ces gens. Ils lui donnèrent cependant un accord timide. C'est alors qu'il se lança à corps perdu dans un travail harassant, volontaire, bousculant les lenteurs administratives, multipliant les dossiers. Coûte que coûte, il voulut imposer son projet et pour cela remua ciel et terre.

Bien évidemment, ces premiers chemins de fer suscitaient curiosité et intérêt, mais généraient aussi une animosité bien souvent non fondée : « Qu'est-ce que cette machine qui empêche les honnêtes gens de passer ? Ils vont faire avorter nos vaches et empêcher nos poules de pondre et vont finir par mettre le feu aux arbres », grognaient les paysans. De leur côté, les savants ajoutaient leurs doctes déclarations, tel Arago[1] qui professait : « Jamais le corps humain ne supportera de telles vitesses. » (Elles atteignaient alors péniblement les 20 kilomètres à l'heure !) Et tout cela finit par convaincre les autorités que le chemin de fer n'avait pas d'avenir. Adolphe Thiers continuait à s'opposer fortement à ce projet. Il n'y croyait pas, accordant seulement que « le chemin de fer serait bon, tout au plus, à remplacer les coucous dans la banlieue et n'aurait jamais d'application pratique[2] ». Et il ajoutait encore à l'attention des frères Pereire : « Il faudra donner le chemin de fer aux Parisiens comme un jouet, mais jamais on ne transportera un voyageur ni un bagage[3]... »

Au cœur de toutes ces oppositions, seul un journal prit la défense du chemin de fer : *Le Globe*[4], un quotidien de Paris qui représentait le saint-simonisme. Depuis la mort de leur chef Saint-Simon, cinq ans auparavant, ses plus proches disciples avaient multiplié démarches, interventions et démonstrations en faveur du développement de ce mode de transport. Il leur faudra toutes ces années pour convaincre la France de se lancer vraiment dans l'aventure ferroviaire. Enfin, après d'innombrables efforts soutenus, naquit la société industrielle, société qui devrait être gérée par les entrepreneurs, mais dans laquelle devraient s'harmoniser naturellement les intérêts de tous les partenaires, notamment des ouvriers. Toutefois, l'ingénieur Talabot se passionna plus particulièrement pour les problèmes de transports, éléments économiques majeurs dans les projets saint-simoniens.

Pour ses desseins, le jeune ingénieur, battant et fougueux, n'hésitait pas à bousculer les instances administratives. Ses collaborateurs redoutaient ses colères. Homme secret et sensible, il était un esprit subtil, un fin psychologue capable de percer immédiatement les intentions de ses interlocuteurs. Il s'était encore adressé à Adolphe Thiers qui, natif de Marseille, aurait pu l'aider dans son projet utile au midi de la France. Mais pour l'heure, Thiers rejetait Talabot dont il ne voulait plus examiner les dossiers. Incurable conservateur, il avait pris en horreur cette invention britannique. « Au diable ce Talabot et son chemin de fer du Gard », aurait-il un jour hurlé dans son bureau ministériel[1]. Talabot devenait fou de rage. Son projet n'avançait guère, bloqué encore par les municipalités d'Aigues-Mortes et de Beaucaire : « Si l'on touche à nos chemins, le peuple prendra les armes[2] », écrivait-on dans les journaux !

En ville, on rigolait gentiment de sa folie : « Amener le charbon d'Alais vers les ports de la Méditerranée, en utilisant des chariots à roulettes circulant sur une route faite de poutrelles de fer, impensable, ridicule ! » affirmait-on. Cependant, obstiné, Talabot rechercha et trouva d'excellents collaborateurs parmi ses anciens camarades d'école, et aussi à Nîmes et à Marseille où les industries avaient de plus en plus besoin de houille à bon marché. Il rencontra alors plusieurs entrepreneurs locaux tels les Ricard, les Thérond, les Luce ainsi que l'armateur Marc-Constantin Fraissinet. Il sollicita encore le puissant concours du baron James de Rothschild. Dès lors, le capital de leur société s'éleva à seize millions, dont six souscrits par la maison Rothschild[3]. Mais cela était encore insuffisant car ces avances financières n'atteignaient que le tiers du capital nécessaire. Aussi dut-il encore solliciter l'aide du gouvernement, aide qui n'arrivait toujours pas malgré d'incessantes démarches !

En 1833 fut enfin promulguée la loi autorisant la construction du chemin de fer d'Alais à Beaucaire au profit de Talabot et de ses collaborateurs. Mais l'entreprise connut des débuts difficiles, ce qui irrita sérieusement le jeune ingénieur. De plus, de fréquentes gastrites le mettaient hors de lui.

À Nîmes, tout le monde connaissait Paulin Talabot, « sa marche pressée tout au long des trottoirs, son chapeau haut de forme rejeté sur la nuque, son col dur cisaillant un cou qui s'épaississait, et les pans de sa redingote bleu nuit voltigeant en tourbillon derrière lui[1] ». Franchement, il n'était guère commode ! Taciturne, pensif, renfermé, il fuyait ses voisins et « sa femme excédée le quitta à trois reprises, entre 1833 et 1838, à grands éclats, amenant avec elle ses enfants et proclamant que son mari était dément[2] ». En fait, l'ingénieur n'était pas marié, mais vivait avec une Nîmoise qui avait deux enfants et qui, effectivement, le quitta en 1838.

Peu à peu, à force d'un travail intensif et permanent, Paulin Talabot vit ses efforts aboutir. Dans le même temps, il suivait avec attention les démarches fructueuses ainsi que la construction du chemin de fer entre Paris et Saint-Germain que dirigeaient les frères Isaac et Émile Pereire[3]. Banquiers et saint-simoniens, les deux frères entretenaient alors d'excellentes relations avec Paulin Talabot. Celui-ci, accompagné de Charles Didion, se rendit en août 1837 à l'inauguration de cette première ligne de voyageurs. Pour la circonstance, on avait mobilisé de nombreuses personnalités. On invita même le roi Louis-Philippe à monter à bord du convoi.

Mais le gouvernement refusa net, car cela représentait une aventure encore trop imprudente.

Un mois plus tard, quelque 130 000 voyageurs avaient déjà pris le train avec un réel enthousiasme. Pour les Parisiens, il s'agissait là d'un but de promenade favori : Paris venait de dire oui au chemin de fer et le chemin de fer pouvait conquérir la France ! L'ingénieur Talabot était ravi, d'autant plus que, un mois plus tôt, avaient été entérinés les statuts de l'association. L'inauguration de la ligne Paris-Saint-Germain apportait certes du baume au cœur de Talabot, mais lui donnait surtout du courage et le confirmait un peu plus dans sa détermination. Tout au long de sa vie, l'année 1837 resta précieuse dans sa mémoire. Elle fut pour lui une avancée considérable sur le plan professionnel, mais il devait aussi rapidement associer à cette date celle de sa rencontre avec Marie-Anne, car, désormais, elle insufflait à sa vie une dimension nouvelle de fraîcheur et de jeunesse.

Homme très précis, cartésien même dans ses relations, car il avait beaucoup de monde à voir et à recevoir, Talabot calculait rigoureusement son temps. « C'est un tyran d'exactitude », disait-on autour de lui. Ainsi écrivait-il au maire de Tarascon[1] : « Je serai très empressé de me trouver jeudi à la réunion du conseil municipal que m'annonce votre lettre, s'il vous était possible d'avancer cette réunion d'une demi-heure… » En effet, Talabot aimait l'exactitude, la respectait et exigeait qu'on la respectât. Ses collaborateurs connaissaient cette valeur importante qui le caractérisait. À tel point que l'on pensait volontiers qu'il possédait le don d'ubiquité : « Un journal précisait qu'il était à Paris et le lendemain une dépêche affirmait qu'il se trouvait à Londres. Dans le même temps, c'était à Marseille, à

Florence et à Madrid qu'on l'annonçait ! » Cependant, le tempérament de l'ingénieur s'accommodait facilement de tous les voyages, et les genres de locomotion lui étaient totalement indifférents, que ce soit en train, en bateau à vapeur ou à cheval. Doté d'un corps de fer, insensible à la fatigue, son activité physique et intellectuelle tenait du prodige. Et si on lui demandait comment il se reposait : « En voyage », répondait-il !

Nîmes

Dès son arrivée à Nîmes, Marie-Anne logea au dernier étage du vieil immeuble que louait Paulin Talabot et que l'on appelait « Hôtel Novi » ou « Hôtel Chouleur ». Il s'agissait d'une demeure au passé séculaire, sise à l'extrémité de l'étroite mais très passagère rue Fresque. Autrefois, elle appartenait à la famille Novi[1].

Comme à Marseille, le travail ne manqua pas. Marie-Anne s'occupa du ménage et des enfants de la compagne de son patron. Elle retrouva enfin son sourire et son appétence naturelle pour la vie, servant de temps à autre les invités du couple. Et cela lui plaisait. Cette approche de personnes intéressantes, érudites pour la plupart, lui apportait toujours quelque chose de nouveau. C'est ainsi que le 1er mai 1838, Paulin Talabot reçut la Légion d'honneur. Comme il se devait, on fêta dignement cet événement. À l'Hôtel Chouleur, on mit les petits plats dans les grands. Marie-Anne revit des visages connus à Marseille et d'autres, beaucoup d'autres. Les invités saluaient en elle sa jeune beauté, mais aussi son élégance et la délicatesse de ses gestes. Pour n'avoir que seize ans, son caractère n'en était pas moins modelé avec fermeté. Cela d'ailleurs ne laissait jamais personne indifférent ! Quoique bien jeune, ce grand monde qu'elle commençait à approcher ne l'effrayait en rien. Elle était tout simplement naturelle. Elle était Marie-Anne, une jeune fille qui souriait à la vie et qui semblait vouloir la croquer à belles dents !

Parmi les amis de Paulin, elle fit la connaissance de Charles Durand[1], ingénieur et architecte de la ville de Nîmes. Il consacrait ses loisirs à l'étude de la question des eaux qui préoccupait, depuis fort longtemps, les différents conseils municipaux de la ville. Auprès de Paulin Talabot, Durand trouva un appui efficace et un homme de savoir aux idées nouvelles et bouillonnantes. Ils devinrent de vrais amis. Au-delà de leurs préoccupations, ils devisaient, parfois des heures entières et fort tard, au sujet de l'art antique dont le vieil architecte était féru. Il avait d'ailleurs fait exécuter d'importants travaux sur la région en s'inspirant de cet art, témoin le temple protestant de Vauvert[2], vaste et bel édifice qui rappelle la forme et le style des temples antiques. Il en fut de même pour l'ancien palais de justice, édifice d'une rare élégance qui rappelait avec bonheur les propylées. Charles Durand intégrait très souvent les colonnes dans l'édification de ses œuvres, à tel point qu'on le surnomma familièrement « Durand Colonne[3] ».

Marie-Anne découvrit auprès de Charles Durand l'affection d'un père. Âgé de soixante-dix-sept ans, celui-ci adorait la jeune fille qui l'amusait tant par sa fraîcheur que par son dynamisme. Tout en servant Paulin et son ami, elle écoutait avec attention leurs discussions enflammées et savantes orientées autant vers les domaines artistiques que techniques, posant parfois des questions au risque de gêner. Mais ils étaient ravis, l'un et l'autre, de répondre à cette belle jeune fille, touchante dans sa naïveté et dans sa curiosité. Paulin avait été heureusement surpris par la volonté farouche qui animait sa petite bonne, sa soif de connaître et de comprendre. Elle semblait s'intéresser à tout ! L'architecte, qui possédait plus de temps libre que Paulin, lui fit découvrir, jour après jour, les sites et monuments anciens de la ville. Cette approche de l'art, dictée d'une façon éloquente et didactique (Charles Durand avait été dans sa jeunesse professeur d'architecture), révéla une sensibilité étonnante chez la jeune fille : elle acquit ainsi, dans le domaine des arts, des connaissances de bon niveau qu'elle devait exploiter plus tard.

Dans le ménage Talabot, les choses n'allaient pas au mieux. Paulin vivait avec sa compagne depuis quelques années, mais ses sautes d'humeur, générées peut-être par les difficultés de son travail, n'amélioraient pas la situation. Il était d'ailleurs souvent agacé par les enfants de son amie[1], au point de ne plus pouvoir les supporter. Elle quitta donc l'Hôtel Chouleur en 1838, laissant Paulin seul avec sa bonne et un domestique. Il paraît évident que, dans cette situation, l'ingénieur apprécia doublement Marie-Anne qui, dès lors, occupa une place prépondérante au sein de sa maison. Elle se montra attentive, gaie et dévouée, et l'accompagna parfois lors d'invitations chez des amis. Cela la ravissait car la jeune fille aimait le contact, la vie, la connaissance des autres. Paulin l'avait remarqué et souhaitait lui faire plaisir. C'est ainsi qu'ils allèrent fréquemment dîner chez Charles Durand, qui avait fait construire pour ses besoins personnels une maison étonnante sur les hauteurs de Nîmes, non loin de la tour Magne[2].

Marie-Anne se sentait bien dans cette demeure de style pompéien, vaste habitation rectangulaire, au toit à deux pentes, sise au milieu de la rue de la Lampèze[3].

En présence de ces deux hommes qui la respectaient et lui apportaient beaucoup, elle éprouvait une sorte de bien-être. D'ailleurs, l'architecte appréciait singulièrement la jeune fille et la considérait un peu comme son enfant. Aussi demandait-il à Paulin qu'il l'emmenât avec lui lors de certaines invitations, ce qui, évidemment, ravissait Marie-Anne. Charles Durand avait-il ressenti quelques prémices de tendresse, avait-il deviné une attirance sensible entre ces deux êtres ? Toujours est-il qu'il vendit sa belle demeure à Talabot, peu de temps avant sa mort. Mais ce ne fut que l'année suivante, en 1841, que Paulin quitta le cœur de Nîmes pour habiter dans sa nouvelle maison, là-haut sur la colline, près du fort Vauban.

Suite à des travaux réalisés tout près de la nouvelle demeure de l'ingénieur, on découvrit, en 1844, un ancien château d'eau de l'époque romaine, le Castellum divisorum, antique bassin circulaire taillé dans la roche, et qui jadis alimentait en eau la ville et ses fontaines[1]. Ce vestige du passé, correspondant à l'aboutissement de l'aqueduc romain qui passait jadis sur le pont du Gard, passionna Paulin, féru d'archéologie.

La mort de Charles Durand, le 25 août 1840, affecta sérieusement Paulin et Marie-Anne. Tout au long de leur vie, chaque fois qu'ils se rendirent à Nîmes, ils n'oublièrent jamais de fleurir sa tombe au cimetière de Saint-Baudile[2]. Ce fut peut-être là, dans le chagrin de la perte d'un ami commun, que leurs sentiments prirent une nouvelle dimension. Il est vrai que Marie-Anne s'était déjà rapprochée de son patron, quelques mois plus tôt, lorsqu'en décembre 1839 il perdit son père[3]. L'ingénieur avait alors découvert de nouvelles qualités chez elle : dévouement, courage, franchise, opiniâtreté, des vertus qu'il appréciait à leur juste valeur. D'ailleurs, n'étaient-elles pas les mêmes que celles de son ami anglais Stephenson, qui, à l'instar de Marie-Anne, était sorti des rangs les plus humbles ? Pour Paulin, ces facultés représentaient une force magnifique, sublime même, essentielle à ses yeux. Et Marie-Anne en était largement dotée ! Toutefois, ce qu'elle gardait profondément caché au fond d'elle, étaient ses propres espérances. Peut-être celle de séduire ce grand homme qui partageait déjà un peu sa vie et qui ne la laissait guère indifférente. Dès lors, elle joua la carte de la réussite. Libre de tous liens, détenant la jeunesse et la grâce, elle décida de s'ouvrir à la vie. Dotée d'un appétit de vivre aussi solide que ses ambitions, elle ressentait profondément le désir de conquérir tout à la fois, la fortune et l'amour. Peut-être était-elle déjà trop orgueilleuse pour renoncer à ses rêves ? « C'est une femme hors du commun pour son époque », nous précise son analyse graphologique[1], « et qui va chercher à s'investir, attaquer si nécessaire. C'est une conquérante ! Elle semble assurée du but qu'elle s'est fixé. Très sûre d'elle-même, elle ne redoute aucun défi. Elle veut occuper le terrain ! »

Les premiers travaux

En 1838, les premiers travaux ferroviaires commencèrent enfin entre Nîmes et Beaucaire, poussés avec dynamisme par Charles Didion sous la haute direction de Talabot. En juin 1839, arrivèrent d'Angleterre cinq locomotives, envoyées par la « Compagnie New-Castler-Stephenson ». Enfin, l'on fixa l'inauguration de cette ligne au 15 du mois suivant, ce qui coïncida avec le jour d'ouverture de la célèbre foire de Beaucaire, foire que connaissait désormais Marie-Anne. Très attendue, cette inauguration rassembla une foule nombreuse. Un journal de l'époque, *Le Sémaphore,* retraça avec brio cette journée mémorable : « Sous les fanfares, le préfet et les officiels prirent place dans le wagon spécial recouvert de tapis rouges et de coussins ornés de draperies, de rubans et de drapeaux. On admira beaucoup l'air impavide de la préfète et des épouses des maires de Nîmes et de Beaucaire[1] qui, courageuses victimes du devoir conjugal, accompagnaient leurs maris dans cette dangereuse équipée. Les fous, qui avaient payé très cher leur place, se ruèrent dans les dix-sept autres wagons... »

Marie-Anne assista, au côté de Charles Durand, à cette cérémonie officielle qui l'enthousiasma. Elle était fière de son patron, lequel monta sur la locomotive afin de conduire lui-même le convoi. Talabot était à l'honneur ! Le train se mit en branle au coup de sifflet. Il était quatre heures de l'après-midi. Durant la foire, quelque 10 000 voyageurs « essayèrent » ce nouveau mode de transport.

À cette époque, la France ne comptait que 566 kilomètres de voie en exploitation. On ne semblait pas pressé de généraliser ce type de ligne. D'ailleurs, passionnés et détracteurs du « taureau de fer » s'affrontèrent dans diverses régions. Sans doute était-on encore sous l'effet inquiétant des dangers et catastrophes que prophétisaient à tout vent, une décennie plus tôt, médecins, politiques ou savants en regard de ces nouvelles technologies ? Toujours est-il que l'on annonçait allégrement les pires calamités corporelles si l'on prenait le train : « pleurésies contractées au cours des passages des tunnels, translations trop rapides d'un climat à un autre, produisant sur les voies respiratoires des effets mortels, mouvements de trépidation des voitures engendrant des maladies nerveuses telles que la danse de Saint-Guy, voire des affections hystériques, succession trop rapide des images perçues en regardant le paysage déterminant des inflammations de la rétine, fausses couches inévitables pour les femmes enceintes… Et jusqu'aux congestions dues à l'anxiété causée par la crainte de manquer le train et les mouvements désordonnés faits pour se hâter vers la gare[1]… »

Paulin Talabot soutint des luttes homériques pour vaincre de tels préjugés, et sa persévérance triompha. Il réussit à entraîner dans son projet, politiques, financiers et autres entrepreneurs. Le 15 juillet 1840, sous son impulsion ardente et téméraire, et avec l'aide de son ami Charles Didion, il soumettait au gouvernement un mémoire pour la concession de la ligne de chemin de fer de Marseille au Rhône. Dans le même temps, il ouvrit la ligne de Beaucaire à Alais[2]. Puis, en janvier 1841, alors que Thiers faisait enfin voter un crédit de 500 000 francs pour l'étude d'un réseau ferroviaire national, Talabot inaugurait une autre ligne, celle de La Grand-Combe à Alais. En moins de trois ans, il réalisa le plus long réseau de chemin de fer de France, alors que les démarches administratives avaient demandé plus du double ! Précisons que cette ligne était exploitée dans des conditions bien différentes de celles de la région stéphanoise, mis à part les chemins de fer de Saint-Germain et de Versailles qui faisaient encore figure d'attraction pour les Parisiens. La ligne du Gard fut la première qui eut un caractère vraiment moderne et pratique. On était désormais sorti de la période des tâtonnements[3]. La loi de 1842, loi tardive si l'on se reporte aux résultats déjà acquis en Angleterre, ouvrit enfin une ère nouvelle en posant les bases du système de voies ferrées devant couvrir le territoire[4].

À Nîmes, les comportements envers Paulin Talabot changèrent du tout au tout, au grand bonheur de Marie-Anne qui souffrait des attaques dirigées contre son patron. À présent, on applaudissait l'ingénieur et sa haute compétence. On le regardait d'un œil admiratif et chaque inauguration apportait son lot de reconnaissances. Désormais, le charbon des Cévennes[1] était acheminé rapidement vers les ports méditerranéens et son prix de revient baissa considérablement. Les premiers voyageurs goûtaient enfin « la route du fer », route sans cahots et rapide où, suivant l'opulence de leurs bourses, ils pouvaient s'octroyer les premières, deuxièmes ou troisièmes classes. Ainsi éclatèrent, simultanément, dans le bruit des pistons et des bielles, dans les odeurs d'huile et de fumée, la joie des habitants de la Provence et la gloire d'un ingénieur remarquable qui venait de triompher contre les sceptiques et les railleurs.

Et le temps passa... Marie-Anne, lumineuse dans l'éclat de ses dix-huit ans, ne fut pas insensible au charme de Paulin à présent quadragénaire. Son intelligence, son dynamisme, sa position sociale, ses ambitions marquèrent singulièrement l'esprit de la jeune fille qui nourrit une admiration profonde pour lui[2]. Plus tard, elle évoquera autour d'elle ce fameux regard qui l'avait subjuguée dès les premiers jours de leur rencontre. « Un regard sévère, intense, un regard qui ne plie pas mais qui scrute, qui juge, retient et analyse, mais encore honnête et droit. Un regard exceptionnel où l'on apercevait un bonheur possible[3]... » Elle détenait ces qualités naturelles qui plaisaient fortement à Paulin, mais avait aussi comme atouts sa fraîcheur, son caractère jeune et éveillé. Cependant, il paraît difficile de concevoir et d'admettre qu'un personnage, dont la profession et la notoriété s'affirmaient déjà comme très importantes, ait pris le risque de nouer une liaison publique avec une si jeune fille[1]. Marie-Anne était encore mineure. Elle vivait donc auprès de Paulin et partageait vraisemblablement une partie de sa vie lorsqu'il rentrait chez lui. Une certaine complicité s'établissait progressivement entre eux. Sous sa protection et son encouragement, elle développa ostensiblement son éducation mondaine, ou tout au moins cette partie de l'éducation qui consiste à savoir écrire et parler convenablement le français, et à s'initier aux arts dévolus à la femme. Marie-Anne se rendit compte que, pour briller, une solide culture était nécessaire. Grâce à Paulin, qui parlait couramment anglais, elle se mit à l'étude de cette langue, s'acharna à lire et à écrire, à perfectionner son français. Dotée d'une ambition et d'une force de caractère remarquables, elle refusait le destin auquel sa naissance la condamnait.

Toujours par monts et par vaux, homme d'action, de projets et de finances, Talabot s'entoura d'ingénieurs compétents. De plus, les milieux financiers s'impliquèrent fortement dans l'essor des chemins de fer. Les Rothschild et les Pereire apportèrent leurs soutiens efficaces. Seuls les gouvernements se faisaient encore tirer l'oreille, notamment la monarchie de Juillet qui ne manifestait guère d'enthousiasme à l'égard de ces grands projets. Et Guizot, alors ministre des Affaires étrangères, renchérissait : « À 26 kilomètres à l'heure, on va se tuer ! » Cependant, en 1843, Thiers revint sur ses déclarations antérieures, précisant : « Je n'ai jamais partagé pour mon compte l'engouement qu'on exprimait pour les chemins de fer, mais j'ai toujours cru à leur avenir et j'y crois encore, malgré les catastrophes qui viennent quelquefois effrayer les esprits[1]. » Thiers faisait allusion au terrible accident qui survint sur la ligne de Versailles à Paris, le 8 mai 1842. Les portières étant bloquées, quarante-cinq voyageurs furent carbonisés à l'intérieur des voitures de fer. C'est ainsi que périt, entre autres, le célèbre navigateur Dumont d'Urville. Triste fin pour un explorateur aussi téméraire[2] ! Il va sans dire que, depuis cette catastrophe, on ne verrouilla plus jamais les portières des trains.

Par ailleurs, chacun y allait de sa poésie ou de sa prose : en 1843, parut un long poème, écrit en langue d'oc, sous le titre *Lou Cumin de Ferri, de Marsio à Avignoun – Pouèma à la vapour* (« Le chemin de fer, de Marseille à Avignon – Poème à la vapeur »). Écrit par le félibre Joseph Desanat et dédié à Paulin Talabot, Marie-Anne se fit un plaisir de traduire pour lui ce poème plein d'émotion qui mettait en exergue les valeurs, la volonté et la bravoure de Paulin. Celui-ci était amusé d'entendre les intonations d'un patois assez rude lu avec talent par sa chère employée[3]. Voici les dernières strophes de ce poème :

« *Récubes, Talabot, l'aouffrando doou pouèto,*
N'en sera moi que fier ; dé tout couar vos souheto,
Gloiro, santa, bouenhur, renoumado, travai,
Qu'entro' lacès partout la France et rail-way
Et qu'un parfum brûlant booumi per la machine,
S'estendé de Marseieis ou counfins de la Chino ! »

« Recevez, Talabot, l'offrande du poète,
J'en serai plus que fier ; de tout mon cœur je vous souhaite,
Gloire, santé, bonheur, renommée, travail
Qu'entrelacés partout la France et la voie du rail

Et qu'un parfum brûlant vomi par la machine
S'étende de Marseille aux confins de la Chine ! »

Un peu partout, dans un certain enthousiasme, parfois dans un réel lyrisme, les déclarations fusaient. Huysmans devait déclarer plus tard[1] : « Est-ce qu'il existe, ici-bas, un être conçu dans les joies d'une fornication et sorti des douleurs d'une matrice dont le modèle, dont le type soit plus éblouissant, plus splendide que celui de ces locomotives ? À coup sûr, on peut dire : "L'homme a fait, dans son genre, aussi bien que le Dieu auquel il croit..." »

Désormais, « ingénieur en chef des Ponts et Chaussées et directeur du chemin de fer de Marseille à Avignon », Talabot menait rondement ses affaires. Il ne négligeait rien et s'intéressait à tout. Au cours des tracés de ces longues voies, dans les plaines ou sur les coteaux, les vallées ou les collines, il n'était pas rare de découvrir vestiges de ruines antiques, sites architecturaux et objets rares. Au-delà de son travail quelque peu cartésien, il veillait à la sauvegarde de ces témoignages du passé. C'est ainsi que le 15 avril 1844 il écrivit au maire de Tarascon, M. Pouzin : « Je m'empresse de donner les ordres nécessaires pour qu'on remette en vos mains tout ce qui pourra être rencontré en fait d'antiquités dans les fouilles du chemin de fer[2]. »

V

Une nouvelle vie

Amant et maîtresse

AUPRÈS DE SON GRAND HOMME, Marie-Anne occupait une place de plus en plus importante. Entrée dans l'âge adulte, la voilà libre de rêver sa vie. Elle devint « Marie », tout simplement. Abandonna-t-elle de son chef ce nom trop long, comme pour échapper aux années de plomb qu'elle avait traînées jusqu'alors ou bien le trouva-t-elle trop plébéien ? Toujours est-il que Paulin ne l'appela plus que « Marie », ce prénom agréable qu'il aimait prononcer.

Des liens amoureux s'étaient indubitablement créés. Sa valeur et son élégance naturelle étaient telles que Marie dut bouleverser Paulin. Certes, elle se savait de modeste naissance, mais aussi belle et intelligente, prompte à comprendre. Pédagogue remarquable, Paulin amena sa jeune maîtresse à de rapides progrès. Il appréciait sa vivacité d'esprit et connaissait, bien sûr, son humble origine, les difficultés et les troubles de son enfance. Mais il sentait aussi cette soif de vie et d'ouverture, cette dynamique qui bouillait en elle, comme en lui-même. Lors de ses nombreuses absences, il l'invitait à découvrir les richesses de sa bibliothèque et toute occasion était sujette à discussion approfondie. C'est ainsi que Paulin faisait souvent allusion au Rouergue, même s'il ne l'avait que très peu visité. D'abord, il sentait que cela lui faisait plaisir. Et puis cette région, riche en hommes remarquables et en architecture de qualité, l'intéressait. Aussi évoqua-t-il pour elle certains de ses amis aveyronnais, notamment le sculpteur ruthénois Raymond Gayrard[1], qui dut sa renommée à la ciselure de deux médaillons représentant, l'un l'empereur Napoléon Ier, l'autre son épouse Marie-Louise d'Autriche, lors de leur mariage civil en 1810 à Saint-Cloud.

Or, justement à cette époque, Gayrard travaillait à l'édification d'un mausolée destiné à un illustre compatriote de Marie. Paulin donna force détails à sa jeune maîtresse sur ce personnage hors du commun, décédé depuis peu à Saint-Geniez-d'Olt. Il s'agissait de Mgr Frayssinous, ministre des Affaires ecclésiastiques et de l'Instruction publique de 1824 à 1828, premier aumônier des rois Louis XVIII et Charles X, précepteur du duc de Bordeaux, qui, à trois reprises, refusa le cardinalat[2]. Raymond Gayrard avait en effet reçu commande, du duc de Bordeaux lui-même, de sculpter dans du marbre blanc l'effigie du prélat revêtu de ses ornements pontificaux. Cette œuvre monumentale était d'abord destinée à figurer au Salon de 1844. Mais l'administration, exagérant sans doute les défiances du gouvernement, permit uniquement l'exposition du gisant et refusa d'admettre le bas-relief qui représentait Charles X remettant son petit-fils entre les mains du prélat.

L'installation de ce vaste tombeau était prévue à l'automne 1844.

Marie buvait littéralement les paroles de son compagnon, découvrant avec admiration le parcours exceptionnel d'un homme de chez elle. Elle sut aussi, mais plus tard, la part importante que l'évêque prit dans l'aide aux pauvres de la ville, auprès du docteur Rogéry. Une aide dont elle bénéficia sûrement. Paulin lui apprit encore que l'année 1822, celle de sa naissance au hameau de Lous, fut pour son compatriote Frayssinous une année qui le vit comblé d'honneur et de dignité. Il fut, en effet, nommé grand maître de l'Université, élu membre de l'Académie française où il succéda à l'abbé Sicard[1], et devint pair de France avec le titre de comte. « 1822 fut une année pétillante et lumineuse de beauté », s'amusait à souligner Paulin à sa jolie demoiselle[2]. Il promit de l'amener dans son pays afin de découvrir l'œuvre de son ami le sculpteur, lorsqu'elle serait totalement achevée.

Paulin avait rencontré Raymond Gayrard au Salon de 1837 où l'artiste présentait une statue colossale, *Samson rompant ses liens*. Ce chef-d'œuvre monumental, qui fut par la suite installé sur la place d'armes de Rodez, avait valu à son auteur aveyronnais les félicitations publiques de Charles X. Dix ans après, au Salon de 1847, Gayrard présenta le buste du philosophe Guillaume Thomas Raynal, destiné aux galeries de Versailles et en obtint les meilleures critiques[3].

L'avalanche

L'année qui suivit fut emplie d'émotions pour Marie. Un jour de février 1845, Paulin lui annonça qu'une terrible catastrophe, survenue sur les pentes de l'Aubrac, au-dessus de Saint-Geniez-d'Olt, avait provoqué la mort de onze victimes, notamment des femmes et des enfants. Une coulée de neige et de boue s'était abattue sur le petit village de la Molière, situé non loin de Naves-d'Aubrac[1]. L'avalanche avait tout arraché sur son passage, au point de détruire quatre maisons qui s'étaient écroulées sur leurs occupants. Des seize habitants que renfermaient les maisons atteintes par le sinistre, on découvrit onze cadavres : « Non loin d'un vieillard de quatre-vingts ans, on retira une jeune mère qui serrait contre elle son enfant. La mort l'avait surprise pendant qu'elle lui donnait le sein. Dans une autre, seul le chef de famille, âgé de trente-deux ans, survécut. Dans la troisième, il ne restait plus qu'une femme enceinte et un enfant de dix ans. Dans la quatrième, seuls deux enfants conservèrent la vie, mais l'un dut être amputé d'une main[2]. »

Sensibles à l'infortune des survivants qui se trouvaient sans asile et sans pain, les « Marmots » de Saint-Geniez-d'Olt, suivis des paroisses limitrophes, se mobilisèrent pour donner un peu de leur argent. L'évêque de Rodez, Mgr Jean Croizier[3], ouvrit une souscription à laquelle participa le préfet de l'Aveyron, Louis de Blanc de Guizard[4]. Marie, déracinée de son Aveyron natal, fut très peinée lorsqu'elle apprit le drame qui endeuillait sa région. Proche de ses compatriotes, elle voulut participer et apporta sa modeste obole. Ce fut vraisemblablement la première fois qu'elle se pencha sur le sort de plus malheureux[5].

Louis de Blanc de Guizard, préfet de l'Aveyron depuis 1830, s'était rendu à Nîmes chez son ami Talabot, en ce mois de février 1845[6]. Ce fut donc lui-même qui informa l'ingénieur de cette terrible nouvelle, pensant que Marie pouvait peut-être avoir quelque parent touché par l'avalanche. Amis de longue date, il connaissait la liaison de l'ingénieur avec cette jeune fille aveyronnaise. En effet, Louis de Blanc de Guizard était saint-simonien, très proche d'Edmond, le frère de Paulin, décédé du choléra treize ans plutôt. Il publiait régulièrement des chroniques dans les colonnes du *Globe* au côté de Michel Chevalier et de Prosper Enfantin. Depuis 1834, l'Administration centrale avait installé Louis de Blanc de Guizard à la tête du Service national des monuments civils. À ce titre, il devait rencontrer ses amis du Gard, notamment Paulin Talabot et Charles Durand. C'est ainsi qu'il connut « Marie-Anne Savy, originaire de Saint-Geniez-d'Olt et bonne à tout faire chez l'ingénieur Talabot[1] ». De retour en Aveyron, le préfet emporta le don de la jeune fille. Paulin, de son côté, fut très généreux. Ce drame avait profondément touché sa jeune maîtresse. Aussi, afin de lui montrer qu'il partageait sa peine, entreprit-il aussitôt quelques démarches supplémentaires auprès de ses relations afin de confier au préfet de l'Aveyron une enveloppe plus étoffée. Il s'adressa à un ami influent qui n'était autre que Laurent Cunin-Gridaine, ministre de l'Agriculture et du Commerce du roi Louis-Philippe[2]. Ils étaient parents, car Jules Talabot, l'un des frères de Paulin, avait épousé la fille du ministre[3]. Laurent Cunin-Gridaine fit immédiatement envoyer à la préfecture de l'Aveyron une somme de 500 francs. *Le Journal de l'Aveyron* du 26 février 1845 précisait en effet : « M. le ministre de l'Agriculture et du Commerce, informé du désastre occasionné à la Molière… s'est empressé de mettre à la disposition de M. le préfet, avant même que ce magistrat ait eu le temps de lui adresser une demande officielle, un secours provisoire de 500 francs. »

Grâce à sa relation avec Paulin, la petite Marmotte apportait déjà une aide à son pays. Mais la générosité était naturelle dans la famille Talabot. Ainsi, alors que l'hiver 1846-1847 avait entraîné une misère terrible à Limoges, dans leur région natale, notamment dans les rangs de la population ouvrière qui manquait cruellement de nourriture, Léon, l'un des frères de Paulin, proposa au conseil municipal de « distribuer aux nécessiteux de la viande et du pain, lui-même devant prendre à sa charge la moitié de la dépense dont l'autre partie serait couverte par la commune[1] ».

Marie perd son père

À la fin du mois de juin 1845, un message[2] émanant de l'hospice de Saint-Geniez-d'Olt informa Marie d'un affaiblissement très sérieux de la santé de son père âgé maintenant de quatre-vingt-cinq ans. Depuis son départ de l'Aveyron en 1837, la jeune femme n'était jamais retournée sur les rives du Lot. À présent, elle aspirait fortement à revoir sa famille, ses amis et surtout son père vieillissant. Paulin fit donc le nécessaire et lui organisa ce long voyage, heureusement facilité par les belles journées du printemps. Mais Marie, âgée maintenant de vingt-trois ans, se demandait si elle reverrait son père vivant.

Ce fut un choc émotionnel très intense pour la jeune femme qui retrouva l'orphelinat qu'elle avait quitté huit ans plus tôt. Le jardin de l'hospice éclatait alors de mille beautés, empli de beaux légumes et de massifs de fleurs que cultivaient les pensionnaires. Elle revit ses amies religieuses, des figures connues mais changées, des anciennes camarades qui étaient restées au service des orphelins ou des vieillards. Elle gagna enfin les étages et pénétra dans la « salle des hommes », un grand dortoir[1] où flottaient des odeurs pesantes. Une jeune sœur de charité lui souffla en guise d'accueil : « Vous savez, mademoiselle, ici la misère c'est un peu comme la gale, c'est très contagieux ! » Sur deux rangées, les lits s'alignaient face à face et, au centre, quelques mauvaises paillasses, juchées sur des lits sans confort, bousculés par les va-et-vient du personnel, recevaient sporadiquement des mendiants de passage ou les assoiffés d'un soir.

Au fond de la rangée de lits, elle devina plus qu'elle ne la vit la silhouette de son père qui se retournait pesamment sur son lit, comme abîmé par de graves rhumatismes. Tremblant sous sa couverture, le visage émacié aux rides creusées jusqu'à l'os, le corps fatigué, tassé, usé par de longues années de labeur et de souffrances, le vieillard aperçut alors sa chère Marie-Anne. Ses yeux s'éclairèrent, mais il sourit à peine. Ses sourcils épais faisaient ressortir ses yeux lourds, mais aussi un regard intense, profond et plein de reconnaissance. Elle prit entre ses mains fines et blanches celles de son père, calleuses et écorchées par le travail de la terre, qui s'abandonnaient sur la couverture. Des larmes coulaient sur les joues du père et de sa fille, disant toute la tendresse et l'émotion de ces deux êtres fondus dans le même amour. Mais, pour Antoine, quel bonheur de revoir sa fille ! Elle avait tellement changé. Elle était devenue encore plus belle, élégante, superbe. Elle s'était affirmée. Elle était déjà une « dame ».

Le vieillard se sentait assez bien dans cet hospice. En fait, il s'était habitué à l'ambiance tragique qui hantait les nuits, aux sommeils coupés de cris d'agonie, de vociférations de déments ou d'alcooliques. Il s'était habitué aux odeurs écœurantes qui, malgré l'aération des locaux et la hauteur des plafonds, ne parvenaient pas à s'échapper des murs imprégnés. L'hospice, son personnel comme les souffrants, était devenu sa famille. Dans cet océan de misères, de pleurs, et de cris, Antoine avait rencontré de l'affection, de la gentillesse, de l'humanité. Il sut le dire à sa fille, lui parla du dévouement sans borne des religieuses et des Dames de charité. De ses amis « les vieux » qui, comme lui, travaillaient au jardin, apportant leur maigre force ou leurs dérisoires ressources à la collectivité…

La vie semblait revenir dans ce vieil homme. Mais ce ne fut que de courte durée, comme s'il avait attendu cet ultime moment de bonheur avant de s'en aller. Peu à peu sa voix se fit plus faible, comme une viole très ancienne, hors du temps, qu'il laissait échapper doucement entre ses lèvres serrées…

Là, dans cette triste salle d'hospice, la jeune femme apprit d'une religieuse les grandes valeurs morales de son père, mais aussi ses souffrances. Elle lui dit encore que son père parlait souvent de « sa petite et chère Marie-Anne », qu'il souhaitait que sa vie soit douce, qu'elle méritait tellement de bonheur[1] !

Antoine Savy était né au Peyrastre, hameau éteint depuis de longues décennies et rattaché à la paroisse de Sainte-Eulalie-d'Olt. Quelques pauvres chaumières abritaient une population d'une trentaine de personnes en ce milieu du XIXe siècle. Aujourd'hui, la demeure ancestrale des Savy s'est écroulée. Seuls quelques pans de murs noirâtres et moussus indiquent encore son emplacement. Des noisetiers, des ronces, du sureau poussent dans ses flancs à demi éventrés…

Jeune enfant, Antoine avait appris en ces lieux le rude métier de la terre, sur ces pentes abruptes qui entourent le hameau bordé d'épaisses forêts de châtaigniers. Puis, il était « descendu à la ville » à Saint-Geniez-d'Olt afin de connaître le secret du tissage, travail dont il était fier et pour lequel il était très habile. Pauvreté, deuils, la vie ne l'avait guère gâté. D'ailleurs, cette époque fut ingrate pour beaucoup. Enfin, le vieil homme venait de passer les seize dernières années de sa vie dans cet hospice où il racontait volontiers ses misères. Fréquemment, il répétait autour de lui : « Dans la famille, c'était comme si la mort nous réclamait les uns après les autres. Elle était chez nous comme chez elle… », faisant allusion aux décès successifs de ses épouses et de ses enfants[1].

Antoine Savy mourut le 20 juillet 1845 dans les bras de sa fille. Les religieuses de l'hospice organisèrent des obsèques classiques, les mêmes pour tous ceux qui mouraient dans cet établissement charitable. On mit le vieillard dans le cercueil des pauvres, un cercueil tout simple, peint en noir. Sur le couvercle, une croix blanche avait été tracée. Deux barres de bois traversaient de part en part la caisse au niveau de la tête et des pieds. Elles servaient de poignées. Dès lors, quatre hommes pouvaient aisément transporter la bière sur leurs épaules.

Au cimetière, après la cérémonie d'usage, le fossoyeur sciait ces barres désormais inutiles pour la dépose du cercueil au fond de la tombe[2]. Ce geste de sciage, au bruit caractéristique, entraînait immanquablement les larmes des plus proches : la séparation totale d'avec l'être cher devenait à ce moment-là réelle, irréversible. Marie pleura beaucoup son père et cette épreuve raviva une blessure profonde qui ne se referma jamais, celle de la perte de sa mère alors qu'elle était enfant.

L'hospice de Saint-Geniez-d'Olt, que Marie avait malheureusement « connu » peu de temps après que son père y fut admis, était destiné à l'origine au refuge des pèlerins[1]. Très tôt, il avait accueilli les déshérités et l'on avait souhaité son développement. Malgré la confiscation des biens sous la Révolution de 1789, on continua d'y recevoir les malheureux. À cette époque, il fallait assurer la vie et les soins d'une vingtaine de malades, d'infirmes et d'enfants abandonnés. Quelques dons généreux rendirent à l'établissement une aisance convenable. Mais le travail des pensionnaires se révéla toujours indispensable au bon fonctionnement général. Malgré ses infirmités, malgré un âge respectable, Antoine Savy avait travaillé jusqu'au bout. Deux mois avant de mourir, il s'occupait encore du jardin : « Le travail de la terre est une prière... », disait-il. La jeune fille quitta cette demeure vénérable, le cœur lourd, en proie à une grande tristesse. Cependant, elle n'oublia jamais cet endroit. Toute sa vie, reconnaissante du bien qu'elle-même et son père en avaient reçu, elle resta attentive et très généreuse pour les orphelins et les vieillards qui leur avaient succédé.

À Saint-Geniez, Marie habita chez des parents qui possédaient une petite maison tout en haut de la rue de la Poujade[2]. Elle adorait ce quartier qui domine la rivière et offre un point de vue remarquable sur la ville. La façade majestueuse de l'hôtel de Ricard, le parc de Monsieur Solanet, le cloître des Augustins, les demeures bourgeoises aux tourelles élancées et couvertes de lauzes façonnaient un paysage fabuleux et vivant d'où montait le bruit de la rivière. Du haut de ce quartier pittoresque, Marie resta des heures à contempler la cité, peut-être, aussi, à penser à cette nouvelle vie qui l'attendait dans un monde totalement différent du sien. Elle n'espérait rien de cette petite ville et demeura immobile à la fouiller des yeux, ne sachant guère ce qui la retenait là. Sans doute considéra-t-elle, à ce moment-là, l'inconnu que lui réservait sa propre vie ? Enfin, elle alla prier pour son père à la chapelle Saint-Antoine située quelque cent pas plus haut[1], puis rendit visite à sa marraine, Marie Rosière devenue impotente avec la vieillesse. Les jours suivants la jeune femme visita ses amis du quartier et de la ville. On la trouva totalement transformée et très belle ! Devant sa métamorphose (rappelons qu'elle avait quitté Saint-Geniez-d'Olt à l'âge de quinze ans), on lui posa de nombreuses questions. Sa nouvelle vie intriguait quelque peu son entourage. Elle dut évoquer Paulin, peut-être leur liaison. Mais sur cette période, les témoignages sont malheureusement inexistants.

Le charivari

Sa marraine lui parla de ses parents, personnes courageuses, droites et très chrétiennes. Ils avaient le cœur sur la main, savaient donner et accueillir spontanément et naturellement. La vieille dame évoqua encore les souffrances morales qu'ils subirent lors de leur mariage. Ils furent en effet victimes d'un charivari épouvantable[2]. Trois fois veuf, Antoine devint la cible idéale pour ce genre de divertissement qui resta profondément ancré dans les mémoires de la famille. Il est vrai qu'il s'agissait d'une coutume ancestrale, destinée à l'origine à éloigner l'âme du défunt lorsque le conjoint survivant convolait en nouvelles noces. Organisé par les voisins, le charivari consistait à créer un tapage tonitruant auprès des futurs mariés, au moyen d'instruments de toutes sortes, casseroles, trompettes, cornes, tôles… Au sein de ces farandoles, qui pouvaient durer plusieurs jours, voire plusieurs semaines, les bagarres n'étaient pas rares, générant parfois des accidents assez graves.

Ainsi, en ce mois de février 1822, les paysans facétieux s'en étaient pris aux futurs parents de Marie-Anne avec des comportements irrespectueux et insultants. Antoine avait essuyé, tant bien que mal, deux charivaris lors de ses précédents mariages. Mais le pire eut lieu justement lorsqu'on apprit qu'il allait convoler en quatrièmes noces avec la Lozérienne Anne Chalier. La différence d'âge avait encore excité les malotrus[1]. De la publication des bans au jour de leur mariage, le 30 janvier, ce ne furent que moqueries et invectives incessantes[2].

Marie fut affectée d'apprendre ce genre de misère que l'on fit supporter à ses parents. Elle prit acte de cette attitude blessante et injurieuse. « Mais pourquoi tant de mal ? » devait-elle dire[3].

À présent, la petite Marmotte ne souhaitait plus qu'une chose : retrouver Paulin et lui retracer les événements douloureux qu'elle venait de vivre. Ce fut bon pour elle de s'appuyer à nouveau sur une épaule amie, d'épancher enfin son cœur : le décès de son père l'avait atteinte profondément. Désormais totalement orpheline, elle se rapprocha davantage de Paulin. Il semble que leur vie à deux, d'une façon quasi officielle, ait été décidé à cette époque. Aux yeux de tous, il s'agissait du « couple Talabot. » Paulin s'affichait donc naturellement dans les réceptions publiques ou privées avec sa jeune compagne. Pour elle, désormais, tout devint clair : « Elle gagnera cette partie difficile qu'elle vient d'engager contre sa pauvreté. Nul homme ne saura plus la séduire. Paulin l'a conquise. Elle lui vouera un amour total toute sa vie[1] ! »

Dès lors, l'incroyable destinée de la petite ouvrière de Saint-Geniez-d'Olt se mit en marche. Elle sera libre et riche ! Marie s'offrit à son amant comme une maîtresse captivante. Ses yeux très noirs, sa taille fine, sa silhouette élancée, sa poitrine provocante, son teint clair et sa chevelure abondante ne pouvaient que séduire fortement l'homme qui vivait auprès d'elle…

Cependant, malgré tout ce qu'elle avait pu apprendre au contact de son compagnon, de ses relations ou de ses amis, de lourdes carences en matière d'éducation persistaient. Paulin aimait la perfection. Il aimait aussi sa belle maîtresse dont il appréciait les qualités d'intelligence, d'ouverture et de volonté. Mais il la trouvait trop éloignée du monde qu'il fréquentait. Aussi décida-t-il de lui donner des maîtres en convenances[2] afin qu'elle puisse acquérir la finesse, la délicatesse, en un mot la façon du grand monde.

Dès l'automne 1845, alors qu'elle n'avait pas encore atteint ses vingt-trois ans, Paulin Talabot présenta Marie à quelques maîtres de Marseille. L'année suivante, il lui fit découvrir Paris et d'autres enseignements complémentaires. Pendant deux ans, attentive, enthousiaste, fière d'apprendre, elle suivit ces cours de « bonnes manières[3] » donnés par des précepteurs qui se déplaçaient chez elle.

Dans leur maison de Nîmes, qu'elle para de cent bouquets de fleurs, Marie s'occupa de tout, veilla au bon accueil des convives et des visiteurs, seconda parfaitement son amant dans les tâches qui lui étaient imparties. Son rôle de maîtresse de maison lui convenait à merveille. Et puis, elle se plaisait dans cette demeure de caractère qui dominait un petit jardin. On pouvait l'atteindre par une large terrasse et un double escalier d'une dizaine de marches. Un porche soutenu par quatre colonnes précédait l'entrée d'un magnifique salon orné de grandes fresques. À ce niveau, deux pièces servant l'une de bureau, l'autre de chambre, et décorées avec beaucoup de goût, s'ouvraient sur la terrasse[1] d'où la vue s'étendait largement sur la ville de Nîmes.

VI

L'éclosion du chemin de fer

Bienheureux chemin de fer

GEORGE STEPHENSON aimait bien la France, mais surtout le Midi. En route pour l'Espagne, il vint rendre visite à l'ingénieur Talabot, en septembre 1845, afin de donner son avis sur le chemin de fer projeté de la baie de Biscaye à Madrid. Après avoir visité les travaux de la ligne d'Orléans à Tours, il se rendit à Nîmes en passant par Le Puy. La beauté exceptionnelle de cette région, si bien décrite par George Sand, avait fait sur Stephenson une grande impression[1] ! Paulin et Marie se réjouissaient de recevoir leur ami d'outre-Manche. Celui-ci posa un jour cette question à Talabot :

« Mais où donc avez vous appris l'anglais ?
– Je l'ai appris tout seul, en lisant Shakespeare.
– Ah ! C'est donc pour cela que vous parlez l'anglais de la reine Elisabeth[2] ! »

Stephenson était un personnage assez pince-sans-rire. Marie et Paulin appréciaient cet homme très sérieux qui savait « s'échapper » délicieusement des discussions graves ou des grands discours du moment. Mais il ne parlait pas le français. Aussi, grâce aux conversations fréquentes avec Stephenson et sa famille, mais aussi aux lectures assidues des classiques anglais que lui proposait son compagnon, Marie fit-elle d'excellents et rapides progrès dans cette langue.

Dans le département du Gard, on empruntait désormais le chemin de fer. Les plus riches s'offraient les premières classes, sorte de berline montée sur roues, décorées de tapisseries, de rideaux et de glaces. Les bourgeois utilisaient les secondes dont les wagons, lotis de bancs de bois, possédaient portes et fenêtres. Le petit peuple s'entassait en troisième classe, wagons certes couverts d'un toit, mais ouverts à tous les vents. En fait, les mêmes véhicules étaient destinés également aux colis et aux animaux, ce qui parfois posa quelques problèmes. En effet, le 22 mai 1843, une circulaire recommandait d'ajouter un wagon supplémentaire, spécialement réservé aux marchandises et animaux « pour éviter de mettre, comme on l'a fait il y a quelques jours, des veaux en compagnie des voyageurs »... Il est évident que l'organisation manquait encore. Mais l'on appréciait malgré tout la « grande vitesse du cheval de fer », tandis que la voiture hippomobile était regardée avec dédain[1]. *L'Illustration,* en 1846, précise : « Hier encore, ces affreuses voitures de si exécrable mémoire vous cahotaient si douloureusement dans leurs étroits compartiments où vous ne pouviez ni lever la tête, ni étendre les jambes, ni appuyer le dos, ni remuer les bras, en un mot ni faire autre chose que demander, en gémissant, au ciel et aux ingénieurs de la compagnie Talabot le prompt achèvement des travaux de trop longue durée du bienheureux chemin de fer destiné à soulager tant et de si grandes infortunes. »

Peu à peu, les travaux se développèrent sur différents sites. Puis, Paris fut enfin relié aux grandes villes de province. On vit alors éclore des centaines de petites gares, s'étirer des longueurs impressionnantes de voies ferrées. Ailleurs, on édifiait des halls parfois immenses et grandioses[1] qui induisaient nécessairement une vie sociale intense. En fait, il s'agissait d'un des points forts de la liturgie saint-simonienne du XIXe siècle : une partie de la vie de la ville se passait à la gare où une activité fébrile et débonnaire séduisait le voyageur comme le curieux.

En province, c'était aussi une nouveauté fascinante : on se déplaçait en famille à l'arrivée des voyageurs. Les petites gares, disséminées dans la campagne profonde, offrirent alors un intérêt majeur aux paysans plutôt sédentaires et méfiants. Aux arrêts du train, d'aucuns se lançaient à faire quelques clichés au pied du fameux cheval d'acier fumant. Les voyageurs en profitaient pour descendre prestement du convoi et se cacher derrière les buissons. Pas de toilettes dans les wagons à cette époque !

Marie commençait à suivre Paulin dans certains de ses déplacements, assistant auprès de lui aux inaugurations officielles. Ce monde grouillant, résolument moderne, qu'elle approchait progressivement, la ravissait. Elle demeurait littéralement subjuguée par les hautes capacités de son amant qu'elle découvrait jour après jour : « Il voit ce que les autres ne voient pas », écrivait-elle à Mme Palangié.

Pour la première fois, à l'automne 1846, Paulin l'emmena à Paris. D'emblée, elle fut plongée dans un monde totalement différent de celui qu'elle avait côtoyé jusqu'alors. Un monde qui la laissa perplexe : « Quelle multitude de vies aisées, confortables et opulentes », devait-elle dire plus tard ! Il s'agissait bien d'une autre société, très éloignée de la bourgeoisie qu'elle avait connue jusqu'à présent à Saint-Geniez, à Marseille ou à Nîmes. Elle y revit des amis de Paulin qui descendaient, de temps à autre, vers le Midi et fit de nouvelles connaissances. Ils se rendirent chez l'astronome Urbain Le Verrier, car Paulin tenait absolument à féliciter son camarade pour sa découverte récente : « Ce savant, par ses seuls calculs, partant des perturbations incompréhensibles de la planète Uranus, avait déterminé l'existence et la position d'une autre planète solaire jusqu'alors inconnue. Il s'agissait de Neptune[1]. » Ces travaux avaient été communiqués par le savant lui-même à l'Académie des sciences le 31 août de la même année.

D'un caractère assez vif et autoritaire, le scientifique s'entendait cependant fort bien avec l'ingénieur. Celui-ci lui avait fait part de la fabrication d'une mire, dont la mise au point avait été réalisée quelques mois auparavant, au sommet de la tour Magne de Nîmes. Situé à quelques encablures de la maison de Talabot, ce point culminant s'était révélé idéal pour ce genre d'expérience. Naturellement curieuse de savoir, et même si elle se sentait quelque peu béotienne, Marie avait assisté à la démonstration de cet appareil, conçu par Paulin et Charles Didion, et dont elle avait suivi patiemment la fabrication. Cette mire allait être d'ailleurs fort utile, l'année suivante, lors de l'expédition en Égypte pour le projet du canal de Suez que soutenait Talabot[2].

Seules huit années séparaient Mme Le Verrier[1] de Marie. Dès cette première rencontre, elles devinrent de bonnes amies. Marie resta donc à Paris plusieurs mois afin d'acquérir les bonnes manières comme l'avait souhaité son amant. Entre les maîtres en convenances de Marseille et ceux de Paris, la jeune femme devint une élève douée. Outre les gestes et attitudes du grand monde, elle apprit l'italien, peaufina son anglais, apprit à jouer du piano et de la harpe et se lança dans le chant et la poésie. Elle approcha l'art pictural et la sculpture. Avec Mme Le Verrier, elle découvrit les beautés de la capitale. Ce fut à cette occasion qu'elle fit la connaissance du grand peintre romantique Eugène Delacroix qui terminait alors les somptueuses fresques de la bibliothèque du palais du Luxembourg. À la fois mondain et solitaire, homme du monde et travailleur acharné, l'artiste fascinait Marie par son talent et sa personnalité. Elle s'en fit un ami[2].

De son côté, Paulin vaquait à ses occupations prenantes avec Stephenson qui lui avait rendu visite à Nîmes quelques semaines plus tôt. Tous deux, passionnés, s'entretenaient de projets autrement plus vastes que ceux qui concernaient alors le Bassin méditerranéen. Dans leurs discussions animées et très prolifiques, ils s'intéressaient au dessein d'un canal devant réunir les eaux de la mer Rouge à celles de la Méditerranée : un projet gigantesque qui deviendra le fameux canal de Suez et dont on écrira plus tard qu'« il est l'aboutissement d'une lutte diplomatique de quinze ans, d'une préoccupation technique de soixante-quinze ans, d'une préoccupation économique et politique de trois siècles et demi, d'une tradition de près de quatre mille ans[3] ».

En Angleterre

À la mi-juillet 1847, après une étape de quelques jours à Paris, Paulin emmena sa compagne à la découverte de l'Angleterre. Épopée intéressante pour la jeune femme qui prit le bateau pour la première fois. Ils logèrent à Brighton, puis à Londres avant de regagner Newcastle où habitaient leurs amis, George et Robert Stephenson.

Toujours en affaires avec l'Angleterre, Talabot mêlait habilement l'utile à l'agréable, heureux de faire partager à sa jeune maîtresse des horizons nouveaux. Auprès des Stephenson, Marie découvrit une famille avec une histoire assez comparable à la sienne, de bons amis qu'elle côtoyait avec bonheur, trouvant auprès de George l'affection d'un homme qui aurait pu être son père. À cette époque, elle avait vingt-cinq ans et Stephenson, soixante-six ans. Comme elle, il était issu d'une famille des plus humbles. Dès huit ans, il avait été placé chez un fermier comme berger et n'avait pas atteint sa quatorzième année lorsqu'il entra au service de la mine. De même que Marie, au cours de ses jeunes années, il ne put acquérir convenablement des connaissances suffisantes, mais, animé d'une volonté farouche d'apprendre, de vivre, de sortir du carcan de sa pauvreté, il se passionna pour la mécanique et gravit rapidement les échelons de la hiérarchie sociale. Il devint ainsi respecté et écouté.

Parfois, des heures entières, George Stephenson et Marie devisaient au sujet de leurs enfances respectives. C'est ainsi qu'elle découvrit la vie dramatique des enfants anglais affectés aux mines de charbon. Stephenson avait lui-même travaillé avec eux, partagé les mêmes coups, les mêmes humiliations, les mêmes injustices. Dans « sa » mine, il avait côtoyé des garçons et des filles bien plus jeunes que lui qui manipulaient des wagonnets douze heures durant, dans l'obscurité quasi complète. Lui-même avait été ainsi attelé, une chaîne fixée d'une part à sa ceinture et de l'autre au wagonnet qu'il devait pousser. Stephenson versa quelques larmes à la mémoire de sa jeune cousine Élisabeth. Elle perdit tragiquement la vie dans l'effroi de cette mine. Dès huit ans, elle descendait dans le puits pour y travailler de sept heures du matin à sept heures du soir. Elle poussait des wagonnets de charbon dans une fosse tellement humide que parfois l'eau remplissait ses souliers. Durant six ans, elle œuvra dans le noir, au milieu de garçons et d'hommes nus, elle-même n'étant habillée que d'une chemise. Un jour, un wagonnet se détacha. Elisabeth fut écrasée contre la paroi. Elle mourut dans d'atroces souffrances après une terrible semaine d'agonie[1]...

En écoutant son ami, Marie fut bouleversée par ces misères récurrentes. Sa propre jeunesse paraissait bien tendre en regard de ces drames humains qui se déroulaient quotidiennement dans les entrailles de la terre, et dont les enfants représentaient les principales victimes. Devenue femme, elle n'oublia rien des traumatismes de l'enfant qu'elle fut. Aussi mesura-t-elle avec justesse la misère, l'épuisement, l'exploitation et, ce qui la toucha le plus, la résignation de cette jeunesse maintenue dans l'enfer d'un labeur incessant.

Mais les grands chantiers de France, ceux notamment qu'ordonnait son amant, ne présentaient parfois rien de plus reluisant ! Au centre de décors sauvages, dépourvus de chemin, de route ou de sentier, des milliers d'hommes, bons à tout et propres à rien, se côtoyaient pour façonner, jour après jour, l'incroyable aventure du chemin de fer. On totalisa d'énormes fortunes pour leurs constructions, en observant un pudique silence sur les sacrifices humains…

Certains ouvrages coûtèrent en effet beaucoup de peine et d'argent, et les ouvriers payèrent un lourd tribut en vies humaines. Des obstacles insoupçonnés, des torrents d'eau, d'argile ou de pierres, des infiltrations, des sursauts imprévisibles de la nature, des éboulements soudains entraînèrent trop souvent la mort. Sur les chantiers, combien furent mutilés par des wagonnets à la dérive, tués par des mines, ensevelis sous des masses de boue ? Combien laissèrent des veuves, des enfants, des parents éplorés ? Régulièrement, les journaux retraçaient ces drames qui endeuillaient parfois des villages entiers, où père et fils disparaissaient ensemble dans une même catastrophe !

Enfin, précisons qu'en ces époques dures les ouvriers ne voulaient pas prendre en compte la souffrance, liée naturellement aux exigences de la vie. « Sans oublier une certaine résignation résultant de la conviction que le travail industriel s'accompagnait fatalement de maux et de souffrances, et qu'il n'était pas de mise de trop se plaindre[1]. » Les malheurs ferroviaires s'accumulèrent en effet, faisant chaque année des centaines de victimes en France. De même, dans les usines à vapeur, un danger permanent, issu d'explosions de chaudières, d'engrenages, de courroies et également de poulies non protégées, occasionnait autant de drames. « Depuis le milieu du XIXe siècle, la courbe ascendante des morts industrielles est une réplique fidèle de celle de la mécanisation grandissante », écrivit Émile Dupuy dans la *Revue du Rouergue*[2].

Marie connaissait ces pleurs et ces drames qui remontaient parfois jusqu'à elle. Discrètement, elle trouvait les mots justes qu'elle dictait au bon moment à l'oreille de son compagnon. Bien des misères, provoquées par les travaux des chemins de fer, ont été évitées ou du moins adoucies par les mises en garde incessantes de Marie. Paulin savait alors l'écouter, connaissant parfaitement sa sensibilité et la justesse de ses jugements.

La gare de Marseille

Après les efforts demandés par la construction de deux ouvrages d'une extrême hardiesse pour l'époque, le viaduc de Tarascon et le souterrain de la Nerthe, le chemin de fer de Marseille à Avignon, dont Talabot avait obtenu la concession du Parlement en 1843, fut enfin inauguré le 9 janvier 1848. Une fête exceptionnelle se déroula à la nouvelle gare Saint-Charles de Marseille à laquelle participa Marie, tout à fait officiellement.

Dans un bourbier sans nom, occasionné par les travaux à peine terminés, la foule des badauds et la haute société marseillaise supportaient héroïquement les outrages d'une pluie froide et battante, à tel point que le journal *Le Dimanche illustré*[1] ironisa au sujet de la bénédiction épiscopale : « Monseigneur aurait pu se dispenser de porter un goupillon. Il n'avait qu'à étendre les deux premiers doigts, à relever le pouce et à couper en quatre la pluie qui tombait comme pour lui faire plaisir, et tout était dit… »

Après les discours officiels, notamment celui de l'évêque de Marseille, Mgr de Mazenod que Marie recevra plus tard chez elle, il fallut bénir les dix locomotives rutilantes et fort bien décorées qui portaient chacune leur nom gravé sur une plaque de cuivre. « L'une d'elles s'appelait "Lucifer". Allez donc faire bénir par un évêque un engin portant le nom du prince des démons ! Alors, pendant que les locomotives, enrubannées et décorées de drapeaux et de feuillages, s'avançaient lentement vers le podium, là-bas, à l'extrémité de la gare, on vit une machine solitaire effectuer quelques vagues manœuvres afin d'échapper aux retombées des bénédictions épiscopales. C'était "Lucifer", la mal nommée[1]... »

L'essentiel de la fête se déroula le lendemain dimanche 9 janvier. Dès sept heures du matin, « le couple Talabot » se rendit à la nouvelle gare où les membres les plus influents de la ville et de l'industrie, les autorités municipales, les notables de diverses administrations, avaient été invités pour un voyage inaugural jusqu'à la ville d'Arles. Deux locomotives et vingt et un wagons composaient le convoi. Talabot, ingénieur en chef, et Audibert[2], directeur de l'exploitation, conduisirent eux-mêmes les machines alors que les hautes notabilités marseillaises prirent place dans les wagons pouvant contenir chacun trente-deux voyageurs. On donna le départ à huit heures trente au milieu des cris de liesse et d'encouragement. Pour l'ensemble des passagers, qui effectuaient là leur premier voyage « mécanique », ce fut une expérience émoustillante mais quelque peu chargée de crainte, notamment lors de la traversée des tunnels. Le quotidien *Le Sémaphore* publiait le lendemain : « ... Cette montagne qui, par la pensée, pèse sur la tête des voyageurs de tout son poids, ce concert strident de chaînes de fer, de grincements de roues, de hurlement de locomotives... tout cela donne à cette partie du voyage un attrait qui doit être compris par les natures les plus vulgaires... »

Lorsque le convoi arriva à Arles, sous une pluie neigeuse aussi froide que la veille, voyageurs et badauds applaudirent d'admiration devant le prodige technique dont ils venaient d'être témoins. Talabot et Audibert, les vaillants et intrépides conducteurs des locomotives, sortirent, tels des diables, le visage noirci par la fumée et les poussières de charbon. Les voyageurs, transis de froid, furent reçus comme de véritables conquérants. Puis un grand banquet, « de la plus haute ordonnance », organisé par le marquis de Grille, maire de la ville, accueillit quelque 700 convives. Quelques heures plus tard, ce fut un retour triomphant, en gare de Marseille, acclamé par une foule compacte qui saluait avec ostentation les prouesses des ingénieurs et de leurs machines[1].

Marie trouva le voyage exaltant. Ce premier voyage qu'elle fit en tant que « Madame Talabot », car Paulin avait ainsi notifié les invitations[2]. Cette démarche, qu'il avait choisie certainement par amour, plaçait désormais sa maîtresse à un niveau bien supérieur à celui qu'elle occupait jusqu'alors. Elle fut tout émue du triomphe que l'on fit à son « grand homme. » En présence de hautes personnalités, assise près de son compagnon face aux sept cents invités qui participaient bruyamment aux agapes, on la remarqua, on l'envia peut-être…

Paulin Talabot pouvait être satisfait de son travail. La ligne Avignon-Marseille s'ouvrait progressivement et s'établissait dans des conditions techniques exceptionnelles, malgré d'immenses difficultés. Cela nécessita la construction de plusieurs viaducs et le creusement du tunnel le plus long du monde[3].

Désormais toujours accompagné de Marie, Paulin inaugurait les gares et les tronçons de voies ferrées au fur et à mesure de leur édification. Sa jeune compagne prenait goût à ces fêtes somptueuses et bourgeoises où sa faculté d'adaptation lui était d'un grand secours. Elle y déclinait déjà avec ravissement une élégance naturelle rehaussée par des robes dernier cri. Elle approcha ainsi de nombreux personnages célèbres et haut placés qui ne furent certainement pas insensibles à sa jeunesse et à sa beauté. Peu à peu, Marie prit une place non négligeable dans l'entreprise monumentale de son compagnon. On l'associait étroitement aux chemins de fer et elle devint, dans ce département baigné de soleil, « la princesse du rail[1] ».

VII

Pendant la révolution de février 1848

Un Paris fou de rage

STEPHENSON ET TALABOT travaillaient activement à la fameuse expédition vers l'Égypte lorsque, comme un coup de foudre dans un ciel serein, éclata la révolution de Février. Depuis peu, quelques nuages s'amoncelaient autour du roi Louis-Philippe dont l'impopularité s'aggravait progressivement. Et tout d'un coup, tout fut en péril, la fortune, l'honneur, la vie, l'industrie plus que tout autre élément social. Chacun dut courir à la défense de son œuvre, de son idée, de son bien[1]. Triste époque que cette fin d'un règne tourmenté de convulsions politiques. L'insuffisance des récoltes, la rareté des capitaux, la peur de la révolution que l'on voyait venir, les déclarations utopiques et enfiévrées qui sentaient la poudre et le sang : tout concourait à détruire la confiance et à ruiner les entreprises nouvelles. Le désordre et le chômage, l'un engendrant l'autre, firent des ravages en tous lieux. Des mesures prises trop rapidement s'ajoutèrent à la panique ambiante. On supprima le financement de certaines lignes de chemin de fer, et celle d'Avignon à Marseille fut mise sous séquestre[1], un véritable casse-tête pour l'ingénieur Talabot !

Cependant, malgré l'anarchie, une commission d'ingénieurs s'établit dans l'isthme de Suez sous la direction du fidèle ami de Talabot, Bourdaloue. Alors que Stephenson rentrait en Angleterre, Talabot consacra tous ses efforts pour soutenir son édifice industriel qui semblait crouler de toutes parts. Dans ces moments difficiles, Marie resta très présente auprès de son compagnon. Elle le suivit dans ses déplacements, l'aida et l'aima. Lui, qui avait l'habitude de se battre seul, trouva une alliée insoupçonnée et remarquable, douée d'un esprit combatif inattendu et d'une intelligence rare. Il ne put que l'aimer davantage.

Marie se trouvait chez les Le Verrier lorsque la révolution éclata dans un Paris fou de rage. *Le Charivari*[2], journal impertinent, menait une guerre acharnée contre Louis-Philippe, blasonné de « Monsieur Chose ou de Monsieur Cassette ». De son côté, l'écrivain Lamennais, ravi de ces attaques, notait : « L'esprit et le talent sont du côté de la République. » Effarée, Marie entendit les émeutiers, les étudiants, les jeunes, les ouvriers, les femmes, les enfants réclamer de la justice, de la liberté, du pain. Comme une mer furieuse qui envahit places, rues et venelles, la foule hurlante criait son désespoir. Des hommes, haletants et agressifs, brisaient les réverbères, dépavaient les rues… D'abord, Marie ne comprit pas ! D'ailleurs, elle n'avait jamais rien compris à la politique et à ses exactions. Et pourtant, n'était-elle pas issue de ce milieu où le droit de vivre devait s'arracher jour après jour ?

Voulant se faire une opinion et ne supportant pas l'injustice, Marie s'informa de tous côtés auprès des Le

Verrier, de Paulin, et d'autres connaissances. Elle entendit la voix de ces femmes qui criaient leur détresse, comme du fond d'un cachot, ces ouvrières, ces bonnes à tout faire, ces filles perdues mais aussi généreuses, ces lavandières, ces rinceuses de vaisselle qui demandaient un peu d'humanité, de liberté et d'attention. Elle lut ces écrits où s'exprimaient pour la première fois et avec conviction des femmes demandant un minimum de reconnaissance et d'autonomie, organisant des souscriptions et des quêtes, tenant des conférences sur l'instruction à donner aux femmes. Elle sentait poindre cette force puissante et nouvelle qui s'exhalait chaque jour davantage dans les rues envahies… Elle avait été peinée des attaques violentes menées contre George Sand[1] et ses consœurs par ces philosophes, poètes et autres moralistes phallocrates qui semblaient conclure d'une même voix devant leur légitime réaction : « Les femmes sont mauvaises ! » Alors qu'elles ne recherchaient qu'à sortir de l'asservissement dans lequel les hommes les maintenaient. Depuis trop longtemps elles souffraient patiemment les insultes qu'on leur jetait…

Féministe avant la lettre, Marie fut subjuguée par cette volonté superbe qui émergeait littéralement de cette foule d'hommes et surtout de femmes qui voulait être écoutée. Elle savait très bien que parmi les habitants des campagnes, et notamment de l'Aveyron, la condition des femmes n'était pas des plus heureuses. Elle savait qu'elles étaient avant tout attachées à leur foyer et dépendantes de leur mari, qu'elles n'avaient aucune autonomie et que leur part, dans la société, se trouvait réduite, voire inexistante. Elle savait aussi que lorsque ces femmes prenaient un mari, c'était bien souvent un supplément de misère pour nombre d'entre elles[2] ! Mais elle découvrait aussi avec espoir ces courageuses qui prenaient conscience de leurs droits de citoyennes et réagissaient à leur situation déplorable. Elles allaient enfin apporter une contribution formidable à la construction de la société, et cela dans tous les domaines, intellectuel, juridique, technique, politique, artistique. Marie pensait qu'il fallait leur faire confiance car elles étaient synonymes de courage, de volonté et d'intelligence. Mais il était nécessaire qu'elles se prennent en main, afin de s'extirper du carcan qui, trop longtemps, les avait emprisonnées comme un linceul.

Paulin et Marie comprenaient ce mouvement, d'autant plus que la philosophie saint-simonienne, dont l'ingénieur connaissait bien les règles, dictait l'égalité des sexes et l'affranchissement des femmes. D'ailleurs, grâce aux disciples de cette doctrine, celles-ci prirent publiquement la parole, générant ainsi une expérience inédite d'émancipation. Fascinée par cet élan nouveau, Marie s'approcha de ces « nouvelles femmes éprises d'écriture et de liberté, ces excentriques des cercles, ces grisettes » que les caricaturistes tournaient en dérision ou que l'on salissait allégrement. Elle rencontra George Sand qui s'était engagée aux côtés du Gouvernement provisoire et que l'on invectivait à tout va : « Elle couche pour toucher de l'argent pour ses Bulletins de la République », disait-on ! Dans l'effervescence de cette guerre, elle connut et s'intéressa à Pauline Roland[1] qui s'était liée d'amitié avec Edmond, le frère de Paulin, et Prosper Enfantin, disciples saint-simoniens. Le double combat de cette femme, à la fois pour l'instruction populaire et pour l'égalité des femmes, fut un sujet qui toucha fortement Marie.

Le ton avait été donné, quelques années plus tôt, par le comportement d'un homme très en vue, Victor

Hugo[1]. Il avait été surpris par un commissaire de police en flagrant délit d'adultère avec une jolie blonde répondant au nom de Léonie Biard. À l'insu de sa maîtresse officielle, Juliette Drouet[2], Hugo entretenait cette liaison depuis quelques mois sans savoir qu'il était étroitement surveillé par l'époux de Léonie. Or, le poète venait de rejoindre tout récemment le prestigieux cercle des pairs de France. De ce fait, il invoqua son immunité et fut donc immédiatement relâché. Mais il n'en fut pas de même pour la jolie Léonie que l'on enferma pendant deux mois à Saint-Lazare, la prison parisienne des femmes[3] ! La notoriété de Victor Hugo était telle qu'on étala ce fait dans toutes les gazettes et cela révéla au public une profonde inégalité entre hommes et femmes. En cas d'adultère, ces dernières étaient traitées en véritables criminelles alors qu'une large tolérance était accordée aux hommes. Certaines femmes refusèrent alors cette injustice, d'autant plus que le divorce n'existait pas, alors que des milliers d'entre elles le souhaitaient[4].

Désormais devenue bourgeoise, et sans oublier le moins du monde son origine, Marie avança aux côtés des femmes du peuple dans un sens commun, celui de la liberté ! Mais, loin de répondre à leurs attentes, la IIe République les condamna au silence, aggravant encore un peu plus leur solitude. De plus, les hommes les rendirent responsables tant du débordement révolutionnaire que de l'échec final de la République. Malgré cela, l'influence de ces femmes pionnières ne disparut pas. Ce fut peut-être là, au cœur même de cette révolution, que Marie commença l'apprentissage de la réalité politique et sociale face à son temps. De longues discussions avec son compagnon lui apportèrent un éclairage nouveau et salutaire. À son tour, Marie trouvait du bon dans cette philosophie saint-simonienne qui tendait la main à ses consœurs et dont certaines adhérèrent totalement à ses doctrines. Peu à peu, mais très lentement, les revendications de ces femmes firent leur chemin...

L'archevêque martyr

Dans ce Paris en guerre, où le peuple trouva son drame dans la rue, les bourgeois n'osaient plus sortir, ni participer aux fêtes qui s'estompèrent rapidement. Les Le Verrier restaient, bien évidemment, très discrets. Mais ils conviaient de temps à autre à leur table Mgr Affre, archevêque de Paris, Aveyronnais de naissance[1]. Mme Le Verrier vénérait le clergé et les évêques en particulier, et consacrait ses moments perdus à broder au fil d'or des vêtements sacerdotaux. C'est ainsi, que Marie, la jeune Rouergate, connut son compatriote, originaire de Saint-Rome-de-Tarn, et de trente ans son aîné. Il était un parent de Mgr Frayssinous dont les obsèques avaient été célébrées à Saint-Geniez-d'Olt quelques années plus tôt[2].

D'emblée Marie aima les discussions autour de la table, lorsque le prélat daignait s'y asseoir. Homme érudit et très éloquent il avait été chargé par Talleyrand, alors qu'il était encore jeune abbé, de « l'aumônerie des Enfants trouvés ». Un sujet qui intéressa particulièrement la jeune femme. Elle n'hésita pas à lui confier sa vie d'enfant pauvre dont elle s'était échappée. L'archevêque connaissait parfaitement les établissements de charité du Rouergue. Ceux de Saint-Geniez-d'Olt, créés ou développés sous l'impulsion du docteur Rogéry, faisaient à présent école dans tout le département et bien au-delà. À l'instar de son parent Frayssinous, Affre fut un ami très proche du médecin dont il avait apprécié, en son temps, la valeur exceptionnelle. Il se fit un devoir de renseigner la jeune femme sur le travail fécond et remarquable que l'homme de médecine avait accompli en quarante années de service auprès de ses administrés. Marie fut touchée d'apprendre le dévouement sans limite et sans calcul de cet être bon et altruiste qui consacra la majeure partie de sa vie aux autres. En effet, lors des épidémies, il fut d'un grand secours auprès de la population de la ville et des villages voisins. On venait le consulter de loin car il fut le premier médecin à introduire la vaccination dans le département. Marie avait donc pu bénéficier, lorsqu'elle était enfant, des largesses de cœur du « maire de Saint-Geniez » qu'elle n'avait d'ailleurs que très peu connu[1].

Mgr Affre possédait un sens aigu des besoins de son temps. Il devint un protecteur des sociétés de secours mutuels, d'œuvres charitables et de bienfaisance. En cela, il encourageait fortement ses ouailles et, peut-être, influença-t-il Marie qui, dès lors, se tourna résolument vers les autres. Avec plus de force, elle participa aux œuvres charitables qui nécessitaient son soutien.

La crise sociale n'en finissait pas de s'intensifier. Dans l'ensemble, le clergé approuva le mouvement républicain. Mgr Affre ordonna des services religieux dans toutes les églises de son diocèse pour le succès de l'insurrection. Mais beaucoup de ceux qui appelaient la réforme ne souhaitaient en rien la révolution qui, malheureusement, rebondit d'émeute en émeute et, surtout, lors de ces funestes journées de juin.

D'excellents rapports liaient le prélat au roi Louis-Philippe qui affirmait avec bonhomie : « C'est mon archevêque. » Du moins, au début de son épiscopat, car, peu à peu, leurs relations tiédirent et passèrent par des phases plutôt sombres. Généralement discret et réservé, Affre n'hésitait cependant pas à opposer ses convictions au monarque. Entre eux, une sympathie nuancée de réserves fit bientôt place à une défiance et une froideur évidente. Il est probable que ce caractère rouergat déplut fortement au roi qui un jour s'écria : « Quelle faute j'ai commise lorsque j'ai laissé placer la mitre sur une tête si opiniâtre ! Où donc ai-je été prendre ce M. Affre ? C'est une pierre brute des montagnes. Je la briserais si je n'en craignais les éclats. » Une autre fois, au cours d'une discussion orageuse, le roi lui dit :

« Monsieur l'archevêque, prenez garde, on brisera votre mitre sur votre tête ! »

Et le prélat de répondre sereinement :

« Que Dieu conserve la couronne du roi, car on a vu briser bien des couronnes… »

Cette discussion sévère entre les deux hommes devait trouver son épilogue en cette année de guerre qui conduisit le roi en exil et l'archevêque au tombeau[1].

Le mois de juin arriva avec son cortège de belligérants, de malheureux, d'affamés, d'excités : la capitale allait connaître la plus terrible bataille de rues de son histoire ! En quelques heures, Paris se couvrit de barricades[2]. Dans les rues envahies d'agitateurs de tout poil, le peuple prit les armes et le sang coula. Mgr Affre, assisté par des membres de son clergé, secourut blessés et mourants, victimes d'inutiles fusillades. Bouleversé par les massacres qui désolaient son diocèse, il escalada courageusement les barricades afin d'apporter des paroles de paix à ce peuple en armes et surexcité. Une balle perdue l'atteignit dans le dos et le blessa mortellement. Les insurgés voulant le venger, l'archevêque les conjura de déposer les armes : « Il y a trop de sang répandu, que le mien soit le dernier[1] ! » Malgré des soins rapides, il mourut le 27 juin de cette « année terrible ». Plus de 200 000 personnes assistèrent à ses funérailles qui furent célébrées le 7 juillet aux frais de l'État[2]. Sa mort sur les barricades lui valut la gloire de martyr[3]. Désormais, on associa son nom à l'histoire de la révolution de 1848 dont il fut, peut-être, la plus illustre des victimes. Montalembert[4], qui avait patronné la candidature de Mgr Affre auprès de Thiers, salua la mort du prélat en des termes remarquables. Après ces jours d'hostilités sanglantes, dont il fut difficile d'établir les pertes qui s'élevèrent au moins à plusieurs milliers de morts et transformèrent Paris en charnier, Lacordaire devait dire du haut de la chaire de Notre-Dame, en évoquant la mort de Mgr Affre : « Il est tombé en désarmant la guerre civile. » Le décès de l'archevêque marqua, en effet, le terme de l'émeute. La France et le Rouergue en particulier se montrèrent fidèles au souvenir de cet homme[5] dont on perpétua la mémoire. Cinq mois plus tard, le 14 novembre 1848, on créa officiellement en Algérie « Affreville », bâtie au pied du Zaccar sur la plaine du Haut-Chéliff[6].

Cette révolution, où se mêlèrent étroitement les passions, tant religieuses que politiques, fut marquée du double caractère de stérilité[7] et d'agitation. On appela la décennie tout entière « l'époque de la faim ». Ce terme expliqua, à lui seul, les explosions sociales et politiques qui se produisirent dans toute l'Europe où le même idéal de liberté anima un formidable soulèvement des peuples. Il convient de préciser que les révolutions qui secouèrent l'Europe en 1848 furent l'aboutissement de trente années de révoltes libérales et nationales.

Monarchies et empires finirent par sombrer. L'Ancien Régime avait vécu. En France, ce mouvement révolutionnaire renversa la monarchie de Juillet. Sur proposition de Lamartine, on nomma un gouvernement provisoire qui établit la IIe République. Mais celle-ci ne parvint pas à résoudre la grave crise sociale et économique. Le 10 décembre 1848, Louis Napoléon Bonaparte fut élu président de la République. Il instaura alors un régime brutal : au « printemps des peuples » succéda un été de répression.

Après cette guerre, on rechercha le calme et le retour au travail. Les ouvriers souhaitèrent enfin la paix universelle et une amélioration de leur sort, les prêtres bénirent les arbres de la liberté que l'on avait plantés avec enthousiasme dans les communes[1], et la bourgeoisie souffla enfin de soulagement. Jusqu'en 1860, l'ordre social, la prospérité économique, les guerres coloniales et une relative paix en Europe valurent à Napoléon III le soutien de la bourgeoisie française. Au milieu du XIXe siècle, on découvrit des gisements d'or en Australie et en Californie. Le métal précieux, qui symbolisait le vertige nouveau des richesses, circulait à foison et dynamisait la vie économique sur les marchés européens. En peu de temps, la prospérité rejaillit sur les investissements, le pouvoir d'achat augmenta, la soif de la spéculation saisit tout le monde, des fortunes considérables s'établirent. Le régime fort, instauré par Napoléon III, redonna confiance, surtout à la bourgeoisie.

Mais celui que Victor Hugo surnomma « Napoléon le Petit » exerça en fait un pouvoir absolu de 1852 à 1858 : ce fut « l'Empire autoritaire » qui se caractérisa cependant par un important essor des finances, de l'industrie, et du commerce.

Retour à Saint-Geniez-d'Olt

Au 1er novembre 1848, Paulin perdit sa mère âgée de soixante et onze ans. Les obsèques devant se dérouler dans le département du Tarn, au village de Saint-Juéry, Marie l'accompagna. Alors qu'elle n'était pas encore sa maîtresse, elle était déjà très proche de lui lorsque, neuf ans plus tôt, et presque jour pour jour[1], il s'était rendu à Limoges afin d'assister aux obsèques de son père. Dans cette nouvelle épreuve, qui s'ajoutait aux difficultés de son entreprise, inhérentes aux événements politiques, Marie lui témoigna une nouvelle fois son amour et son soutien.

Bien que ses relations avec la défunte aient été épisodiques et plutôt froides, Marie tint à être là, présente, au côté de l'homme qu'elle aimait et qui était dans la peine. Cependant, la famille de son compagnon garda quelques distances à son égard. La différence de milieu fut certainement à l'origine de cette attitude. Peut-être pensait-elle également qu'il s'agissait d'une conquête de plus et sans lendemain pour le polytechnicien ? Toujours est-il que Paulin et Marie ne s'attardèrent pas et repartirent le soir même des funérailles[2].

Étant assez proches de l'Aveyron, ils décidèrent alors de passer quelques jours à Saint-Geniez-d'Olt. Quelques années auparavant, Paulin avait promis à sa compagne de l'amener voir le mausolée de Mgr Frayssinous, œuvre de l'un de ses amis, le sculpteur Gayrard, et qui faisait école dans tout le département et les milieux artistiques.

Marie n'était pas revenue chez elle depuis l'été 1845, l'année de la mort de son père. Émotions légitimes pour la jeune femme, lorsque son premier geste à l'arrivée fut de se recueillir sur sa tombe. Une tombe gisant parmi d'autres, dans la fosse commune, et matérialisée par une simple croix de bois sur laquelle un panonceau indiquait laconiquement : « Antoine Savy 1760-1845 ». Un peu plus loin, une autre croix à peu près identique révélait une sépulture déjà ancienne : c'était là que l'on avait enseveli sa mère, il y avait déjà vingt et un ans... Sous une pluie froide, dans ce cimetière escarpé ouvert à tous les vents, Marie et Paulin se retrouvèrent avec peut-être encore plus d'intensité.

Marie présenta son « grand homme » à sa famille et à ses amis. Elle en était fière ! La place qu'il occupait dans la société, ses relations, sa culture, sa classe aussi, firent forte impression sur les gens du terroir. Elle visita encore Mme Palangié, son ancienne patronne, désormais veuve, puis les sœurs de l'hospice et de l'orphelinat, dont certaines étaient parties vers d'autres congrégations. Elle rechercha son amie Noëlle qui, au dire de certains, s'était acoquinée avec un bûcheron espagnol qui travaillait dans la région, mais on n'en avait aucune nouvelle.

Lui servant de guide, elle entraîna Paulin, au travers des venelles de la cité qu'elle avait parcourues enfant, sur les bords de la rivière où elle lavait autrefois le linge de l'hospice ou dans les chemins creux de la campagne toute proche. Ils contemplèrent enfin le fameux tombeau de Mgr Frayssinous, qui faisait l'objet de nombreuses visites, tant de curieux que de connaisseurs.

À cette occasion ils rencontrèrent le curé de la paroisse, l'abbé Jérôme Bessières[1], qui leur expliqua les différentes étapes de la construction du mausolée. Dans le but de les présenter aux notables de la ville, il organisa, en son presbytère, un bon repas rouergat auquel il convia le couple. C'était sa façon habituelle d'accueillir les nouveaux venus.

Il y eut autour de cette table, en ce début novembre 1848, huit convives dont le maire de la ville, M. Séguret, qui, appelé tout récemment à remplir les fonctions de juge de paix, – et celles-ci étant incompatibles avec celles de maire –, venait de donner sa démission au préfet[1]. Le percepteur des finances, M. Railhac, propriétaire du château de la Falque[2], M. François Majorel, conseiller municipal, ainsi que deux vicaires étaient également présents. Parmi les convives, Marie, seule femme du groupe, eut le plaisir de s'asseoir auprès de Jean-Louis Palangié[3], conseiller municipal qui devait succéder quelques jours plus tard à M. Séguret à la tête de la commune. Marie l'avait connu alors qu'elle était bonne à tout faire chez ses parents, domiciliés rue des Augustins. À cette époque, Jean-Louis affichait une trentaine d'années et travaillait auprès de son père dans le négoce, profession qu'il exerçait encore. Une émotion naturelle s'empara de Marie autant que du futur maire de la ville qui eut du mal à concevoir cette métamorphose époustouflante. Onze années s'étaient écoulées depuis. La petite bonne qui, en 1837, quittait Saint-Geniez-d'Olt pour Marseille s'était muée en une dame à la classe accomplie !

Un projet se dessine

Ce soir-là, le repas fut teinté d'une sympathie réelle entre les convives. Une sympathie qui se commua plus tard en véritable amitié entre le couple Talabot et la famille Railhac. En effet, lorsque par la suite ils revinrent à Saint-Geniez-d'Olt, Marie et quelquefois Paulin furent hébergés chez eux, au château de la Falque situé aux portes de la ville.

Les soirs suivants, ces quelques notables invitèrent Paulin dans leur cercle dont le lieu de rencontre se situait au rez-de-chaussée de l'hôtel de ville[1]. Il y avait là une grande salle de billard. L'ingénieur, excellent joueur, passa de bons moments à se mesurer aux habitués du cercle, notamment M. Railhac et M. Rouquayrol, notaire. Le couple visita aussi la nouvelle salle du conseil, future salle des Illustres, qui venait de recevoir le portrait du docteur Simon Rogéry, peint avec « autant de talent que de sagesse[2] » par Mme de Guizard, épouse du préfet de l'Aveyron.

Au conseil municipal de la ville, on comprit rapidement à quel point l'ingénieur Talabot pouvait les aider dans les projets communaux, lui qui côtoyait régulièrement les hommes les plus influents de la sphère gouvernementale. Évidemment, on évoqua le chemin de fer, d'autant plus que, deux ans au préalable, le 21 juillet 1846, le préfet avait demandé au conseil municipal de se prononcer sur un choix de passage d'une ligne reliant Bordeaux à Sète[3].

À cette époque, le Rouergue se maintenait à l'écart de la vie économique nationale. Le chemin de fer ne pouvait qu'aider fortement l'expansion de cette région reculée. Et pour Saint-Geniez-d'Olt, centre industriel et agricole important, l'impact en aurait été des plus bénéfiques. D'autant que, six ans plus tôt, le cabinet Guizot avait présenté à la Chambre un projet de loi dont le sens et la contexture étaient assez larges pour que les députés d'opinions les plus diverses puissent le voter. Ce projet comportait dix-huit articles que la *Gazette de France* résuma à deux articles : « Article premier : il y aura des chemins de fer dans tous les villages de France. Article deux : On commencera une seule ligne qui s'achèvera quand on pourra[4]... »

Talabot renseigna les dirigeants de la ville sur l'évolution du réseau en France et sur l'attitude heureuse du duc de Morny, demi-frère de l'empereur, qui souhaitait fortement le développement économique de la région. Député de Clermont-Ferrand, il défendait bec et ongles l'ouverture des provinces par le chemin de fer. Pour le département de l'Aveyron, le principe aurait été que la ligne de la Compagnie du Grand Central, laquelle souhaitait relier la ville de Montauban à « la rivière du Lot », puisse se prolonger en suivant la vallée du Lot jusqu'au village d'Entraygues, remonter afin de desservir Espalion et Saint-Geniez-d'Olt pour rejoindre ensuite le département de la Lozère.

Enfin, l'ingénieur conseilla de préparer un solide et cohérent dossier en collaboration avec les villes et villages directement concernés par ce tracé, de fournir également un état des tonnages des produits susceptibles d'être transportés (houille, bois, animaux, produits des filatures et des tanneries…), lui-même devant intervenir, le moment venu, auprès des directeurs du Grand Central et du gouvernement.

Apporter son aide au pays de celle qu'il chérissait était tout naturel pour Paulin. Marie en était fière et ravie. Connaissant la capacité de travail de son compagnon et les grandes œuvres qu'il avait déjà réalisées, elle voyait poindre des perspectives d'ouverture exceptionnelles qu'elle pouvait, à travers lui, donner à sa contrée.

Cependant, dans la petite ville aveyronnaise, l'on se mit à parler : la différence d'âge entre les deux amants n'était pas passée inaperçue. Paulin allait être quinquagénaire et Marie n'avait pas encore atteint ses vingt-six ans. Petit, ramassé sur lui-même, au corps trapu, la tête dans les épaules, Talabot ne payait pas de mine au premier abord, mais ses traits un peu durs, sa mâchoire puissante révélaient une force de caractère et de volonté devant laquelle on s'inclinait[1]. Naturellement, on se posa mille questions : « Mais qui est-il, que fait-il ? Certes, il a belle allure avec son haut-de-forme et sa redingote bleue de roi, mais ce n'est pas tout ! Et Marie-Anne, que fait-elle avec ce monsieur qui semble si riche et qui pourrait être son père ? En peu de temps, elle a bien changé, la petite. Ah ! C'était une gentille et bonne travailleuse, pas faignasse pour deux sous[2]... »

Puis l'on inclina à penser que Marie-Anne était une jeune fille candide, assez candide certainement pour s'être laissé séduire par un vieux débauché... Et les femmes caquetaient, agenouillées sur leur banc au bord de la rivière. Tout en lavant leur linge, elles refaisaient le monde dans l'odeur douceâtre du savon. Ces femmes de la terre, empêtrées dans leurs frayeurs, guidées par une idée très précise du bien et du mal, soucieuses d'éviter le scandale, pensaient que Marie-Anne avait chu dans une vie de péché. Et, de fait, on sut rapidement qu'elle n'était pas mariée ! D'autres, à l'esprit plus ouvert, disaient que la morale reprenait naturellement le dessus : « La vertu est comme l'huile, elle surnage toujours », affirmait un proverbe rouergat...

La situation de la jeune fille paraissait inconcevable, voire dramatique pour ces âmes bien-pensantes, enfermées dans leurs rôles d'épouses et de mères qu'imposait d'ailleurs le Code civil. Les critiques commençaient à naître au sein de petits groupes, mais n'atteignaient pas encore l'ensemble de la population. Cependant, on se mit à parler de plus en plus de ce couple étrange qu'elle formait avec Paulin, et qui, par son attitude libertaire, bouleversait les traditions ancestrales du mariage. Une situation indubitablement considérée comme grave par ceux dont les règles de morale devaient être irréprochables, et surtout inchangées ! Vis-à-vis de Marie-Anne, leurs jugements ne pouvaient être que très sévères. En effet, dans la société de l'époque, la femme devait, soit être mariée et enfanter, soit entrer en religion. Et l'on n'acceptait pas plus les vieilles filles, que l'on méprisait à outrance, ce qui poussait naturellement les jeunes vers le mariage. Si, malheureusement, une fille devenait mère sans avoir été mariée, elle était aussitôt rejetée, faisant l'objet d'un mépris total, tant religieux que familial[1].

Compte tenu de l'immobilisme de cette situation, ces femmes avaient été elles-mêmes des jeunes filles surveillées de près. De ce fait, elles ne s'absentaient que très peu de la demeure familiale et redoutaient le déshonneur qui les aurait fait exclure des leurs.

Très bien reçus, tant dans la famille Savy que chez les Railhac ou les notables de la petite ville, Marie et son compagnon ignoraient les commentaires dont ils faisaient l'objet. Malheureusement, ceux-ci s'amplifièrent au fil des jours pour se transformer en ragots implacables au sein du peuple marmot... Toutefois, l'ingénieur et sa maîtresse repartirent heureux de cette visite, non sans avoir contribué aux projets que leur avait présentés l'abbé Bessières pour la restauration de son église[2].

VIII

L'après-guerre : expansion du chemin de fer

Le PLM

ENFIN, DANS TOUTE L'EUROPE, on commença à respirer, la bourgeoisie surtout ! Après la période de misère des années 1840, les années 1850 s'annoncèrent prospères. Le Second Empire puis la IIIe République donnèrent un essor fabuleux aux chemins de fer. Les projets de Napoléon III correspondaient à la philosophie des anciens saint-simoniens : « Il fallait que toutes les classes de la société puissent accéder au bien-être. » Le souverain donna alors un mouvement décisif à de nombreux secteurs de l'économie et aux projets des hommes actifs et volontaires tels les frères Pereire, Michel Chevalier ou Paulin Talabot. En quelques années, le visage de la France changea. Engagée sur les voies naturelles du « machinisme », l'industrie prit une place presque équivalente à celle de l'agriculture. Cela impliqua le développement du crédit, des productions agricoles et industrielles et, bien entendu, de la concurrence par la libéralisation des échanges. Le bien-être général apparaissait lié à l'essor du capitalisme. De plus, la fondation de grandes banques joua un rôle considérable dans l'expansion industrielle du pays, en fournissant à l'industrie lourde les capitaux nécessaires. À cet effet, l'ingénieur Talabot fut l'un des premiers hommes d'affaires de son temps à concevoir, pour la banque, un rôle nouveau et efficace dans l'économie. Il mit sur pied, avec le soutien des Rothschild, le Comptoir impérial, qui devait amener la création de la Société générale[1]. Grâce à ces hommes ouverts et dynamiques, huit ans après le coup d'État de Louis Napoléon, l'œuvre économique du moment apparut considérable.

Les Talabot, les Schneider, les Pereire participèrent à cette formidable expansion de l'économie. Grâce aux nouvelles techniques et à leur foi saint-simonienne qui les orientait vers une science sociale harmonieuse, ils pensèrent supprimer la misère par la prospérité générale. L'empereur souhaita que ces grandes familles rallient le régime et y prennent des responsabilités. C'est ainsi qu'une impulsion remarquable fut donnée aux affaires. À ce titre, il soutint Talabot dans son œuvre.

Dans ce contexte, Paulin Talabot utilisa l'expérience de ses premières réalisations dans le département du Gard. En 1851, il soumissionna, avec quelques amis, la concession du chemin de fer de Lyon à Avignon, puis, l'année suivante, toutes les lignes installées dans les départements de l'Hérault et du Gard furent réunies en une seule administration et sous sa direction, prenant alors le nom de « Compagnies de Lyon à la Méditerranée ».

D'autre part, les travaux de la ligne de Paris à Lyon, dont les premières études avaient été lancées dès 1840, s'étalèrent sur une quinzaine d'années. Les trois villes,

Paris, Lyon et Marseille, furent enfin reliées en 1856. Emprunté par Napoléon III, ce réseau prit le titre provisoire de « ligne impériale ». Sous l'impulsion de l'ingénieur Talabot, cet ensemble de voies ferroviaires, composé de plusieurs compagnies, fusionna en une seule : « La Compagnie du Paris, Lyon, Méditerranée ». Elle devint alors, le 11 avril 1857, le prestigieux PLM[1]. Cette œuvre immense devait desservir tout le sud-est de la France en créant un lien commercial entre ces grandes villes et la Côte d'Azur. Unanimement saluée, elle vint couronner le travail colossal d'un homme d'exception. Paulin Talabot en devint naturellement le directeur.

Et l'on se mit immédiatement à voyager ! Le PLM représentait la compagnie par excellence des départs en villégiature vers les Alpes ou la Côte d'Azur. Les bourgeois ne se privaient guère de ce nouveau moyen de transport à la mode et surtout si rapide. Ils appréciaient le confort des wagons capitonnés, des banquettes équipées de coussins de drap, du raffinement des intérieurs très spacieux où l'on avait tenu compte de la mode des crinolines. Comble de raffinement, des bouillottes d'eau chaude, dont la température était décidée par le règlement, étaient installées aux pieds des voyageurs !

Ainsi, en l'espace d'une quinzaine d'années, entre 1850 et 1865, la France vécut l'une des plus brillantes époques de son histoire. Le développement du chemin de fer, domaine où le pays marquait particulièrement son retard, fut, peut-être, le plus beau fleuron du Second Empire. Toutefois, la structure définitive de ce réseau ne sera atteinte qu'au début du XXe siècle, lorsque les lignes du Massif central, des Alpes et du Jura seront ouvertes.

Cette expansion provoqua la révolution viticole par la descente du vignoble dans la plaine. En effet, cantonnée sur les pentes rocailleuses des garrigues ou sur les coteaux, la vigne ne représentait alors qu'un des éléments de la polyculture méditerranéenne. Mais, grâce au transport massif et bon marché que proposait désormais le chemin de fer vers les grandes villes, le commerce fut tel que, en moins d'un demi-siècle, la superficie du vignoble languedocien doubla.

Le train en vallée d'Olt

La toile d'araignée des chemins de fer s'étoffait dans tout le pays. Les projets se concrétisaient peu à peu par d'immenses chantiers où des milliers d'ouvriers travaillaient en tout temps, faisant naître, au sein même de zones désertiques, des maisons d'habitation, des ateliers, des auberges. On était pressé ! Il devenait urgent de concéder les premières lignes du chemin de fer aveyronnais à la Compagnie du Grand Central[1], dont le projet était justement de relier Montauban à « la rivière du Lot ». L'ingénieur Talabot conseilla au maire de Saint-Geniez-d'Olt d'écrire à Napoléon III, afin de lui préciser le souhait de sa ville de posséder une ligne de chemin de fer. C'est ce que fit M. Palangié au mois de juin 1853 :

« Grâce à la sollicitude de Votre Majesté, le département de l'Aveyron verra bientôt une partie de son territoire dotée d'une grande voie qui facilitera l'importation des produits des houillères et forges des bassins d'Aubrac et de Decazeville.

Ce bien fait, Sire, n'intéresse directement que quelques localités de notre département, et nous venons appeler la bienveillante attention de Votre Majesté sur la demande que nous lui soumettons d'un embranchement qui partirait d'Entraygues, point où le chemin de Montauban à Clermont-Ferrand doit arriver par le cours d'eau du Goul et de la Truyère.

Ce chemin de fer, destiné à réunir le chemin central aux grandes lignes de Lyon à Marseille et à Montpellier, suivrait la vallée du Lot jusque vers sa source dans le département de la Lozère.

La vallée du Lot présente des pentes faciles (sic) et déjà étudiées en vue de l'établissement d'une grande route de première classe restée en projet au préjudice d'une contrée riche en minerais, bois de construction, ardoises, produits naturels et industriels[1]... »

Dans le Nord-Aveyron, on chercha à faire avancer le projet. En effet, trois mois après, en septembre, le sous-préfet d'Espalion demanda au conseil municipal de Saint-Geniez-d'Olt de voter des fonds afin de lancer des études plus sérieuses sur l'établissement de cette ligne[2]. Il était urgent de se manifester et de prendre rang dans les prévisions[3]. On fit le nécessaire mais les dossiers stagnèrent.

Le maire de la cité marmotte profita de la naissance du prince impérial, en mars 1856, pour rappeler à Napoléon III l'existence de Saint-Geniez-d'Olt. Il est vrai que la naissance de celui que sa mère surnommait affectueusement « Loulou » fut accueillie dans l'allégresse générale par les Français. Cet enfant devenait le garant de la pérennité[4] de l'empire ! Ainsi, au nom de ses administrés, Jean-Louis Palangié écrivit[5] à l'empereur : « ... la naissance du Prince impérial a été accueillie avec des transports de joie par toute la population de notre ville. Nous partageons votre joie, Sire, et celle de votre auguste épouse l'Impératrice Eugénie. Cet heureux événement, en perpétuant votre race, devient pour la France un nouveau gage de sécurité et de confiance, et lui assure l'autorité et le sang qu'elle a su conquérir par votre sagesse et la vaillance de ses armées... »

Mais le projet du chemin de fer de la vallée du Lot n'avança pas pour autant. Tout semblait figé. Cependant, un nouveau « comité provisoire » de la société d'études reprit les choses en main et conseilla à l'équipe municipale de délibérer sur « l'utilité de cette nouvelle voie de communication ». C'est ainsi que le conseil émit le vœu que « les réseaux ferrés de l'Ouest soient unis à ceux de l'Est et du Midi par une voie transversale partant de Rodez, suivant la direction naturelle indiquée par le cours des rivières de l'Aveyron, du Lot et de l'Allier, et que les études du tracé soient autorisées et le projet mis en exécution le plus promptement possible[1]... » Par la suite, des études plus approfondies révélèrent de grandes difficultés pour un tracé direct à travers des contrées abruptes et inhabitées. Il fallut attendre encore dix ans pour savoir que ce tracé ne se ferait pas ! En effet, le 10 mai 1879, une délibération[2] les informa que « la ligne de la vallée du Lot devant desservir l'arrondissement d'Espalion n'était pas retenue dans le classement d'intérêt général par la Chambre des députés ».

Ainsi ce tracé, qui intéressait les maires et les conseillers généraux des villes et villages concernés, ne put aboutir. Il s'agissait véritablement d'un drame pour les élus qui espéraient, dans ce nouveau mode de transport, un développement durable des activités de la vallée. Il aurait fallu une volonté peu commune pour lutter contre l'opposition, contre les résistances sourdes ou déclarées qui surgissaient de toutes part. Il aurait peut-être fallu toute la fougue, l'énergie et la puissance d'un Talabot pour gravir, une par une, les étapes difficiles de cette vaste entreprise ! Mais cela ne fut plus possible après 1855, car l'ingénieur se dessaisit totalement des affaires de Saint-Geniez-d'Olt. À la suite de graves insultes dont fut victime Marie, il ne voulut plus entendre parler du chemin de fer de la vallée du Lot. Désormais, cette page était définitivement tournée.

On rechercha donc d'autres solutions. C'est ainsi que, depuis quelques années, un nouveau tracé, devant relier Saint-Saturnin-de-Lenne à Sévérac-le-Château pour rejoindre la ligne de Rodez, se profilait dans les esprits des ingénieurs. Le maire de Saint-Geniez[1], favorable à cette idée, écrivit alors au ministre[2] : « … cette combinaison fournirait à Saint-Saturnin une gare située à huit kilomètres de Saint-Geniez qui est déshérité de toute voie ferrée. La ville de Saint-Geniez compte plus de trois mille habitants, possède quatre grandes fabriques de drap, des tanneries, des ganteries et un commerce de rouennerie[3], d'épices, de bois de construction et de céréales. Elle est aussi l'entrepôt général de tout le canton. »

Une fois encore, le projet n'avançait que très lentement. Et pourtant, chaque fois que la question du chemin de fer se présentait devant le conseil général de l'Aveyron, l'Assemblée émettait le vœu que le tracé passe le plus près possible de la ville de Saint-Geniez-d'Olt, « centre industriel et agricole très important[4] ». Mais la Compagnie du Midi, dirigée alors par les frères Pereire, concurrents de Talabot, et qui était chargée des travaux, n'écoutait guère les élus aveyronnais, recherchant la distance la plus courte de Paris à Perpignan. Dépité, le maire de la cité marmotte écrivit une nouvelle fois au ministère : « Les malheurs et les désordres occasionnés par la guerre de 1870 ont imposé à l'industrie française de grands sacrifices et ont développé une concurrence inouïe. Si nous sommes privés de voie ferrée, l'industrie locale sera dans un état d'infériorité bien marquée vis-à-vis des industries rivales. » Suivait dans ce courrier un état intitulé : « Trafic minimum sur lequel on pourrait compter » et représentant l'activité régionale de l'époque[1]. Au cours de ses dix années de mandats municipaux, Jean-Louis Palangié adressa plusieurs demandes au ministère de l'Intérieur afin qu'un embranchement de voie ferrée puisse être réalisé pour alimenter la ville dont il était le premier magistrat. Plusieurs fois renouvelée, cette requête restera toujours sans réponse.

Un accueil difficile

Si certains remuaient ciel et terre pour faire pénétrer le chemin de fer en vallée d'Olt, d'autres formulaient le souhait que ce projet avorte. Cochers, postillons et autres voituriers entrevoyaient, dans l'établissement de ce nouveau moyen de transport, une atteinte directe à leurs professions. De leur côté, les paysans ne pouvaient accepter qu'on les exproprie de la terre sur laquelle ils passaient leur vie afin qu'elle les nourrisse. Toutes ces réactions demeuraient naturelles pour ces gens qui vivaient difficilement et que le progrès effrayait.

Par ailleurs, on commençait à connaître l'ambiance de ces grands chantiers que l'on blasonnait d'« œuvres du diable » et qui drainaient inévitablement une population nombreuse et étrangère. L'on s'en méfiait comme du loup, car elle n'avait pas bonne réputation. Alors, on fermait soigneusement granges, étables et poulaillers, et l'on soupçonnait facilement ces gens avides de rapines. Aux abords des lignes et des ouvrages d'art en construction, les pères de famille tenaient filles et épouses à la maison, de crainte d'enlèvements voire de viols. Parfois, malgré l'interdiction de leurs parents, quelques filles échappées à leur vigilance et attirées par l'interdit acceptaient de boire un verre dans un estaminet du coin. Des amours d'un jour ou d'une heure naquirent pour laisser retomber tragiquement ces jeunes filles dans l'opprobre, le rejet et la solitude, donnant alors raison à ceux dont la morale réprouvait de tels comportements. Ainsi, il ne fut guère facile, pour les dirigeants de l'époque, de faire avancer les projets dans une situation aussi délicate.

Quelques décennies plus tard, en 1878, la construction de la voie ferrée au niveau de Campagnac[1] engendra, comme partout, de nombreux blessés ou malades qui furent transportés à Saint-Geniez-d'Olt. La commission administrative de l'hospice refusa leur admission « pour troubles et désordres qui pourraient être occasionnés, tant au point de vue de la moralité que de la salubrité[2] ». De fait, une maison voisine de l'hospice fut louée par la Société des chemins de fer et l'on y installa une « ambulance ». Deux religieuses de Nevers furent chargées d'administrer les soins aux ouvriers, mais l'administration refusa l'ouverture d'une porte de communication entre les deux bâtiments comme pouvant être « cause d'abus ou de désordres[3] ».

Sur les autres lignes projetées, ce n'était guère plus brillant ! Alors que la première apparition de la question du chemin de fer dans les sphères administratives de l'Aveyron datait de 1851[4], le 21 août 1862 l'ingénieur Paulin Talabot avait écrit au préfet de ce département[5] : « Le gouvernement a décidé la mise à l'enquête dans les départements des Bouches-du-Rhône, du Gard et de l'Hérault de divers projets de chemins de fer et de gares, proposés tant par la Compagnie de Paris à Lyon et à la Méditerranée que par la Compagnie du Midi. Plusieurs des questions sur lesquelles porte l'enquête intéressent le département de l'Aveyron, et le Conseil général qui va se réunir sera sans doute appelé à exprimer son opinion sur les projets en présence… » Suivait un exposé général sur les propositions des deux compagnies concurrentes, la Compagnie des frères Pereire et celle que Talabot représentait, le PLM[1].

Quatre jours après, l'Assemblée départementale de l'Aveyron se réunit en présence du préfet Boby de la Chapelle afin d'examiner ce dossier. Le compte rendu de cette cession parut dans la presse locale : « M. Talabot voulait que notre voie ferrée soit dirigée de Millau vers Le Vigan ; il soulevait ciel et terre pour arriver à ses fins. M. Pereire prônait la direction par Bédarieux-Paulhan, vœu de la grande majorité des habitants de l'Aveyron[2]. » Et de fait, le conseil général se rangea aux côtés de la population locale et donc de la puissante compagnie des frères Pereire. Depuis une quinzaine d'années, ceux-ci commanditaient un grand nombre d'entreprises industrielles concernant notamment les transports maritimes et ferroviaires. Leur puissance financière était colossale.

Le 10 novembre de cette même année, la ligne de Capdenac à Brive-la-Gaillarde était ouverte, permettant à l'économie locale de conquérir de nouveaux marchés vers le nord. La Compagnie du Midi assurait, pour sa part, la construction des lignes intéressant l'est du département. Les travaux n'allèrent guère plus loin. Par la lenteur de l'instruction des dossiers, il fallut attendre 1869 pour qu'ils reprennent, mais ils seront ensuite bien vite limités dans leur progression par la guerre franco-prussienne[1], ainsi que par la débâcle financière des frères Pereire[2].

Par cette succession de difficultés, le XIXe siècle maintint l'Aveyron soigneusement à l'écart de la vie économique nationale en le dotant du réseau ferroviaire le plus pauvre de tous les départements français. Cette insuffisance explique encore aujourd'hui, en grande partie, la physionomie politique, sociale et économique du département.

Le choléra

Cette décennie fut tourmentée par une épidémie terrible et meurtrière de choléra[3]. Atteints de plein fouet par une vague brutale, les hôpitaux du Languedoc furent rapidement encombrés. Les sœurs de Charité se dépensaient sans relâche, mais leur dévouement fut très vite débordé par la virulence du fléau qui, propagé par l'exode de la population, avait déjà gagné les campagnes où il faisait des ravages, tout comme en ville. Le Midi n'en finissait pas de compter ses morts. À la hâte, on creusait des tombes. Le choléra était un voyageur lent et obstiné, prolongeant ou abrégeant ses relais au gré de sa fantaisie, mais il ne quittait jamais la place sans laisser derrière lui la désolation et la mort ! Ne choisissant pas ses victimes il restait le grand pourvoyeur des cimetières et frappait à l'improviste, pauvres comme riches, prolétaires des taudis ou aristocrates des châteaux.

À l'annonce du choléra, dont on osait à peine prononcer le nom, une nouvelle contagion vint, comme en avant-garde, semer le trouble parmi les populations, préparant ainsi soigneusement le théâtre du fléau : la peur. La peur, ce sentiment profond et dévastateur... L'on vit alors cette société du XIXe siècle, grisée de ses progrès, et qui avait manifesté ostensiblement un mépris évident pour « les ténèbres du Moyen Âge et la naïveté de nos ancêtres », recourir aux antiques pharmacopées dont elle avait tant ri. Avec une foi atavique, elle reprit amulettes, pentacles et autres recettes extravagantes. On exhuma de la poussière d'antiques grimoires les plus étranges prescriptions. La population était affolée. Du jour au lendemain, elle perdit toute confiance en la science moderne. Pauvres comme riches retrouvaient alors la foi d'antan dans les remèdes que l'on aurait cru à jamais discrédités. Face à l'épidémie, chacun était sur le qui-vive et redoutait le moindre malaise.

À Nîmes, Marie restait cloîtrée chez elle, se sentant à l'abri dans cette demeure très aérée qui dominait la ville. Craintive, elle ne sortait qu'exceptionnellement. Seul son domestique faisait quelques emplettes. Peut-être est-ce lui, Paulin ou quelques rares personnes de passage qui ramenèrent malencontreusement le germe de la maladie à la maison ? Une nuit, elle se réveilla en proie à de violentes douleurs abdominales, accompagnées de diarrhées, de vomissements et de crampes douloureuses. Tremblante de fièvre, le corps glacé et les membres raidis, en quelques heures, elle parut vidée de sa propre substance et devint presque méconnaissable[1]. Une soif intense la tenaillait. Paulin était très inquiet et comprit trop bien ce qui se passait, car les symptômes de ce mal qui rongeait sa bien-aimée ressemblaient étrangement à ceux qui, en 1832, ravagèrent la capitale et firent périr des milliers de Parisiens. Son jeune frère Edmond avait été terrassé en deux jours au mois de juillet de cette année maudite[2], et son ami, le sculpteur aveyronnais Raymond Gayrard, faillit mourir deux fois lors de cette épidémie ! *Le Journal du temps* de cette époque précisait : « ... Paris a peur, Paris souffre, Paris meurt. Le choléra est à Paris ! Un homme vient de mourir rue Chauchat. Depuis ce jour funeste de mars où la population s'est enfuie des rues en criant : "Le choléra !" comme il y a dix-sept ans, elle fuyait les envahisseurs en criant : "Les Cosaques !", la situation a terriblement empiré. Une fois encore, ce sont les classes pauvres, mal nourries, mal logées, mal défendues qui ont payé le plus lourd tribut. Néanmoins, les classes riches n'ont pas été épargnées, elles non plus[1]. »

Et voilà que ce fléau revenait, s'étendait, anéantissait, tuait sans foi ni loi. La peur se lisait sur chaque visage rencontré. Et chacun de fuir, de se calfeutrer, de s'isoler, de se faire oublier. La terre apparaissait nue, vide, abandonnée par son monde d'humains et d'animaux. Les rares passants frissonnaient de cette angoisse latente qui imprégnait l'atmosphère, se signant au ras des murs des cimetières ou lorsqu'ils apercevaient un mourant entraîné par ses convulsions ou un cadavre sur le bord du chemin... Dans cette misère, personne ne savait et tout le monde redoutait ! Chateaubriand notait dans le journal passionné de sa vie, *Mémoires d'outre-tombe* : « Qu'est-ce que le choléra ? Est-ce un vent mortel ? Sont-ce des insectes que nous avalons et qui nous dévorent ? Qu'est-ce que cette grande mort noire, armée de sa faux, qui, traversant les montagnes et les mers, est venue, comme une de ces terribles pagodes adorées aux bords du Gange, nous écraser sous les roues de son char ? »

Marie avait-elle contracté une forme bénigne de choléra ou bien dut-elle son salut à sa constitution robuste ? Toujours est-il qu'elle s'en tira à bon compte. Elle subit des sudations prolongées dans un habitacle fermé où le feu des bassinoires et l'ardeur des briques chaudes devaient venir à bout de ce mal soudain et imprévisible. Régulièrement, elle absorbait quelques gouttes d'essence de camphre et beaucoup d'eau, ce qui lui procurait une abondante sueur, chemin de la guérison. Peut-être à cause de cette maladie ou bien pour d'autres raisons, Marie conserva-t-elle toute sa vie une certaine fragilité de santé à laquelle elle faisait souvent allusion dans ses lettres.

L'épidémie étendit ses ramifications pour atteindre le Rouergue en 1854[1]. Déjà, dans la région, la fièvre typhoïde faisait des ravages. Les associations caritatives, les hôpitaux, les hospices, les médecins, totalement débordés, firent appels aux praticiens de l'armée, tout aussi impuissants devant la virulence du fléau. Dans les moindres villages, on multipliait les offices religieux, on participait massivement aux processions et aux pèlerinages, on dressait des croix prophylactiques au carrefour des chemins, on adhérait avidement à la foi des saints guérisseurs locaux.

Lorsque, vingt-sept ans plus tôt, Marie avait assisté à la mort douloureuse de sa mère, alors qu'elle n'était qu'une enfant, elle reçut en héritage la peur viscérale de la maladie, peur qui s'aggrava encore lors de cette épidémie. Elle devint très sensible à la moindre annonce d'un mal même bénin. D'ailleurs, elle n'aimait guère les visites dans les hôpitaux et autres lieux dont la maladie demeurait l'hôte privilégié. Il est certain que le souvenir de cette terrible épidémie de choléra resta ineffaçable dans l'esprit de ses contemporains et se transmit longtemps, de génération en génération, dans toutes les familles françaises[2]. Il convient de souligner que, tout au long du XIXe siècle, suite aux épidémies endémiques qui décimèrent les populations, de nombreuses personnes s'unirent dans un dévouement exemplaire devant les détresses subites, voire répugnantes que provoquait ce fléau. Avec courage et abnégation, elles s'impliquèrent, risquant leur vie à tout moment au contact des malades. Dans cette période de grande misère, leur charitable attention faisait parfois merveille auprès des plus démunis à qui elles épargnaient de mourir seuls comme des bêtes.

C'est dans cet esprit que Marie s'impliqua avec ardeur lorsque l'on créa à Saint-Geniez-d'Olt « l'Œuvre de bienfaisance de la Société de Saint-Vincent-de-Paul », œuvre qui avait été entérinée par le préfet de l'Aveyron, Nicolas Baragnon[1], d'importantes loteries permirent de remonter les finances de cette association. Marie obtint les dons de personnages importants, notamment de Napoléon III qui offrit « une boîte de trois couverts en vermeil » pour la loterie du mois de mai 1855[2].

IX

Installation à Paris

Rue de Rivoli

Alors que le travail appelait fréquemment Paulin Talabot à Paris, Marie l'accompagnait, attirée déjà fortement par cette vie grouillante et ouverte sur un monde nouveau, un monde en total bouleversement. En effet, jusqu'au milieu du XIXe siècle, il n'y faisait pas bon vivre. Sombres et malfamées, les rues étroites et nauséabondes témoignaient d'une hygiène déplorable. La Seine fournissait l'eau de boisson mais recevait aussi les déchets de la ville. La capitale souffrait d'une véritable congestion : jamais la capitale n'avait été aussi densément peuplée. En quelques décennies, deux invasions étrangères, de meurtrières épidémies de choléra, trois révolutions, un manque d'air et d'hygiène généralisé transformèrent la ville en un immense « atelier de putréfaction » qui ne cessait de croître. Il était urgent de réagir !

Napoléon III confia la tâche au baron Haussmann[1] qu'il nomma préfet de la Seine en 1853. Jusqu'en 1870, il présida aux grands travaux. Sous son action efficace, les vieux quartiers trop denses, insalubres et embouteillés, véritables réservoirs de miasmes, disparurent. Ils laissèrent rapidement la place à de rutilants immeubles et de larges avenues. Haussmann, que l'on appelait « le roi de Paris », construisit encore des écoles, des églises, des ponts, renouvela les réseaux d'approvisionnement en eau et l'écoulement des égouts, dégagea de nombreuses places et créa les grands boulevards. Il mit en œuvre tous les éléments nécessaires au remodelage de la géographie de la ville, à tel point que Paris deviendra l'une des plus belles villes du monde. Tout au long de sa carrière, en passionné d'économie, Haussmann se montra un administrateur moderne et très actif.

Il est vrai que, durant ces grands travaux, les Parisiens perdirent leurs repères, leurs souvenirs, et assistèrent, effarés, pataugeant dans la boue, à l'éventration des vieux quartiers qu'obstruaient des ruelles enchevêtrées et des bâtisses sans air. Certes, le baron n'y allait pas de main morte, d'autant qu'il cumulait les pouvoirs de maire de Paris et de préfet de la Seine ! Progressivement, la vieille Lutèce sortait d'une asphyxie inéluctable : elle se rendait jeune et attrayante en ses constructions de pierres neuves. La Ville Lumière devait naître, Haussmann la bâtissait[1] ! Après son « règne », il laissa derrière lui une éblouissante capitale, la plus moderne de son temps. En une trentaine d'années, elle devint un lieu fabuleux de propagande commerciale, de communication et d'ouverture vers l'extérieur, un lieu à la mode et recherché. Les candidats à la fortune étaient attirés, chaque année plus nombreux, par cette métropole où la réussite s'affichait avec ostentation.

Emile Pereire, l'un des collaborateurs de l'ingénieur Talabot, et qui deviendra plus tard un sérieux concurrent, présidait à ce moment-là « la Société des Immeubles », importante entreprise qui, en vue de l'exposition de 1855, commercialisait de nouveaux logements. Paulin offrit à Marie un très bel appartement « avec arcades en rez-de-chaussée[1] », situé au 216, rue de Rivoli[2]. Les grands salons du premier étage s'ouvraient par cinq portes-fenêtres sur un long balcon surplombant la rue. D'autres pièces, chambres, boudoir, cuisine et petits salons, donnaient sur la rue d'Alger par l'intermédiaire de sept autres portes-fenêtres possédant chacune un balcon individuel. Dans le même temps et dans la même rue, il acquit un autre logement pour lui-même, au 212[3], soit deux numéros au-dessous de celui de sa maîtresse. Chacun ayant son propre logement, il s'agissait là non d'une ruse de fausse cohabitation, car aux yeux de tous ils vivaient déjà maritalement, mais d'une commodité, tant pour le travail intense de Talabot, qui établit provisoirement chez lui ses bureaux, que pour les réceptions qu'envisageait déjà Marie.

Au cours de l'été 1854, ils quittèrent Nîmes[4] avec cependant une certaine nostalgie. Cette ville ne représentait-elle pas des moments forts et tendres à la fois pour le couple ? Des moments fabuleux pour Marie qui les avait vécus avec toute la passion de son être amoureux, mais aussi avec cette volonté puissante de vouloir enfin s'éloigner d'une condition de misère ?

Marie s'installa avec Paulin dans son appartement au 216, au cœur de ce nouveau quartier pétillant de vie[5]. Pour la première fois, elle se sentit vraiment chez elle. Enthousiaste, la jeune femme s'occupa de la décoration, en y mettant sa touche personnelle, une touche féminine et chaleureuse, qu'appréciait beaucoup son amant. Elle s'y installa avec un plaisir avoué, à la fois simple et teinté d'une certaine fierté.

Très amoureux, Paulin lui avait donc offert ce splendide logement cossu, doté des commodités modernes, dans l'un des quartiers les plus luxueux de Paris. Il l'équipa encore du mobilier adéquat : tables, chaises, fauteuils, buffets, bibliothèques et literies de grand luxe. Les salons reçurent tapis d'Orient, vases de Chine, miroirs vénitiens, tableaux de maîtres... Rien de manquait ! Il lui offrit encore un lot d'argenterie dont chaque pièce était frappée de ses propres initiales, M. S., et dont elle se sentait fière. Ce lot, en argent massif, pesait tout de même 14 kilogrammes[1] ! Paulin voulut absolument que sa jeune maîtresse possédât enfin quelque chose. Elle qui, jusqu'à présent, n'avait que l'amour que lui portait son grand homme fut éblouie, autant par la générosité et la magnificence de ses cadeaux que par l'élan amoureux et sincère qu'il lui témoignait. D'ailleurs, il lui offrit tout cela, naturellement, sans calcul, sans quoi que ce soit qui puisse ressembler à un contrat ou une alliance. Il le fit tout simplement par amour pour sa jolie compagne qu'il aimait profondément et qui savait le lui rendre. Souvent, lorsque l'ingénieur revenait de voyage ou qu'il s'était absenté quelque temps, il sortait de sa poche un petit objet précieux, un flacon de cristal, un bijou, une miniature : par ses gestes délicats, il n'oubliait jamais celle qui l'attendait[2].

Marie s'engagea totalement dans cette vie parisienne qui semblait lui convenir à merveille et dont elle avait déjà goûté quelques prémices. Elle parcourut les beaux quartiers, les grands boulevards, découvrit le *Café Anglais,* le *Café de Paris,* les salons de thé. Bien entendu, grâce à la notoriété et à la place que tenait son amant dans la société, la jeune femme trouva des entrées favorables, des difficultés aplanies, des hospitalités acquises. Enfin, sa situation aisée aida naturellement au bon accueil de Marie. Vigilant, Paulin la mit en garde contre les faiblesses, les exigences, la dépravation, les vices même qui régnaient en maître dans cette société, tout en lui indiquant aussi les valeurs, la culture, l'amitié et la droiture que l'on pouvait y rencontrer. Comme la langue d'Ésope, cette vie mondaine pouvait être la meilleure ou la pire des choses ! Grâce à lui, elle fréquenta les plus grands, les plus illustres de l'époque, politiciens, lettrés, voyageurs, savants, artistes.

Marie voulut s'adapter très vite mais, malgré sa fougue, la jeune provinciale fut cependant confrontée à la dure réalité de ce grand monde où tout s'achetait. Tout, la justice, la position sociale et même l'honneur ! Elle comprit alors qu'il s'agissait d'y mettre le prix ! Face à cette société vaniteuse, frivole, remplie de chausse-trapes et fort chatouilleuse dans son amour-propre, il lui fallut beaucoup de courage et de fermeté, mais elle n'en était point dépourvue ! Dès lors, malgré les relations qu'elle avait établies au préalable, notamment avec Mme Le Verrier et Mme Haussmann, elle décida de gagner rapidement ses lettres de noblesse afin de mieux pénétrer ce monde fermé. Aux yeux de tous, elle s'appuya sur la sûreté de son amant, développa avec lui une complémentarité remarquable, une complicité réelle. Pour Paulin, Marie représentait la femme idéale, présente, intelligente, éblouissante même, dotée d'un esprit large et curieux. « On ne s'ennuie jamais avec Marie », disait-il fréquemment. Elle lui apportait encore l'élégance et l'émotion, la fougue de sa jeunesse et sa détermination. Enfin, elle savait vraiment l'apaiser lorsqu'il rentrait, énervé et tendu par son travail incessant ponctué d'efforts laborieux[1].

Cependant, dans l'esprit de certains, l'origine sociale de Marie restait quelque peu confuse, d'autant plus que son accent méridional suscitait encore des interrogations. Sa difficulté à se faire accepter dans ce monde hautain et singulièrement dur fut encore accentuée par le fait que Marie était aveyronnaise, département peu connu à l'époque, mais surtout considéré comme arriéré. La plupart des Parisiens ne « découvrirent » les populations aveyronnaises, naturellement repliées sur elles-mêmes, que par l'arrivée d'une main-d'œuvre massive au cours du XIXe siècle. Ces femmes et ses hommes furent néanmoins très appréciés en divers domaines, notamment dans les tâches parfois difficiles ou fatigantes qu'on leur confiait : porteur d'eau, allumeur de réverbères, livreur de charbon, bonne à tout faire… La bourgeoisie parisienne engageait ces gens venus de lointaines provinces contre une faible rémunération. Ne s'exprimant qu'en patois pour la plupart, déracinés, assez fermés sur eux-mêmes, ils n'osaient demander plus malgré un travail harassant. Pour le beau monde, il s'agissait bien d'une main-d'œuvre « rustique à souhait, bornée mais vaillante ». Une aubaine en quelque sorte… Ce fut dans cette ambiance, quelque peu négative, que Marie arriva dans un Paris mal informé de la réalité de la province du Rouergue, région que l'on croyait alors au bout du monde[2].

L'enfant sauvage

En effet, au tout début du XIXe siècle, l'anonymat dans lequel ce département était plongé se réveilla tout doucement lorsqu'on apprit, dans les milieux politiques et les salons, la découverte fortuite d'un enfant sauvage, vivant totalement nu dans les forêts profondes de l'Aveyron, malgré la neige et les loups[1]. Cet enfant, d'une douzaine d'années, avait été capturé tel un animal ! L'opinion publique se passionna pour ce cas extraordinaire à tel point que, lorsqu'on l'amena à Rodez, la populace avide de curiosité se porta en foule autour de lui. Dans un premier temps, on le confia à l'abbé Bonnaterre[2], naturaliste, originaire de Saint-Geniez-d'Olt. Avec l'éducation qu'il chercha à lui donner, ce savant ne put éveiller son intelligence mais reçut de sa part quelques signes d'affection.

Les gazettes, notamment *Le Journal des débats,* se saisirent du phénomène. Ce fait, porté aux oreilles de Napoléon, devint un sujet de prédilection dans les hautes sphères parisiennes. Cet enfant que l'on prénomma Victor devint objet de curiosité. À tel point que l'empereur exigea qu'il soit amené à Paris afin d'être examiné par le célèbre aliéniste Pinel[3], avant que le docteur Itard[4] le prît enfin en charge. Excédé ou apeuré par la foule de curieux, le jeune garçon en vint parfois à mordre ceux qui l'approchaient de trop près.

Pendant cinq ans, on tenta de sortir cet enfant de son isolement, et pendant cinq ans on parla du « sauvage de l'Aveyron », objet de curiosité malsaine où ses attitudes, ses rébellions, ses évasions furent traduites avec grand renfort de fausses anecdotes.

Quelques années après, le Rouergue fut à nouveau sur la sellette. L'image négative que l'on porta alors sur Rodez et le département s'amplifia considérablement par le biais des gazettes. La France entière tourna les yeux vers une affaire sordide qui débuta en 1817 par l'assassinat crapuleux d'un ancien magistrat retiré à Rodez. L'affaire Fualdès était née. Ce procureur aurait été sauvagement égorgé dans une maison malfamée de la ville. On aurait jeté son corps dans la rivière qui coule au bas de la ville. L'affaire, ténébreuse à souhait, où l'on mêla allégrement la politique, l'argent, le sang et le sexe, devint l'une des grandes énigmes de l'histoire judiciaire et, bien sûr, excita la curiosité des gazettes françaises et surtout parisiennes. On chanta une complainte qui suscita les emportements les plus fous. À travers elle, on imagina les passions criminelles qui hantaient Rodez, ses bouges obscurs, ses « filles folieuses » et ses venelles sinistres[1]. De grands auteurs du XIXe siècle, tels Victor Hugo ou Honoré de Balzac, stigmatisèrent encore les populations par leurs écrits percutants au sujet de ce crime crapuleux.

La capitale aveyronnaise devint ainsi tristement célèbre. Cela s'ajouta aux idées préconçues, développées à outrance par une presse mal informée et qui ne recherchait que le sensationnel. L'Aveyron, perdu au milieu de montagnes presque inaccessibles, terre classique du meurtre et de l'assassinat, ne pouvait, une fois de plus, abriter que des « sauvages » !

Ainsi donc, il ne fut pas très aisé pour Marie d'abattre ces préjugés auprès des gens qu'elle rencontrait, de démontrer qu'une autre dimension, bien plus humaine, pouvait habiter le cœur de ses compatriotes. Elle se montrait volontiers fière de ses origines, évoquant des personnages issus du Rouergue qui tinrent une place prépondérante dans la société. Dès l'instant où il lui était possible d'aborder naturellement le sujet, Marie devenait une excellente ambassadrice du Midi et de son Rouergue natal.

Un caractère opiniâtre

Il convient de préciser que les habitants du Rouergue se forgèrent, au fil du temps, une identité propre, issue d'un environnement isolé, sévère et ingrat. Mgr Frayssinous, né sur les pentes de l'Aubrac, connaissait bien le caractère de ses contemporains. Il affirmait : « Il faut savoir les mener, le métal est bon, mais s'il est ductile il est aussi très dur. » Et le préfet d'Estourmel[1] de renchérir : « Les habitants du Rouergue ont la tête si opiniâtre qu'il n'est pas possible de s'en faire écouter. Ce n'est qu'avec le temps et la patience qu'on peut parvenir à leur faire entendre raison. »

Dans les provinces reculées, il n'y eut que le travail et l'effort soutenus qui purent maintenir ces populations dans cet environnement difficile où la terre ne donnait que ce qu'elle pouvait. Marie avait hérité de ce caractère fort. Mais les années de son enfance, qu'elle passa sous la férule d'un règlement strict, tant à l'orphelinat qu'à l'usine, tout comme ses années de service auprès de ses patrons, l'avaient asservie. Par la suite, et au fur et à mesure de son émancipation, sa personnalité, empreinte de fermeté, reprit largement le dessus. En effet, d'un caractère entier, elle n'était guère commode si on la contrariait ! Elle s'imposait alors et réagissait en femme libre et indépendante. Sa façon de faire, où elle conservait toujours une certaine distance, ne comportait jamais de vulgarité. Par ailleurs, elle avait pris pour habitude de diriger sa vie comme elle l'entendait, et rien ne pouvait la faire changer de cap lorsqu'elle l'avait pleinement décidé ! Son caractère rouergat se manifestait alors : volontaire et opiniâtre, certainement autant que l'avaient été en leurs temps les tempéraments de Mgr Frayssinous et Mgr Affre, ses compatriotes.

Lorsqu'elle prit possession de son appartement, rue de Rivoli, la jeune femme se remémora les leçons que l'on enseignait aux filles Frayssinet de Marseille, alors qu'elle était servante chez eux. Ces leçons qui dictaient les règles essentielles du rôle qu'elles auraient à tenir plus tard dans leur société – recevoir, animer une conversation, briller dans un salon – lui revenaient. Désormais, tout en les mettant en pratique, elle allait tracer sa route avec un grand souci d'exigence et la volonté de toujours bien faire. Elle se lança avec entrain dans ce Paris centre du monde, le Paris de Jacques Offenbach, Victor Hugo, Théophile Gautier, George Sand. Le Paris de l'art et de la musique, des lettres et de l'intelligence. Elle partit à la conquête de la Ville Lumière où la mode française faisait fureur.

En compagnie de Paulin, qui se devait d'avoir à ses côtés une compagne élégante, elle acquit les toilettes nouvelles qui s'offraient à la vue, rue Saint-Honoré. Elle fréquenta assidûment sa couturière, sa modiste, ses bottiers. En mélomane averti, Paulin lui fit découvrir la qualité et la beauté des concerts parisiens, l'originalité des théâtres, la somptuosité de l'Opéra. La jeune femme s'imposa enfin, sûre d'elle, de sa classe et de sa beauté mais encore par son fort tempérament qui fascinait littéralement son amant. Du bonheur, du désir, elle ne s'en lassait pas, elle les dégustait, elle rayonnait !

La poétesse Louise Colet

Grâce à ses nouvelles relations, Marie fut conviée au salon de Louise Colet[1] qui recevait habituellement des acteurs du monde littéraire. Dès leur première rencontre, les deux femmes se découvrirent de nombreux points communs et devinrent assez proches. Fréquemment, elles évoquaient « leur Midi », les villes de Nîmes, Marseille ou Avignon, car Louise était originaire d'Aix-en-Provence. Cette dernière avait commencé sa vie littéraire à vingt-cinq ans avec un recueil de poèmes au goût romantique, baignés du soleil méridional[1]. Chateaubriand apprécia son œuvre, ce qui lui valut d'entrer en relation avec Madame Récamier[2], la fidèle amie de l'écrivain. Deux ans plus tard, elle participa au concours de poésie de l'Académie française et rencontra à cette occasion Victor Cousin[3] qui, bien qu'elle ait été mariée depuis peu, devint rapidement son amant.

Bonnes amies, les deux jeunes femmes le restèrent toute leur vie. Elles se confiaient parfois leurs petits secrets, et Louise, à l'esprit libre comme l'air, lui conta, en certaines circonstances, ses aventures sentimentales qui lui valurent une notoriété quelque peu sulfureuse. Notamment sa longue, sporadique et tumultueuse liaison avec Gustave Flaubert, « son seul amour », qu'elle venait de quitter définitivement[4] et qui lui avoua un jour : « J'ai passé de bonne heure par une débauche bien supérieure à mon âge, et intentionnellement, afin de savoir. » Flaubert s'était, en effet, laissé emporter avec Louise sur un véritable fleuve de feu ! Bien entendu, les gazettes[5] se mêlèrent assez prestement de ses amours et de sa beauté : « Venue à Paris de bonne heure, avec une valise bourrée d'essais poétiques, Louise Colet obtint, d'entrée de jeu, quelques distinctions académiques auxquelles ses agréments physiques ne furent pas, dit-on, étrangers. Il y eut succès de femme plus encore que succès de muse. Beaucoup de myrtes pour quelques lauriers… »

Certes, Louise Colet savait tirer parti de ses charmes, car elle était jolie, ambitieuse et d'un tempérament volcanique, mais elle n'était point vénale. « On l'appela Vénus, à cause de sa beauté, Sapho, en raison de ses poèmes, Muse en raison des passions qu'elle inspirait. » Elle publia romans, nouvelles, poèmes, et s'approcha ainsi de personnalités littéraires dont certaines devinrent ses amants[1]. Intrigante et politiquement libérale, elle avait ouvert son salon rue de Sèvres, en 1842[2], grâce à l'influence de Victor Cousin. Ce fut en ce lieu que Marie fit connaissance des meilleurs noms qui occupaient alors le monde littéraire. Elle fréquenta leurs salons, ces creusets de la pensée française, y croisa des actrices, des écrivains, des femmes du demi-monde, des dramaturges… Elle écouta aussi, retint les attitudes, les discours, les règles des salons. Jamais elle ne s'en lassa !

Au mois d'octobre 1859, alors que Paulin et Marie, désormais mariés, faisaient construire une bastide méridionale qui deviendra « le Roucas Blanc », Louise Colet, de passage à Marseille, dédia ce poème[3] à la châtelaine Marie Talabot dont voici quelques strophes :

« L'Arioste, ce grand poète,
Cet architecte merveilleux,
Aurait senti son cœur en fête
Devant la beauté de ses lieux.

Les retraites de ses Alcynes
N'avaient pas pour ravir les yeux
Aux pieds des rupestres collines
La mer lumineuse aux flots bleus.

Elles n'avaient pas ses terrasses,
Ces tourelles et ces balcons,
Svelte architecture où les Grâces
Semblent s'enlacer aux festons.

Mais ce qui leur manquait Madame,
C'était vous. Vous, charme et bonté,
Qui de ce perchoir étant l'âme,
Faites un perchoir enchanté ! »

Après sa troisième et dernière rupture avec Gustave Flaubert en 1855[1], Louise Colet devint victime de la misogynie des critiques littéraires qui se moquèrent largement de sa vie sentimentalo-sexuelle et de ses comportements excentriques. Ils la comparaient parfois à George Sand qui, elle non plus, n'avait pas été épargnée. Louise s'était impliquée fortement en 1848, en femme libre et ouverte, et cela ne pouvait être apprécié par l'intelligentsia qu'elle avait cependant reçue dans ses salons et qui réclamait alors ses faveurs.

Consciente de sa beauté, elle avait accueilli bien des célébrités littéraires et politiques. Avide de gloire, elle se fit « femme de lettres », mais n'écouta guère les conseils éclairés de ses amants prosateurs ou poètes, notamment Flaubert qui lui écrivit des lettres admirables. Désormais seule et abandonnée, ses amis de l'époque glorieuse furent les premiers à la salir, voire à la mépriser puis à l'oublier : « J'ai demandé de vos nouvelles aux rares personnes de nos amies communes, mais je n'ai rien appris de vous », devait lui écrire Marie Talabot le 6 mai 1865[2].

Si la poétesse confiait aisément les tourments de son cœur à son amie, elle lui faisait également part de ses moments de détresse. Toujours à l'écoute, Marie était présente pour la réconforter : « Nous voulons toujours nier l'existence du véritable malheur, écrivait-elle à son attention. Si votre cœur a souffert, je ne puis y porter remède, mais vous devez être sûre que je participe à ces peines que les femmes, seules, sentent profondément[3]. »

Fidèle en amitié, elle lui conserva la sienne jusqu'à la fin de sa vie[1].

Souvent, elle poussa Louise Colet à publier ses œuvres, notamment lorsqu'elle vivait en Italie et que l'argent lui manquait. En effet, dès 1860, l'écrivain s'efforça de s'introduire dans les milieux italiens, cherchant à se faire admettre auprès du pape Pie IX, puis lança le journal *L'Annexion.* Pour son amie, Marie rechercha des éditeurs et se chargea, à maintes reprises, de transmettre ses correspondances. De nombreuses lettres témoignent d'un contact amical entre ces deux femmes, l'une possédant la richesse, l'autre l'ayant perdue :

« Ma muse amie… écrivait Marie à Louise, j'espère qu'un jour, qui n'est pas trop éloigné, vous nous publierez ce joli roman prometteur qui aura le retentissement mérité et qui ornera les bibliothèques de nos gares. Pourquoi attendre si longtemps une publication ? Je vous accuse de mener trop de choses de front. Je ne puis vous dire avec quelle anxiété j'attends le roman dont vous me donnez la dédicace, non par question personnelle, mais pour lire un livre où vous aurez tracé toutes les tortures de votre noble cœur et fait connaître toutes les péripéties par lesquelles il a passé. Mon mari fait une affaire en Algérie, je lui fais mettre vingt-cinq actions pour vous de côté[2]. »

En effet, Louise Colet n'était guère argentée. À plusieurs reprises, elle demanda une aide financière à Marie qui, de bon cœur, accédait à ses requêtes, lui laissant largement le temps de la rembourser. Ainsi l'atteste cette lettre datée du mois de juin[3], écrite par Marie à l'attention de Louise : « Je serai charmée de vous rendre le petit service que vous me demandez. Je porterai à la poste une lettre chargée contenant tous mes fonds d'économie qui s'élèvent à 400 francs ; vous me les rembourserez seulement au mois d'octobre, il ne faut pas que ce petit service soit pour vous un sujet de tourment. »

Outre de l'argent, Marie envoyait à son amie des vêtements dont elle n'avait vraisemblablement plus l'utilité, mais qui pouvaient, cependant, lui rendre bien service[1] : costumes de ville ou de voyage, robes de soie, vêtements chauds, chapeaux… Louise ne disait jamais non, appréciant au plus haut point les dons ou les services émanant des Talabot. Ainsi, lorsqu'elle sut que son amie Louise, qui vivait alors en Italie, recherchait une place de « correspondance » pour un journal, Marie lui proposa aussitôt : « Je vais écrire à Émile de Girardin pour lui demander s'il veut vous donner celle de *La Liberté*[2]. Il me semble que vos sentiments libéraux devraient concorder avec ceux d'Émile. » Pour le couple, il était assez naturel d'être attentionné envers ses amis quels qu'ils fussent. Riches ou pauvres, heureuses ou malheureuses, leurs relations mondaines ou plébéiennes recevaient toujours le meilleur de leur soutien et de leur amitié.

En janvier 1867, Paulin, qui feuilletait un journal italien, le *Gaglioni,* tomba sur un article annonçant que le célèbre philosophe Victor Cousin venait de mourir à l'âge de soixante-quinze ans. La gazette précisait que M. Cousin léguait une forte somme à son ancienne maîtresse, Louise Colet. Sachant que la poétesse subissait quelques soucis pécuniaires, Paulin engagea immédiatement des démarches à cet effet, et la dame de compagnie de Marie, Anna Ferlat, écrivit à Louise[3] : « Je suis heureuse de remplacer Mme Talabot qui, forcée de sortir, et voulant vous donner de ses nouvelles, me charge de vous dire tout l'intérêt qu'elle prend à ce qui vous touche, relativement au legs de M. Cousin. C'est M. Talabot, lui-même, qui sachant la part qu'elle prend à l'heureux résultat de cette affaire si importante pour vous est venu, le *Gaglioni* en main, lui lire l'article qui vous porte comme légataire d'une rente de 6 000 francs. M. Talabot a de suite écrit à qui de droit, et vous envoie la réponse, espérant d'autant mieux que vous parviendriez à la lire, que vous aurez déjà sans doute reçu de Maître Dufour[1] des renseignements plus positifs que ceux émanant des journaux… Pour que votre retour, chère Madame, ne soit retardé, Mme Talabot vous prie de lui renvoyer de suite votre permis (pour voyager) trop ancien maintenant pour vous servir, afin qu'elle vous en fasse parvenir un qui vous permette d'arriver à Paris, aussi vite que vous pouvez le désirer. Ci-joint, de sa part, un mandat de 100 francs pour faciliter vos mouvements. » En définitive, on ne sut si la poétesse hérita réellement de cette forte somme ou si elle la dilapida rapidement.

À plusieurs reprises, Louise invita son amie Marie à venir la rejoindre à Rome puis à Florence où elle s'était retirée. Marie aimait l'Italie, son architecture sublime, ses beautés époustouflantes, son foisonnement de styles, et souhaitait y retourner. C'était auprès de Paulin qu'elle avait découvert ce pays où l'art est une seconde nature. Elle s'y était imprégnée des beautés omniprésentes et avait appris la langue[2]. Mais son époux s'opposa farouchement à son projet. Y avait-il quelques dissensions dans leur couple à ce moment-là ? Cela est fort possible, car, à l'invitation pressante de Louise, Marie répondit :

« Mon désir d'aller en Italie est toujours le même, mais hélas ! Les maris ne sont pas des gens faciles, le mien n'entend pas de cette oreille pour mes voyages ! Il n'a qu'une ambition, celle de me voir du goût pour le raccommodage des chaussettes. Jusqu'ici, il a été complètement trompé dans son attente. Mais je n'en suis pas moins sous le pouvoir conjugal. Un jour peut-être irai-je vous trouver en Italie, mais quand sera-t-il ? That is the question[1] ! »

Méprisée, pauvre, malade, oubliée pratiquement de tous, Louise Colet put cependant compter sur le soutien des Talabot, ses rares amis à ne pas la laisser tomber ! Ils restèrent présents jusqu'à sa mort à Paris, le 8 mars 1876 à l'âge de soixante-six ans. Paulin et Marie voulurent suivre Louise jusqu'au bout, au cimetière[2] de Verneuil-sur-Avre, en Normandie, où vivait la fille de la poétesse.

L'abbé Faudet

Tout près du logement des Talabot, l'église Saint-Roch[3], devenue désormais leur paroisse et qui sera, quelques années plus tard, le lieu de leur mariage, intéressa au plus haut point Marie : un véritable coup de cœur pour la jeune provinciale qui découvrit cette église, l'une des plus grandes de Paris et, surtout, l'une des plus riches en peintures et monuments sculptés. Il est vrai que, depuis le XVIIIe siècle, Saint-Roch représentait la paroisse des artistes, des écrivains et des gens de théâtre. Une société riche et élégante entretenait ce splendide décor, véritable musée de l'École française des XVIIe et XVIIIe siècles.

La jeune femme adhéra immédiatement à la vie paroissiale. Jusqu'à présent, elle n'était pas des plus assidues aux offices, car Paulin, bien qu'étant baptisé, ne pratiquait pas. Mais il l'encourageait dans sa liberté de penser et d'agir. D'ailleurs, il lui répétait cette devise de Goethe que lui-même avait faite sienne : « Tout ce que tu peux faire ou rêver pouvoir faire, commence-le, sois téméraire, et le génie, la force et la magie seront tiens » !

Marie organisa différemment sa vie : elle ne suivait plus systématiquement Paulin dans ses lointains déplacements et développa autour d'elle ses relations. D'ailleurs, son approche des élégantes paroissiennes de Saint-Roch lui permit d'augmenter singulièrement son cercle d'amies. Elle eut une surprise de taille lorsqu'elle rencontra le curé de cette paroisse.

L'abbé Pierre Augustin Faudet[1], brillant docteur en Sorbonne, doyen des curés de Paris, était à la tête de la paroisse Saint-Roch depuis novembre 1852. Lorsque Marie se présenta en tant que nouvelle paroissienne, l'abbé lui posa les questions d'usage et lui demanda naturellement son origine, sa parenté :

« Nous habitions à Nîmes, mais le travail de Paulin le dirigeait trop souvent vers Paris. C'est pour cela que nous nous sommes installés ici.

– Vous êtes donc nîmoise ?

– Oh non ! Paulin est originaire du Limousin. Quant à moi, je suis de l'Aveyron.

– De l'Aveyron ! s'exclama le prélat.

– Ah bien ! Vous connaissez ? Ici, la plupart des gens ignorent cette région et ceux qui la connaissent la connaissent bien mal !

– Vous ne pouvez mieux dire. Il y a quelques décennies, cette sordide affaire de meurtre à Rodez a considérablement entaché l'image du département. Les Parisiens ont découvert l'Aveyron par ce biais-là.

– Moi-même j'ignorais cette histoire, jusqu'à ce que Paulin m'en donne le détail.

– D'où êtes-vous exactement ?

– De Saint-Geniez-d'Olt, la petite ville où Mgr Frayssinous est décédé il y a maintenant une dizaine d'années.

– Je connais très bien Saint-Geniez, répondit le prélat, parce que moi aussi j'y suis né[1] ! »

Il va sans dire qu'à partir de cette rencontre un sentiment d'amitié naquit entre les deux compatriotes. Marie lui conta son histoire, ses débuts difficiles, l'orphelinat, l'usine, sa vie à Marseille puis à Nîmes, sa rencontre avec Paulin. À son tour, l'abbé Faudet, qui avait vingt-quatre ans de plus que Marie, lui révéla sa naissance à Saint-Geniez-d'Olt en 1798. Il avait fréquenté le collège de la ville et quitté l'Aveyron, à quatorze ans, afin de poursuivre ses études à Paris. Professeur de philosophie et de théologie, ordonné prêtre, docteur en Sorbonne, on lui confia la chaire de dogme puis la paroisse de Belleville en 1839. Enfin, depuis peu, la grande paroisse Saint-Roch.

La droiture de ce prêtre, sa sagesse, sa prudence, son affabilité conquirent Marie. Elle trouva auprès de lui un ami sûr, et fut étonnée quand il lui lança quelques mots de patois. Cela la fit rire, mais elle lui répondit ! Cette langue était un véritable fil d'Ariane ! L'abbé lui conta ses rencontres avec Frayssinous qu'il avait bien connu et qui devint en 1821, l'année de son ordination, premier aumônier du roi Louis-Philippe. À vrai dire, le prélat aveyronnais s'était taillé une belle place dans la sphère du pouvoir !

Le prêtre fit part à sa nouvelle paroissienne des relations qu'il entretenait autrefois avec Frayssinous. Faudet et l'évêque conversaient en privé dans la langue du pays auquel ils étaient, l'un et l'autre, très attachés. D'ailleurs, tous les ans, le prélat réunissait, dans un repas simple mais cordial, tous ses amis du Rouergue qui habitaient Paris. Défense était faite, en se mettant à table, de parler une autre langue que le patois, et une amende de 5 francs expiait l'oubli involontaire qui avait fait enfreindre la convention dont le prélat surveillait l'exécution en riant mais aussi avec une vigilante exactitude[1].

Comme Frayssinous, l'abbé Faudet connaissait tous les Rouergats de Paris : barons d'Empire, artistes, politiciens, anciens émigrés… Il évoqua le sculpteur ruthénois Raymond Gayrard, qui avait été introduit dans le cénacle aveyronnais par Frayssinous, ce qui lui valut de faire la connaissance des plus grands, proches du pouvoir, jusqu'au roi Louis XVIII qui lui acheta une statue de marbre pour son château de Saint-Cloud[2].

X

L'Exposition universelle de 1855

Le temple de la paix

SUR LES CHAMPS-ÉLYSÉES, on s'activait fébrilement à la construction de l'immense palais de l'Industrie[1] qui devait abriter la première Exposition universelle et internationale. À cet effet, Napoléon III et son épouse Eugénie décidèrent d'aller en Angleterre afin d'inviter la reine Victoria à honorer de sa visite cette exposition qui se voulait unique. Le 16 avril 1855, le souverain français et l'impératrice furent accueillis à Douvres dans un éclat exceptionnel. La reine fut reçue en France quelques mois plus tard avec autant de lustre. En effet, le 15 mai, afin de témoigner au monde entier de la prospérité de la France, Napoléon III inaugura cette exposition avec un luxe mémorable, déclarant : « J'ouvre avec bonheur ce temple de la paix qui convie tous les peuples à la concorde. » Le souverain semblait oublier que, dans le même temps, l'armée française était engagée dans le siège de Sébastopol ! Mais ces fêtes inauguraient la phase de splendeur qui allait faire de Paris le centre de rencontre du « monde civilisé[1] ». Par ailleurs, la présence de la reine Victoria au château de Saint-Cloud en tant qu'invitée personnelle du chef de l'État scella l'alliance anglo-française et resserra les liens d'amitié qui l'unissaient déjà à l'impératrice Eugénie.

Aux tristes réceptions de Louis-Philippe, Louis Napoléon substitua des fêtes splendides, organisées notamment dans l'orangerie du palais de l'Élysée, où Strauss et son orchestre faisaient valser les couples, où les diplomates étrangers pénétraient les marivaudages de la cour avec le claque sous le bras et les cheveux « frisés à la pigeonnette », où les dames rivalisaient de robes extravagantes aux éclats lapidaires… Ainsi, pour l'inauguration de l'Exposition universelle, convia-t-il des milliers d'invités, non seulement aux Tuileries, mais aussi à l'Hôtel de Ville où recevait le baron Haussmann. Ce prodigieux travailleur avait le goût de la magnificence, l'orgueil du rôle officiel dont il était investi. Ses réceptions devenaient fastueuses et il n'hésitait pas à s'endetter personnellement pour éblouir les hôtes illustres qu'il recevait en ses salons. Il y donnait encore des dîners somptueux où les premiers crus de France coulaient à flots. Paulin et Marie devinrent des amis intimes du couple Haussmann. Ils allaient ensemble à l'Opéra où Paulin possédait une loge. Friand de ces spectacles, le baron, qui appréciait surtout le corps de ballet, fréquentait assidûment les coulisses…

Le couple Talabot faisait partie des personnalités invitées à cette inauguration que l'on voulait exceptionnelle sur tous les plans. Là, encore, ce fut une première pour Marie qui, élégante parmi les élégantes, découvrait ce temple de l'Industrie au côté de Prosper Mérimée[2], à qui l'on avait confié l'organisation de cette grandiose manifestation, du savant Claude Bernard[3] et d'artistes tels qu'Eugène Delacroix[1]. Depuis quelques années, Marie connaissait ce dernier, qui s'intéressait aux nouvelles techniques avec une curiosité non dissimulée. Elle y rencontra encore Dominique Ingres, presque un compatriote, car natif de Montauban. Pour cette exposition, le peintre âgé de soixante-quinze ans avait réuni plus de soixante tableaux représentant diverses facettes de son œuvre. Les Talabot devinrent par la suite des clients de ce peintre qui se distingua par la pureté de son dessin[2]. Ils visitèrent encore leur ami aveyronnais le sculpteur Raymond Gayrard qui exposait alors quelques marbres, les plus sensibles et les plus habiles qu'il eût produit jusqu'alors, ainsi qu'une collection de quarante-cinq médaillons. Il y avait également un personnage étonnant qui subjugua la foule par ses inventions : Robert Houdin, que nous évoquerons plus loin, présenta des « mécaniques nouvelles », et « la pendule électrique », invention saluée par les plus grands noms du domaine scientifique.

Généralement, pour les grandes manifestations orientées vers l'industrie toute naissante, que ce soit à l'étranger ou à Paris, Paulin Talabot invitait généreusement ses collaborateurs les plus directs, qui étaient bien souvent d'ailleurs d'excellents amis. Il les recevait chez lui, rue de Rivoli, ou, si la place manquait, dans les meilleurs hôtels tout proches de son logement. Ainsi à cette occasion qui se voulait unique, Talabot accueillit ses amis ingénieurs Charles Didion et Louis Barret[3]. Ce dernier, compatriote de Marie, était originaire d'un petit village du Sud-Aveyron, Tournemire. En véritable connaisseur d'hommes, Talabot avait apprécié à leur juste valeur les qualités éminentes du jeune ingénieur. C'est ainsi qu'il lui confia d'importantes missions et des études fort délicates[4]. Dès 1859, Paulin Talabot lui attribua la direction des travaux de construction des docks et entrepôts de Marseille, une charge certes lourde mais également une preuve de confiance. Il en fit son ingénieur privé, son conseiller intime[1]. Louis Barret vivait dans la cité phocéenne avec son épouse, Claire-Clémence, native de Toulon[2]. Si les deux hommes se trouvaient liés par une indéfectible amitié, il en était de même pour les deux femmes qui s'entendaient à merveille, faisant leurs emplettes ensemble, se recevant tant à Marseille qu'à Paris, accompagnant parfois leurs maris dans leurs déplacements, notamment à l'étranger.

Au cours du mois de juillet 1855, Paulin et Marie invitèrent à Paris le maire, le notaire et le percepteur de Saint-Geniez-d'Olt et leurs épouses afin qu'ils puissent visiter l'Exposition universelle. Ils furent divinement reçus, rue de Rivoli, et Paulin, en véritable chef d'orchestre, les entraîna à la découverte de la Ville Lumière où ils visitèrent naturellement le fameux « temple de la paix » si cher à l'empereur… Il les guida au travers des arcanes de la nouvelle industrie qui jaillissait de terre avec « force, science et dynamisme » : l'ère industrielle était née, l'exposition le prouvait et toutes les gazettes de France en vantaient les merveilles. Subjugués, les notables marmots n'en croyaient pas leurs yeux : désormais l'homme devenait capable de créer, de développer et de maîtriser de nouvelles, curieuses et étonnantes techniques ! À cet effet, dans l'immensité de cette exposition, ils ne pouvaient posséder de meilleur guide que l'ingénieur Talabot, rompu aux affaires industrielles. Pour sa part, Marie leur fit découvrir la capitale dans sa belle calèche à huit ressorts garnie de cuir, les emmenant dans les meilleures maisons, au théâtre ou à l'Opéra, les présentant à de nombreuses personnalités.

Une foule immense[1] se pressa à cette exposition, célébrée dans le palais de l'Industrie et dont l'architecture elle-même alliait avec bonheur la pierre à l'acier. On n'avait jamais vu une telle densité de machines industrielles, « merveilles naissantes du machinisme », qui allaient envahir les futures décennies. À leur vue, les ingénieurs des différents corps de métier s'enrichirent en des échanges fructueux. Un émerveillement spectaculaire s'élevait de cette foule ébahie à la découverte de produits industriels et agricoles nouveaux, mais aussi d'œuvres d'art issues de presque toutes les nations du monde.

Cette exposition généra naturellement des fêtes qui devinrent le théâtre de réjouissances fabuleuses. Dans un tourbillon de visiteurs, on ouvrit des bals au son des violons et cuivres où les valses succédaient aux polkas, mazurkas et au célèbre quadrille des Lanciers. Femmes et jeunes filles du grand monde s'y rendaient dans de romanesques équipages. Engoncées dans leurs chaises à porteurs, elles se faisaient précéder par un chevalier servant tenant un falot à la main… C'était toute une mise en scène, mais une mise en scène nécessaire à leurs yeux ! On courait encore applaudir les actrices en vogue et l'on se précipitait à la *Tour d'Argent* pour déguster le homard Thermidor ou le canard au sang. Le monde et le demi-monde rivalisaient d'extravagance, de fêtes et d'élégance. Mais les dames de la haute société n'approchaient pas les cocottes, trop vulgaires à leurs yeux. En revanche, leurs maris les fréquentaient assidûment…

Éblouis par ces fêtes somptueuses où s'étalait, avec ostentation, une richesse insoupçonnée, les amis marmots de Marie n'en croyaient pas leurs yeux : comtes, marquis, ducs, accompagnés de dames très élégantes dans leurs robes de soie, aux décolletés excessifs couverts de bijoux, aux coiffures compliquées dont les longues anglaises couraient le long du visage, montraient avec fierté leurs richesses. Certains de ces gens avaient été à la recherche de la fortune, quelques-uns l'avaient trouvée parce qu'ils étaient bien nés, d'autres enfin parce qu'ils avaient quelque chose à vendre et qu'ils l'avaient vendu très cher. Mais tous possédaient le même dieu, l'argent. L'argent qui leur apportait le pouvoir, l'impunité et la liberté !

À l'issue de cette Exposition « unique et universelle », qui démontra largement les nouvelles connaissances des hommes sur la matière, la France se mit en marche. Si, au début du Second Empire, son économie restait encore artisanale et paysanne, l'institution du libre-échange, le développement des sociétés financières et l'extension des voies ferrées permirent à cette vaste entreprise de modernisation de se tourner réellement vers le progrès. Douze ans plus tard, l'Europe se rendit encore à Paris pour la deuxième Exposition universelle où l'on rassembla plus de cinquante mille exposants !

Les premiers salons

Lors de son premier salon, Marie ne se tenait pas de fierté ! Elle appréciait de traverser une assemblée, somptueusement parée, et sentir les regards braqués sur elle, heureuse d'en être arrivée là, légitimement fière ! Désormais elle rivalisait largement avec les aristocrates de souche et les grandes bourgeoises. Mais sa confortable situation, elle la devait d'abord à son intelligence, car elle avait dû tout apprendre, tout gravir, tout supporter. Elle la devait aussi à sa volonté, une volonté puissante, permanente et positive, qui lui permit de rompre avec la lourdeur des traditions ancestrales où la femme se trouvait naturellement enfermée. Certes, l'amour et l'appui de Paulin lui facilitèrent grandement les choses, mais, sans son caractère hors du commun, elle n'aurait pu accéder aux marches des plus grands.

Dès que Marie commença à fréquenter certains salons, elle s'y sentit parfaitement à l'aise et demeura d'une nature expansive et communicative. Sa facilité d'adaptation la servit une fois de plus. Elle mit en œuvre tout ce qu'elle avait appris sur le tas : l'art de se mouvoir dans un salon, sans se cogner ni aux gens ni aux meubles, l'art de rire, si l'on avait de belles dents ou de sourire si elles étaient moins belles, l'art de parler joliment pour ne rien dire, l'art de savoir écouter puis de traduire ou d'acquiescer avec sourire, grâce et subtilité… Marie devint une experte en ces jeux-là et ne mit pas longtemps à briller dans les cercles intimes. Car au-delà de certaines attitudes qu'il était nécessaire de connaître et surtout de tenir, si l'on y ajoutait le savoir des langues, des arts ou de la littérature, on devenait un personnage incontournable, utile et recherché. De façon autodidacte, Marie avait appris beaucoup. Et ses voyages avec Paulin, en pays étrangers notamment, lui permirent de connaître encore la géographie, l'histoire, les religions, la vie et les mœurs des autres contrées qu'elle contait avec brio dans ses assemblées. Il est certain que ces salons, où femmes du monde comme aventurières recevaient à leurs jours, représentaient autant de carrefours où se pressaient financiers, artistes, écrivains, politiques et autres comédiens qui développaient ainsi une culture bigarrée. Celle-ci donna une pensée à ce siècle que l'on décrivit trop souvent comme celui des nouveaux riches et de l'outrecuidance. Une puissance nouvelle, qui n'existait pas au siècle précédent, l'opinion publique, se forma peu à peu dans ces assemblées.

Dans les salons mondains, Marie jouissait d'une grande notoriété et d'une incontestable considération. De nombreux témoignages oraux viennent aujourd'hui corroborer un article paru dans *Le Petit Journal de Paris*[1] où le chroniqueur précise : « Les qualités de Mme Talabot lui avaient mérité, dans la haute société de la capitale, une place qu'elle occupait depuis de nombreuses années avec autant d'autorité que de distinction… Esprit cultivé, intelligence d'élite, elle comptait parmi ses nombreux amis des savants, des artistes et plus d'une illustration contemporaine. » En effet, Marie assista à des salons prestigieux, tel celui de Juliette Adam, où elle rencontra les personnages les plus importants et les plus célèbres de son époque[2].

Héritiers de la monarchie, les salons mondains du XIXe siècle répandirent les arts et les lettres et firent fuser magnifiquement l'élégance et l'esprit. Ce lustre ne fut pas seulement celui du plaisir, de l'argent et de l'élégance, il participa aussi à la politique du moment. Le salon de Juliette Adam fut l'un de ceux-là. Il marqua profondément les esprits de la IIIe République.

Indéniablement Marie possédait beaucoup d'aisance, un certain rayonnement et, surtout, une grande faculté à communiquer. Elle était appréciée pour ses connaissances, mais aussi pour sa bonté et sa joie de vivre. Les nombreux poètes et écrivains qu'elle reçut chez elle témoignèrent, au travers de leurs écrits, des qualités de cœur, de beauté et d'esprit dont elle était largement pourvue. L'un d'eux lui dédia un jour ce poème[3] :

« ... Étoile, vous jetez un éclat qu'on admire.
Autour de vous je vois les astres graviter ;
Pour les faire briller vous n'avez qu'à sourire,
Et c'est dans votre ciel qu'on voudrait habiter.

Souveraine, d'esprit et de grâce charmante,
Vous portez en vos mains tous sceptres réunis :
Vous traduisez Shakespeare, et le Tasse et le Dante
De votre cour jamais n'auraient été bannis...

Régnez donc par l'esprit, régnez par la tendresse ;
Pour chacun demeurez céleste messager.
Qu'Allah garde pour vous sa plus douce caresse,
Et qu'il berce vos jours comme un songe léger. »

Jeune femme accomplie, disposant d'une bonne culture et d'un port de reine, Marie se sentait prête à entrer dans le monde et à y faire sa place. Invitée à plusieurs salons où elle fit naturellement la connaissance de célébrités, Marie décida d'avoir le sien, car elle sentait bien pouvoir le mener comme il se devait. D'ailleurs, son grand appartement de la rue de Rivoli le lui permettait. D'emblée, elle aima s'entourer de jolis visages, comme d'une fraîche parure seyant à ses toilettes. Son prestige, sa jeunesse épanouie, sa grâce personnelle correspondaient magnifiquement à la place qu'elle devait tenir. Elle accueillit chez elle des femmes et des hommes au goût sûr, férus de théâtre, de mode, d'art, de musique ou de chant. Elle assuma son rôle de grande dame d'une façon parfaite et qui séduisit. Lors de son premier salon, elle reçut l'idole de l'époque, le rival de Franz Liszt, Henri Herz[1], pianiste virtuose, compositeur et professeur au conservatoire de Paris. Il était l'un des musiciens les plus populaires de son temps et ses concerts éclataient en de véritables triomphes.

Marie souhaitait que l'on se détende dans son salon, que l'on s'y plaise et que l'on s'y amuse, qu'il y fasse bon vivre et que l'on puisse y chanter. Elle le voulait « chaleureux comme le soleil qui filtre entre les grands arbres », aimait-elle à dire. Elle veillait également à ce que les conversations privilégient le bon mot et la nouvelle du jour selon les règles d'un dialogue poli qui bannissent les trop longs discours. Maîtresse hors pair, elle remportait tous les succès que les mœurs de l'époque rendaient exprimables. Le milieu grand-bourgeois, proche du monde officiel, venait à elle. Elle reçut également les épouses d'hommes politiques influents, Mme Haussmann, Mme Rouher, la « bonne et gracieuse » baronne de Rothschild, Mme Le Verrier, ainsi que les épouses des nombreux collaborateurs de Paulin dont celle de l'ingénieur aveyronnais Louis Barret, mais encore les comtesses de Ricard, de Rouves, de Gilly…

À cette époque, il y avait une telle passion du théâtre que ses protagonistes envahissaient littéralement la vie de la haute société. Dans les appartements de Marie comme ailleurs, on dressa des loges dans les chambres, on improvisa les coulisses derrière des paravents et on joua la comédie où la grâce et la coquetterie avaient libre cours[1]. Cependant, ni Marie ni Paulin n'aimaient les grands salons où l'on s'entassait, où la danse devenait une lutte, où l'on pouvait à peine discuter. En revanche, certains devenaient féeriques sous l'effet de « galeries-serres » décorées de centaines de plantes exotiques. Ces vastes espaces servaient alors de théâtre et l'on pouvait aisément s'y promener ou s'isoler.

Paulin participait rarement aux salons qu'organisait sa maîtresse. En petit cercle, seulement, il se pliait aux charmes de la causerie. Les belles, les nobles idées le séduisaient, l'enthousiasmaient. Littérature, géographie, histoire, botanique demeuraient ses sujets de prédilection. Généralement, les écrivains étaient moins reçus pour leur intellectualité que pour leurs succès littéraires ou leurs talents de communication dans la société. Il s'agissait pour eux de plaire et d'amuser, bien plus que de convaincre. Dans ce cas-là, l'ingénieur n'appréciait guère. Souvent il aspirait à une tranquillité légitime lorsque, parfois exténué, il rentrait chez lui. Cependant, lorsqu'il décidait de s'associer aux gens du salon, alors Marie, en son honneur, clôturait la soirée par un excellent dîner servi aux invités.

XI

L'approche du grand monde

La cour de Napoléon III

DEVENU L'EMPEREUR NAPOLÉON III, Louis Napoléon consolida son pouvoir par une politique efficace et ambitieuse d'inspiration saint-simonienne. Il rechercha de grands hommes sur lesquels il put s'appuyer tels que les frères Talabot, les frères Pereire, les Rothschild, Haussmann, Rouher, Lesseps, Schneider et bien d'autres... Tout ce beau monde se retrouvait à la cour, véritable machinerie sociale où s'amalgamaient, pour le pire et le meilleur, les plus hautes classes de la société.

Dès les premières années du règne de Napoléon III, on assista à une multiplication de bals donnés par les plus grands, à l'Hôtel de Ville, au faubourg Saint-Germain, au cœur des quartiers à la mode. Dans les salons du château de Saint-Cloud, l'on n'y lançait pas d'invitations par « séries » ainsi qu'il en était d'usage à Compiègne ou à Fontainebleau, mais ils s'ouvrirent cependant à de somptueuses réceptions où l'on dansait « à en perdre la tête ». Sauf en ces cas particuliers, la manière d'y vivre était agréable, simple, parfois intime. Dans les heures calmes, on goûtait le temps comme il venait. Les dames assuraient oisivement leur présence, se promenaient, jouaient à des jeux de société. Les hommes dînaient en redingote, parlaient politique ou sciences, se rendaient au fumoir et chacun faisait à peu près ce qu'il voulait. Chaque jour se coulait dans le même emploi du temps fixé par l'étiquette, entre un empereur souvent au travail et une impératrice attachée à une morale stricte.

Le souverain utilisait de multiples prétextes afin d'accueillir de nombreux invités à ses fêtes, notamment des dames qui mordaient alors au plaisir mondain avec tout l'appétit de leurs dents fines et acérées. Dans leurs robes d'apparat, qui devaient être obligatoirement décolletées afin de découvrir entièrement les épaules, elles virevoltaient allégrement autour du beau monde. L'empereur y choisissait volontiers ses maîtresses, sans tenir compte de la classe qu'elles pouvaient occuper dans la société. Bourgeoises, actrices, aristocrates ou cocottes, peu importait, Napoléon III aimait les femmes et n'hésitait pas à les séduire ! D'ailleurs, son imagination s'enflammait vite à l'attrait du charme féminin. Il cédait à son inclination, avec la ferveur à demi romanesque qui le prédisposait toujours à considérer les femmes comme des « anges descendus du ciel »...

Toutefois, les gens du monde qui ne fréquentaient pas la cour de Napoléon III critiquaient assez ouvertement les mœurs dissolues des dames de compagnie de l'impératrice et de toutes celles qui gravitaient autour des souverains. L'on y vit de très jolies femmes, souriantes, papillonnantes, exubérantes. L'on y vit des insouciantes, méprisantes, intelligentes. Elles étaient là, femmes de tête comme femmes de cœur, toutes resplendissantes ! Derrière les apparences de sérieux d'une étiquette intraitable, la cour raffolait de calembours et de contrepèteries, ce qui ne plaisait guère au grave ingénieur Paulin Talabot. Aussi n'y allait-il que par nécessité impérieuse, laissant à sa maîtresse, que l'on prenait naturellement pour sa femme légitime, le soin d'assurer une présence.

Par ailleurs, l'empereur et son épouse adoraient les bals masqués où chacun pouvait donner libre cours à son imagination. Aux Tuileries, le spectacle devenait véritablement féerique. Les dames étaient friandes de ces jeux-là et, derrière leur masque, rivalisaient d'ingéniosité dans leur élégance et leur attitude, afin d'attirer les regards. À partir de Pâques, l'impératrice invitait ces éminentes et attrayantes personnes à « ses petits bals » qui se déroulaient bien souvent le lundi. À tour de rôle, et par séries d'invitations, tous ceux que recommandait une sympathie directe de Napoléon III ou d'Eugénie se présentaient à ces « sauteries » très recherchées, peuplées de cinq ou six cents personnes, rarement plus. L'empereur et les officiers portaient l'habit de drap bleu foncé à collet de velours, avec pans doublés de satin blanc et boutons dorés. Pour les autres hommes, étaient de mise l'habit noir et la culotte collante alors que les femmes rivalisaient entre elles de coquetterie et d'élégance raffinées. Ce fut à ce moment-là qu'elles lancèrent la mode des crinolines dont on affirmait que « leur construction utilisait plus d'acier que les rails des chemins de fer[1] ».

En compagnie du couple Haussmann, parfois des Le Verrier, Paulin et Marie se rendaient encore au bal de l'Opéra. Durant une partie de l'hiver, ces bals publics et masqués attiraient une foule compacte qui dansait jusqu'à l'aube. De leurs loges perchées, ils pouvaient contempler le tourbillon frénétique et bigarré des danseurs de quadrille, mais aussi les élégantes, « apprêtées et bijoutées », qui se pavanaient, assises en groupe autour de tables rondes. Le spectacle s'exhibait alors dans toute sa splendeur.

Évidemment, la modestie n'était pas la vertu cardinale de toutes ces personnes qui hantaient les salons ou les salles de bal. L'attrait puissant du grand monde, de la lumière, des belles fêtes, rameutait la « gentry parisienne » avec de véritables assauts de toilettes fraîches et de jolies femmes. Mais, après tout, elles avaient leurs raisons. Il est vrai que la bourgeoisie du XIXe siècle disposait de tout son temps. Toutefois, éprise de respectabilité et aimant l'ordre, elle tenait à inculquer une discipline rigoureuse et de bons principes à ses enfants. Mais certains maris se faisaient une joie de « montrer » à leur entourage qu'ils étaient assez riches pour offrir à leurs épouses « la vie d'une dame », une vie mondaine et bien ordonnée où le bal, les salons et les toilettes occupaient une place prépondérante. Cependant, d'après l'auteur britannique Alfred Tennyson[1], certains hommes considéraient que la femme était pour eux « un peu plus chère que leur chien et un peu plus noble que leur cheval » ! Quant à leurs nombreuses maîtresses, « elles ne leur étaient chères qu'au sens pécuniaire du terme, mais pas plus nobles que n'importe qui. L'homme de plaisir semblait n'avoir eu dans sa vie que deux passions : les femmes et les chevaux, et ces deux passions étaient souvent étrangement mêlées »…

Marie était encore jeune lorsqu'elle avait constaté que les femmes renonçaient à tous leurs désirs, tant elles étaient possédées par de multiples craintes transmises de mère en fille. Elles avaient peur de leur père, peur d'une maternité honteuse, peur de leur mari et, plus globalement, peur du qu'en-dira-t-on. Dans ce Paris exubérant de mondanités, Marie se retrouvait à mille lieues de son adolescence, de son pays, du Midi où la femme peinait dans son travail, était asservie de jour comme de nuit, tant par les hommes que par la religion. Quel contraste ! Quelle opposition de vies et d'attitudes !

Dans la société aristocratique, où elle avait pris goût à pénétrer, Marie assista à ces fêtes avec une grâce solide et bien installée. Elle traversait les salons en ayant un air de reine, et suivait attentivement, de son regard franc, la marche des événements et la montée des ambitions. Parfois, elle y fut courtisée par des hommes fortunés et influents qui cherchaient, dans leur oisiveté, quelques aventures. Il est vrai que Marie, altière, spirituelle, ayant de l'éclat et de la beauté, ne passait guère inaperçue auprès de la gent masculine[1]. Mais, femme de tête et amoureuse, elle n'était point disposée à se jeter dans les bras du premier venu, alors que certaines de ses semblables voyaient là un moyen efficace pour se mettre à l'abri du besoin. Combien de ces femmes firent fortune en s'imposant comme courtisanes, combien de maris cherchèrent consolation auprès d'elles ? Artistes, millionnaires et hommes de pouvoir déposèrent à leurs pieds leur cœur et parfois la totalité de leurs biens ! Il semble que pour cette société l'amour n'ait eu qu'un seul visage, celui de ces femmes outrageusement à la mode qui se faisaient admirer, désirer, aimer, quelquefois épouser. Selon leur morale, et pour certaines, c'était descendre d'un degré dans l'échelle sociale, mais pour beaucoup c'était s'élever. Dans ce contexte, Ferdinand Bac[2] évoqua celles qui « à force de tomber se sont beaucoup élevées et, à force de s'élever, se sont beaucoup couchées »...

Les tables tournantes

Une activité particulière régnait dans les salons parisiens. De nature superstitieuse, pour ne pas dire mystique, les dames de la haute société s'amusaient à faire tourner et parler les tables. Comme aux Tuileries, où les gens de la cour s'y adonnaient avec frénésie, on se réunissait en des « soirées spéciales » organisées lors de salons mondains. La curiosité d'esprit ou l'imagination surprenante de certaines personnes entraînaient parfois des situations burlesques ou inattendues. Comme ses consœurs, Marie, qui avait été initiée[1] par Delphine Gay, l'épouse d'Émile de Girardin, peu avant son décès en 1855, participa quelquefois à des séances de spiritisme, ce qui faisait franchement rire Paulin. Son esprit cartésien ne pouvait admettre de telles pratiques !

Eugénie, l'épouse de Napoléon III, avait lancé cette mode quelque peu singulière en s'intéressant de près aux expériences du fameux médium écossais Douglas Home[2] qui, précédé par sa réputation, venait révéler ses talents à Paris. Parfait homme du monde, causeur disert et raffiné, excellent musicien, le médium représentait l'âme idéale d'un salon. On se l'arrachait ! Un jour il fut invité à se produire devant l'impératrice, ce qui consacra ses « dons exceptionnels », car il subjugua littéralement la cour par « son fluide excessivement puissant ».

L'aréopage bruyant, d'humeur facile à s'exalter, et qui gravitait autour d'Eugénie, raffola de cet habile faiseur. De là naquit une véritable épidémie de spiritisme et Home, « l'homme à la seconde vue, qui faisait marcher les fauteuils, parler les tables et les morts », devint la coqueluche des dames, notamment des veuves qui, lors de ces séances spéciales, réalisées le soir ou la nuit dans la pénombre des chandelles, causaient avec leur défunt mari. Dans une ambiance de secret, les tables se soulevaient, tournaient, tapaient, engendraient des émotions particulières dont ces femmes n'auraient voulu se priver. La platitude de leur vie ordinaire trouvait en ces moments un élément fabuleux d'intérêt. Elles s'y complaisaient alors avec un sentiment nouveau, une sorte de vice de l'esprit, une mauvaise habitude dont elles ne pouvaient plus se passer...

Initié par Mme de Girardin, Victor Hugo devint un fervent spirite et contribua à développer l'engouement pour les tables tournantes. Lors d'une séance, il avait été bouleversé par la manifestation de sa fille Léopoldine, dramatiquement noyée dans la Seine[1]. Avec lui, amplifiant le phénomène, de nombreux écrivains spirites ou d'inspiration spirite s'adonnèrent passionnément à cette doctrine : George Sand, Théophile Gautier, Alexandre Dumas, Jules Michelet...

Mais cette fièvre n'eut qu'un temps. Pour le bonheur des gens de la cour, puis des autres, on inventa, aux Tuileries notamment, des distractions plus durables. Il y eut les « soirées fantastiques » que créa le prestidigitateur Robert Houdin[2] et auxquelles assistait avec frénésie le Tout-Paris. Elles avaient lieu dans une jolie salle de la galerie de Valois au Palais-Royal, où, parfois, Marie et ses amies se rendaient, ainsi qu'à la « maison du magnétisme » située non loin de sa résidence, au 34, rue de Rivoli. Toujours curieuse, Marie y suivit encore des cours de magnétisme que l'on y donnait[3]. Comme d'autres personnalités aisées, les Talabot devinrent des clients de Robert Houdin qui fabriquait d'étonnantes pièces mécaniques, ainsi que des pendules électriques[1], autre passion de l'ingénieur.

Cependant, l'Église catholique ne voyait pas d'un bon œil ces pratiques « quelque peu diaboliques ». Le cardinal Guibert, archevêque de Paris, s'éleva contre les interventions spirites dès 1853 et, trois ans plus tard, le tribunal de l'Inquisition romaine condamna sérieusement les « abus du magnétisme ». De leur côté, les chroniqueurs de l'époque firent perdre beaucoup de panache aux prouesses des magnétiseurs et des spirites en tournant en ridicule certaines de leurs actions.

Luxe et prospérité

Depuis qu'Haussmann avait résolu le problème de l'aménagement du bois de Boulogne en créant des lacs, en établissant des allées sinueuses, en édifiant des pavillons, le monde et le demi-monde « se rendaient au Bois » en des équipages élégants. Autrefois, sa réputation faisait frémir. Mais à présent, il devenait le rendez-vous des amoureux, des couples à la mode, des belles ou des dandys qui voulaient se montrer. L'hiver, lorsqu'en décembre ou janvier la froidure transformait l'eau frémissante en une surface unie et solide, Marie se rendait au bois de Boulogne avec quelques amies. Elle se lançait alors avec allégresse, toujours à la dernière mode, sur la surface glacée, le front serré par une petite toque et la taille prise dans une fourrure de loutre. Dès l'instant où la vie bouillonnait autour d'elle, la jeune femme exultait de bonheur[2]. Si elle était invitée à un modeste salon ou à une petite fête de famille, Marie en était aussi heureuse que lorsqu'elle pénétrait le grand monde, à Compiègne, Fontainebleau ou Saint-Cloud.

Attentionnée, elle apportait toujours un cadeau à l'un, à l'autre sans oublier le moins du monde les enfants. C'était volontiers qu'elle partageait la vie familiale de ses amis, qu'ils soient aisés ou non, avec une simplicité déconcertante pour ceux qui la voyaient comme une grande dame et ignoraient totalement sa modeste origine.

Invitée en tant que « Madame Talabot », bien qu'elle ne fût pas mariée, Marie adorait le château de Fontainebleau dont elle connaissait le détail de l'histoire, sachant en faire profiter son entourage, notamment dans les salons. Mais elle buvait aussi avec délice la vie grouillante de luxe qui s'y déroulait. Elle aimait déambuler, au bras de ses amies, dans les longues galeries, ou converser dans le salon chinois ou le fumoir où elles allaient de temps en temps brûler innocemment quelques cigarettes.

Marie se rendait aussi chez Mme de Fleury[1] qui recevait le Tout-Paris, rue Saint-Honoré, à deux pas de chez elle. C'était un salon pétillant de jeunesse et d'exubérance où l'on évoquait les anecdotes les plus invraisemblables, les histoires picaresques ou rocambolesques. Elle s'y rendait avec bonheur car un monde plutôt éclectique s'y pavanait. Parfois l'on y donnait des bals costumés où elle rencontra une foule de gens célèbres, notamment le prince impérial. La maîtresse des lieux, très en verve, alertait le Tout-Paris par petites annonces ainsi libellées :

« Mme de Fleury ouvre demain soir son salon de la rue Saint-Honoré pour la première fois de l'hiver. On dansera surtout, on chantera pas mal, on dira même quelques vers. Mme de Fleury invite volontiers à ses sauteries les jeunes avocats, les jeunes poètes, les jeunes journalistes. C'est dire que ces fêtes sont pleines d'entrain et de goûté. On s'amuse toujours où est la jeunesse[1]. »

Et Marie s'amusait beaucoup auprès de ces gens qui d'ailleurs ne recherchaient que le plaisir. Elle se sentait bien au cœur de cette ville dont le monde entier copiait et convoitait la prospérité… et les « cocottes de luxe ». Au fil des mois, des ans, elle avait soupesé le bien et le mal qui hantaient cette société, les faiblesses et les magnificences. Elle s'y était délicieusement adaptée et en connaissait désormais tous les secrets. Mais ce qu'elle rechercha toujours auprès de ses contemporains furent l'amitié et la sympathie.

En haut lieu on reconnut les mérites de l'ingénieur Talabot. En effet, le 5 août 1855, il fut promu officier de la Légion d'honneur[2] et reçut bien évidemment les louanges de ses pairs. Ce fut une bonne raison pour Marie de saluer les valeurs de son compagnon. Celui-ci « possédait » une maîtresse très attentionnée. Dans leur couple, cette attitude, d'ailleurs réciproque, permettait de créer des moments forts où l'amour détenait une place prépondérante : l'anniversaire de leur toute première rencontre à Marseille, alors qu'elle n'était qu'une jeune fille timide employée chez les Fraissinet, les épisodes heureux qu'ils vécurent à Nîmes, en Italie, en Angleterre ou ailleurs, leur installation à Paris, furent autant d'occasions pour les amants de se retrouver et de vivre des instants de bonheur. Marie veillait jalousement au respect de ces anniversaires qui, dans leurs esprits, devenaient désormais traditionnels[3].

Ainsi, en l'honneur de son cher amant, qui venait de recevoir cette nomination dans les rangs prestigieux de la Légion d'honneur, elle organisa une soirée somptueuse dans les salons de l'hôtel *Meurice*[1], situé tout près de chez eux. À cette soirée furent conviés des amis très chers, appartenant au beau monde parisien, notamment le baron Haussmann et l'infatigable homme d'État Eugène Rouher[2]. Quant aux notables marmots, invités avec chaleur, ils rencontrèrent, à cette occasion, leur compatriote l'abbé Faudet. Subjugués par l'ampleur et les magnificences dont ils furent les témoins, les contacts naturels et sympathiques établis entre les plus grands de la sphère gouvernementale et le « couple Talabot », ils ramenèrent en terre aveyronnaise des nouvelles pimpantes, et peut-être même trop élogieuses, concernant la petite fille qui avait grandi autrefois au sein de l'hospice…

Marie proche des enfants

Depuis une quinzaine d'années qu'elle vivait avec Paulin, Marie n'avait toujours pas d'enfant. Au cœur de cette vie mondaine qu'elle buvait avec délice, cette non-maternité ne semblait pas, *a priori*, l'affecter. Cependant, chaque fois qu'elle se trouvait en présence de petits, elle fondait de tendresse… Lorsqu'elle visitait ses amies, elle apportait aux enfants des friandises, des jouets, des fruits. Elle aimait jouer avec eux, leur servait parfois de préceptrice et les encourageait dans leur choix de vie future.

En décembre 1846, alors qu'elle se trouvait à Paris avec Paulin, l'une de leurs amies accoucha. Il s'agissait de Jeanne-Léonie Martin de Bonabry[3], mariée au célèbre caricaturiste Sulpice Guillaume Chevallier, dit Paul Gavarni[4], l'un des plus grands chroniqueurs des mœurs et des modes parisiennes. Le jeune couple, qui habitait Auteuil, avait déjà un garçon prénommé Jean, né en 1845. Le deuxième garçon, qui venait de naître et que l'on prénomma Pierre-Auguste, deviendra artiste peintre et épousera une nièce de Marie, originaire de Saint-Geniez-d'Olt[1].

Déjà à cette époque, Paulin devait connaître la sensibilité particulière de sa jeune compagne pour les enfants, car le jour du baptême, alors qu'il devint le parrain[2], il confia l'enfant à Marie afin qu'elle le porte sur les fonts baptismaux. De là naîtra une longue et solide amitié entre Jeanne-Léonie et Marie qui avaient d'ailleurs le même âge. Elles se retrouveront plus tard, régulièrement, dans le Limousin, à Marseille, à Paris et quelquefois dans l'Aveyron. Marie restera très proche de cet enfant qu'elle berça souvent, et conservera un lien filial avec Pierre-Auguste toute sa vie.

Quelques années plus tard, en février 1853, une petite fille venait de naître dans la famille Le Verrier. On la prénomma Lucile[3]. Marie, qui atteignait juste ses trente ans, s'attacha profondément à cette enfant qu'elle appelait souvent « mon bébé », ce bébé qu'elle aurait certainement voulu sien. Elle adorait cette petite et Paulin succomba, lui aussi, à son charme. La mère de Lucile, Mme Le Verrier, n'avait pas une bonne santé[4]. Elle fit souvent appel à Marie qui, malgré l'attrait des réjouissances du grand monde, fut toujours présente. Il était absolument naturel pour elle d'aider, de rendre service, de seconder si cela était nécessaire. Elle le faisait avec tout son cœur, si bien que des liens ténus se développèrent entre elle et la petite fille. Lucile devint en quelque sorte la « fille adoptive » des Talabot. Plus tard, adolescente, lorsqu'elle écrira à Marie, elle intitulera ainsi ses lettres : « Chère maman Talabot » et signera parfois « Votre bébé », preuves d'un attachement réel.

Malgré son amour pour les enfants et sa sensibilité très profonde vis-à-vis d'eux, Marie Talabot n'eut jamais de progéniture et dut certainement en souffrir. Était-ce sa volonté ou celle de son époux qui, officieusement, aurait eu de la descendance ou bien ne pouvait-elle physiologiquement enfanter ? Toujours est-il que dans certaines lettres elle évoquait assez souvent ses problèmes sporadiques de santé, relatifs la plupart du temps à la gynécologie. Sur une lettre destinée à son amie Louise Colet, elle précisait : « J'ai tardé à vous écrire pour une triste raison, depuis huit mois je suis d'une très mauvaise santé. J'avais des douleurs névralgiques dans les ovaires, mon médecin veut m'envoyer aux Eaux-Bonnes[1]. » À cette époque, ces eaux étaient en effet réputées pour soigner « les maladies des femmes ». Il est donc probable qu'elle ne put enfanter à cause de ces maux qui la faisaient parfois affreusement souffrir : « Je viens d'être très malheureusement frappée par une maladie qui a failli m'emporter. Je ne fais qu'être malade… et les six mois qui viennent de passer m'ont fait faire bien des réflexions… », notait-elle dans une autre lettre envoyée à cette même amie. Marie Talabot n'eut jamais d'enfant. Y avait-il des liens avec les maux dont elle se plaignait ? À cet effet nous n'avons reçu aucun témoignage.

Son souci des orphelins fut permanent. Ces enfants abandonnés lui rappelaient peut-être sa propre condition et celle de ses petits camarades de l'orphelinat de Saint-Geniez-d'Olt. Ce fut vraisemblablement pour elle une nécessité d'équilibre que de transférer tout l'amour maternel qui l'habitait vers d'autres petits qui en manquaient. Pour Marie, tout enfant avait droit à des parents, à une famille, à un minimum d'éducation. Au travers de son esprit charitable, elle véhicula une force peu commune à leur intention.

Si à Saint-Geniez-d'Olt Marie apporta beaucoup, elle ne démérita pas non plus à Paris, dans le sillage de son compatriote l'abbé Faudet, ni à Marseille ni dans la région limousine.

Dans la ville de Marseille, elle marcha sur les pas de Mgr de Mazenod, homme affable et apprécié qui fut canonisé à la fin du XXe siècle. Ce prélat encouragea fortement autour de lui les œuvres charitables et fit construire des locaux afin d'abriter les orphelins qui se retrouvaient à la rue après les épidémies meurtrières du choléra. Il créa d'abord un établissement érigé non loin de la gare Saint-Charles[1] et destiné à l'accueil des orphelines du choléra de 1835. Quatorze ans plus tard, et en conséquence des épidémies récurrentes, il ouvrit une autre maison d'accueil destinée aux garçons : l'orphelinat Vitagliano[2]. Marie visitait régulièrement les orphelinats de la ville. Parmi ceux-ci, les « Orphelins de l'Étoile » semblait avoir sa préférence.

XII

Femmes insultées

La place de la femme

Mme Palangié[1], veuve et déjà bien âgée, et qui autrefois avait été la patronne de la jeune Marie-Anne, ne tarissait pas d'éloges envers elle. Informée par son fils Jean-Louis, maire de la ville, et fière de savoir que sa petite bonne avait si bien réussi, la vieille dame, plongée dans le respect de la religion, n'en avait pas pour autant des œillères : « Tant pis si la petite n'est pas mariée, l'essentiel est qu'elle soit heureuse[2] », disait-elle à son entourage composé de dames aussi respectables qu'elle, mais certainement plus strictes sur les principes, et peut-être aussi un tantinet jalouses. Elle ajoutait, à l'adresse de ses consœurs, avec certainement un brin de malice : « Dès qu'il y a un homme important, regardez la femme qui l'accompagne, elle est aussi grande ! »

À Saint-Geniez-d'Olt, les nouvelles de ce périple effectué à l'occasion de l'Exposition universelle intéressèrent beaucoup de monde. Au conseil municipal, le maire apporta de nombreuses informations, totalement inédites, sur ces nouvelles et époustouflantes technologies qu'il avait approchées, sur ces halls immenses, démesurés, qu'il comparait aux places ou aux demeures de la cité, sur la ville « haussmannienne » qui se bâtissait, généreuse, opulente, magnifique. Il évoqua enfin la rencontre inattendue de hautes personnalités du monde politique, scientifique et industriel chez « Marie-Anne Savy et Paulin Talabot », ou encore le contact établi avec des savants ou des artistes de renom. Les jours suivants, il ne fut question en ville que de cette expédition parisienne. D'aucuns s'enthousiasmaient alors que, chez d'autres, un sentiment de jalousie naquit. Surtout dans quelques familles bourgeoises ou aristocratiques déchues[1] qui, depuis plusieurs générations, avaient tenu le haut du pavé mais qui se retrouvaient, à ce moment-là, un peu trop délaissées. Au courant de la réussite de Marie-Anne Savy, « misérable bonne à tout faire chez les Palangié », certains en ressentaient un véritable affront mêlé de jalousie : « C'est une femme de mauvaise vie, affirmaient-ils, une demi-mondaine[2], une fille de hautes noces et peut-être même une croqueuse de diamants ! » De plus, des révoltés, aux gestes provocants, aux lèvres chargées d'invectives et de menaces, persiflaient : « Une fille de la terre ne peut accéder à tant de notoriété et de richesses à moins de s'allonger[3]. »

Il était assez facile, pour ces gens de la « bonne société », d'injurier ainsi Marie. En cette époque victorienne, où le foyer était exalté comme le bien suprême, une certaine ironie planait sur le fait qu'une proportion assez élevée de prostituées avaient débuté leur vie comme bonnes à tout faire. Les lourdes conditions de travail, l'acharnement pervers de patrons odieux, et de leurs fils parfois, qui ne manquaient pas de profiter de ces proies faciles qui dormaient sous leur toit, enclenchaient inévitablement, chez ces personnes seules, le désir de s'échapper et de trouver « autre chose ». Pour survivre, nombre d'entre elles durent se prostituer, le cœur malade d'en arriver à une si basse situation. Alors, naturellement, « les beaux messieurs de la bonne société » cueillaient, sans remords, ces fleurs du mal épanouies dans la misère…

Par ailleurs, dans les provinces, on n'aimait guère que les femmes, à l'instar de Marie, rompent avec les traditions ancestrales qui, durant des siècles, façonnèrent ces peuples vivant en autarcie sur des terres bien souvent difficiles. Ainsi, lorsque les premières fabriques apparurent, lorsque les femmes abandonnèrent les coutumes de leurs pères pour aller travailler en usine, « lieu de perdition par excellence », on n'apprécia guère leur démarche, même dictée par la nécessité. Car la place de la femme se situait à la maison, auprès de son mari et de ses enfants, et non à l'extérieur. Alors on organisa des « ouvroirs[1] », associations qui regroupaient initialement les dames les plus fortunées des secteurs et qui confectionnaient, de leurs propres mains, des vêtements pour les enfants, les pauvres et autres nécessiteux. Et l'on incitait fortement les jeunes filles de la ville à rejoindre l'ouvroir où « elles pouvaient gagner leur salut », tout en s'initiant aux travaux de couture et de broderie, plutôt que d'aller se perdre dans les fabriques dont la moralité demeurait plus que douteuse. La promiscuité avec des hommes de tous âges et les dangers omniprésents, physiques mais surtout moraux des ateliers, pouvaient les détourner du droit chemin…

La réalité était tout autre. Bien souvent ces femmes avaient faim et leurs enfants aussi. Très peu payées, elles assumaient leurs tâches dignement, mais cela n'empêchait pas les gens de jacasser, voire de colporter des ragots de mauvais goût. Marie et son jeune compatriote Edmond Railhac évoquèrent un jour des paroles lamentables dont on leur avait rapporté les propos, et qui justement concernaient les ouvrières[1] de la cité marmotte que l'on blasonnait facilement de « filles de rien ». Offusqué, le jeune poète écrivit alors ces vers[2] à l'attention de ces femmes méritantes :

« N'en disons pas de mal de nos mécaniciennes,
Elles vont à la messe, aux vêpres, au sermon,
Se parent avec goût comme des Patriciennes,
Et ne se laissent pas tenter par le Démon… »

Enfermées dans des locaux insalubres où elles travaillaient jusqu'à quatorze heures par jour pour des salaires dérisoires, ces femmes possédaient un réel mérite car non seulement elles assumaient convenablement leurs tâches, mais elles devaient encore supporter humblement les quolibets des bien-pensants de cette époque. « La femme n'est plus qu'une bête de somme », s'évertuait à dire le philosophe Jules Simon[3] lorsque, d'après son enquête dans les grands centres industriels, il prit conscience des conditions de vie épouvantables des ouvrières. D'ailleurs, partout où la brutalité économique réduisit le salaire au minimum d'existence, la femme perdait son identité. Elle n'était alors qu'une damnée de la production plongée dans l'enfer de la machinerie !

Ainsi Marie ne fut pas la seule à souffrir des ragots, ragots bien souvent phallocrates issus d'une société d'une extrême misogynie. Dans la cité marmotte, où la main de fer victorienne régnait sur la vertu, d'aucuns évoquaient intentionnellement Paris devenue « capitale de l'amour. » De l'amour vénal et du plaisir, bien sûr ! Car l'on y trouvait la facilité sous toutes ses formes : des femmes s'y donnaient pour des fortunes et s'enrichissaient prodigieusement, d'autres, qui n'avaient pour domicile que celui que leur procurait un amant de rencontre, se vendaient pour quelques sous. Quant à la demi-mondaine, posséder un appartement bien meublé, une voiture pour se rendre dans les lieux à la mode, tenir un salon fréquenté par des gens connus s'avérait suffisant. Ainsi, la ligne de partage entre le monde et le demi-monde était-elle bien mince ! De ce fait, on fit aisément l'amalgame entre « Marie-Anne, la pauvre bonne orpheline devenue courtisane » et les demi-mondaines et autres « grandes horizontales » qui défrayaient alors la chronique parisienne. Marie ne put échapper aux commérages…

Il est vrai que la plupart de ces femmes étaient partie de rien, telle la Païva[1], pauvre petite fille russe qui ruina ses riches amants et s'imposa, au XIXe siècle, comme la plus grande courtisane de Paris. Ici encore la médisance, véritable baromètre de la notoriété, détenait une place prépondérante, surtout dans les salons de la haute société. Cependant, ces personnes n'étaient guère reçues dans le grand monde et, en principe, aucune femme respectable ne les fréquentait car elles s'affichaient de façon bien trop légère.

Certaines gazettes de l'époque, excitées par un prurit intense de dénigrement, s'en donnaient à cœur joie. À ce moment-là, on construisait l'hôtel particulier de la Païva[2] sur les Champs-Élysées, avec une véritable volonté de magnificence. Trois mots méchants avaient été prononcés à l'encontre de cette belle courtisane qui menait avec entrain la danse de l'amour : le premier, d'un auteur anonyme, fut sur toutes les bouches comme un surnom méprisant : « Qui paye y va ! » Le second, du boulevardier Aurélien Scholl, à qui l'on demandait si la construction de l'hôtel avançait : « Ça va, ça va, on vient d'y poser le trottoir. » Le troisième, lorsque l'on édifiait le fameux escalier en onyx[1] : « Ainsi que la vertu, le vice a ses degrés. » Malgré des propos de plus en plus agressifs lancés fréquemment à son encontre, la Païva continuait pourtant allégrement son chemin...

La rumeur

En la bonne ville de Saint-Geniez-d'Olt, comme partout ailleurs, la médisance suintait des murailles. Contre Marie, quelques jaloux lancèrent des flèches empoisonnées qui finirent par convaincre les gens du peuple les moins prévenus. Parfois, l'ironie relayait l'invective. Si certains ne reculaient devant aucune calomnie, d'autres, cependant, se méfiaient des bavardages qu'ils savaient malintentionnés. Pour les petites gens du terroir, il était naturel de juger, de soupeser, de se rendre compte de tel ou tel comportement. Leurs jugements concernaient pauvres comme riches.

Plus tard, le poète Edmond Railhac chercha, au travers de ses écrits, à tordre le cou à cette « vieille gueuse de rumeur, pernicieuse, cruelle et nauséabonde », qui pourrissait l'environnement. Lorsqu'il eut connaissance des ragots qui salissaient l'amie de sa famille, le poète marmot écrivit[2] :

« ... Partout, la vieille gueuse épiant mes paroles,
Mes gestes et mes faits, tourmenta ma raison.
Je la trouvais partout, l'écume à la bouche,
L'oreille au guet, l'œil terne, impassible toujours !
J'avançais dans la vie : elle suivait farouche,

Et me persécutait jusque dans mes amours.
Plus je devenais fort, plus elle était cruelle ;
Plus elle distillait froidement son venin !
Et quand pour l'écraser, moi, je marchais sur elle,
Elle trompait ma rage et renaissait soudain.
Je la vis chez les grands parler avec audace ;
Je la vis déchirer vertus, titres, talents ;
Je la vis se grimer et rire sur place ;
Je la vis mordre enfin à tout à belles dents :
À l'honnête artisan disputer le salaire,
Saper comme à plaisir la fortune d'autrui,
Redorer des blasons avec l'or d'un faussaire,
Ne marchandant jamais aux lâches son appui… »

Aux offices de Saint-Geniez-d'Olt, Marie accompagnait naturellement les dames bourgeoises de la cité, respectant ainsi les règles de la bienséante charité. Ces dames animaient les cérémonies religieuses par leurs chants, et l'on remarquait bien évidemment leur présence, ne serait-ce que par l'opulence de leurs vêtements à la mode. À l'entrée et à la sortie des offices, sur le parvis de l'église, elles faisaient « leur charité aux pauvres », ce qui les caractérisait suivant leur fortune. De leur côté, certaines grandes familles aristocratiques, totalement désargentées et donc incapables de faire la charité, ne pouvaient cacher leur jalousie. Elles détenaient leur titre, certes, mais pas davantage ! Aussi affirmait-on volontiers dans le pays : « Noblesse sans argent est une lampe sans huile ! »

Les gens de la terre, qui se targuaient de rigueur morale, possédaient aussi un jugement sévère et sans appel dès lors qu'il était question de sexualité hors mariage, considérée évidemment comme honteuse[1]. En effet, la femme devait obligatoirement appartenir à la classe de ses parents et en respecter les lois établies. C'est ainsi qu'au fil des temps les pratiques religieuses façonnèrent l'éducation des femmes en les maintenant étroitement dans leur rôle d'épouse, de mère et de ménagère, rendant aussi le devoir conjugal obligatoire. « Ces femmes que nous voyons sans force et sans vertu, la nature les avait formées propres aux actions de force et de vertu, mais l'éducation a tout anéanti », devait déjà affirmer Mme de Coicy en 1785... La femme devenait ainsi un instrument docile du clergé, dont la destinée traditionnelle pouvait, suivant les circonstances, s'orienter de trois façons : le mariage forcé, le couvent, la prostitution. D'ailleurs, la justice exigeait que la femme obéisse en toute chose, même à l'injustice, « car c'est une créature inférieure au point de vue sanitaire, inférieure au point de vue anatomique, inférieure au point de vue dynamique, inférieure au point de vue cérébral[1] »...

En terre aveyronnaise, dans ce pays vrai et difficile, la femme était éduquée pour servir. On ne lui apprenait que l'utile, exclusivement l'utile, d'ailleurs nécessaire à la survie. Même ses maigres loisirs devaient aller dans ce sens-là. Et la femme âgée, rompue au travail incessant et à la docilité, continuait à meubler son temps par la prière ou en rendant de menus services.

Les jeunes filles devaient absolument préserver leur virginité, valeur essentielle, qui représentait un capital social aussi précieux que leur dot. Par ailleurs, le Code civil, promulgué par Napoléon Ier[2], assignait la femme mariée à sa famille. De son côté, l'Église exigeait soumission et esprit d'abnégation. « On les élève comme des saintes et on les livre comme des pouliches » à des époux qui possédaient tous les droits ! Mais si la femme transgressait un tant soit peu son absence de liberté, et surtout, si elle était surprise en situation d'adultère, alors la déchéance la guettait. Ces mêmes « lois » s'appliquaient avec rigueur pour une jeune fille non mariée qui avait « commis une faute ». Une vie normale lui était refusée. Si elle n'allait pas abriter son péché derrière les murs d'un couvent, elle sombrait inévitablement dans l'opprobre et le rejet général, devant s'orienter pour vivoter vers une prostitution de misère. Toutefois, si dans cette démarche elle rencontrait l'homme riche qui l'entretiendrait, alors, elle entrerait systématiquement dans le demi-monde[1].

Pour ses détracteurs, Marie entrait obligatoirement dans cette dernière catégorie ! Comme une demi-mondaine, elle possédait un appartement et tenait salon. Comme une demi-mondaine, elle était entretenue par un homme riche et devait avoir plusieurs amants. Comme une demi-mondaine, elle détenait désormais la fortune alors qu'elle n'avait jamais eu le sou… !

Des illusions sans bornes remplissaient le cœur et l'imagination de ceux qui avaient l'intérêt le plus direct à prolonger leur rancune, notamment quelques aristocrates ruinés, aveuglés de jalousie. Les bavardages allaient bon train… Le petit noyau de ces soi-disant « nobles personnages », que l'on saluait bien bas et qui déclenchèrent ce vent de haine, ne put accepter la réussite de cette fille qu'ils savaient sortie de l'orphelinat. Ils ne concevaient pas que, partie de rien, sans fortune et sans nom, elle ait pu monter si haut dans l'échelle sociale et détenir place et fortune, alors que la leur avait bel et bien fondu ! L'envie entraient en eux. Car sans le vouloir, en quelques mots trop élogieux concernant Marie, les visiteurs de l'Exposition universelle, le maire de Saint-Geniez-d'Olt en tête, avaient mis le feu aux poudres. Mais surtout, avec leurs discours, ils avaient totalement anéanti les privilèges moraux de ces quelques aristocrates ruinés aux yeux du peuple marmot : la jeune femme leur faisait désormais ombrage par sa place et sa richesse. Une richesse qu'ils auraient bien voulu posséder !

Particulièrement vexée, cette poignée de notables s'était unie dans une même antipathie pour cette femme. Le poison de la perfidie s'insinua jusqu'à atteindre toute la ville. Le venin de la rumeur coula dans les venelles de la cité, le long de la rivière et jusque sous les voûtes séculaires du cloître. Peu à peu, elle arriva aux oreilles de tous. Certains, animés par une haine tenace, continuaient à la répandre allégrement, alors que d'autres, notamment les petites gens, maintenaient une attitude plus réservée vis-à-vis de Marie-Anne. Peut-être se souvenaient-ils d'elle dans sa misère et son malheur ? Ils considéraient trop fortes les attaques pernicieuses qu'elle subissait, car on la disait demi-mondaine, on la traitait de « grande horizontale » et l'on renchérissait en affirmant qu'elle était actrice voire danseuse de cirque[1], ce qui à l'époque était synonyme de prostituée !

Dans les estaminets de la ville, où l'on buvait trop largement l'absinthe, cette terrible fée verte qui vous vrillait le cerveau[2], les langues allaient bon train. Pour quelques verres, sournoisement payés à une bande d'assoiffés, on n'hésita pas à vouer Marie aux gémonies, à l'accabler d'outrages et d'insultes. Il y avait de l'amusement, voire de la délectation, pour certains à jouer les agitateurs. Dans les rues, la rumeur insidieuse rôdait sans relâche poursuivant inexorablement son chemin…

Et puis un jour, on apprit en ville que Paulin Talabot était saint-simonien. Comme ceux-ci prônaient l'amour libre, se prononçaient contre le mariage et demandaient l'émancipation des femmes, cela en fut assez pour effrayer les braves gens traditionnels dans l'âme. De plus, ces principes entérinaient amplement tout ce que l'on avait pu colporter sur Marie. Ce fut donc l'occasion, à travers elle, de jeter l'opprobre sur son amant, de démontrer que l'on n'avait pas besoin de ses hautes compétences, de ses théories utopiques et encore moins de son chemin de fer ! On cria au scandale, on affirma que la sainte institution du mariage était fichue et qu'il n'y avait plus de morale ! À Paris, ni Marie ni Paulin ne se doutaient de ce qui se tramait dans leurs dos…

XIII

Marie agressée

Une grande dame

AU COURS DE L'AUTOMNE de cette même année, en 1855, Paulin et Marie descendirent dans le Midi et passèrent quelques semaines à Nîmes. Toujours occupé et préoccupé par ses travaux de longue haleine, le fougueux ingénieur envisageait d'unir plusieurs sociétés de chemin de fer afin de créer l'un des plus grands réseaux de France. De plus, venant de publier dans la *Revue des deux mondes* un mémoire intitulé « Le canal des deux mers d'Alexandrie à Suez, moyens d'exécution », il disputait le tracé de ce canal à Ferdinand de Lesseps. Un travail immense l'attendait.

De son côté, Marie visita ses amis qu'elle avait laissés dans la région, puis décida de revoir son pays. Elle n'y était pas revenue depuis la fin de l'année 1848. Sept ans passés avec une rapidité déconcertante ! Désormais, elle allait sur ses trente-trois ans et affichait une sûreté évidente, une beauté superbe. C'était une grande dame[1] ! Durant tout le voyage, elle se réjouit de revoir son pays, ses amis d'enfance, les familles Palangié, Railhac, Rouquayrol, les religieuses de l'hospice. Elle espérait retrouver son amie Noëlle Castanié qui avait disparu de la région de Saint-Geniez et dont elle n'avait plus de nouvelles. Marie prévoyait également d'assister aux cérémonies de Toussaint en mémoire de ses chers parents et de sa marraine, Marie Rosière, décédée depuis peu. Elle allait aussi retrouver sa jeune cousine, Nathalie Triadou[1], qu'elle n'avait pas revue depuis son premier départ du pays et qui venait de se marier avec un marchand d'épices, Justin Carles, originaire de Saint-Côme-d'Olt. Le jeune couple avait ouvert tout récemment un petit commerce à Saint-Geniez, rue de l'Hôtel-de-Ville. Sa vie durant, Marie sera très proche de Nathalie et s'occupera plus tard de l'éducation de sa fille Julie. Toutes ces perspectives l'enthousiasmaient. Elle avait envie de retrouver son pays et les gens qui le peuplaient.

Bonne comme le pain, elle revenait au pays les bras chargés de cadeaux. Il y en aurait pour tout le monde et les enfants seraient les premiers servis ! Sa largesse de cœur était inscrite dans ses gènes. Ses parents, quoique fort pauvres, n'avaient jamais repoussé un mendiant, que ce soit pour lui donner un bol de soupe ou lui attribuer une petite place sous leur toit afin d'y passer la nuit. La charité pour les pauvres était inspirée par leur foi et faisait partie de leur vie. Pour elle, ces gestes étaient donc naturels !

Marie déposa ses nombreuses malles au château de la Falque, propriété de la famille Railhac. Elle rapportait pour ses amis des présents plutôt rares à cette époque : vaisselles de Limoges fines et décorées[2], vêtements de qualité et à la mode, objets d'art et de piété, jeux et jouets... D'emblée, elle fut subjuguée par cette immense demeure, autrefois monastère cistercien[1]. Agréablement située dans la plaine du Lot, à égale distance de Saint-Geniez-d'Olt et de Sainte-Eulalie-d'Olt, cette grande propriété avait accueilli autrefois dans ses murs de hautes personnalités. Marie apprécia autant le cadre et l'ambiance bucolique de cette ancienne bâtisse chargée d'histoire que l'accueil chaleureux des Railhac, rencontrés pour la première fois en 1848.

Dès le lendemain de son arrivée, ses hôtes mirent la jeune femme au courant de l'attitude pernicieuse de quelques jaloux à son égard, mais aussi des sentiments hostiles qu'ils avaient perçus vis-à-vis de Paulin. Le maire, Jean-Louis Palangié, avait été très affecté de cette situation qui accablait ses amis et pouvait ruiner lamentablement ses projets, notamment celui du chemin de fer. Mais que faire devant la rumeur répandue par ces « beaux notables désargentés », qui dès lors se drapaient dans leur dignité d'honnêtes personnages ?

Au tout début, Marie tenta d'en rire. Puis, le doute s'installa. Elle se mit à en souffrir secrètement, comprenant à peine les raisons de cette haine que certains distillaient sournoisement à son encontre. Marie n'avait jamais connu la jalousie, elle n'avait jamais envié les autres, même lorsqu'elle n'avait rien. Elle se demanda quelles pouvaient être les raisons qui poussaient ces gens à médire, à blâmer sa conduite d'une façon si perfide[2].

Ayant du tempérament, elle décida d'ignorer ces personnages et, quoi qu'elle fasse de sa vie, de ne laisser personne juger de sa conduite. Pour elle, les choses étaient claires : la naissance ne comptait guère, l'essentiel n'était-il pas d'avoir la foi et la volonté d'aller au bout de ses ambitions ? À plusieurs reprises, au cours de leurs tête-à-tête, Paulin et Marie avaient évoqué ces éléments indispensables pour mener convenablement une vie. Les Stephenson en étaient un exemple frappant. Et combien d'autres, à leurs côtés, partis de rien, gagnèrent dans l'ombre leurs lettres de noblesse ?

La foire de la Saint-Amans

Quelques jours après la Toussaint, se tenait traditionnellement à Saint-Geniez-d'Olt la foire de la Saint-Amans[1]. Elle débutait le 5 novembre et durait quatre jours. Une foule énorme s'y rendait car elle était de bonne renommée. Les marchands du Cantal, de la Lozère, de la Haute-Loire, du Tarn et de l'Hérault arrivaient la veille en de longs charrois de voitures à chevaux. La cité connaissait alors une animation fabuleuse. Les auberges, tout à coup trop étroites, étaient prises d'assaut dans des envols de blouses, des roulis de chapeaux à larges bords, des tintements de verres. Voitures et chevaux encombraient déjà les rues et cet affairement inhabituel apportait un caractère festif à la petite ville.

Très tôt le matin, dans un concert de bêlements, de beuglements, de piétinements et de grognements divers, les troupeaux perçaient le brouillard ou, selon le temps, soulevaient des nuages de poussière. Ils arrivaient au foirail où chaque bête, retenue par une corde, occupait, non sans réticence, l'emplacement qui lui était destiné. Cela provoquait parfois de puissantes exclamations et de grossiers jurons en patois dont l'ampleur sonore recouvrait la rumeur monotone de l'environnement.

De très bonne heure, les femmes se rendaient au marché pour monter leurs étals, dans un mélange d'effluves divers et de senteurs bizarres. Le choix du bon emplacement attirait le client et facilitait les affaires. Celles-ci se traitaient dans une cohue indescriptible, émaillée de puissants éclats de voix. Pris dans ce vacarme étourdissant, les enfants se déchaînaient, car c'était pour eux une journée de congé. Ils s'extasiaient devant des dizaines d'étalages et écoutaient avec ravissement les boniments des « camelots » qui vendaient des articles bon marché mais dotés d'effets miraculeux. Tout cela les intriguait et leur laissait des souvenirs impérissables.

Les restaurants faisaient salle comble et étaient le lieu d'interminables repas surtout lorsque des familles éloignées se retrouvaient. Chacun profitait avec bonheur de ces moments de cordialité nécessaires à la vie souvent très rude des campagnes[1].

Avec un plaisir évident, Marie vivait cette ambiance campagnarde et mouvementée qu'elle avait perdue de vue. Ces braves paysannes, excitées par la fête populaire et qui, pour l'occasion, avaient sorti de leur armoire robes et caracos, vendaient à grands cris leurs volailles, leurs châtaignes ou leurs fromages. Elle écoutait encore, en souriant, les bonimenteurs qui vantaient, avec un talent fou, les mérites exceptionnels de leurs marchandises, les maquignons connaisseurs et roublards qui palabraient interminablement, les vendeurs à la sauvette, véritables artistes dans leur « profession »... La foire était vivante, c'était ce qu'elle aimait ! D'ailleurs généralement les femmes appréciaient les marchés comme les foires. Cloîtrées chez elles, emmurées dans les traditions familiales, ces lieux d'échanges et de rencontres leur permettaient de respirer de temps en temps un parfum d'audace.

Toujours très à la mode dans ses belles robes, Marie exhibait un décolleté opulent, une silhouette qui ne l'était pas moins. Son teint clair, critère de beauté, obtenu par la poudre de riz et une chevelure très abondante, où elle insérait parfois des postiches[1], donnaient à sa personne une prestance remarquable, celle d'une femme qui affichait sa réussite, non sans prétention d'ailleurs. Son attitude exprimait le plaisir d'avoir une place enviée dans une société aisée, riche et libre.

Ce jour-là, elle déambulait seule dans les rues de la ville, au milieu de cette foule rustique, excitée, parfois trop abreuvée. On ne comprit guère son attitude : cette liberté hautaine qu'elle présentait certes avec raffinement, mais qui ressemblait trop au comportement d'une parvenue : « Elle est née dans la paille, qu'a-t-elle donc à nous narguer[2] avec ses riches habits ? » jetèrent certains, offusqués par cette émancipation féminine. Pour Marie, cependant, désormais admise et appréciée dans le grand monde, il était naturel qu'elle portât des vêtements à la mode afin d'afficher une attitude appropriée à son rang. Mais pour ces plébéiens qui la voyaient passer, sa façon d'être paraissait inconcevable. Car dans l'esprit de ces hommes et de ces femmes de la terre, il ne suffisait pas que la femme soit vertueuse, douce et modeste, il fallait encore qu'elle soit craintive, faible, soumise et empêtrée jusqu'à l'âme dans ses croyances et les traditions. Quel décalage avec cette « dame Talabot » qui avait le toupet de s'afficher seule, ouvertement, orgueilleusement, comme aurait pu le faire un homme ! L'indignation commençait à monter. La rumeur enflait chaque jour un peu plus. Décidément, elle était trop belle, trop arrogante, trop libre, trop hors du temps ! Les racontars faisaient leur chemin de bouche en bouche. On considérait Marie pour licencieuse, on lui prêtait mille amants, on mêla tout dans une même légende, la naissance, l'indécence et la fortune[1]... « Pour en être arrivée là, elle a dû plumer quelques amants », disait-on dans les estaminets de la ville où l'on se gaussait d'elle en la voyant passer, où l'on plaisantait grassement sur ses belles formes féminines qu'elle présentait d'ailleurs avec superbe. Et les plus atteints par l'absinthe, entraînés dans la farandole de dénigrement, éructaient leurs insultes. Bien évidemment, ces scènes ravissaient les notables ruinés qui voyaient enfin aboutir la haine qu'ils avaient semée, et continuaient perfidement à décocher leurs traits, sans avoir l'air d'y toucher : « Voilà qui fera du bien à cette parvenue. Qu'elle retourne dans son lit, ses amants l'attendent ! »

Ces accusations se développaient ainsi à l'encontre de Marie, jusqu'à ce qu'elles atteignent leur paroxysme au dernier jour de la foire. Sa présence, son attitude d'insoumise ne pouvaient qu'attiser davantage l'indignation de certains. On la dévisageait avec insistance et provocation. Dans son dos, on lançait des phrases piquantes ayant trait à sa vie de « courtisane », des mots pernicieux et grossiers. Malgré les insultes qui persiflaient à ses oreilles, Marie passa son chemin. Belle, droite, mystérieuse, troublante peut-être avec ses grands yeux noirs, l'expression figée du visage, elle resta digne jusqu'au bout.

Entrée au château de la Falque, elle se remémora le fameux charivari dont avaient été victimes ses parents lors de leur mariage et que lui avait conté un jour sa marraine. Une fois de plus, Marie soupesait cette méchanceté gratuite. Elle-même était incapable d'une attitude similaire, ses amis non plus ! Alors, pourquoi ce déchaînement de haine[2] ?

Les jours suivants, Marie retrouva la sérénité : les propos calomnieux que l'on avait bassement lancés à son encontre l'avaient certes blessée, mais, avec un peu de recul, elle pensa qu'il s'agissait là davantage de bêtise que de méchanceté et souhaita oublier. Après tout, à Saint-Geniez-d'Olt, elle fréquentait de très bons amis, la plupart des habitants étaient agréables, attentionnés, pacifiques. Elle excusait volontiers ces quelques pauvres gens que l'on avait fait boire dans un but bien précis et qui, deux jours après, ne se souvenaient même plus de leur attitude.

Et puis, c'était le dernier soir de cette grande foire où, durant plusieurs jours, l'on avait bu plus que de raison. Elle savait aussi que pour les pauvres, il n'y avait, bien souvent, qu'un seul refuge, l'ivresse. Marie se voulait positive et indulgente. D'ailleurs, les commerçants, chez qui elle s'arrêtait pour faire quelques emplettes, la regardaient comme une riche bourgeoise qui côtoyait le grand monde. Rien de plus. Connaissant l'envergure de ses relations, on lui demanda même des faveurs, un appui de l'un ou de l'autre, une aide de Paulin, que l'on n'arrivait pas à nommer, ne sachant précisément s'il s'agissait d'un amant, d'un ami ou d'un mari, mais dont on attendait l'influence…

La jeune femme s'inquiéta de n'avoir aucune nouvelle de son amie Noëlle. Hormis cette escapade avec un bûcheron espagnol, dont tout le monde se souvenait, Marie ne put en savoir plus, ni auprès du maire de la ville, ni des responsables de l'orphelinat qui l'avait autrefois hébergée. Elle pensa que tous deux avaient rejoint l'Espagne, pour fonder peut-être une famille… Ses camarades d'enfance, d'adolescence, ses amies d'usine ou de l'orphelinat n'en savaient pas davantage. Auprès d'eux, Marie oubliait totalement sa vie mondaine et replongeait dans une ambiance familière, certes dure, mais où l'amitié occupait une large part. Dans sa triste enfance, il y eut toujours un rayon de soleil qui provenait d'un mot gentil, d'une attention, d'une sensibilité particulière : « Nous étions pauvres, mais nous ne le savions pas, il y avait donc beaucoup de place pour le bonheur ! » Un bonheur simple, fait de joie naturelle, issu du travail et du partage de la vie.

Lorsqu'elle revint à l'orphelinat, malheureusement à son effectif maximal, les enfants, aux regards tristes et perçants, aux visages émaciés, lui rappelèrent d'une façon criante les jours qu'elle avait elle-même passés en ces lieux. À présent, riche et installée, elle savait parfaitement que son devoir était de venir en aide à ces pauvres enfants qui lui avaient succédé dans la misère.

Marie s'intéressa donc au devenir de l'établissement, questionna les religieuses sur les projets futurs, la création de points d'eau, l'achat de lits supplémentaires. Elle sut que, dans la région, l'hiver 1853-1854 avait été très rigoureux et qu'un temps particulièrement exécrable avait anéanti toutes les récoltes, entraînant une famine désastreuse. Malgré la distribution de bons de pain et de blé, des mères de famille dans le besoin s'étaient tournées vers les associations caritatives, le presbytère et l'hospice pour un peu de secours. Le désespoir aidant, en certains lieux, on s'en était même pris aux fours des hameaux ou des villages où l'on vola le pain par nécessité impérieuse[1]...

Touchée par la générosité des femmes de l'orphelinat et de l'hospice qui offraient littéralement leur vie pour ces petits sans famille et ces pauvres vieux qui n'en avaient plus, Marie décupla son aide. Dans ces lieux de misère[1], chacun avait besoin de quelque chose. Son allure et son visage hautains cachaient un cœur immense de générosité et de bonté. Ainsi, quelques semaines plus tard, un lot important de farine, de céréales et de viande salée fut livré à l'hospice[2].

Dehors les saint-simoniens !

La date de ce fameux dimanche qui suivit la foire de la Saint-Amans s'inscrivit au calendrier comme une journée noire pour Marie. Ce jour-là, habillée comme de coutume de belles toilettes, elle quitta le château de la Falque en compagnie de Mme Railhac. Toutes deux se rendirent à la messe que l'on devait célébrer en l'église des Pénitents. Les deux femmes préféraient l'austérité de ce lieu et la proximité de son cloître[3] à l'église paroissiale, bien plus vaste et peu intime.

Au sortir de la cérémonie, mêlées aux paroissiens, Marie et quelques amies bavardaient sur la petite place pavée sise devant l'entrée de l'église, lorsqu'une voix houleuse, rocailleuse et forte s'éleva de la foule : « Dehors les saint-simoniens ! »

À ces mots, le sang de Marie ne fit qu'un tour. Elle comprit que l'insulte lui était adressée. Bientôt des hurlements dominèrent le brouhaha qui s'installait parmi les fidèles. Cinq ou six quidams s'approchèrent de Marie, la dévisageant, criant des insanités, la traitant de courtisane et de fille de rien. On l'injuria avec une bassesse répugnante, non sans oublier Paulin, « son amant saint-simonien » en lui recommandant que désormais il reste chez lui[4] ! En la stigmatisant de la sorte, ils annihilaient, aux yeux de tous, la morale et l'honneur auxquels elle pouvait légitimement prétendre. Mais que faire devant ce fiel trop longtemps contenu que ces gens lui jetaient en pleine face, et qui voyaient en elle une sorcière impudique ? Que faire devant ce flot de paroles venimeuses ?

Surprises par ces invectives aussi soudaines que violentes, elle-même et ses amies n'osaient plus bouger. Et pourtant, elles durent quitter les lieux rapidement car des pierres commençaient à leur tomber dessus. Dans sa fuite, Marie aperçut des enfants qui lui jetaient pierres et détritus[1], des enfants qu'elle connaissait alors que les têtes hirsutes qui la calomniaient lui étaient totalement inconnues. Heureusement, des paroissiens s'interposèrent pour ramener un peu de calme et sermonner les galopins. Plutôt lâches, les semeurs de troubles prirent leurs jambes à leur cou, redoutant vraisemblablement quelques retombées fortuites.

Lorsqu'elle retrouva l'entrée de l'ancien monastère, en pleine déréliction, elle se laissa tomber sur un banc et pleura jusqu'au bout de sa peine. Enfin, elle s'épancha vers ses amis : « Ma vie ne me prédisait pas un grand bonheur. L'ambition, seule, me soutenait. J'avais au fond de moi un je ne sais quoi qui ne m'a jamais laissé douter un seul moment que tôt ou tard je parviendrai à sortir de la misère. Mais pourquoi me salit-on à ce point ? Pourquoi s'en prend-on à mon cher Paulin ? Être l'objet d'anathèmes, sans ne rien connaître du pourquoi, du comment, de ce que vous ressentez, est tragique[2]… »

Démoralisée par une telle attaque, Marie ne parvenait pas à comprendre que même des enfants s'en soient pris à sa personne. Car elle les adorait, savait leur parler, était attentive et généreuse à leur égard. Elle en souffrit d'autant plus qu'elle n'en avait point.

Il est vrai que se retrouver ainsi harcelée, persécutée, traînée dans la boue lui fit éprouver de l'amertume devant l'indifférence de certaines personnes qu'elle avait aidées, directement ou indirectement, soit par des aumônes, soit par ses relations, et qui, présents à l'issue de cette messe, ne manifestèrent aucun signe de soutien... De ces insultes, Marie n'en sortit pas indemne. Dès lors, elle porta un autre regard sur les choses, sur les gens, sur le destin. « Combien de femmes et d'hommes subirent la calomnie, dit-elle, certains en sont morts, d'autres y ont tout perdu ! » En quelques minutes, aux yeux du peuple marmot, sa réputation fut ruinée ! Tout cela à cause de la rumeur, de cette garce qui charriait froidement son lot de victimes !

Le lendemain de cette pénible journée, la jeune femme se rendit au presbytère afin de rencontrer l'abbé Bessières, homme sage en qui elle avait une totale confiance. Elle versa à l'oreille de ce prêtre le secret de ses craintes, de ses minutes de défaillance, de ses tristesses intimes. Elle lui demanda la lumière et la paix.

Suite à ces faits, le maire Jean-Louis Palangié rechercha les instigateurs. Les quelques personnes qui jetèrent si violemment leur pluie de haine n'étaient que très peu connues des habitants de la ville. On les avait vus à la foire de la Saint-Amans, assez éméchés ; ils venaient de Lozère, le département voisin. Et l'on connut alors l'origine de ces méfaits.

Quelques années plus tôt, en effet, plusieurs échauffourées avaient été déclenchées, notamment en Lozère, mais aussi dans d'autres départements, entre les autochtones et des saint-simoniens de passage. Ceux-ci venaient prêcher la « liberté de la femme », ce qui fut perçu, par l'opinion publique, comme une apologie de l'inceste[1]. Une rixe sérieuse avait éclaté fin avril 1833 dans la ville de Mende. Un groupe de saint-simoniens, venant de Rodez, s'était rassemblé pacifiquement au pied de la cathédrale Saint-Privat, en milieu d'après-midi, lorsqu'il fut violemment assailli par les fidèles qui sortaient de vêpres. C'est que, depuis peu, on n'appréciait guère ces gens-là dans le pays : « Cette secte utopique et mauvaise qui ne pensait qu'à détourner les femmes et les jeunes filles du foyer familial. »

Ce dimanche-là, on repéra bien vite qu'il s'agissait de saint-simoniens. Leur costume, très caractéristique et considéré comme provocant pour ces paysans qui ne s'habillaient généralement que de sombre, avait été pensé par Edmond Talabot, le propre frère de Paulin[2] : pantalon blanc, couleur de l'amour, gilet rouge, couleur du travail, tunique bleu foncé, couleur de la foi saint-simonienne.

L'attaque avait été vive, car les paroissiens, considérant qu'on venait insulter leur foi jusqu'au pied de leur cathédrale, se saisirent de pierres qu'ils jetèrent sur le groupe. Leur chef, le père Hoart[3], fut gravement blessé à la tête[4]. Les principaux belligérants, de jeunes hommes d'une vingtaine d'années, furent arrêtés puis incarcérés, mais conservèrent, au fond d'eux-mêmes, une forte rancœur qui devait perdurer par-delà les années. En effet, ils eurent par la suite maille à partir avec d'autres groupes traversant leur terre du Gévaudan.

Lorsqu'ils vinrent à Saint-Geniez-d'Olt pour la foire de la Saint-Amans, ces Lozériens apprirent dans les estaminets de la ville qui était cette femme dont l'attitude ostentatoire faisait agiter les langues. Quand ils surent qu'elle portait le nom de Talabot, synonyme pour eux de saint-simonien, « ces possédés du démon », des liens furent rapidement établis entre Marie et l'échauffourée qui les avait conduits en geôle plusieurs années auparavant. Malgré le temps passé, leur mémoire avaient conservé une haine tenace. Aussi revinrent-ils, le dimanche suivant dans la cité du Rouergue, afin de se venger[1].

Mais l'on sut aussi que « les notables bien nés et ruinés » de la ville, initiateurs pernicieux des insultes dont fut victime Marie, incitèrent des enfants qui se trouvaient dans les parages à jeter des pierres[2]. Contre quelques friandises, ils avaient acheté leur innocence !

Des hommes médiocres

Le dimanche suivant, le curé de Saint-Geniez-d'Olt monta en chaire avec une certaine vigueur malgré quelques infirmités. Les événements qui avaient eu lieu quelques jours auparavant avaient fait le tour de la ville comme une traînée de poudre. Visiblement très en colère, cet homme, habituellement affable, lança un véritable plaidoyer cinglant contre ces lieux de perdition que devenaient auberges et estaminets. Ceux-ci, d'ailleurs, n'arrêtaient pas de se développer, au grand désespoir des curés[3]. Et s'ils entraînaient inévitablement l'ivresse, les conséquences en étaient des plus désastreuses et des exactions terribles pouvaient en découler. Même des femmes allaient parfois s'y perdre les jours de foire !

Du haut de sa chaire, l'abbé Bessières fulmina contre certains bourgeois qu'il compara à des pharisiens, manquant de tolérance et de charité, et surtout dominés par une jalousie maladive. Il les jugea sans indulgence. Après tout, Marie était une excellente paroissienne, généreuse, proche des pauvres et des faibles.

Certains de ces instigateurs se reconnurent dans le prêche bien senti du vieux curé. Mal à l'aise au sortir de cette messe, ils affichèrent un front bas, les yeux fuyants, vexés d'avoir été ainsi admonestés publiquement[1].

Marie prit le chemin du retour, l'esprit plutôt amer : elle s'était fait une joie de revenir dans son pays, mais celui-ci l'avait rejetée avec violence et bassesse. Son compagnon lui manquait cruellement, d'autant plus que cette épreuve avait été douloureuse. Une part d'elle-même demeurait absente. Elle avait besoin de le voir, de l'entendre, de le toucher. Elle goûtait ce sentiment étrangement doux et fort à la fois, qui fait que l'absence de l'être cher vous vide, mais engendre une douleur bienfaisante qui vous éclaire sur vos sentiments : oui elle l'aimait, elle le désirait et savait qu'elle pouvait compter sur son indéfectible soutien !

Lorsqu'elle retrouva Nîmes, sa maison pompéienne et son cher Paulin, la tête sur son épaule, elle laissa couler ses larmes. Il écouta avec une attention soutenue les différentes péripéties de son voyage, les injures gratuites contre Marie et contre lui-même, les jets de pierres, mais aussi les soutiens des amis qu'ils avaient à Saint-Geniez. Il essaya de faire la part des choses, de comprendre, de soupeser les conseils donnés par le vieux curé[2]. Mais, après tout, ne serait-ce pas les hommes les plus médiocres qui ne peuvent accepter que des femmes puissent devenir supérieures à eux ?

Paulin connaissait tout cela ! L'hypocrisie, la jalousie, l'étroitesse d'esprit… Tout au long de sa vie il les avait rencontrées, sachant très bien les ravages que de telles bassesses pouvaient entraîner. Le mal était fait. Devant la peine de Marie, il se dressa aussitôt comme un rempart imprenable entre elle et ce monde agressif et décida sur-le-champ d'ignorer dorénavant les projets ferroviaires de Saint-Geniez-d'Olt. Marie ne le lui demandait pas, car pour elle le bon prévalait toujours sur le mauvais. Mais il fut intransigeant. C'est ainsi que la vallée du Lot perdit le soutien efficace de celui qui aurait pu faire aboutir, en haut lieu, des décisions d'une telle envergure.

Peu de temps après, Marie revint à Paris. Elle y retrouva les salons, ouvrit à nouveau le sien où l'atmosphère sentait bon la liberté mais jamais la licence, se replongeant dans ce grand monde situé à mille lieues des gens de son terroir natal. Elle y reprit les causeries, vives et imprévues, au milieu de gens de lettres et d'artistes.

De temps à autre, les conseils que lui avait prodigués le vieux curé de Saint-Geniez-d'Olt revenaient à sa mémoire : « Régularisez votre union, vous ne devez pas rester dans cet état de péché, lui avait-il dit, et les mauvaises langues s'arrêteront de médire[1] ! » À présent, la jeune femme souhaitait ardemment le mariage, d'autant plus qu'elle aimait profondément son compagnon. Mais pour celui-ci, que cette idée n'avait jamais effleuré, la démarche semblait plutôt inutile. Cependant, il concevait aisément le raisonnement du vieil abbé.

Généralement, on concrétisait de belles alliances dans la famille de Paulin. Mais pour lui, les titres de naissance ne comptaient guère. La valeur intrinsèque de l'être, voilà ce qu'il reconnaissait et appréciait, tant chez sa maîtresse que chez ses collaborateurs. Talabot, non pratiquant, et de surcroît d'obédience saint-simonienne, n'adhérait guère à l'idée du mariage. En effet, dans leurs cercles, les saint-simoniens[2] menaient une existence plutôt recluse dont la vie réglée ressemblait à celle d'un couvent. Cette situation engendrait indubitablement le renoncement au mariage. De plus, leur enseignement prônait une morale nouvelle avec l'émancipation de la femme et la liberté sexuelle. Ainsi donc, Edmond, le propre frère de Paulin, dut-il faire un choix cornélien en abandonnant le projet de mariage avec sa chère fiancée, Anaïs Cazeaux, elle-même saint-simonienne[1], projet qu'ils avaient conçu avant d'adhérer à leur mouvement.

Le curé de Saint-Roch reçut également les confidences de Marie sur sa mésaventure en terre marmotte. En homme ouvert et tolérant, il fut cependant meurtri par ces attitudes qu'il qualifia d'irrecevables, lui-même ne prêchant que charité et amitié. Mais il conseilla fortement le mariage, précisant à Marie : « Je vous aiderai à convaincre votre compagnon ! »

XIV

Marie épouse Paulin

Le curé et l'ingénieur

En ce début d'année 1856, Paulin Talabot menait des transactions de haute volée dans la région de Marseille, notamment auprès de la municipalité de cette ville. On venait de terminer le bassin de la Juliette qui se révéla rapidement insuffisant. Dès lors, tout alla très vite. On lança le projet d'extension des ports et l'on confia à Talabot l'exploitation des docks de la ville.

Toujours sur la brèche, l'ingénieur briguait de vastes terrains en bordure de mer afin d'y installer des entrepôts. En homme visionnaire, il acheta, pour son propre compte, le château Borély et ses dix-sept hectares de parc, propriété du marquis de Panisse. Cette remarquable demeure[1], considérée comme « la plus belle maison de campagne du terroir », avait été édifiée au XVIIIe siècle par une grande famille de négociants marseillais, les Borély. Mais dans l'esprit de Talabot, cet achat n'était que provisoire et représentait un tremplin nécessaire au développement ultérieur de ses projets. À cet effet, quatre ans plus tard, il devait céder l'ensemble de la propriété à la ville de Marseille en échange d'autres terrains qui lui seraient nécessaires pour implanter la voie ferrée Marseille-Toulon. Dans la même démarche, il achètera toute une colline, le Roucas Blanc, située non loin de la ville et que nous évoquerons plus loin.

Au lendemain de ces fructueuses transactions, Paulin retrouva Marie à Paris. Chaque nouvelle rencontre se muait en fête pour les amants dont l'absence augmentait désir et passion. L'un comme l'autre savaient cultiver ces situations pour les transformer en des instants où leur amour détenait une place prépondérante.

Marie proposa à son compagnon de lui faire rencontrer un homme de chez elle, un homme de valeur qu'elle jugeait intéressant et dont elle pensait qu'il allait le passionner[1]. Quelques jours plus tard, elle invita à sa table l'abbé Faudet, curé de la paroisse Saint-Roch. L'ingénieur apprécia rapidement les connaissances remarquables de cet homme brillant, qui abordait tout aussi aisément les sujets de spiritualité que de médecine, de philosophie que de sciences ou de technique. Au cours du repas, la discussion allait bon train. Les deux passionnés évoquèrent l'extraordinaire Exposition universelle qui avait eu lieu un an plus tôt, et dont l'abbé avait été un visiteur attentif. Leurs propos s'égarèrent sur les techniques de pointe, sur la découverte de la planète Neptune qu'avait faite récemment l'astronome Urbain Le Verrier, sur les sciences nouvelles qui ne manquaient pas de surgir des laboratoires, sur autant de sujets savants mais d'actualité que les deux hommes abordaient avec intelligence. De plus, la botanique et l'ornithologie n'avaient aucun secret pour le prêtre. L'un comme l'autre, passionnés de botanique, se rendaient parfois au jardin des Tuileries. Marie et Paulin, bras dessus, bras dessous, elle en crinoline, lui en culotte noire et coiffé du haut-de-forme, passaient de longues heures dans les allées ombragées, décorées de statues, en compagnie du prêtre qui arborait avec élégance une chevelure abondante et argentée[1]. L'ingénieur trouvait, en ces moments trop rares pour lui, une détente salutaire. Tous trois s'émerveillaient des parterres constamment fleuris et très bien entretenus, des arbres aux essences rares et variées, de leur taille, de leur forme. Le prêtre connaissait la moindre plante, son étymologie grecque ou latine, ses vertus médicinales, sa fragilité ou sa robustesse. Sur nombre de sujets, il était intarissable. L'ingénieur adorait ! Marie profitait de leurs connaissances, se passionnait à son tour. Cela lui rappelait les échanges fructueux que Paulin et Charles Durand, l'architecte de Nîmes, s'octroyaient autrefois sur les hauteurs de la ville. Une vingtaine d'années avait déjà passé !

Légitimement, Marie se sentait fière de ce compatriote hors du commun qu'elle avait présenté à son amant, fière aussi qu'il s'agisse d'un érudit. Une preuve de plus que les terres aveyronnaises pouvaient engendrer des savants de tout acabit ! La parole vive et abondante, l'abbé Faudet exposait ses idées avec clarté et précision. L'ingénieur, qui aimait les personnes passionnées, l'estima d'autant plus que les vues du prêtre sur le monde et la vie étaient très positives.

En excellent prédicateur, Faudet cherchait naturellement à convaincre. Si l'ingénieur n'était pas toujours de son avis, il goûtait cependant avec un certain bonheur ses plaidoyers éloquents, parfois même diamétralement opposés à ses propres vues. Mais ces divergences les rapprochaient car l'un comme l'autre recherchaient une forme de vérité.

Curieux, Paulin se rendit un jour en l'église Saint-Roch, au bras de Marie, écouter le sermon du prêtre philosophe. Il voulait le voir à l'œuvre et fut conquis par ses talents d'orateur. Il sut le lui dire quelques jours plus tard, alors qu'ils se retrouvaient lors d'une simple collation, au 216, rue de Rivoli. L'abbé lui répondit que lui aussi aimerait le voir œuvrer sur ses grands chantiers. À sa demande, Talabot acquiesça et lui promit de l'emmener dans le Midi, sur les chantiers titanesques qu'il avait entrepris. « Après le mariage ! » aurait conclu le prêtre. Le ton était donné. Marie n'attendait que cela !

Au cours de leurs rencontres, le curé de Saint-Roch ne manquait pas de parler mariage en termes choisis. Mais l'ingénieur remettait les choses au lendemain en souriant : « Rien ne presse ! » assurait-il. Cependant, Marie observait que l'idée faisait tout doucement son chemin, que son amant n'était plus si réfractaire à concrétiser leur union. Mais Talabot proposait, décidait et savait ce qu'il devait faire ! L'année passa ainsi, laborieuse pour Paulin, amoureuse pour les deux amants.

Par la place qu'elle occupait auprès de lui, Marie participait à de nombreuses invitations officielles, tant dans le monde industriel où œuvrait Paulin que dans le monde des arts, des lettres, des sciences, ou de la politique.

Début juin, alors que l'ensemble du réseau ferroviaire[1] s'orientait vers un remaniement important, Paulin fut à nouveau à l'honneur. En effet, diverses compagnies disparurent au profit d'autres qui bénéficièrent d'importants financements. Talabot et ses alliés les Rothschild emportèrent les meilleures parts face aux

Pereire. On venait enfin de comprendre l'impérieuse nécessité qu'il y avait à consolider la situation des réseaux en les reliant entre eux. La compagnie de Paris à Lyon (PL) et celle de Lyon à la Méditerranée (LM) se rendirent compte des avantages que donnait leur fusion, notamment une réduction importante des frais généraux[1]. Ainsi fut crée le PLM, et, comme nous l'avons dit précédemment, Paulin Talabot en devint le directeur général en ce printemps 1857. Il se trouva alors à la tête de « l'entreprise la plus considérable qui existât en France comme à l'étranger[2] ». Une charge énorme pour le polytechnicien qui, cependant, semblait la tenir sans trop de fatigue.

La nouvelle et immense compagnie du « Paris-Lyon-Méditerranée » accumula rapidement les superlatifs : « Sur l'artère impériale roulaient désormais les trains les plus rapides, les plus longs, souvent les plus prestigieux qui écoulaient les trafics les plus denses mais aussi les plus variés. »

Il va de soi que l'on fêta dignement ce succès auquel Marie adhéra avec une joie évidente : l'ascension de son compagnon, la reconnaissance que les grands comme les plus humbles lui témoignaient enthousiasmaient toujours la jeune femme. Deux mois plus tard, Auguste, le frère de Paulin, devint président de la chambre à la cour d'appel de Limoges : une nouvelle occasion de se rencontrer, mais, cette fois-ci, en famille. Enfin, début octobre, le couple d'amoureux descendit dans le Midi pour regagner Marseille, où il devait assister à l'inauguration de la nouvelle salle de l'Alcazar lyrique[3]. Ils profitèrent de cette opportunité pour passer quelques jours de repos dans la cité phocéenne.

Au château Borély

Paulin, qui venait d'atteindre ses cinquante-huit ans, emmena donc sa compagne au château Borély qu'il avait acheté quelques mois plus tôt. Dans ses discussions avec sa maîtresse, il ne s'étendait guère sur ses activités professionnelles et recherchait naturellement auprès d'elle tendresse et amour, souhaitant oublier son travail trop prenant. La jeune femme découvrit avec ravissement cette sublime bâtisse entourée d'arbres magnifiques, de myriades de fleurs et de senteurs enivrantes. Lorsque Paulin l'avait informée de l'achat de cette propriété, elle était à cent lieues de penser qu'il s'agissait d'un tel patrimoine entouré de dix-sept hectares de parc ! Mais déjà, l'ingénieur envisageait de le revendre à la ville de Marseille. Il avait en effet d'autres vues.

Talabot connaissait parfaitement les détails historiques du château Borély. Il devint un guide compétent pour sa bien-aimée et lui conta les amours curieuses du premier propriétaire des lieux, Louis Borély, richissime négociant marseillais qui avait fait édifier cette demeure en 1767[1]. Cet homme s'était épris d'une sublime jeune fille, Henriette Pézé, célèbre cantatrice de l'Opéra marseillais. Sa beauté et sa liberté de vivre lui donnèrent une multitude d'amants à tel point qu'à dix-sept ans on la considérait déjà comme « la plus belle et la moins sage de toutes ».

Henriette Pézé ne sera la maîtresse de Louis Borély que durant trois années. Elle mourut en effet, au mois de mars 1780, à l'âge de vingt-deux ans, emportée par la tuberculose. Touchée par le décès prématuré de cette belle et amoureuse danseuse, la ville de Marseille lui offrit des obsèques de reine. Mais son amant, totalement abattu par sa disparition, ne put, dit-on, la suivre au cimetière qu'en chaise à porteurs. Inconsolable, ne pouvant vivre cette situation, il fit enlever la dépouille de sa tombe, la ramena chez lui et la fit embaumer. La belle Henriette fut placée derrière une vitre, au centre de sa grande bibliothèque, debout, vêtue de ses habits de théâtre. Elle devait y rester quatre ans, jusqu'à la mort de Louis Borély. À son décès, son frère s'empressa de ramener le corps de la jeune danseuse en son premier tombeau...

Sur cette histoire invraisemblable et certainement romancée, Paulin donna force détails à sa compagne. Il expliqua encore l'architecture de la bâtisse décorée de deux frontons sculptés dont l'un, justement, représente un couple d'amants : un homme demi-nu, la tête couronnée de laurier, et une femme, la poitrine très ouverte, la tête également couronnée, le visage tourné vers son bien-aimé et tenant dans sa main gauche deux cœurs accouplés. On disait dans le pays que Louis Borély s'était fait représenter ainsi, comme un dieu antique, et que la femme au corsage ouvert possédait les traits de sa maîtresse, Henriette Pézé...

Marseille, ville de lumière, cité des arts qui envoûtait les peintres, n'avait aucun secret pour l'ingénieur passionné d'histoire. À son bras, Marie appréciait celle qu'il lui contait à travers ses multiples métamorphoses, ses siècles d'aventures, sa vie liée à la mer. Et ce fut justement au château Borély, en ce lieu bucolique, romantique à souhait, qu'il lui proposa de convoler en justes noces. Émue, elle pleura dans ses bras, tant l'émotion était forte. Sous les épaisses frondaisons du parc que le soleil n'arrivait pas à percer, Marie ressentit la félicité bienheureuse de l'amour. Elle le remercia de lui donner ce bonheur dans ce lieu magnifique et dans la ville où ils s'étaient connus vingt ans plus tôt exactement[1] : vingt ans d'un amour profond et sans tache, malgré ce que l'on put dire ou affirmer, vingt ans de bonheur auprès de cet homme d'exception qui sut l'aimer et la faire vibrer malgré cette vie chaotique qu'il menait d'un bout à l'autre de la France, vingt ans d'une ascension remarquable pour cette adolescente qui avait quitté, le vague à l'âme, sa petite ville aveyronnaise, mais dont le cœur gorgé d'espoir savait qu'un avenir meilleur allait se dessiner…

Marie était aux anges ! Elle allait pouvoir démontrer à ceux qui la traitaient de demi-mondaine que seul l'amour l'avait unie à son grand homme, « un amour noble, beau et réciproque », aimait-elle à dire[2]. Oh oui, elle l'aimait, son Paulin ! Sa gentillesse, son attention, sa culture, mais aussi son côté bougon et volontiers râleur qui masquait une tendresse infinie !

Une femme heureuse

La jeune femme n'avait pour seule dot que son intelligente ambition, sa beauté et son tempérament volontaire. Cela était largement suffisant pour Paulin, même si elle n'appartenait pas à une grande famille. Certes, dans la sienne, de « beaux mariages » avaient été conclus, notamment par ses frères Jules et Léon[3]. Mais il aimait sincèrement sa compagne, tout le reste ne comptait pas. Dans cette ambiance romantique, sous le soleil du Midi et loin de l'effervescence du monde, il ne leur fallut pas longtemps pour décider de la date de leur mariage. Malgré un calendrier très chargé dans l'emploi du temps de l'ingénieur, le 11 novembre suivant fut choisi : quelques semaines seulement pour les démarches officielles et les préparatifs nécessaires ! Mais c'était amplement suffisant pour les amoureux. Afin de sceller cette promesse, Paulin sortit de sa poche une jolie boîte. Elle contenait une sublime parure de turquoise[1].

De retour à Paris, pétillante, exubérante même, le cœur gonflé d'amour, Marie informa ses amis de la nouvelle. Naturellement, l'abbé Faudet fut l'un des premiers à l'apprendre. Mais il sut aussi que le mariage religieux n'avait pas été fixé : « Une chose après l'autre », aurait dit l'ingénieur, pragmatique !

Marie écrivit à sa famille et à quelques anciennes amies de l'orphelinat dont elle avait gardé le contact, à Mme Palangié et à l'abbé Bessières, curé de la ville, aux familles Railhac et Rouquayrol, heureuse de prouver enfin que les liens qui l'unissaient à son « cher Paulin » étaient bien des liens d'amour, et non ceux d'une courtisane qui s'offrait contre une vie aisée :

« Nous allons enfin régulariser notre union à la mairie du 1er arrondissement[2] le 11 novembre prochain. Les deux frères de Paulin, Auguste et Léon, seront ses témoins, quant aux miens il s'agit de MM. Louis Frémy, gouverneur du Crédit foncier de France, et Adolphe de Sibert-Cornillon, du ministère de la Justice. Ah, si vous saviez comme j'aime mon cher Paulin, comme je suis heureuse[3]... ! » Et Marie concluait sa lettre en précisant, « avant de devenir Madame Talabot, je suis Savy et non Saby... ! »

En effet, lors de son périple à Saint-Geniez-d'Olt, elle s'était intéressée à son patronyme que l'on écrivait, dans sa famille et sur les actes officiels, de plusieurs façons : Savy, Sabi ou Saby. Son père était Saby ou Sabi, sa tante

Savy, elle-même Savy ou Saby. Bref, la plus grande confusion régnait. Souhaitant clarifier cette situation, elle entreprit une démarche auprès de la Chancellerie afin d'officialiser définitivement une écriture correcte de son nom. En cela, Marie pensait à son futur mariage et voulait partir sur des bases saines. Pointilleuse, puriste même, autant que pouvait l'être d'ailleurs son compagnon, elle voulait que les choses soient claires. Paulin lui ouvrit les portes nécessaires et elle obtint rapidement gain de cause, après un avis favorable du Conseil d'État. Dès lors, elle écrivit son patronyme Savy. Plus tard, et certainement fière d'une certaine culture acquise, Marie précisera ceci lorsqu'elle rédigera son testament au cours de l'automne 1886 : « J'institue comme légataire universel Paul Antoine Savy ou Saby, mon petit-neveu du côté paternel, le nom patronymique étant Saby depuis l'intervention du v dans la race latine, notre nom s'écrit Savy ou Saby[1]... »

Mme Le Verrier fut enchantée d'apprendre la nouvelle de ce futur mariage. Très imbue de spiritualité, dont les moindres gestes de sa vie étaient imprégnés, elle n'avait jamais approuvé cette situation qu'elle qualifiait d'anormale et voyait enfin, avec un certain soulagement, qu'elle allait prendre fin. Dès lors, « l'heureuse fiancée » s'en allait, légère, au bras de son amie, parcourant le nouveau Paris d'Haussmann, s'arrêtant dans les petites boutiques à la recherche du nécessaire. Dans le cercle de ses connaissances, une frénésie agita les esprits : on recherchait avec empressement le détail des robes et des chapeaux que l'on aurait à porter.

Parmi ses relations, Marie fréquentait la comtesse de Renneville[2], que l'on considérait comme une « spécialiste de la mode ». Elle avait fait paraître, sous le titre de

« Gazette Rose », une publicité concernant un journal de mode réservé aux femmes : « Ce journal réunira à une rare élégance, une rédaction toute particulière, remplie de conseils aux femmes et de ces mille petits détails dont pas un seul journal de mode ne se préoccupe. Il paraîtra à partir de janvier 1857, le premier et le quinze de chaque mois. Une magnifique gravure de mode coloriée accompagnera chaque numéro[1]… » Marie s'appuya sur les conseils de cette amie. Les journées passaient vite dans les préparatifs du jour nuptial qui approchait à grands pas.

La jeune femme allait donc convoler en justes noces. Dans la famille de son futur mari, on ne l'avait guère acceptée, pensant toujours qu'il s'agissait pour Paulin d'un caprice, d'une compagne provisoire, « d'une petite écervelée née dans le ruisseau mais qui avait la chance d'être jolie ». Néanmoins, au fil des ans, leur liaison s'était maintenue. Courageusement et avec philosophie, Marie avait accepté cette attitude froide et hautaine que certains membres de la famille de son amant distillaient à son endroit. La propre mère de Paulin, décédée le 1er novembre 1848, n'avait guère été tendre avec Marie, ne pouvant, en sa logique, l'accueillir les bras ouverts. Pour la dame âgée, empêtrée dans la tradition de ses croyances, il s'agissait là d'une hérésie ! Aussi Paulin dut rassurer sa maîtresse à plusieurs reprises lorsqu'elle était invitée à rencontrer sa famille. Cependant, malgré cette attitude, les deux frères de Paulin, Auguste et Léon, très proches de lui, notamment dans les affaires, acceptèrent cette union et en furent les témoins.

Le 11 novembre 1857 arriva. La matinée de ce jour mémorable fut consacrée à la mariée. Autour d'elle, fiévreuses, ses femmes de chambre s'affairaient depuis plusieurs heures lorsque Paulin pénétra dans l'appartement afin de rejoindre sa future épouse. Il s'accorda un regard admiratif sur la silhouette voluptueuse de sa maîtresse. Vêtue d'une robe de satin rebrodée, qui laissait à découvert son cou et ses bras, jamais elle ne lui parut aussi belle. Marie le vit dans ses yeux. Des photographies nous révèlent en effet son visage aux traits fins et gracieux, son port élégant, distingué. La jeune femme était vraiment belle !

Sur une console de marbre, Paulin déposa un bouquet puis ouvrit un coffret contenant une somptueuse parure. Avec délicatesse, un à un, il plaça lui-même chaque bijou à sa place : les boucles d'oreilles, un double collier d'émeraudes, une broche et un bracelet d'émeraudes et de diamants, un bouquet de corsage[1]... Ce jour-là, après deux décennies de vie commune, ils étaient émus comme deux gamins.

Quelques heures plus tard, Marie écrivit à Mme Palangié de Saint-Geniez-d'Olt : « Aujourd'hui 11 novembre, c'est le jour de mon mariage. Je vais courir vers l'homme que j'aime et qui me tend les bras. Il m'a déjà emportée vers des horizons lointains et romantiques et je sais que je serai heureuse encore longtemps à ses côtés. Tout ce que nous avons vécu jusqu'à présent nous a été dicté par l'amour. Je l'épouse par amour, il m'épouse par amour. Je sais qu'avec Paulin je serai heureuse pour une vraie vie d'amour[2]. »

Mariage

Ce soir-là, à quatre heures, Paulin Talabot, ingénieur en chef, directeur des Chemins de fer de Paris à la Méditerranée, officier de la Légion d'honneur, âgé de cinquante-huit ans, habillé d'un costume noir, cravate de couleur claire et coiffé du haut-de-forme, se présenta devant Alexandre Antoine Grouvette, maire adjoint du 1er arrondissement de Paris en présence de son frère Auguste, président de la chambre à la cour de Limoges, et de son frère Léon, ancien député. Marie-Anne Savy, trente-cinq ans, se présenta à son tour, dûment chapeautée, son bouquet à la main, accompagnée de Louis Frémy, directeur du Crédit foncier de France, et de Charles Louis Adolphe de Sibert-Cornillon, secrétaire général du ministre de la Justice. Le mariage fut célébré en précisant « qu'il n'a point été fait de contrat[1] ».

Oui, pas de contrat ! Cela pourrait paraître étonnant avec tant de différences sociales et de fortune. Bien que qualifiée de « propriétaire », car elle possédait l'immeuble du 216, rue de Rivoli offert autrefois par son amant, Marie n'avait pas davantage. Cela était bien peu en regard de la fortune de son désormais mari. Mais celui-ci, une fois de plus, lui prouva qu'il l'aimait et, à ce titre, n'avait vraiment pas besoin de contrat !

L'occupation incessante et laborieuse de l'ingénieur ne lui avait guère laissé de temps libre. Aussi ce mariage surgit-il comme un acte de régularisation rapide, dans un climat total de désintéressement. En trois jours, Paulin régla les formalités. L'acte de mariage indique, en effet : « Les actes préliminaires sont la publication du dimanche huit courant (le 8 novembre) du présent mariage (le 11 novembre)... la dispense de seconde publication, accordée par M. le Procureur impérial, le dix novembre aussi courant[2]... » Cependant, dix-huit jours après leur mariage, le 28 novembre, Marie se rendit chez maître Jean Dufour, notaire à Paris, accompagnée de Louis Frémy et Charles de Sibert-Cornillon, ses deux témoins ayant la mission de représenter Paulin, afin de signer une donation à son époux. Il est précisé dans l'acte que si Paulin survivait à son épouse il hériterait de tout ce qu'elle possède, autrement dit tout ce qu'il avait pu lui donner, mais qu'il devrait alors « remettre une somme de cinquante mille francs[1] aux héritiers légitimes de la donatrice ». Au travers de ce document, et en accord avec son époux qui le contresigna les jours suivants, Marie n'oubliait pas les siens !

Lorsque, à Saint-Geniez-d'Olt, on apprit ce mariage, les langues à nouveau se délièrent. La sagesse paysanne profita de cette nouvelle afin d'inviter les jeunes filles à conserver la tradition et d'éviter de se perdre en de lointaines régions comme le fit Marie. Sur ces terres, l'on était loin de faire l'apologie de la beauté considérée alors comme vénale et pernicieuse : « Pour les paysans, la beauté de la femme n'est qu'un agrément trompeur », précise l'historien Roger Béteille[2]. Et l'on ressortait naturellement le vieil adage : « Si tu veux être heureux en ménage, épouse la fille de ton voisin ! » D'autres associaient sans hésitation oisiveté et coquetterie, affirmant : « Une jolie femme oisive ne fait guère venir du grain au grenier. » Les mariages de cette époque ne se concevaient qu'arrangés, et cela dans tous les rangs de la société, à tel point que nombre d'entre eux devenaient exécrables.

Dans son bonheur, Marie se trouvait à cent lieues de ces réflexions. Rayonnante au lendemain de son mariage, elle offrit mille cadeaux à ses femmes de chambre, épingles d'argent, peignes en corail, chaînes et bracelets en vermeil, flacons de parfum… Elle aimait gâter tout son monde, ses dames de compagnie, ses amis, les enfants de ses amies, et fit sienne cette devise du bonheur selon saint Augustin : « Continuer à désirer ce que l'on possède. »

Trois mois après leur mariage civil à la mairie du 1er arrondissement, Marie et Paulin décidèrent de se marier religieusement. Les instances appuyées et renouvelées de l'abbé Faudet avaient été nécessaires pour convaincre l'ingénieur. Mais c'était surtout l'amour qu'il portait à Marie qui le décida enfin à cette démarche, car il sentait bien que pour elle, catholique pratiquante, la cérémonie religieuse revêtait une importance capitale.

Il semble que la date du mariage religieux ait été fixée peu de jours avant la cérémonie, car il est noté sur l'acte : « Vu la dispense de toute publication de bans, et celle de l'empêchement du temps prohibé du Carême[1]... » Ainsi, le 22 février 1858, par un froid intense, Marie et Paulin se présentèrent, en l'église de leur paroisse Saint-Roch, accompagnés d'amis intimes. Cérémonie très simple et discrète à laquelle assistaient cependant quelques sommités parisiennes, notamment le préfet de la Seine, le baron Haussmann, et son épouse, César Franck[2], compositeur et organiste, la famille Le Verrier, Eugène Rouher[3], ministre, et son épouse...

Marie fut chagrinée par l'absence de l'abbé Faudet, son compatriote et ami, qui l'avait tant soutenue vers l'acheminement de ce mariage. Il était malheureusement très souffrant. Les vicaires Roquefeuil et Cazeneuve célébrèrent le mariage en présence des mêmes témoins qu'au mariage civil, Louis Frémy et Léon Talabot.

Ce ne fut qu'au cours du printemps que Paulin et Marie s'offrirent un voyage en Italie. Ils allèrent d'abord sur la terre des lacs lombards[4], dans ces paysages doux et intimes où le soleil dessine clairement le profil des côtes et exalte la limpidité de l'eau, où les villages sont plongés dans un milieu naturel luxuriant et varié. Ils aimèrent les rives hospitalières, les couchers de soleil qui colorent l'eau et la rassérènent. Ils aimèrent cette région aux grands horizons historiques et géographiques que Paulin se plaisait à conter.

Le couple visita encore Rome, puis Florence. Cette ville laissa à Marie un souvenir émouvant. Avide de spectacle, elle avait aperçu, du haut d'une fenêtre, les feux de Ruggieri, les quinquets et les cortèges aux flambeaux qui, le long de l'Arno, célébraient la fête de la Saint-Jean. Et cette longue nuit, pleine de lumière, de musique et d'amour, lui avait paru exceptionnelle et magnifique. Elle se grava profondément dans son cœur…

XV

Un petit tour au pays

Le drame de Madeleine

AU COURS DE L'ÉTÉ 1858, soit huit mois après son mariage civil, Marie revint à Saint-Geniez-d'Olt. Elle venait d'épouser l'homme qu'elle aimait et qui l'aimait, un gage suffisant pour prouver à tous que les insultes dont elle avait fait l'objet quelques années plus tôt étaient sans fondement. « Les mauvaises langues en seront pour leurs frais ! », disait-elle. Et, de fait, on ne parla plus dans son dos. On s'aperçut, peut-être un peu tardivement, de ses bienfaits, tant dans les œuvres charitables publiques, de quelque obédience qu'elles furent, que dans des aides privées.

L'une de ses premières visites concerna l'orphelinat où elle s'informa du fonctionnement et des besoins. Elle encouragea les religieuses et les enfants qu'elle y rencontra. La petite orpheline d'autrefois ne perdait pas de vue les associations qui l'avaient aidée, elle et son père, lorsqu'ils étaient dans le besoin. Le temps s'était écoulé. Elle venait d'épouser un homme riche et influent et l'était devenue à son tour. Ne serait-ce qu'à ce titre, elle se devait d'être reconnaissante.

Foncièrement généreuse et non rancunière, Marie Talabot fut souvent sollicitée. Elle répondait cordialement, apportant son assistance avec conscience et gentillesse. De nombreuses lettres témoignent de la qualité de cœur dont elle faisait preuve envers les plus démunis, les enfants comme les vieillards. Les notables influents du secteur, le notaire Rouquayrol, l'abbé Bessières, Edmond Railhac, le maire de la ville, et d'autres personnes s'adressèrent à elle afin de « placer » sérieusement telle ou telle personne, notamment des jeunes qui voulaient quitter le pays faute de travail. On comptait sur « Madame Talabot », sur ses relations. Mais l'on savait aussi que l'on ne pourrait plus désormais compter que sur elle, le conseil municipal ayant été informé par Paulin lui-même qu'il n'assisterait plus les dossiers qu'on lui présenterait[1] !

À cette époque, alors que la pauvreté s'installait fortement, de nombreux jeunes durent quitter le monde rural et s'orienter vers les grandes villes. Ces départs chagrinaient considérablement les parents, surtout lorsqu'il s'agissait de leurs filles. Ils se tournaient alors vers les notables de leur village afin d'obtenir une certaine garantie de confiance et de sérieux sur le travail ou les familles auxquelles on destinait leurs enfants. Ainsi pouvaient-ils penser « qu'ils étaient en de bonnes mains ». C'était déjà quelque chose !

Par les relations indirectes de son époux, ou par les siennes qui ne cessaient de s'accroître, Marie trouva ainsi des places de femme de chambre, de jardinier, de cocher de fiacre, d'allumeur de réverbères, mais aussi des postes à responsabilités, notamment dans les chemins de fer, la métallurgie, les mines, les forges, les restaurants ou les hôtels[1].

En cet été, la famille Railhac l'accueillit deux mois au château de la Falque. Or un jour, on lui présenta Jacqueline, une jeune fille âgée d'une quinzaine d'années, originaire des monts d'Aubrac. Sa mère, prénommée Madeleine, avait dû cacher son péché, la naissance de cette enfant née d'une relation forcée. Durant quinze ans, au cœur d'une misère épouvantable, la mère et la fille s'épaulèrent tant bien que mal, vivant du peu que la terre pouvait leur donner.

M. Railhac, qui présentait la jeune fille, conta à Marie le drame de Madeleine, qui, à dix-sept ans, fut louée dans une ferme de l'Aubrac. Durant les longs mois d'hiver, bloquée par les tourmentes et les congères de neige, cette ferme, comme tant d'autres, vivait en autarcie. Servantes et domestiques assuraient leurs rôles respectifs sous le contrôle du maître. Mais Madeleine était trop jolie. Elle dut supporter les attitudes malsaines de son patron, un homme déjà âgé et brutal qui, profitant de la quiétude claustrale des lieux, abusa de la jeune fille. Dès qu'il sut qu'elle était engrossée, il s'en débarrassa, ne voulant surtout pas de bâtard sous son toit !

En proie à la honte, la future mère retourna dans son village et retrouva sa maison. Mais ses parents ne connurent jamais la « faute terrible » de leur fille. En effet, peu de jours après son retour, son père mourut tragiquement d'un accident et sa mère d'une « mauvaise fièvre » qu'elle avait contractée quelques semaines plus tôt. Dès lors orpheline et de surcroît enceinte, la jeune fille ne put compter que sur elle-même pour penser à cet enfant qui grandissait dans son ventre. Une petite fille naquit. Elle la prénomma Jacqueline. Mais autour d'elle, le vide et l'insulte prirent place, car on lui fit ressentir « sa faute » en la rejetant hors de la communauté, et on la traîna dans « l'eau du ruisseau », la couvrant d'opprobre. Ainsi demeurait le sort réservé à celles qui avaient fauté ! Il était d'ailleurs bien évident, aux yeux de tous, que ce ne pouvait être que la « séduction diabolique de la femme » qui avait engendré cette navrante situation. Le maître, de bonne notoriété et de surcroît excellent pratiquant, ne pouvait en aucun cas être responsable d'un tel état[1].

Marie ne mit pas longtemps pour comprendre l'appel de détresse de cette jeune fille : Jacqueline, debout devant elle, les yeux baissés, demandait son aide. Elle avait décidé de quitter son foyer et sa terre, et de se donner toutes les chances pour sa future vie d'adulte. Mais pour cela, elle avait besoin d'aide et ne voulait surtout pas tomber dans le piège qui détruisit sa mère ! Celle-ci l'avait mise en garde à plusieurs reprises. Mais que faire pour échapper à de telles embûches ? La fuite semblait une solution, car même le mariage n'apportait pas nécessairement le bonheur… Marie savait pertinemment qu'après les paroles du maire puis du prêtre la femme était liée à l'homme, désormais prise dans une situation irrévocable, malgré l'amour qui pouvait exister entre eux. Jusqu'à son dernier souffle, elle devrait le suivre et l'écouter, adhérer à ses désirs et décisions !

Devant cette adolescente dont elle entendait les mots mais plus encore les silences, Marie revisitait à sa manière les évidences. Elle se revit à sa place lorsque, quelque vingt-cinq ans plus tôt, elle se présentait devant Mme Palangié, aussi timide que Jacqueline, et comme elle les yeux baissés en proie à une certaine inquiétude. En femme d'expérience, elle rappela sa devise à la jeune fille : « Ne subis pas ta vie, écris plutôt ton destin et tu seras maîtresse de toi, maîtresse de ta vie. Bats-toi, fais-toi respecter ! » Alors, devant sa fragilité, elle décida de l'aider et lui proposa de l'emmener avec elle jusqu'à Paris, où des amis sérieux seraient en mesure de lui offrir un travail convenable.

C'est ainsi que Jacqueline suivit Marie Talabot et logea quelques jours chez elle. Sa bienfaitrice lui renouvela ses vêtements, lui donna une bourse, et la présenta enfin à l'une de ses amies, Mme Haussmann, qui recherchait justement une personne travailleuse et discrète. La jeune fille fut embauchée sans problème et tint convenablement sa place, assurant surtout un rôle de femme de chambre. Elle y apprécia Valentine[1], la fille cadette du baron qui avait à peu près son âge. Cependant, Jacqueline ne devait rester que deux ans au service de ses patrons qu'elle quitta pour se marier avec un jardinier. Ce jeune homme travaillait alors aux jardins de Versailles et faisait régulièrement des livraisons de fleurs au domicile des Haussmann. Nul doute qu'il offrit quelques roses à Jacqueline… Elle conserva toute sa vie une grande reconnaissance à Marie pour l'aide charitable dont elle avait bénéficié.

La comtesse de Ricard

Étant à Saint-Geniez-d'Olt, Marie visita son amie, la comtesse Clémence de Ricard, qui avait à peu près son âge et qu'elle avait rencontrée quelques années plus tôt, dans un salon parisien. La comtesse était née à Millau en 1825[2]. Son père, Aristide Rouvelet, avocat, devint sous-préfet de Millau puis maire de cette ville[3].

Le 2 juillet 1850, Clémence Marie Rouvelet épousa le comte Étienne, Jules, Edmond de Ricard[4] et se partagea désormais entre le grand monde parisien et ses nombreux domaines aveyronnais qu'elle visitait très régulièrement.

Immensément riche, la comtesse détenait l'une des plus grosses fortunes du département, à tel point qu'à sa succession[1] il fut nécessaire d'ouvrir un registre spécial afin de recueillir le descriptif des dix-neuf gros domaines agricoles qu'elle possédait sur l'Aubrac, le Larzac, le Causse et dans la vallée d'Olt, sans compter une usine de drap et son hôtel particulier[2] de Saint-Geniez-d'Olt, le château de Varès[3], etc. Parmi toutes ses propriétés, c'était dans celle de Saint-Geniez-d'Olt qu'elle préférait séjourner.

Les liens d'amitié entre Marie et la comtesse Clémence s'étaient développés lorsque cette dernière apprit l'humiliation qu'elle avait subie dans la ville aveyronnaise. Elle comprit d'autant mieux l'insulte qu'elle-même en avait fait les frais au village de Verlac[4], situé sur les contreforts de l'Aubrac, au-dessus de Saint-Geniez-d'Olt. En effet, tout en visitant sa propriété du Bournhou, il lui arrivait quelquefois d'assister à la messe en l'église de ce petit village. Bien évidemment, habillée de ses plus belles robes, la comtesse faisait jaser. Un jour, au sortir de la cérémonie, par bêtise ou cupidité, on l'éclaboussa volontairement. Quelques invectives fusèrent, mais les choses n'allèrent pas plus loin, car après cela la comtesse évita tout simplement d'assister à la messe en cette belle église romane, et ne versa plus son obole habituelle au brave prêtre qui en fut tout chagriné[5]. Elle savait que, dans ces lieux éloignés, où l'éducation ne faisait que très peu de progrès, la possibilité de rechercher des relations sociales en dehors du cercle familial ne s'offrait pas. Il était donc naturel de rejeter tout ce qui arrivait de l'extérieur, et l'altière comtesse en faisait partie.

De temps à autre, Marie fut son invitée, que ce soit à Paris ou dans ses salons de province où elle organisait magistralement ses « sauteries au suprême degré ». En Aveyron, le château de Varès mais plus fréquemment sa belle demeure de Saint-Geniez-d'Olt recevaient de prestigieux invités issus des départements voisins et, bien sûr, de la région.

La comtesse de Ricard possédait l'art de mettre à l'aise ses amis et invités qu'elle accueillait avec bonhomie et affabilité. Sa demeure de Saint-Geniez-d'Olt, particulièrement élégante et raffinée, ainsi que son joli jardin résonnaient alors de musique, d'éclats de rire et des tintements cristallins des verres : c'était une fête perpétuelle et l'on s'y amusait beaucoup ! Ses nombreux invités adoraient déambuler, lors des belles soirées d'été, dans le jardin dominant la rivière. Ils y rencontraient « les chats de la comtesse » et devaient les respecter, voire les caresser, car elle vouait un véritable culte à ces animaux.

Clémence de Ricard se pavanait volontiers dans sa vénérable demeure érigée au centre de la cité. En ses murs avait été célébré, en 1806, le mariage du général baron de Ricard, avec Mlle de Fourgous qui apportait en dot le château de Varès. Les faits d'armes résonnaient encore dans les vieux murs de cette imposante bâtisse où l'on contait, avec fierté, les campagnes menées par ce valeureux compagnon de Napoléon. Parfois, les thèmes des soirées qu'organisait la comtesse s'orientaient étroitement vers l'histoire : fêtes romantiques où l'on rêvait à nouveau, et pour quelques heures, de l'amour courtois si bien promulgué par les troubadours du Moyen Âge, fêtes régionales aussi, auxquelles participaient tous les régisseurs de ses domaines, où l'on parlait exclusivement la langue d'oc[1] et où l'on y chantait « la belle occitanienne de Rodez ».

Au lendemain de l'une de ces invitations, Marie écrivit à son amie Léonie Gavarni : « La foule était compacte dans le salon de la comtesse Clémence de Ricard. On attendit avec impatience quatre chanteurs. En attendant, leur accompagnateur, sosie d'Hoffmann, frappait le clavier avec fureur tout en dévorant des yeux la partition. À le voir s'agiter, c'était déjà tout un spectacle ! Enfin, les artistes arrivèrent. Les femmes minaudèrent des murmures de satisfaction et les invités, qui n'avaient pas dîné chez la comtesse, trouvèrent le punch trop léger, les gâteaux trop secs et les danseuses trop mûres. C'est bien difficile de contenter tout le monde. Puis, une jeune fille à la voix exquise se mit à chanter. Alors, tous les bruits s'arrêtèrent pour écouter cette mélodie céleste[2]... »

Les largesses de la comtesse de Ricard étaient connues de tous, quoique discrètement accomplies[3]. Elle savait généreusement donner tant aux pauvres qu'aux œuvres, notamment à l'orphelinat et à l'hospice. Les églises de Saint-Geniez, et celles des villages voisins, reçurent de nombreux dons de sa part : calices, ciboires, chandeliers, vêtements nécessaires au culte. Elle participa à l'achat d'une cloche supplémentaire pour l'église paroissiale car, depuis la Révolution de 1789, le clocher n'en possédait plus qu'une qui servait de tocsin. En effet, le carillon précédent avait été supprimé et la tradition populaire rapportait même qu'un autochtone, « furieux d'entendre encore ce dernier vestige de la superstition, se munit d'une échelle et d'un gros marteau pour y mettre fin ». Ses coups redoublés parvinrent à faire une assez large brèche au bas de la cloche, lorsqu'un morceau de métal se détacha brusquement et frappa le démolisseur. Ce dernier tomba du haut de l'échelle et se tua[1].

Au cours d'une soirée mémorable avec les notables de la ville, conviés en l'hôtel particulier de la comtesse, on évoqua cette triste affaire qui avait marqué les esprits, et l'on décida, afin de réparer cet affront, d'ajouter une cloche : le maire Jean-Louis Palangié et la comtesse de Ricard l'offriraient et en deviendraient les parrain et marraine. Ce soir-là, on décida de l'inscription qui serait gravée sur la cloche, de sa mission et de sa note. C'est ainsi qu'on lui attribuerait la note « sol » et que l'on graverait sur sa panse : *Deum Laudo, Populum voco, Festa decoro, Defunctos ploro*[2]*. On estima qu'elle devrait sonner les heures.

Plus tard, en 1883, le nouveau prêtre[3] de la paroisse et son conseil de fabrique voulurent doter le clocher d'un grand carillon de neuf cloches. Ce sera au tour de Marie et Paulin Talabot de faire preuve de générosité. Mais la comtesse de Ricard ne participera pas, certainement vexée, car « sa cloche sonnait faux »...

---

* « Je loue Dieu, j'appelle le peuple, je sonne les fêtes, je pleure les morts. »

XVI

Le Roucas Blanc

De la terre d'Orient

LORSQUE, À MARSEILLE, dans le parc Borély, Paulin promit le mariage à sa maîtresse, il avait compris que la région lui plaisait et même l'attirait : peut-être en souvenir de leur première rencontre, peut-être aussi parce que le soleil omniprésent, la mer sublime, les ombres calmes et romantiques du parc donnèrent leur avis, leur amour prit, dans cette ambiance, une autre dimension. Un nouvel avenir, solide et prometteur, semblait apparaître.

Comme il l'avait prévu, Talabot régla rapidement les formalités de la vente du château et du parc à la ville de Marseille[1]. L'anecdote que lui avait confié Paulin sur la présentation macabre de la Pézé dans la bibliothèque du château n'avait guère invité Marie à la supplanter en ces lieux... Aussi Paulin lui dévoila-t-il ses projets. Dans ses transactions avec la ville, il avait acquis le « Roucas Blanc », un immense rocher d'une quinzaine d'hectares, un rocher blanc, sec, pelé, éclatant sous le soleil puissant du Midi, dominant la mer et la ville. Une description de ce site avait été donnée quelques années avant que l'ingénieur Talabot n'en devienne propriétaire : « De l'autre côté, c'est le Roucas Blanc qui n'a pas un brin d'herbe, mais qui est bordé par des côtes tellement sauvages que celles-ci rappellent aux poètes les magnifiques descriptions de l'Homère calédonien... La rudesse des côtes du Roucas Blanc ne sert qu'à mieux faire ressortir la verdure de Montredon[1]. »

Talabot eut une idée de génie lorsqu'il vit cette montagne nue et blanche, tout droit sortie de la mer, et apparemment sans grand avenir. Sous cet éternel soleil, il allait réussir à y accrocher des arbres, des prés, des fleurs en le recouvrant de bonne terre, et l'on pourrait même y rêver de l'Éden ! Il allait transformer cette masse inerte et sèche de roches brûlantes en un paradis luxuriant de végétations et d'oiseaux. Il allait édifier sur son flanc une vaste demeure qui s'ouvrirait sur l'horizon. Les grands projets ne rebutaient pas l'ingénieur, au contraire ils le stimulaient ! Pour lui, le mot impossible n'était ni français ni provençal !

En voyage, sur les terres sublimes des lacs lombards, qui frappèrent toujours avec intensité la fantaisie des poètes, des philosophes ou des gens de lettres, Talabot fut, à son tour, remarquablement inspiré. La création de l'île « Isola Bella », perdue au milieu des eaux calmes du lac Majeur, l'avait subjugué. Il expliqua à sa maîtresse la « naissance » de cette île qui semblait surgir d'un autre monde, et dont les prémices de cette gigantesque réalisation, entreprise par Carlo III Borromeo, ne put se poursuivre qu'avec l'intervention de ses deux fils[2]. Ainsi, pendant un demi-siècle, des princes lombards créèrent ces lieux enchanteurs en acheminant des montagnes de terre afin de recouvrir un rocher de schiste micacé, puis en édifiant sur cette île, désormais apprivoisée, l'un des chefs-d'œuvre du baroque italien. L'ingénieur fit sienne cette idée. Mais toujours pressé, il n'avait pas besoin d'un demi-siècle pour recouvrir ses quinze hectares de roches et construire une belle demeure. Il s'y employa immédiatement.

Ainsi, peu de temps après leur mariage, Paulin et Marie se rendirent chez leurs amis parisiens, les architectes Jules Bouchot et Thomas Dupin, qui travaillaient, tous deux, à l'édification de nombreuses gares[1], notamment pour le compte du PLM. Ils leur confièrent la construction de leur château de Marseille, librement inspiré du style Louis XIII et qu'ils appelèrent « la bastide du Roucas Blanc ».

Suivant ses desseins, Talabot entreprit l'aménagement du parc sur la colline aride. Il fallut d'abord creuser un sentier dans le roc pour arriver au sommet de cette montagne rocailleuse, toute poudreuse et seulement parsemée de quelques bouquets de pins rabougris. Il fallut aussi beaucoup de terre que l'ingénieur trouva dans la plaine mais surtout sur l'immense chantier du canal de Suez. En effet, de nombreux bateaux faisaient l'aller-retour entre l'isthme de Suez et Marseille. Ils partaient à plein, chargés de matériels et de machines[2], mais revenaient la plupart du temps à vide. De concert avec Lesseps, maître du chantier, la terre d'Orient fut ainsi rapportée jusqu'au port de Marseille. Puis, au moyen d'une multitude de tombereaux, tirés par des bœufs robustes, elle fut déversée au sommet de la colline blanche. Jour après jour, le Roucas Blanc devint une roche brune…

À grands frais, l'ingénieur irrigua cette immense « motte de terre » grâce à l'eau que l'on avait amenée du canal de la Durance jusqu'au sommet et qui retombait à présent le long des pentes. Des milliers de plantes, d'arbustes, de fleurs, variétés méditerranéennes et exotiques, recouvrirent bientôt cette glèbe « neuve » qui faisait ainsi merveille.

En peu de temps, sous l'exubérance végétale, le Roucas Blanc se métamorphosa en un site verdoyant qui célébrait en permanence le mariage de la mer et du rocher. Le château s'éleva bientôt au milieu d'une végétation luxuriante[1], offrant un aspect seigneurial par ses tours, ses perrons immenses, ses escaliers majestueux qui s'ouvraient sur les jardins. La grande façade, tournée vers la mer, ainsi que le perron d'entrée arboraient les grandes initiales enchevêtrées P. T., sculptées avec finesse dans la pierre. Sur l'allée principale, un bassin aux nénuphars et aux « lotus sacrés des Anciens » apportait fraîcheur et sérénité, relayé, un peu plus bas, par une cascade que l'on apercevait de la corniche[2]. De ces lieux fascinants, la vue splendide embrassait la pleine mer, la chaîne du mont Redon, la vallée de l'Uvone et les îles Pomègues. En 1861, l'œuvre était achevée. Une œuvre qui unissait avec bonheur la mer à la montagne baignée d'une lumière désormais légendaire.

Marie employa toute son énergie pour meubler sa nouvelle et immense demeure. Elle fit cela avec un art insoupçonné, ne souhaitant, en fait, qu'une vraie maison de famille, où chaque pièce devait représenter un lieu de vie. Elle disposa avec goût des meubles de style approprié. Des sofas, des divans, de belles tables d'acajou garnirent les spacieux salons. Elle fit apposer de merveilleuses tapisseries, notamment une représentation unique de « Jupiter dans les jardins d'Olympe », qu'elle plaça dans la salle de billard. Une autre, de même facture que la première, et qui représentait « Jupiter dans l'Olympe[3] », prit place dans son petit salon personnel. Fascinés par les mythologies grecque et latine, Paulin autant que Marie se passionnaient des écrits, documents, icônes et autres statues concernant ces dieux mythiques, souvenirs qu'ils rapportaient de leurs nombreux voyages et que l'on retrouvait dans leurs logements de Paris ou de Marseille. Pour sa part, Marie fréquentait régulièrement les ateliers d'artiste, s'intéressait aux expositions, ce qui lui permettait toujours d'affiner ses connaissances. Au cœur de ce site propice à la création, la jeune femme allait naturellement à la beauté et à l'intelligence comme à une terre natale. Elle devint rapidement experte et agira, quelques années plus tard, en véritable mécène pour de jeunes artistes.

La nouvelle bâtisse fut encore meublée de splendides vitrines en bois de noyer et merisier qui reçurent de précieuses porcelaines de Sèvres, du vieux Lyon, du vieux Marseille ou de Moustiers. Un jardin d'hiver, très à la mode sous le Second Empire, et dont la tendance venait d'outre-Manche, avait été créé en rez-de-chaussée. Son plafond, remarquablement ciselé dans du staff, était enrichi de sculptures et de décorations mythologiques. D'élégantes vitrines de métal doré recevaient d'innombrables bibelots de valeur. Des jeux de glaces apportaient encore une lumière agréable dans cet univers peuplé d'un fouillis de plantes rares[1].

Outre une ribambelle de consoles, tables de nuit, pendules, tableaux, sculptures, la chambre de Marie était agrémentée d'un immense lit à baldaquin équipé d'un « sommier élastique dernière mode », d'un meuble de chambre Louis XVI, de deux glaces psyché ainsi que d'une bibliothèque. Celle de Paulin recevait une literie à baldaquin, de style Louis XVI en bois d'acajou, un bureau à cylindre et une grande bibliothèque sculptée dans le même bois[2]. Deux cheminées de marbre ainsi que deux tapis en moquette du Levant de vingt mètres carrés décoraient encore ces grandes pièces.

Par ailleurs, plusieurs ensembles complets de matériels d'hydrothérapie et d'hygiène équipaient des cabinets de toilette ornés d'immenses miroirs. Aucune des commodités les plus modernes de l'époque n'avait été omise. En tous points, Marie veillait aux harmonies de son installation intérieure, vouant une sorte de tendresse irraisonnée à des objets faisant partie de la vie quotidienne. Les Talabot étaient très fiers de leur château que l'on appelait à Marseille « la folie Talabot » et dont on affirmait qu'il avait coûté six millions de francs.

Dans le grand salon, au plafond décoré de scènes de chasse et de frises allégoriques, trônait un piano à queue en palissandre, sur lequel Paulin jouait ou composait, moments de détente pour lui, surtout lorsqu'il était seul. Quant à Marie, qui bénéficiait à Paris d'un professeur prestigieux en la personne de César Franck[1], elle s'accompagnait au piano, étonnant parfois son compagnon, tant par sa voix que par l'agilité de ses doigts. Entourée de musiciens et de chanteurs, elle fit d'excellents progrès. Et lorsque Paulin se penchait sur son grand billard en bois noir de Gerderès[2], il adorait écouter sa jeune épouse. Dans cette immense demeure, les notes montaient à lui, lui procurant un réel enchantement qu'il ne se lassait pas de traduire à ses invités. « Pense donc, lecteur, si l'on peut vivre ici sans aimer ! » écrivit sur un album l'un de leurs amis italiens[3].

La bibliothèque des Talabot

Passionnés de culture, les Talabot n'installèrent pas moins de huit bibliothèques regroupant quelque

3 310 ouvrages[1], dont la plupart reliés et marqués au fer « P. T. », ainsi que de nombreuses œuvres musicales de Beethoven, Gluck, Pergolèse, etc., qui constituaient un véritable trésor de connaissances.

Une bibliothèque agrémentait chaque chambre du couple. Celle du polytechnicien était considérable, à tel point que les hommes de loi et le notaire chargés de l'inventaire au lendemain du décès de Marie Talabot mirent plusieurs jours pour réaliser ce travail[2]. Les rayonnages recevaient essentiellement des ouvrages de littérature générale (romans, poésie, théâtre, auteurs classiques), d'histoire de France et de nombreux pays, soulignant un intérêt réel pour les récits de voyage. Enfin, des ouvrages de sciences, domaine privilégié et logique pour un polytechnicien. Au-delà de ces trois grands thèmes, émergeait une curiosité encyclopédique relative à la nature : botanique, zoologie, géologie, minéralogie, géographie, entomologie… Par ailleurs, les ouvrages de botanique concernaient le monde entier et étaient écrits en français, italien, espagnol et anglais. Une autre bibliothèque, plus petite, installée dans l'escalier de la tourelle, abritait encore à elle seule une centaine d'ouvrages spécialisés ! Que ce soit dans tous les pays qu'il parcourut sa vie durant ou tout simplement dans sa propriété de Maury, près de Limoges[3], au Roucas Blanc ou au jardin des Plantes de Paris, Paulin se penchait avec délicatesse sur la moindre fleur, appréciant ses subtilités, sa texture, sa finesse, éléments invisibles parfois ou inconcevables pour un béotien.

Il s'agissait d'un besoin presque vital pour l'ingénieur Talabot que d'être entouré d'ouvrages. Cela faisait naturellement partie de sa vie. Il se tenait au courant de toutes les œuvres intellectuelles qui se présentaient. Malgré sa charge élevée de travail, il trouvait toujours un moment pour lire. Sa mémoire prodigieuse engrangeait alors des connaissances inouïes. Dans les cercles intimes, on était frappé de l'entendre parler de thèmes très éclectiques et savants avec une connaissance érudite des sujets et une appréciation sûre des œuvres. À son contact, on apprenait beaucoup car ses exposés, donnés avec lucidité et conviction, ne se discutaient point. Ses auditeurs furent souvent subjugués par le « professeur Talabot ».

Située au premier étage, la chambre de Marie abritait une bibliothèque regroupant de nombreuses œuvres littéraires étrangères, notamment espagnoles, italiennes et anglaises. Aux côtés des œuvres complètes d'Enfantin et de Saint-Simon, plusieurs biographies et autobiographies féminines, dont celle de George Sand, considérée comme assez audacieuse pour l'époque, indiquaient, à juste titre, que Marie n'était point insensible à la cause des femmes. Son « coin intime », comme elle le désignait et dans lequel elle adorait se réfugier pour une lecture tranquille, demeurait le petit boudoir circulaire attenant à sa grande chambre et décoré de frises allégoriques, d'amours tirant des flèches, de festons, le tout teinté d'une grande féminité, voire d'une sensualité évidente.

Sur les étagères, voisinaient encore de nombreux ouvrages savants ou de vulgarisation scientifique sur l'astronomie, l'astrologie et la physique, thèmes récurrents chez les Talabot, dès lors qu'ils recevaient l'astronome Urbain Le Verrier, le savant Claude Bernard, ou le physicien météorologiste Jacques Babinet[1]. De grands classiques anglais que « Marie dévorait[2] », des fabliaux des XIIe et XIIIe siècles ainsi que de nombreux ouvrages didactiques furent autant de sources qui nourrirent, sans doute, sa boulimie de savoir, et qui, en tout cas, traduisaient une ouverture d'esprit et une curiosité évidente pour la littérature française aussi bien qu'étrangère. Sa vie durant, Marie étudia en autodidacte et en vraie passionnée. Elle lut encore Tacite, Plutarque et Montesquieu, les *Vies des dames galantes* de Brantôme, Stendhal, Renan et Béranger. Elle voulut apprendre et connaître, et réussit magnifiquement dans ce domaine ! D'aucuns enviaient la place qu'elle occupait désormais dans le grand monde, car elle était non seulement ouverte, cultivée et prévenante, mais aussi appréciée.

Ainsi le Roucas Blanc fut l'œuvre de Paulin Talabot. Mais il ne s'arrêta pas en si bon chemin car, bientôt, il allait entreprendre d'autres travaux, de belle envergure, sur les terres familiales du Limousin. Tout cela ne représentait que de la détente pour cet homme d'action. En effet, après les réseaux de chemins de fer, la mer retint son attention. Désormais, la Méditerranée s'ouvrait à tout et Marseille devint le premier port français.

L'ingénieur s'intéressa alors à la colonisation de l'Algérie, au percement du canal de Suez, au développement des communications avec les pays méditerranéens, à l'organisation des réseaux de chemins de fer algériens, à la Société des Mines de Mokta El-Hadid[1] (le rocher de fer) dont les débouchés étaient médiocres. Aussi voulut-il en écouler la production vers les usines métallurgiques de la métropole. Souhaitant encore créer un grand complexe sidérurgique, il rechercha fondants et matériaux pour la construction des fours à coke et des hauts fourneaux[2]. Émile Dupuy précise dans la *Revue du Rouergue* : « La popularité de notre promoteur atteint son plus haut point lorsque certains bateaux, des steamers, sont appelés par les marins “des Talabots” et que l'expression passe aussitôt dans le langage courant[3].

Un peu plus tard, Paulin se tourne vers l'Autriche et l'Italie pour aménager les lignes ferrées du Brenner et des Apennins, cédant une fois de plus au penchant qu'il ne cesse de ressentir pour le rail. On s'essouffle à suivre un tel homme dans des créations si diverses et si multiples[1]... »

La photographie

Les progrès fulgurants, tant commerciaux, scientifiques qu'industriels, qui caractérisèrent le Second Empire, et par là la grandeur de la France, furent soulignés grâce à l'invention de la photographie[2] dont l'essor spectaculaire permit de fixer l'image d'une époque moderne et dynamique. L'activité industrielle, le chemin de fer notamment, nécessita de grands travaux d'architecture, véritables œuvres d'art et de savoir qui jalonnèrent l'expansion remarquable de ce siècle.

De grands photographes, favorisés par le régime, mirent leur talent au service de ministres, d'entrepreneurs et d'industriels de grande envergure. Parmi ces derniers, Paulin Talabot, toujours à la pointe du progrès, s'était intéressé à l'invention du daguerréotype[3] mis au point par l'un de ses amis anglais, William Talbot[4]. L'ingénieur en entrevoyait l'utilité dans sa propre entreprise.

Au tout début des années 1850, Paulin Talabot rencontra dans le Midi Édouard Baldus[5] qui, justement, envisageait de photographier les travaux ferroviaires et encore les principaux événements au caractère exceptionnel comme les inondations du Rhône. Peintre de formation, Baldus devint maître dans cet art nouveau, mettant au point un système sophistiqué d'assemblage de négatifs. Talabot s'en fit un ami qu'il reçut, par la suite, en sa bastide du Roucas Blanc où il s'adonna à la peinture et à la photographie.

L'artiste photographe travailla pour les plus grands de l'époque : Napoléon III, Lesseps, le baron de Rothschild, les maires des grandes villes ainsi que pour le PLM dont il réalisa un bel album de quelque soixante-dix épreuves, retraçant ainsi une partie magistrale de l'œuvre de l'ingénieur.

Reçus dans les appartements privés des souverains, Paulin et Marie offrirent à l'impératrice un exemplaire de cet album « recouvert de maroquin rouge décoré aux armes impériales et chiffre couronné d'Eugénie aux quatre coins ». Ils en offrirent un second à l'empereur, en maroquin vert aux armes de Napoléon III. Sur ce dernier exemplaire, les Talabot eurent la délicate attention de rajouter une photographie du palais du Pharo[1] que l'empereur faisait alors construire sur les hauteurs de Marseille. Les relations entre les souverains et les Talabot demeuraient des relations discrètes mais teintées d'amitié. Il se disait que Paulin et l'empereur se tutoyaient dans l'intimité[2]...

Par ailleurs, l'aquarelliste Jean-Joseph Bonaventure Laurens[3] travailla également pour le compte du PLM. Afin de figurer aux grandes expositions internationales, cette compagnie lui commanda « une série de grandes aquarelles sur les travaux d'art et de vues panoramiques concernant ses lignes de chemins de fer[4] ». Par la suite, l'artiste monta souvent au château du Roucas où il remplissait ses carnets de dessins. Convié comme un grand ami, il s'asseyait avec bonheur à la table toujours bien garnie des Talabot. Il y rencontra une foule de gens dont certains devinrent ses clients.

XVII

Marie Talabot dans le grand monde

Un maître de l'habillement

MARIE ÉTAIT DONC DEVENUE officiellement « Mme Talabot » et portait ce nom prestigieux, synonyme de réussite, d'intelligence, de volonté, de dynamisme, avec fierté et élégance. Elle voulait faire « honneur à son illustre mari », ainsi qu'elle le soulignait fréquemment dans ses lettres, et tenait convenablement sa place dans cette société qui ne pardonnait rien : « … mon mari marche à grands pas dans une des plus belles situations de considération, bien méritée du reste… », écrivait-elle à l'une de ses amies[1].

Lorsqu'on invitait « Mme Talabot » dans les salons mondains, elle respectait d'une façon stricte les rites de l'habillement et considérait qu'on ne saurait s'en écarter sans faire preuve d'un manque réel d'éducation. Pointilleuse, précise dans ses faits et gestes, respectueuse de l'étiquette lorsqu'elle pénétrait dans la haute sphère du pouvoir, Marie faisait honneur à son rang. Il en était de même lorsqu'elle recevait d'importantes personnalités, qu'elles soient des amies intimes de leur couple ou des relations de travail de son mari. La vie mondaine exigeait, en effet, le respect des usages dictés naturellement par la haute bourgeoisie, mais aussi par le monde de l'argent. À ce titre, les demi-mondaines n'étaient pas en reste et suscitaient les plus troublantes et excentriques fantaisies des grands couturiers. Les réceptions luxueuses entretenaient inévitablement le maintien d'une élégance raffinée, qu'elle fût bourgeoise ou aristocrate.

Tant pour elle que pour son époux, Marie était au fait de la mode d'alors. Elle portait volontiers ces immenses crinolines, associées à un corset souple et très échancré, symboles même de la nouvelle société éprise de faste et d'abondance. Elle riait de l'ampleur de ces robes qui donnaient certes une superbe silhouette, mais qui ennuyait quelque peu les messieurs par leur respectable volume : ceux-ci devaient naturellement conserver une certaine distance[1], car l'on employait facilement trente mètres de tissu pour confectionner une crinoline de trois mètres de diamètre !

Mais l'époque était en mouvement. Le développement des chemins de fer entraînait celui des voyages, tandis que l'opéra, le théâtre, les courses et les bals généraient dans la vie mondaine une distinction nouvelle. Alors que la mode était très changeante, suivant les heures ou les circonstances, suivant les sortes de dîners, qu'ils soient privés ou intimes, il était opportun d'adapter son habillement. Or, à cette époque, un maître incontesté de la mode, l'Anglais Charles Frédéric Worth[2], orchestrait avec passion l'élégance distinguée. Ses idées novatrices, qui lui firent quitter une maison de couture londonienne trop traditionnelle à son goût, ne passèrent pas inaperçues sur les champs de courses de Longchamp où les élégantes se pressaient. En ces lieux très huppés, Worth eut l'idée de présenter sa jeune épouse habillée de ses créations originales. Remarqués par la princesse de Metternich[1] et par d'autres personnes très en vue, la jeune femme et son époux, qui déambulaient adroitement dans les allées fleuries, devinrent rapidement célèbres. Worth se lança alors dans la haute couture, encouragé par l'impératrice Eugénie. Il eut l'idée de présenter des mannequins « vivants », que l'on nommait à cette époque « sosies », car l'on recherchait en ces personnes quelques ressemblances avec ses clientes.

Aux côtés de grandes élégantes, de comtesses, de duchesses, de princesses étrangères, Marie assistait aux présentations de ses créations véritablement innovantes. Worth avait établi, spécialement pour cela, un salon somptueux[2] où l'on pouvait même essayer les robes les plus prestigieuses, les plus originales, destinées au théâtre, au bal ou à l'Opéra. Accompagnée de Mmes Le Verrier et Haussmann, des comtesses de Ricard et de Renneville ou de quelques amies, Marie s'y rendait fréquemment. Au milieu de cette frivolité, de cet ondoiement de crinolines virevoltant à tous les vents, elles devinrent de véritables ambassadrices de cette mode révolutionnaire qui s'étendait déjà dans toute l'Europe. Durant près d'un demi-siècle, Worth fut le roi de la mode parisienne et, tout en vendant ses toilettes, participa étroitement à la vie sociale et intellectuelle.

Ravi que son épouse portât les toilettes les plus raffinées, Paulin profitait largement de la situation, car Marie le voulait, lui aussi, à la dernière mode ! Aussi s'informait-elle, régulièrement, de la tenue – fixée par l'empereur lui-même – que les hommes devaient porter aux réceptions des Tuileries, son prestigieux mari devant s'y rendre de temps à autre[1]. Il en était de même dans les cercles, dont certains réputés d'une rare distinction, comme « le cercle de la rue Royale » qui se tenait dans l'hôtel de Coislin et que fréquentait parfois Talabot. Aucune fausse note vestimentaire n'était admise. Marie veillait à cela scrupuleusement. Pour sa part, lorsqu'elle accompagnait son mari dans les restaurants en vue, à la tribune décorée des champs de courses ou bien aux grandes premières théâtrales, elle exhibait volontiers ses opulentes toilettes, ses plus belles capes de chinchilla, décorées de volants, dentelles et autres rubans correspondant à la mode féminine du moment ou à l'image des fastes de la cour impériale. La jeune femme s'était si bien intégrée dans le grand monde que l'on pensait naturellement qu'elle y était née. D'ailleurs, c'était avec un plaisir évident et une grâce exquise que Marie escortait parfois, en des soirées somptueuses, des messieurs très connus et satisfaits, en habit ou en redingote et cravate plastron, le summum de l'élégance !

Paris devint le centre mondial de la mode et de la toilette. Mais la fin des crinolines, dont 1858 avait été l'apogée, venait de sonner. D'ailleurs, Worth employait toute la passion de son être pour remplacer ces encombrantes toilettes. Au lendemain de la guerre, il affirmait : « La révolution de 1870, c'est peu de chose en comparaison de "ma révolution", c'est moi qui ai détrôné la crinoline[2]... »

Paris, capitale de l'élégance

Les quartiers qui s'étalaient autour de la rue de Rivoli devinrent des lieux de promenade, de rendez-vous, de réunions pour la haute société parisienne : commerces de luxe, restaurants, théâtres, comédies. Aux sordides boutiques du début du siècle succédèrent des magasins somptueux. Le Palais-Royal était devenu un centre exceptionnel d'élégance. En 1859, le *Véry,* qui s'était fondu avec le *Véfour*[1], recevait Lamartine, Sainte-Beuve, Thiers... Les Talabot s'y rendaient parfois avec leurs amis ou relations de travail. Cependant, fréquenter les grands restaurants correspondait d'abord à se montrer. En étalant leurs tenues et leurs bijoux, les femmes ne visaient qu'à prouver la richesse de leur époux ou de leur amant. Et même si cet aspect se concevait naturellement à l'époque, en excellents gastronomes Paulin et Marie ne se privaient pas des plaisirs de la table et faisaient volontiers partager à leurs amis les meilleurs restaurants de la capitale. Dans certaines circonstances, ils se régalaient de plats savoureusement mitonnés par le patron du *Café de Paris,* l'un de leurs très proches amis qui portait le nom de Francisque et chez lequel ils dégustaient filets de perdreaux, cuisses de chevreuil, bartavelles des Alpes, canards sauvages et autres lièvres au capucin. Mais ils n'étaient pas les seuls à connaître les talents remarquables du chef ! Un client régulier du restaurant se trouva un jour attablé devant une énorme dinde truffée. Talabot, qui le connaissait bien, lui adressa la parole :

« Il faut être deux pour manger une telle dinde !

– Eh bien, voyez-vous, lui répondit le joyeux convive, nous sommes bien deux, la dinde et moi ! »

Rue de Rivoli, les Talabot recevaient souvent, notamment leurs amis anglais. Ceux-ci descendaient parfois à l'hôtel *Meurice*[1], tout proche de chez eux, et qui accueillait alors la haute société de ce temps. Souverains, artistes, écrivains, aristocrates s'y pressaient. L'établissement offrait aux voyageurs un style d'hôtellerie totalement inédit. Tout était étudié pour faciliter la vie du client étranger de passage : acquittement des formalités administratives, utilisation de valets de place attachés à l'hôtel, locations d'appartements de toutes dimensions, mise à disposition de salons de conversations, linge blanchi au savon et battu à la main, personnel parlant anglais, bureau de change, équipages, etc.[2]. La qualité du service, le raffinement des chambres et des salons, ainsi que l'exceptionnelle situation de l'hôtel au cœur de Paris, proche des boutiques de luxe et du centre du pouvoir, ne pouvaient qu'attirer une clientèle riche et renommée. De nombreux galas et festins s'y déroulaient. En province comme à l'étranger, Marie se plaisait à évoquer les qualités remarquables de cet hôtel dont elle connaissait chaque responsable ainsi que les moindres rouages du fonctionnement.

Pour l'achat de ses produits de toilette, pour les nombreux cadeaux qu'elle offrait à chaque visite, Marie se fournissait chez Pierre François Guerlain[3], lequel avait ouvert autrefois une boutique dans les salons mêmes de l'hôtel *Meurice*, un magasin sacrifié à la mode de l'anglomanie avec des produits importés de Grande-Bretagne. Guerlain, ami des Talabot, avait établi sa propre société sous l'enseigne de « Parfumeurs-Vinaigriers ». Un nom curieux qui remontait au temps où l'on utilisait le vinaigre pour soigner diverses maladies, et notamment les pustules de peste.

Marie, qui rendait parfois visite à son ami Guerlain, se plaisait dans ces lieux étranges, baignés de magie où volaient des effluves d'eau de toilette, de crèmes saponines, de parfums pour le linge, d'odeurs pour les mouchoirs ou les lettres. Mais en ce milieu du XIXe siècle, le parfum n'était utilisé que par les courtisanes ou les comédiennes. De ce fait, suspecté de vulgarité, il ne devait être employé qu'à bon escient. En aucun cas, les essences ne devaient « toucher » le corps, seulement les mouchoirs, le papier à lettres, quelques menus objets… Au contact de Guerlain, qui dînait parfois avec Paulin et Marie, la jeune femme apprit les détails de cette alchimie particulière qui allait se développer fortement au cours des décennies futures.

Les Talabot, les Le Verrier et les Haussmann se recevaient régulièrement à Paris, à Marseille ou à Nice, chez les uns ou chez les autres. Malgré son peu de goût pour les mondanités, Paulin ne pouvait s'empêcher d'être saisi d'admiration pour les grandes réceptions qu'organisait le préfet de la Seine. Haussmann s'arrêta plusieurs fois au Roucas Blanc. Accompagné de son ami Louis Frémy, directeur du Crédit foncier de France, ils firent souvent le voyage de Paris à Nice afin d'acquérir des terrains sur le mont Boron. Haussmann y fit élever une somptueuse demeure[1] au milieu d'une immense propriété plantée d'oliviers. Après le retentissant pamphlet des « Comptes fantastiques d'Haussmann[2] », puis sa révocation en tant que préfet, Haussmann se retira à Nice, recevant sur les pentes de cette sublime colline ses meilleurs amis. De Marseille, Marie et Paulin lui rendaient visite, aimant beaucoup ce site, autant que le baron pouvait apprécier leur bastide marseillaise.

Ivan Tourgueniev

Marie Talabot invita à plusieurs reprises le romancier russe Ivan Tourgueniev[1], qui vivait dans l'immeuble voisin du sien[2]. Elle le recevait dans ses salons, parfois à sa table le dimanche soir, journée traditionnelle de réception chez les Talabot. Marie estimait cet homme infiniment séduisant, ce géant à la voix douce « qui portait la neige sur ses cheveux et sur sa barbe ». On connaissait les tribulations de sa vie amoureuse, notamment avec la cantatrice Pauline Viardot[3], avec laquelle il entretenait une liaison qui défrayait la chronique.

Par de petites touches émues et délicates[4], Tourgueniev lui contait les drames sociaux qui hantaient alors la Russie. Il lui confia encore sa propre histoire, celle d'un enfant qui vit sa mère, riche propriétaire terrienne[5], traiter ses domestiques en véritables esclaves. Lorsqu'il découvrit la terrible absence totale de liberté qui régnait alors dans son pays, et cette injustice teintée de brutalité qui animait sa mère, il en devint malade de dégoût. Afin de se libérer de ce manteau de plomb qui pesait sur ses épaules, il songea à quitter sa patrie, sans savoir « qu'il était plus facile à un riche de passer par le trou d'une aiguille qu'à un Russe de sortir de son pays ». Avec mille astuces, il réussit cependant, et mena alors une vie de bohème en France et dans d'autres pays.

Marie buvait les paroles de ce sage au charme fou. Elle appréciait les longues discussions tranquilles et reposantes qui éclairaient les après-midi pluvieux, mais elle aimait surtout le combattant pacifique qui se dévoilait magnifiquement derrière sa carcasse de géant[6]. Avec sa délicatesse innée, il confia encore à Marie la cruelle attitude de sa mère scandalisée par la passion amoureuse qu'il entretenait avec la jeune Pauline rencontrée à Saint-Pétersbourg en 1843. De colère, sa mère lui avait coupé les vivres. Tourgueniev ne revint en Russie qu'en 1850 pour ses funérailles, et récupéra alors l'immense fortune qu'elle lui avait laissée.

Fascinée par le sage romancier et ses exposés remarquables sur le territoire russe et la vie de son peuple, Marie souhaita connaître ce pays. Paulin devait justement s'y rendre. Elle prépara ses malles, enfila sa tenue de voyage[1] et suivit son mari dans son déplacement d'affaires en ces lointaines contrées. Au retour de chacun de ses voyages, c'était avec brio qu'elle racontait les péripéties et les moindres détails de leurs périples, parfois rocambolesques, parfois étourdissants, mais toujours émaillés de multiples anecdotes.

Ainsi, au théâtre de Moscou, les Talabot rencontrèrent-ils une actrice française, Blanche d'Antigny[2], qui faisait alors beaucoup parler d'elle. Cette jeune femme, élevée dans la société frivole de cette époque, s'était lancée dans la vie galante avec sa bonne humeur, son rire communicatif et séduisant qui mit à ses pieds bien des officiers de l'Armée impériale, de riches marchands et de hauts bourgeois. Considérée comme l'une des plus célèbres « croqueuses de diamants » de l'époque, elle jeta encore son dévolu sur un prince russe et mena avec lui une vie chaotique. Fille superbe, Blanche[3] devint la maîtresse du grand-duc de Russie. Sur scène, elle savait divinement mener le cotillon et danser dans un cancan échevelé qui ne laissait personne indifférent. Paulin lui-même n'était pas insensible à son charme. Mais Marie veillait, car Blanche n'hésitait pas à paraître nue pour troubler son entourage, habituellement composé d'hommes riches.

Un soir, alors qu'elle se produisait au Théâtre impérial de Moscou, devant le tsar et la tsarine, Paulin et Marie allèrent saluer leur compatriote dans les coulisses du théâtre. On venait de frôler le scandale, car Blanche s'était parée de magnifiques bijoux qui rivalisaient avec ceux de la tsarine. Aussi celle-ci, dépitée de lui voir un collier plus somptueux que le sien, quitta-t-elle le théâtre en demandant au Maître de toutes les Russie « de pendre cette impertinente cabotine ». Heureusement, le tsar arrangea les choses ! Mais Blanche n'en était pas à une frasque près ! Un jour, à Saint-Pétersbourg, elle défia si fortement la tsarine que le tsar se fâcha sérieusement et la fit, cette fois-ci, reconduire à la frontière.

Dans ses réceptions parisiennes du quartier de l'Étoile, Blanche recevait la société littéraire et mondaine du Second Empire. Marie y fut conviée à plusieurs reprises, s'amusant de l'ambiance bien particulière qui y régnait. Entourée de ses amants et de son monde à elle, l'actrice adorait y raconter ses excentricités[1], ajoutant au pittoresque de la situation mille anecdotes plus ou moins véridiques, mais qui ravissaient hautement les invités !

Le couple Talabot séjourna plusieurs mois et en différentes époques en Russie[2], notamment à Saint-Pétersbourg où il fut reçu chez ses amis M. et Mme Raffalovich[3]. Marie n'y apprit pas la langue, mais connaissait toutefois quelques mots, ce qui lui permettait de se guider en ville et de faire ses emplettes. Elle rapporta de ce pays de très belles pièces d'orfèvrerie et de broderie. Auprès de son illustre époux, elle y approcha l'empereur de Russie, Alexandre II[4]. Subjugué par sa haute compétence et ses projets sur les chemins de fer, le monarque estimait particulièrement l'ingénieur français.

Le cocher de Saint-Sulpice

L'église Saint-Sulpice, située dans le 6e arrondissement de Paris, attirait les foules depuis qu'un excellent prédicateur, l'abbé André Hamon[1], y haranguait ses fidèles. Du haut de cette chaire, où prêchait autrefois avec tant de conviction le jeune abbé aveyronnais Denis Frayssinous[2], à son tour l'abbé Hamon subjuguait littéralement ses ouailles. Dès sa nomination à la tête de cette paroisse, en 1851, il fit sensation par son éloquence et la fréquence de ses sermons. On aimait y goûter la forme piquante et originale que prenaient ses discours. Son style imagé et très didactique saisissait vivement l'esprit de son auditoire. On y voyait des savants, des étudiants, des hommes de lettres, des évêques, des professeurs, mais encore des gens de toutes les classes.

Les Talabot appréciaient l'église Saint-Sulpice car elle était « la plus grande et la plus décorée des églises de style jésuite ». Amateurs d'art, ils avaient suivi avec attention les finitions que leur ami le peintre Eugène Delacroix apportait sur ses admirables fresques. Ils avaient encore assisté à la construction des immenses orgues sur lesquelles, durant cinq ans, Cavaillé-Coll[3] exerça son rare talent de facteur d'orgues. Amateur de « techniques », l'ingénieur Talabot suivit passionnément cette remarquable édification. Le jour de l'inauguration de l'instrument[4], ils étaient présents avec leurs amis les Le Verrier et les compositeurs et organistes César Franck, Camille Saint-Saëns et Georges Schmitt.

Pour ses déplacements à travers Paris, Marie avait l'habitude de prendre le même cocher[1]. Or, un jour, alors qu'elle revenait d'écouter le prêche talentueux de l'abbé Hamon, elle oublia son livre de messe sur la banquette de la voiture. Le cocher le trouva, le consulta et découvrit à l'intérieur quelques images pieuses au dos desquelles était inscrit à l'encre : « Souvenir de ma confirmation à Saint-Geniez-d'Olt. Dimanche 5 mai 1833, Marie-Anne Savy. » Le cocher, originaire du canton de Saint-Geniez-d'Olt[2], fit immédiatement le rapprochement entre la propriétaire du livre et sa cliente. Il avait effectivement eu vent de la rumeur qui l'avait classée autrefois dans la catégorie des demi-mondaines. Quelques jours après cet oubli, alors que Marie faisait à nouveau appel à ses services, le cocher lui rendit son bien avec un certain mépris, lui rappelant son origine modeste et le parcours sulfureux qui l'avait amenée à tant de richesses. Il évoqua encore les événements injurieux qu'elle avait subis au sortir de cette fameuse messe à Saint-Geniez-d'Olt.

Les paroles du cocher furent plutôt blessantes. Surprise d'une telle inconvenance, le sang de Marie ne fit qu'un tour : les insultes en pleine face ne lui convenaient vraiment pas ! Il ne lui manqua ni la vivacité d'esprit ni les mots percutants pour remettre à sa place le cocher maladroit et impoli. En quelques phrases sèches et bien senties, elle le congédia sur-le-champ, lui précisant que désormais elle ne ferait plus appel à lui[3] !

XVIII

Marie, mécène des artistes

Un site exceptionnel

SAISON APRÈS SAISON, le parc du Roucas Blanc devint une architecture de verdure savamment réfléchie dont la conception révélait une prouesse d'intelligence. Invités par les Talabot, l'abbé Faudet et Joseph Decaisne[1], professeur de culture au Muséum de Paris – qui justement travaillait à la publication d'un *Traité général de botanique* –, furent d'excellent conseil sur le choix des végétaux. En compagnie de Paulin, ils avaient passé des jours à étudier le sol, la disposition, l'orientation et l'assemblage parfait des plantes entre elles. Ils avaient créé des lieux quasi sauvages, implanté des rhododendrons géants, des herbes folles qui se faisaient décoiffer par la brise marine, des plantes rares et parfumées dont les senteurs se mêlaient à l'éclat des fleurs. Ils avaient façonné un « jardin australien » où s'épanouissaient différentes espèces de mimosas qui coloraient les sentiers et dont les fragrances enivraient le promeneur. Ils avaient planté de magnifiques dragonniers, eucalyptus, orangers, citronniers qui, à leur tour, développaient leurs parfums dont la réputation était de transmettre la bonne humeur ! Ils avaient établi un potager d'herbes aromatiques qui déclinait les saveurs du Midi. Les légumes rares y foisonnaient pour le plaisir du visiteur qui se réjouissait ensuite de les retrouver dans son assiette.

Peu à peu, ces jardins devinrent des véritables lieux de sciences, pleins de savoirs et de délicatesses où la passion se cachait derrière la patience, où succédaient, à des lieux poétiques propices à la méditation, des abricotiers, des vignes et des lavandes, où les endroits rares distillaient un parfum subtil et sauvage, en tout cas inoubliable ! Le peintre marseillais Léopold Durangel[1] montait de temps en temps à la bastide avec son ami Paul Cézanne[2], bourgeois farouche, véritable loup solitaire. N'ayant pas besoin d'argent, et ne recherchant donc pas d'acheteurs pour ses toiles, Cézanne se consacrait purement à son art. Pratiquant la peinture en plein air, tous deux avaient trouvé, sur ces hauteurs à présent ombragées, des panoramas sublimes et le calme qui leur convenait. Durangel avait écrit au dos de l'une de ses œuvres[3] offerte aux Talabot :

« Du Bastidon de la blanche montagne
Seraient jaloux même les dieux
Car un tel Bastidon, à lui seul, vaut bien mieux
Que tous les châteaux en Espagne ! »

Marie décrivait le parc du château avec amour, lyrisme, voire fierté, dans les lettres qu'elle adressait à ses amis, faisant parfois allusion « aux cascades, petits lacs et ruisselets qui couraient sur le Roucas » et que son mari avait aménagés à grands frais. « Je crois que je ne me lasserai jamais d'observer cette mer somptueuse qui s'étale au pied du Roucas et qui vient baigner doucement la côte frisée... », écrivait-elle à Mme Palangié.

Les Talabot ouvraient volontiers les portes du Roucas Blanc et les grilles de leur jardin, une manière de faire partager leur goût atavique pour l'art et la botanique. Un biographe soulignait : « Dans ces lieux magiques, l'on pouvait y apprendre, outre la botanique, à estimer le travail que donne la fortune, et de plus, pour peu qu'on ait l'honneur de causer avec le maître de la maison, on a sous la main un enseignement non moins rare, l'exemple d'un sage qui méprise la fortune alors même qu'elle est le fruit de son travail[1]... »

Au château du Roucas Blanc, les Talabot recevaient traditionnellement dans leur grand salon du rez-de-chaussée, éclairé par trois grandes portes-fenêtres qui s'ouvraient sur un immense perron dominant la mer. Des plantes vertes, des fleurs égayaient encore cet espace douillet regorgeant de canapés, de fauteuils et autres confidents.

Dans ce lieu paisible, on y servait d'excellents menus, et jamais Marie ne se révéla autant qu'à la table du Roucas, quand prenaient place, en face d'elle, des invités de prédilection. Après le repas du milieu de la journée, les hôtes portaient leurs pas vers les jardins successifs, s'égaraient parmi les sentiers bordés de fleurs, découvrant les raretés botaniques, les collections végétales venues des quatre coins du monde et que commentait avec passion et compétence le maître des lieux.

En fin d'après-midi, lorsqu'il ne faisait pas trop chaud, Marie ouvrait une élégante ombrelle à manche de cornaline et à pomme d'argent ciselée que lui avait offerte Paulin lors d'un retour d'Autriche. Par ce geste, elle donnait ainsi le signal d'une autre promenade, mais celle-ci exclusivement réservée aux dames et jeunes filles. Elles descendaient alors en cortège le chemin abrupt qui menait directement au bas de la corniche, jusqu'au bord de la mer.

En d'autres moments, la maîtresse de maison se penchait sur un ouvrage de broderie ou de tapisserie, et les autres femmes, assises autour d'elle, se livraient, elles aussi, à quelques travaux d'aiguilles. On discutait, on lisait le courrier, on s'occupait de choses insignifiantes. Pendant ce temps, des messieurs très élégants, des savants un peu dépassés hors de leurs cabinets d'études, des auteurs célèbres, des artistes illuminés jetaient un coup d'œil sur les gazettes et, lorsque la séance au salon était terminée, ils quittaient leurs habits, endossaient leurs vêtements de fumoir et se retrouvaient, entre hommes, en une salle réservée et enfumée où, gravement, ils refaisaient le monde. Après le dîner, et suivant le désir des invités, on se mettait à « polker, à valser, à quadriller », ou bien on se prêtait de bonne grâce à des jeux innocents. On jouait au furet, aux devinettes et, parfois, autour de la table ronde, on s'adonnait à la « klecksographie[1] ». Il s'agissait d'un art que Victor Hugo pratiquait régulièrement. La puérilité des temps avait amplifié cette distraction nouvelle : en pliant une feuille de papier sur des taches fraîches d'encre, on obtenait en les écrasant, mille fantasmagories que l'on appelait « les dessins du démon ».

Paulin n'aimait guère ce tapage et se retirait assez tôt, bien avant minuit, laissant à qui le voulait la liberté de suivre ou non son exemple. « Elle est l'élégance, lui l'impatience », disait-on dans ses salons où l'ingénieur bien souvent s'ennuyait. Peu mondain, ce n'était que dans la sphère privée qu'il exerçait un humour dévastateur. Quant aux veilleurs intrépides, ils passaient encore de longs moments au fumoir, alors que les femmes, assemblées en comité particulier, rejoignaient peu à peu leurs chambres.

Pour sa part, Marie appréciait souverainement ces soirées où hommes et femmes se retrouvaient au cours d'un dîner ou de causeries parfois très éclectiques. Mais en son absence, la bastide du Roucas Blanc se confondait volontiers avec les antiques thébaïdes, offrant un petit air monastique. Les éclats de rire, le chahut des hôtes, les chants des poètes n'étaient plus là pour animer ces lieux exceptionnels. Alors, tout devenait calme et reposant. Le choc de la mer sur les rochers, le cri perçant des mouettes remontaient jusqu'au château et se mêlaient à ceux des oiseaux cachés dans les massifs.

Le refuge du Roucas Blanc

Alors qu'elle n'avait pas encore atteint ses vingt ans, qu'elle était au service de son patron, l'ingénieur Paulin Talabot, et qu'elle portait le nom de Marie-Anne Savy, Marie avait approché les premiers balbutiements de l'art grâce aux précieuses connaissances de l'architecte Charles Durand. Dans l'ambiance historique des demeures séculaires nîmoises, le vieil architecte avait alors allumé une flamme discrète mais vive dans l'esprit de la jeune fille. L'antique cité offrait en effet une multitude de détails artistiques et architecturaux que la petite bonne des années 1840 découvrit en compagnie de cet homme passionné, véritable maître. Cette flamme ne fit que progresser au contact de Paulin dont les connaissances en ce domaine se révélaient bien élevées.

Deux décennies plus tard, les lieux bucoliques de leur bastide du Roucas Blanc, baignés d'une ambiance poétique et d'une lumière qui envoûtait naturellement les peintres, recevaient une pléiade d'artistes fameux, subjugués par les beautés du site et, bien sûr, attirés par l'accueil chaleureux de Marie Talabot. Toutes ces personnes, au talent très éclectique, ne pouvaient que laisser une empreinte indélébile dans le cœur de la maîtresse des lieux, qui aspirait toujours à connaître et à vivre une alchimie particulière, quelque chose de vibrant, d'émotionnel. Elle y favorisait « les moments magiques de l'art ». Elle aimait s'entourer de ces « hors-la-loi » qui échappaient à la classification mondaine et que le « monde bien né » n'acceptait qu'en hésitant. Un grand nombre devinrent amis des Talabot et, bien sûr, heureux de l'être ! Marie cherchait à établir un dialogue intime et onirique entre ces artistes et son beau jardin d'où émanaient une réelle sensibilité et une grande douceur.

Marie rencontrait ces jeunes gens dans les salons artistiques parisiens ou marseillais. S'ils faisaient preuve d'une volonté réelle, s'ils possédaient cette fibre unique, cette flamme particulière qu'elle détectait à la première rencontre, alors elle les conviait avec bonheur en sa bastide méridionale. Généreux, les Talabot cherchaient à donner une part de chance à certains de leurs protégés. Ils étaient ainsi nombreux à gravir les chemins du Roucas Blanc pour affirmer leur philosophie, pour exprimer leurs passions artistiques ou littéraires. Aussi, les résidences des Talabot recelaient-elles une quantité impressionnante d'œuvres d'art, dons de leurs amis ou commandes passées en leurs ateliers. Grâce à ses relations, Marie permit à ces jeunes artistes de se faire connaître et d'approcher d'éventuels clients ou personnages importants de la haute société de l'époque[1]. C'est ainsi qu'un matin de fin d'automne 1872, alors qu'elle recevait en sa bastide l'aquarelliste Jean-Joseph Bonaventure Laurens, qui avait quelques difficultés à vendre ses œuvres, elle le présenta à « une grande dame d'une beauté exceptionnelle » qui n'était autre que la comtesse de Vogüé. L'artiste repartit charmé, non seulement d'avoir déjeuné en si belle compagnie, mais aussi avec une belle commande : « … Mme de Vogüé me commanda cinq ou six aquarelles exécutées et livrées peu de temps après cette rencontre. Au sortir de table, Mme Talabot me présenta un album tout neuf somptueusement relié, et me demanda, comme on dit, de l'étrenner. Je satisfis à cet honneur en crayonnant sur la première page le portrait de son amie[2]… »

Grâce à l'intermédiaire de ses nombreux contacts mondains, Marie permit à ces artistes de participer à des salons et de réussir, car elle savait discerner avec perspicacité les éléments particuliers et rares que l'artiste possède en lui. On voyait en elle une femme expérimentée, ayant le goût des affaires, l'aptitude à les assimiler sinon à les comprendre, un air d'habileté à les exposer, à les débattre. On croyait en elle ! « Sa vie a dû être remplie d'objectifs à atteindre, elle les multiplie en réduisant un maximum la place du doute », nous révèle son analyse graphologique[3].

Les logements de Paris et de province qu'occupaient les Talabot débordaient d'albums emplis de souvenirs, dessins, aquarelles, sanguines, fusains ainsi que des premières photographies qui faisaient alors leurs apparitions. À l'instar de l'aquarelliste Laurens, écrivains et poètes traçaient alors sur ces pages leurs périples, déposaient des mots doux, espiègles, coquins ou sympathiques, des poèmes charmeurs, bien souvent éloges à la maîtresse des lieux.

Tout était prétexte à la poésie dans ces lieux enchanteurs. Des poèmes sensibles y furent écrits durant les longues soirées d'été et la passion des acrostiches occupa bien souvent les invités. L'un de ces derniers, un Anglais dont on ne put connaître le nom, mais certainement un admirateur passionné, peut-être même un amoureux de Marie, lui dédia un jour cet acrostiche délicat et sensible[1], écrit dans la langue de Shakespeare, en s'inspirant de son nom de jeune fille « Mary Savy » :

« *May I now fair dame attempt thy praise*
Pourrai-je belle dame te couvrir d'éloges

Accept my humble ideas infaithful lays.
Accepte mes modestes idées, ma fidélité.

Reserved, I need not be byfaney fir'd
Réservé, je ne peux te dire comme tu me plais
Yet sweet flow my thoughts by thee inspir'd
Mais le doux courant de mes pensées est inspiré par toi

Stayed model of all perfection so complete
Modèle de perfection si complète

Attached, the several graces jointhy meek
Toutes les grâces se réunissent en toi
Verily so good, so lovely, and divinchy fair
Si gentille, si bonne, si belle

You are what many females wish they were.
Tu es ce que beaucoup de femmes espèrent être. »

Sur les hauteurs de sa bastide, Marie chercha à recréer l'ambiance de la Villa Médicis[1], villa éternelle, théâtre d'ombres inondées de lumière où les artistes trouvaient l'inspiration. Le Roucas Blanc devint ainsi un refuge de jeunes artistes au talent prometteur dont elle aimait s'entourer. Pour elle, femme passionnée, ils contribuèrent à son éducation autant qu'elle fit la leur. Énergique, opiniâtre, autoritaire, ils l'ont incitée à être plus tendre, plus douce. « Ils ont bouleversé ma vie, disait-elle, car, chez eux, c'est le cœur qui parle ! »

Dans le parc romantique du Roucas Blanc, éloigné de toute agitation, au cœur de raretés botaniques, des pages de poésie furent écrites, des sculpteurs et des peintres de fleurs excellèrent en leur art et des écrivains y trouvèrent une inspiration étonnante. Ainsi, les hôtes se succédèrent pour la plus grande joie de la maîtresse des lieux : un mouvement perpétuel de personnalités « qui savaient tout et qui ne faisaient rien et ceux qui faisaient tout et qui ne savaient rien ». Mais ces gens apportaient immanquablement le piment nécessaire aux réceptions. D'ailleurs, gourmande de cette diversité, Marie affirmait volontiers : « Tout homme est un monde à part, un monde unique, un monde plus ou moins riche, varié en sentiments, en caractère, en profondeur, en grandeur, en perspectives ! » Cependant, en femme intelligente, elle se méfiait de la duplicité, parfois de la veulerie doublée de fausses adulations dont se rendaient capables certaines personnes. Elle matait alors rapidement les révoltés, coupait les filandreux et supprimait les raseurs avec une aisance magistrale qui étonna toujours son époux. À ce moment-là, son verbe devenait tranchant. Avec elle, les choses avaient le mérite d'être claires !

Les Talabot prirent l'habitude de passer le tiers de l'année en leur bastide marseillaise et s'attachaient à rendre le séjour agréable à leurs hôtes. Aux poètes qui leur rendaient visite, Marie proposait naturellement les chambres s'ouvrant sur les plus belles perspectives du parc, afin que, des fenêtres, ils puissent admirer en rêveurs les guirlandes de jasmin, les cascades de verdure et de roses rouges, les berceaux de pampres de vignes qui cachaient parfois à demi les dieux de marbre blanc.

D'autres poètes chantèrent les merveilles du Roucas Blanc, notamment Victorien Sardou[1] et Auguste Barthélemy[2]... Bien souvent, on y évoqua la bonté et le charme de la « châtelaine Marie », preuve d'une souveraine appréciation ! Ce fut au cours de l'hiver 1860 que Léopold Durangel, en jeune artiste au rare talent, peignit à l'huile un grand portrait de Paulin Talabot que l'on exposa, dans un premier temps, dans les vitrines de Tassy, ensuite au Salon de 1861[3].

Des artistes réputés

Les Talabot recevaient le peintre alsacien Jean-Jacques Henner[4] qui, dès l'âge de vingt-neuf ans, obtint le premier grand prix de Rome. Ils l'avaient connu au cours d'un voyage en Italie alors qu'il travaillait à la Villa Médicis. Paulin et Marie appréciaient hautement ses toiles, notamment les paysages italiens que le peintre rendait avec une sincérité étonnante. *L'œuvre italienne* d'Henner fut en effet non seulement remarquable, mais encore considérable. L'artiste, que Marie appelait toujours « cher maître », aimait la solitude. Il venait goûter quelquefois, lorsqu'il se rendait en Italie, à la quiétude des lieux sur les hauteurs de la bastide méridionale d'où la vue s'étalait au loin. Toute sa vie, le peintre conserva l'habitude de s'isoler dans son travail. D'ailleurs, ses contacts avec Paulin demeuraient uniques tant leurs attitudes de réflexion étaient intenses et calmes. Quelque part, les deux hommes se ressemblaient ! Le maître n'avait de joie qu'à mener dans la paix profonde d'un volontaire isolement son existence intérieure, toute vouée à l'art. Sa porte, close aux profanes, ne s'ouvrait qu'à ses modèles devant lesquels il restait toujours silencieux et à quelques amis de choix qui le comprenaient et à qui son âme se révélait[1]. Paulin et Marie furent de ceux-là.

Réputé comme portraitiste et dessinateur hors pair, Jean-Jacques Henner s'était pris de passion pour la beauté du nu, le plus souvent sur des fonds de paysage. L'artiste célébrait la magnificence de la chair souple, substantielle et lumineuse. Folle de son talent, Marie Talabot fit plusieurs acquisitions de nus aux formes pleines, harmonieuses, aux colorations ivoirées, ambrées ou nacrées dont le peintre détenait le secret. Son œuvre était avant tout un hymne à la beauté de la femme. De là sa gloire, de là surtout l'admiration exaltée des femmes. Marie se sentait fière de l'acquisition de ces chefs-d'œuvre dont elle faisait largement profiter ses amis lors de salons ou de soirées.

Au mois de mai 1881, elle lui écrivit de son logement parisien[2] : « Cher maître, je n'ai pas fermé l'œil de la nuit dans l'impatience d'avoir votre petite femme, une de vos inspirations. Veuillez la remettre au porteur, ainsi que la note de la somme que je dois prendre sur le budget de mes chiffons. À l'avenir, je vais me priver de robes en faveur de vos nudités, sans jamais arriver à vous rétribuer. Il me restera toujours la dette de l'affection, reconnaissance, et admiration que je m'engage à vous payer mieux que personne… »

L'œuvre que Marie avait remarquée dans l'atelier de l'artiste était une figure nue vue de dos qu'elle paya 2 500 francs, somme importante pour l'époque[1].

Plusieurs fois, Paulin et Marie demandèrent à des artistes de peindre leur portrait. Il s'agissait alors d'une mode de se faire représenter sur la toile. En la bastide du Roucas Blanc, un grand portrait en pied, peint à l'huile, représentait Marie, debout, habillée d'une somptueuse robe blanche à rayures dorées. Elle tenait dans sa main droite un éventail, et n'avait pour bijoux qu'un bracelet en forme de serpent et une bague. Sur sa chevelure noire et sur son corsage, des fleurs claires jaillissaient. Le tableau avait été peint par François Schommer[2], autre artiste que les Talabot recevaient chez eux et qui, dès l'âge de vingt-huit ans, obtint le premier prix de Rome.

La duchesse Decazes[3], veuve depuis 1860, assistait régulièrement au salon parisien de Marie. Toutes deux, éprises d'art, fréquentaient un jeune artiste au talent prometteur, Ernest Guilbert[4]. À peine âgé de vingt-deux ans, il exposa pour la première fois au Salon de 1873 et obtint une médaille de troisième classe. Par la suite, il devait sculpter le buste de la duchesse qu'il présenta au Salon de 1876. Suite à la qualité du travail réalisé, Marie décida de confier à ce jeune artiste la réalisation du sien. Et l'année suivante, au mois de mai, le sculpteur présenta le *Buste de madame Talabot* exécuté dans du marbre blanc, auprès d'une autre œuvre magistrale, *Le Caïn maudit,* statue de marbre remarquable.

À n'en pas douter, les Talabot appréciaient l'art statuaire. Au Roucas Blanc, des bustes en terre cuite ou en marbre, des médaillons en plâtre ou en pierre à l'effigie de Paulin et de Marie ornaient les nombreuses pièces[1]. Le couple recevait encore, tant à Marseille qu'à Paris, un jeune sculpteur issu d'une famille d'artistes, Louis-Ernest Barrias[2] qui avait obtenu le grand prix de Rome dès l'âge de vingt-trois ans. Excellent artiste, il fut engagé sur le chantier de l'Opéra de Paris où il produisit de nombreuses œuvres. Il en fut de même pour la décoration du fameux hôtel des Champs-Elysées, « l'hôtel de la Païva », l'une des courtisanes les plus riches, les plus adulées mais aussi les plus haïes de Paris. Ami de Denys Puech[3], autre sculpteur aveyronnais également grand prix de Rome, Barrias devait plus tard travailler avec lui sur l'immense mausolée de Marie Talabot dont il sculptera la colossale statue. Le jeune Barrias réalisa encore un buste de Paulin, en marbre blanc, ainsi que des masques de terre cuite, figures des mythologies grecque et latine. La comtesse de Ricard fit aussi appel à ses services. Il grava, à son effigie, de forts beaux médaillons dont elle était très fière[4] et dont elle décorait les salons de son hôtel particulier de Saint-Geniez-d'Olt.

Le tout jeune et impétueux Charles Durand[5], qui adopta rapidement un nouveau patronyme, Carolus Duran, ainsi qu'il le signait sur ses toiles, avait fait ses études artistiques à Paris puis à Rome, enfin en Espagne. En route pour l'Italie, il s'arrêta quelquefois à la bastide des Talabot dont il aimait le site enchanteur. Il y peignit les portraits de Marie et de ses dames de compagnie dont l'une d'elles, très belle, fit tourner la tête de l'ardent ingénieur et jeta le trouble[1] dans le couple Talabot. Sur ses toiles, l'artiste peignait ses modèles féminins en grandes dames élégantes, en femmes vivantes, fières d'être et de paraître. Il est évident qu'elles jubilaient, autant les unes que les autres, de se faire représenter ainsi.

Pendant des heures et des heures, intarissable, l'artiste peintre parlait, les yeux pétillants de vie, charmant son auditoire très souvent féminin. En échange d'une hospitalité généreuse, Carolus Duran donnait quelques cours de dessin à Marie, mais aussi d'escrime. Sur la terrasse ensoleillée du château, Paulin, les domestiques, les dames de compagnie et tous ceux qui se trouvaient là admiraient la vivacité des deux escrimeurs. De corpulence mince à cette époque, Marie comprenait rapidement les astuces et les règles de ce sport dans lequel elle dépensait toute son énergie.

Homme vif, tant d'allure que d'esprit, Carolus Duran allait se dépenser à cheval sur les bords de mer où il entraînait parfois Paulin et Marie. Après de telles escapades, l'artiste devenait plus calme et excellait alors dans son œuvre[2]. Ce fut au Roucas Blanc qu'il rencontra Mme Raffalovich, la grande amie du savant Claude Bernard. Elle appréciait souverainement son art, devint une bonne cliente et chantait les vertus de l'artiste, à tel point que le savant lui écrivit un jour : « Cette délicatesse n'échappera pas, sans doute, à l'artiste Carolus Duran que vous avez placé ainsi, par anticipation, dans la grande postérité[3]… »

Un enfant de Marseille que nous avons évoqué plus haut, Léopold Durangel[4], gravissait les pentes du Roucas Blanc avec bonheur lorsqu'il ne suivait pas ses cours de peinture aux Beaux-Arts. Chaleureusement accueilli par les Talabot qui l'encourageaient dans ses études, il réalisa des portraits, des allégories, de nombreuses scènes religieuses qu'il exposa régulièrement au Salon parisien dès 1859. Avec une précision exquise, il exécuta un grand portrait de Paulin qu'il présenta au public en 1861. Le journal *L'Illustration*[1] le signala : « Un grand portrait, peint à l'huile par un jeune artiste d'un rare talent, M. Durangel, de M. Paulin Talabot, à qui Marseille doit tant d'œuvres importantes dont cette magnifique ligne de chemin de fer qui la met à quelques heures de Paris… » En effet, Durangel présenta sa toile sous le titre de « Paulin Talabot, directeur général des Chemins de fer de Paris à la Méditerranée. » Cet artiste, dont le style scrupuleux et précis était orienté vers la recherche de la vérité optimale, enthousiasmait l'épouse de l'ingénieur.

Le Salon des Refusés

Dans cette seconde moitié du XIXe siècle, alors que le romantisme s'essoufflait, de nombreux jeunes talents surgissaient en une prodigieuse effervescence, voire ostentation, ce que l'on considéra comme une provocation intolérable dans les milieux académiques. Ceux-ci voulurent rectifier cette situation en leur limitant l'accès aux expositions officielles. Mais, suite à une extrême sévérité du jury au Salon de 1863, un scandale agita les milieux artistiques de la capitale car l'on ne voulut accepter les œuvres de ces jeunes peintres à tendance réaliste et impressionniste. Cette sélection excessive entraîna des révoltes, à tel point que l'empereur dut intervenir en personne. Il autorisa que, en marge du Salon officiel, puissent être exposées, dans une salle limitrophe, les œuvres non retenues. Ainsi naquit le « Salon des Refusés » qui regroupa un nombre impressionnant de toiles que le jury n'avait pas estimées dignes de la consécration officielle.

Dans un esprit de dérision, on organisa cette exposition d'une façon pernicieuse, mélangeant délibérément les œuvres les plus médiocres à d'autres de meilleures factures, cela dans le but de réduire à néant cette initiative. Les critiques fusèrent, notamment de la part du jury officiel et plus généralement des cercles académiques. Mais le résultat fut tout autre ! Attirée par le scandale, une foule énorme visita le Salon. Parmi les œuvres présentées, l'une attira particulièrement l'attention des visiteurs, le fameux *Déjeuner sur l'herbe* d'Édouard Manet[1] qui déclencha l'une des polémiques les plus violentes de l'époque. « Quelle indécence, disait-on, une femme sans le moindre voile entre deux hommes habillés ! » À vrai dire, dans cette période victorienne, il en fallait bien peu pour choquer les défenseurs de la morale puritaine. Lorsque James Whistler[2] exposa *La Jeune Fille en blanc,* toile représentant une jeune fille à la chevelure dénouée, une nouvelle indignation ressurgit dans les rangs de ces ultra-protecteurs de la vertu, car, pour ces bien-pensants, il s'agissait d'une atteinte indéniable à la pudeur des demoiselles…

Annonçant l'impressionnisme, et donc en avance sur son temps, cette toile avait été refusée au Salon officiel. Présentée dans ce nouveau cadre, elle choqua profondément et provoqua de fortes dissensions entre les artistes classiques et les nouveaux qui furent très nombreux à être recalés au Salon de 1863. À l'instar de Manet, certains amis des Talabot furent blessés par les sarcasmes violents et subirent les railleries du public et l'attaque virulente des critiques[1]. Ainsi, Paul Cézanne, dégoûté par l'attitude de certains, préféra se retirer dans sa ville natale d'Aix-en-Provence. En « son » Midi, loin des critiques, il rechercha à atteindre, mais sans grand espoir d'arriver à se faire comprendre, une dimension particulière dans la discipline qu'il s'était assignée. Son travail permit d'ouvrir la voie au cubisme[2].

Par son caractère entier, Marie ne pouvait souffrir les sous-entendus égrillards qui cherchaient à annihiler le sentiment de liberté, le talent et la valeur des artistes. En femme moderne, libre et émancipée, elle combattit une nouvelle fois ceux qui mettaient un frein aux tendances progressistes. Mécène des jeunes talents, elle ne cherchait qu'à les encourager et se faisait allégrement protectrice de leur modernité face à l'académisme. Par ailleurs, et sur un autre plan, elle considérait le nu comme un sujet absolument classique et qui pouvait se prêter à toutes les audaces, comme le firent Manet, Cézanne, Degas, Henner et bien d'autres artistes qu'elle fréquentait. Elle concevait l'art du nu sur la toile avec autant de bonheur qu'elle en accordait pour les clichés photographiques. Cependant, il n'en demeura pas moins que Marie concéda toujours une grande valeur à l'héritage humaniste de la peinture académique. Plus tard, lorsqu'elle revendra l'immeuble de la rue Volney, Marie, alors veuve, liquidera à l'hôtel Drouot vingt-quatre tableaux de maîtres dont un Breughel[3]. Mais elle en conservera un grand nombre pour ses résidences provinciales, notamment les belles aquarelles de Jean-Joseph Bonaventure Laurens sur lesquelles elle semble figurer avec ses amis[4].

XIX

Les Talabot, un couple apprécié

Chère maman Talabot

DEPUIS QU'ILS AVAIENT FAIT ÉDIFIER leur bastide marseillaise, les Talabot recevaient fréquemment les Le Verrier, mais surtout leur fille, Lucile, qu'ils considéraient comme l'enfant qu'ils n'avaient pas eu. Leurs chers amis de la région limousine, Mme Léonie Gavarni et son fils, Pierre-Auguste, laissaient également leur verte campagne pour le soleil du Midi. Ces trois familles se suivaient habituellement et se retrouvaient soit à Paris, rue de Rivoli, soit dans leurs propriétés du pays limousin, soit à Marseille.

Au fil de ses correspondances, Lucile Le Verrier, vive et intelligente jeune fille de seize ans, donnait un aperçu de l'ambiance, haute en valeurs humaines, qui se dégageait au sein de la bastide. Dans une lettre adressée à Mme Gavarni, qui se trouvait alors à Limoges, Lucile précisait : « Je m'y trouve bien au Roucas Blanc. Je ne parle pas du bien-être matériel, qui compte pourtant un peu, mais du bien-être du cœur. » Quelques jours plus tard, une autre lettre destinée à Marie Talabot, qui avait rejoint Paris, donne une idée de la tendresse que Lucile témoignait à Marie : « Chère maman Talabot[1], je pense à vous qui m'avez affreusement gâtée et que j'aime comme ce n'est pas possible... Je vous étouffe de baisers... » Sur une autre lettre, la jeune fille qui venait de quitter leur bastide se présente comme le « bébé » des Talabot : « Vous demandez, chère maman Talabot, ce que devient votre bébé ? Le bébé pense à la route du Roucas qu'il a descendu en pleurant et qu'il remonterait avec force sourires[2]... » Enfin, sur de nombreuses lettres destinées à ses amies, Lucile notait fréquemment : « Les Talabot sont si bons... » ou bien : « Madame Talabot est la bonté même[3]. »

Lucile lui envoya un jour cette lettre[4] : « Madame et chère maman, je ne peux pas vous aimer davantage parce que je vous aime déjà de toutes mes forces, mais je peux vous dire merci, et je le fais du fond du cœur. C'est d'abord parce que la robe que vous m'avez envoyée est tout à fait charmante, mais c'est surtout parce que vous pensez sans cesse à me gâter, à me faire plaisir, ce qui est mille fois bon à vous... Votre bébé aimant et reconnaissant. » Paulin aussi adorait Lucile qu'il appelait « ma jolie princesse ». Il aimait l'entendre chanter – elle devint d'ailleurs plus tard prima donna. Souvent, l'ingénieur taquinait la jeune fille qui lui rendait affectueusement sa pièce en le traitant de « tyran[5] ». Un véritable amour filial les unissait.

Préférant les cercles restreints d'intimes aux grandes réceptions, Paulin Talabot se plaisait dans la compagnie des jeunes ingénieurs, les interrogeant sur leurs travaux, s'intéressant à leur avenir en leur donnant d'utiles conseils. Dans la vie trépidante qu'il menait, des moments calmes lui étaient absolument nécessaires pour se ressourcer. Alors, dans l'ambiance monacale de son cabinet de travail, il goûtait voluptueusement au silence. Homme des emportements et des décisions brusques et rapides, Talabot pouvait aussi bien dévoiler un caractère d'une humanité profonde. Derrière ce bloc de granit, la personnalité de l'homme était infiniment plus complexe. Sensible, fin psychologue, il devinait rapidement à qui il avait affaire. Même Marie se perdait parfois dans ce labyrinthe, et fut souvent désarçonnée par son tempérament subtil, doux et violent à la fois. Cependant, l'un comme l'autre possédaient un caractère fort et opiniâtre. Ils ne maintenaient leur entente que par l'amour qu'ils se portaient mais aussi par une certaine liberté individuelle qu'ils s'octroyaient.

Homme autoritaire et bourru, mais bon comme le pain, Paulin était apprécié autant par ses employés que par les ouvriers qui travaillaient au PLM sous sa direction. Pour eux, dès 1856, il avait créé une institution du type caisse de retraite, propre à la Compagnie PLM et gérée par elle.

Les Talabot respectaient leurs employés. D'ailleurs, en tant que saint-simonien, Paulin témoignait d'une foi inébranlable en la nature humaine. Marie maintenait une délicatesse affichée vis-à-vis de ses domestiques, délicatesse d'ailleurs fort appréciée par eux. Ayant vécu la situation de bonne à tout faire et de femme de chambre, Marie comprenait et pouvait se mettre à la place de celles qui la servaient. Elle n'oublia jamais cette partie de sa vie. Et, si elle respectait certains protocoles du monde, en ses appartements, que ce soit à Paris, à Marseille ou en pays limousin, elle ne sonnait que très peu son personnel et préférait se lever et rencontrer la personne afin de donner verbalement un ordre. La maîtresse des lieux trouvait cela plus simple, plus humain et plus élégant que les pratiques soulignées de commandement et d'autorité des classes parvenues et autoritaires.

En revanche, Marie exigeait davantage de ses dames de compagnie qui devaient être irréprochables vis-à-vis du monde qu'elle recevait. L'une d'entre elles, Mlle Anna Ferlat, dotée d'une certaine culture mais aussi d'un caractère entier, quelquefois agressif, resta cependant longtemps à son service. Marie écrivit un jour à son amie Louise Colet : « J'ai toujours Mlle Ferlat, qui n'est pas commode, mais qui sait l'anglais et certaines autres choses. Chez les femmes c'est rare[1]... » Il arrivait, en effet, que de retentissantes altercations opposent les deux femmes, pour des broutilles certes, mais qui apportaient un froid dans l'entourage. Ces « prises de bec » ne devaient vraisemblablement pas être bien graves puisque une réconciliation s'ensuivait...

La bienveillance, le dévouement, la générosité caractérisaient indéniablement Marie Talabot. Certes, elle possédait un caractère assez difficile. Certains témoignages, au demeurant assez rares, issus notamment de la famille de son mari[2], la classent comme une femme au caractère parfois exécrable. D'aucuns affirmaient qu'elle était capricieuse et ne se laissait jamais surprendre : « Même lorsqu'elle avait gagné, elle restait sans pitié ! » Cependant Marie n'était pas rancunière et pardonnait assez facilement. Et son combat pour la charité envers les plus démunis n'était pas une légende !

La paroisse Saint-Cassien

Dès la construction de leur bastide sur le rocher blanc, les Talabot s'impliquèrent dans la vie associative de Marseille. Ils adhérèrent à leur nouvelle paroisse Saint-Cassien et à sa petite église qui venait d'être édifiée au fond de la pittoresque vallée du vallon de l'Oriol, non loin de la mer. Bâtisse chaleureuse, construite dans un style néo-roman très soigné, agrémentée de dix chapelles latérales, la décoration intérieure n'était pas terminée lorsque l'évêque de Marseille, Mgr de Mazenod[1], l'inaugura au cours de l'été 1854. On fit donc appel aux familles les plus fortunées de la paroisse dont certaines offrirent la décoration des chapelles et d'autres les vitraux. Sur certains de ceux-ci on multiplia les références aux sarcophages de l'abbaye de Saint-Victor, considérée traditionnellement comme fondée par Jean Cassien.

Tout autour, correspondant aux dix chapelles, dix grands vitraux représentent des personnages célestes. Le premier, à droite en entrant, porte l'effigie du pape Urbain V et, au bas, une inscription : « Don de Mme Marie Talabot. » Tous les autres vitraux portent également le nom des personnes qui les ont offerts[2]. Il semble que plusieurs raisons incitèrent Marie à choisir Urbain V. D'abord parce que le souverain pontife était originaire du Gévaudan, province jouxtant le Rouergue[3]. Ensuite parce qu'il fit sa profession monastique à l'abbaye de Saint-Victor, tout proche de Saint-Cassien. Mais encore parce qu'il était dans l'air du temps de béatifier ce pape[4], qui le fut en effet peu de temps après, le 10 mars 1870. Urbain V, fin lettré, attentif aux misères du monde, généreux envers les malades, les enfants, les pauvres, fut aussi le premier pape humaniste. Le cursus de sa vie, son attitude durent naturellement plaire à Marie Talabot et, vraisemblablement, l'influencèrent.

Les Talabot reçurent à leur table Mgr de Mazenod qu'ils avaient déjà approché lors de la fameuse bénédiction des locomotives en gare de Marseille en 1848. Très proche du peuple marseillais, le prélat encouragea les œuvres de charité et l'éducation des enfants, mais fut aussi un grand bâtisseur. Il ouvrit notamment le chantier colossal de Notre-Dame de la Garde et fit construire une nouvelle cathédrale. Les Talabot le fréquentèrent peu de temps car il mourut en 1861, laissant l'empreinte d'une profonde humanité[1]. Les Marseillais regrettèrent cet homme de bien qui fut canonisé par le pape Jean-Paul II en 1995.

En hommage au bon prélat et en accord avec ses principes, Marie développa considérablement son zèle vis-à-vis du monde souffrant. Elle donna le meilleur d'elle-même, notamment auprès des orphelinats de la ville[2] qui, par suite des différentes épidémies de choléra, se trouvaient totalement submergés par la demande.

Bienfaiteurs de leur paroisse, mécènes des œuvres de jeunesse, les Talabot ouvrirent encore le parc de leur château pour des fêtes religieuses, notamment pour les Fêtes-Dieu[3]. Du bas de la corniche au sommet du Roucas Blanc, on érigeait de charmantes et petites chapelles éphémères que l'on fleurissait à profusion. À cette occasion, Marie entraînait dans son sillage tous les domestiques et employés du château afin de prêter main-forte aux bénévoles de la paroisse. Il s'agissait de fleurir le parcours et d'ériger les petits reposoirs que le prêtre utilisait lors de la procession. Elle était heureuse de participer à ces fêtes paroissiales, qui lui rappelaient celles de son enfance, peut-être les meilleurs moments de sa vie à l'orphelinat de Saint-Geniez-d'Olt où, avec ses camarades, elle parcourait la campagne afin de cueillir d'immenses brassées de fleurs qui allaient bientôt joncher les rues[1]. Marie conservait un bon souvenir de ces moments-là, où l'on oubliait la misère, où tous ceux qui participaient à la procession chantaient à tue-tête le grégorien, où les enfants de chœur jetaient des myriades de pétales embaumés dans les rues de la cité. La beauté et même la magnificence des petits reposoirs, que chaque quartier édifiait avec goût et éclectisme, parfois avec une pointe de jalousie, fascinaient ces enfants de pauvres. Connaissant l'impact de ces choses simples sur leur jeune cœur, Marie souhaitait que les enfants de Saint-Cassien puissent en conserver, comme elle, un excellent souvenir. Dans cette démarche, elle s'impliquait au mieux, et l'on pouvait lui faire confiance ! De plus, à l'issue des cérémonies, un goûter savoureux préparé par la cuisinière du Roucas ravissait les enfants qu'elle accueillait.

Légion d'honneur

Le 13 août 1864, alors qu'il venait d'atteindre ses soixante-cinq ans, Paulin Talabot reçut une nouvelle distinction dans l'ordre de la Légion d'honneur. Promu chevalier en 1838 puis officier en 1855, il se vit attribuer solennellement, « pour ses immenses services rendus à la France, le grade de commandeur de la Légion d'honneur, l'une des distinctions nationales les plus élevées, récompense de mérites éminents acquis au service de la nation à titre civil ».

Marie pouvait être fière de son grand homme ! Chaque fois qu'il recevait une distinction, un honneur particulier, elle organisait une fête. Il s'agissait pour elle d'un moment unique qu'elle goûtait toujours avec joie et amour. Car elle savait très bien que son mari détenait un réel mérite, un mérite reconnu par tous, alors qu'autour d'elle de nombreuses distinctions et décorations n'avaient été qu'usurpées. Elle était fière de lui parce qu'elle était son épouse, parce qu'elle était celle qu'il avait choisie pour partager sa vie, parce qu'elle l'aimait.

En cette occasion, elle convia de nombreux amis tels les Le Verrier, les Rouher, les Magne, les Haussmann, le baron de Rothschild, le baron de la Tombelle, le comte de Lacroix-Laval et leurs épouses... Ces agapes fraternelles, organisées autour de Paulin sous le contrôle attentif de Marie, furent d'une réelle simplicité, mais d'une qualité rare. On multiplia les discours et les bons mots, on salua tour à tour « l'homme des hautes techniques, l'homme d'action, l'homme utile, l'homme brillant ». Marie, elle-même, y alla de son discours[1] :

« Mon cher et illustre mari, les mots qui te sont donnés d'écouter proviennent du fond de nos cœurs respectifs. Chacun souligne ici à sa manière ton ardeur au travail, ce qui a fait de toi ce personnage hors du commun dont je suis fière d'être l'épouse. À ce titre, je peux témoigner de l'opiniâtreté qui t'a caractérisé jusqu'alors, de ta force de caractère qui ne fut pas toujours des plus agréables au sein de notre couple, mais dont j'ai compris la nécessité pour vaincre toutes les difficultés, parfois incommensurables, qui se présentaient à toi, jour après jour, et que tu parvenais à laminer comme les rails de tes chemins de fer.

« Mon cher Paulin, tes plus proches amis sont ici pour toi, pour ce que tu représentes à leurs yeux, pour l'amitié qu'ils te rendent, car celle que tu dispenses a toujours été sincère. Ailleurs, ils sont des milliers qui reconnaissent avec nous ce que tu as fait pour ton pays, une œuvre immense qui te va si bien. »

Cette fête sympathique se déroula dans une atmosphère de mondanité courtoise, d'aimables propos de table, d'anecdotes charmantes contées notamment par la maîtresse des lieux, mais encore par Paulin qui, exceptionnellement, sortit de sa discrétion. Le soir, ce fut un concert agréable que l'on donna en petit comité. L'une des amies des Talabot, la comtesse de la Tombelle[1], excellente et talentueuse pianiste, joua des œuvres de Brahms, Beethoven et Schubert, celles qu'affectionnait justement Paulin.

La statuette

Parmi les personnalités les plus célèbres de son temps, la place qu'occupait désormais l'ingénieur Talabot n'était pas des moindres. À l'instar des plus illustres de son époque, il fut « croqué » par un artiste de talent, un sculpteur de figurines caricaturales, Dantan le Jeune[2]. Marie l'avait approché à plusieurs reprises, notamment chez le « prestidigitateur-inventeur » Robert Houdin, ami très proche du sculpteur.

Très sérieux dans son travail, Paulin possédait cependant un certain humour car, lorsqu'on lui offrit cette statuette, non seulement cela le fit beaucoup rire, mais il en commanda plusieurs à l'artiste qui avait eu l'idée de le représenter ainsi : homme trapu et ventripotent, légèrement voûté et doté d'une grosse tête, l'air sévère et pensif, les cheveux au vent, les sourcils épais et les favoris d'un homme du Second Empire très à la mode. La statuette tenait dans sa main droite une plume d'oie et sous son bras gauche des documents. De plus, suspendue à la cravate, les insignes[1] de commandeur de la Légion d'honneur n'avaient pas été oubliés.

Dantan le Jeune s'attaquait naturellement aux personnalités les plus en vue de l'époque, empruntant à la caricature lithographiée tous ses poncifs, en particulier celui de la « grosse tête ». Un succès foudroyant s'ensuivit en France comme en Angleterre où l'on apprécia beaucoup son humour. On tira les statuettes de l'artiste en de très nombreux exemplaires et l'on en retrouva jusqu'à Los Angeles, Rome, Londres, Minneapolis, Washington... Enfin, un petit musée fut créé afin de rassembler les effigies caricaturales de nombreuses personnalités de l'époque tels Balzac, Haussmann, Rossini, les Goncourt, Baudelaire, Doré, Hugo, Dumas, Talabot et bien d'autres... Il va sans dire qu'il constitua, pour un temps, une attraction originale.

Le sculpteur Dantan aimait bien le couple Talabot. Il s'amusa un jour à reproduire l'effigie de Marie accolée à celle de son époux. Mais celle-ci, paraît-il, n'accepta pas la caricature qui fut détruite dans l'atelier du sculpteur. « Ah non, aurait-elle dit, les hommes d'accord, mais pas les femmes ! Elles souffrent trop facilement des insultes ! »

XX

Affaires, voyages et politique

La deuxième Exposition universelle

FAISANT SUITE À L'EXPOSITION londonienne de 1862, tous les souverains de l'Europe se dirigèrent vers Paris afin d'assister à l'inauguration de la deuxième Exposition universelle française. La capitale devint ainsi « l'auberge du monde », ainsi que le retracèrent plusieurs gazettes. L'essentiel des affaires cessa à l'annonce de cette manifestation. Tout en liesse, Paris ne fut occupé que par son désir de voir, d'admirer de près ou de loin cet extraordinaire palais de l'Industrie, dont la mise en œuvre et l'organisation générale avaient été confiées à un collègue de Paulin Talabot, l'éminent ingénieur des Mines Frédéric Le Play[1].

Saint-simonien, très apprécié de Napoléon III, cet ingénieur, mais aussi sociologue et économiste réputé, s'était intéressé avec Talabot au développement de l'industrie en Europe. Pour sa part, Marie entretenait de bonnes relations avec son épouse et assistait à son salon de la place Saint-Sulpice. Toutes deux sentaient le besoin de se dévouer pour les autres et recherchaient naturellement la paix sociale. Auprès de leurs époux, elles visitaient avec un réel bonheur toutes les expositions qui se présentaient, mais affichaient un intérêt plus particulier pour celles de Londres. Les Talabot invitèrent à cette deuxième Exposition parisienne des amis de toutes parts, notamment du Limousin et du Midi. À l'instar de nombreux Aveyronnais, Edmond Railhac, accompagné de Mme Anaïs Palangié, prirent à Rodez un train spécial, « le train du plaisir », prévu tout spécialement pour cette occasion[1].

Le Champ-de-Mars suffisait à peine pour contenir l'immense bâtiment dans lequel s'étaient groupés quelque 52 200 exposants ! On pouvait y admirer tous les produits de l'activité humaine sous un gigantesque pavillon circulaire[2] de seize hectares.

Dans l'éclectisme remarquable de cette Exposition, la galerie des Machines attira la foule. On y présenta les dernières découvertes scientifiques et les multiples applications de l'électricité, du gaz pour l'éclairage des avenues, de la mécanique, de l'air comprimé et des premiers ascenseurs hydrauliques[3] que l'on utiliserait, quelques années plus tard, sur le chantier de la tour Eiffel. L'empereur et les grands dignitaires, accompagnés des principaux financiers et entrepreneurs de la vie économique du temps, les Rothschild, Pereire, Talabot, Enfantin[4]..., accordèrent un intérêt particulier au chemin de fer.

Cette Exposition laissa le souvenir de réjouissances exceptionnelles[5] qui durèrent sept mois. Les fêtes se succédèrent sans presque discontinuer. Ce ne furent que parades et cavalcades, dans une féerie de lumières, de fleurs, de bannières déployées. Seule ombre qui se manifesta à la cérémonie d'ouverture de l'Exposition, le

1er avril, une manifestation des manufacturiers de Lyon à qui le retour des robes aux formes simples portait préjudice. Ces ouvrières et ouvriers qui se retrouvaient au chômage accueillirent Napoléon III aux cris de « Rendez-nous les crinolines ! ». L'empereur aurait répondu qu'il n'avait pas le pouvoir de régir la mode féminine !

Au cœur de ce prodigieux tourbillon, l'empire brillait de ses derniers feux. Ironie du sort, on y admira les énormes canons, dernières techniques des usines allemandes Krupp qui, dans un avenir assez proche, seraient tournés contre la France…

Marie en Angleterre

Tout au long de sa vie, l'ingénieur Paulin Talabot dut se rendre en Angleterre, un pays qu'il connaissait bien et dont il appréciait l'avancée technologique par rapport à l'ensemble de l'Europe. Il y puisa régulièrement des idées, d'abord sur la constitution puis sur le développement des sociétés de chemin de fer. Enfin sur les matériels innovants que pouvait alors fournir ce pays. Plus tard, ces idées débordèrent largement le cadre français et s'appliquèrent, notamment avec les Rothschild, à la création des premiers réseaux ferroviaires italiens et autrichiens[1].

Outre-Manche, les Talabot rencontraient fréquemment les Stephenson devenus pour eux aussi proches que des frères, « ses grands amis de cœur et de mécanique », comme l'ingénieur aimait le souligner. Lorsque ceux-ci venaient en France, ils étaient accueillis chez eux dans leurs résidences parisiennes ou de province. Marie parlait couramment l'anglais. Auprès de Paulin et des Stephenson, elle avait appris cette langue et conversait avec aisance dans les salons londoniens. Il était d'ailleurs assez rare, pour une femme de cette époque, de parler plusieurs langues, car elle maîtrisait parfaitement l'italien et connaissait encore quelques mots de russe… et le patois s'amusait-elle à dire ! Une démarche qui témoigne encore de l'audace qu'elle eut, comme certaines de ses consœurs, de braver les entraves de son époque.

La plupart du temps, Marie suivait son époux dans ses périples d'outre-Manche où le couple avait tissé un solide réseau amical. Lorsqu'elle était en Angleterre, Marie préférait « la grande saison londonienne », débordante de vie et d'activités diverses. Elle occupait alors un appartement au *Westminster Palace Hotel,* l'un des plus luxueux de Londres. Parfois, avec certains de ses amis anglais, elle se mêlait aux notables qui allaient se promener au parc en victoria ouverte et dûment évasée. Elle aimait ces promenades comme celles qu'elle faisait à Paris, au bois de Boulogne, lorsqu'elle sortait fièrement « sa calèche[1] à huit ressorts, peinte en noir, rechampie rouge et garnie de cuir de la Maison Quin ».

Marie participa à Londres à quelques salons mondains[2]. Elle y rencontra le romancier britannique Charles Dickens, ainsi que le philosophe Hippolyte Taine qui lui évoqua les quartiers pauvres de la ville, emplis d'une faune d'indigents et dévastés par une misère épouvantable. Sensible à la pauvreté, vraisemblablement accablée par les propos bien ciblés de Taine, elle soutint diverses associations[3] anglaises qui œuvraient pour la charité des plus démunis. « Cette Angleterre, devait-elle dire plus tard, est encore plus pauvre que notre France ! »

Après la guerre franco-prussienne, Marie retrouvait parfois à Londres l'une de ses amies italiennes, la comtesse Gilbert de Voisins, alias la fameuse Maria Taglioni[1]. Cette danseuse, pour laquelle on épuisa les épithètes les plus flatteuses, était née à Stockholm d'une mère suédoise et d'un père italien. Elle avait fait ses adieux à la scène en 1847, mais continuait, dans la capitale anglaise, à enseigner la danse aux enfants et aux dames de la haute société. Marie appréciait la comtesse. Discrète, cultivée et très aimable, elle était considérée comme l'une des plus grandes ballerines romantiques de son époque et on l'avait glorifiée de son vivant comme aucune autre danseuse ne le fut. À la fin de sa vie, Maria Taglioni vint habiter Marseille, dans sa villa Rolli, située tout près du Roucas Blanc. Les deux femmes se recevaient, aimaient discuter dans leurs jardins ou sur le bord de mer, fréquentaient parfois le théâtre. Après une carrière éblouissante et internationale, grâce à laquelle elle avait amassé une immense fortune qui fondit entre les mains de spéculateurs, Maria Taglioni s'éteignit cependant à Marseille dans l'oubli et la pauvreté.

Paulin Talabot et la politique

Les manifestations du grand monde ne distrayaient guère Paulin Talabot de sa passion pour l'industrie et l'économie. Autant son épouse s'y complaisait, autant lui-même « fuyait ces commérages », hormis certains salons ou soirées dans lesquels il rencontrait des « personnages intéressants ».

Esprit clairvoyant et sagace, Talabot jouissait d'une honnête considération. Il exerçait son sens des affaires avec un esprit exceptionnel, mais en politique il fut, pour le moins, un personnage moyen. Il s'y lança sans la fougue qui le caractérisa toute sa vie, mais sut cependant donner une impulsion des plus heureuses aux nombreuses questions de travaux publics. Sa haute compétence et ses aptitudes multiples firent de lui un conseiller précieux des grandes commissions. Imprégné des idées anglaises et américaines sur la puissance de l'individualisme, il fut de ceux qui n'attachèrent qu'une importance secondaire aux formes et aux constitutions politiques. D'ailleurs, il était évident pour l'ingénieur que le progrès moral et social résultait davantage du progrès matériel et de l'expansion économique que de l'action politique.

Il entra pour la première fois au conseil général du Gard en juin 1861, puis en mai 1863 « en qualité de député officiel du Gard[1] ». Deux ans plus tard, il devint président de l'Assemblée départementale. L'empereur le nomma alors à toutes les sessions suivantes. Cependant, des difficultés causées par les aléas politiques et son âge avancé s'accumulèrent bientôt. Lorsque, en 1869, il se présenta à nouveau sur la scène publique comme député du Gard – il avait alors soixante-dix ans – des attaques vives inondèrent les gazettes. Du fait qu'il eut autrefois des contacts avec les saint-simoniens, et surtout que son frère Edmond fit partie des purs et durs de cette Église singulière, bien que décédé depuis trente-sept ans, on écrivit à son encontre, dans la presse locale, des pamphlets vexants et agressifs relatifs à cet engagement. Toutefois, certains de ses amis prirent sa défense lorsque des attaques trop virulentes cherchèrent à le blesser. Ainsi le rédacteur du *Courrier du Gard*[2] précisait-il dans ses colonnes : « Les hautes facultés de Paulin Talabot et leurs heureuses applications à l'une des œuvres capitales du génie industriel, les immenses services qu'il a rendus au pays en ont fait, de son vivant, un personnage presque légendaire. Quoi d'étonnant que l'imagination populaire ait grossi sa légende d'un souvenir qui s'appliquait à son frère (mort à Ménilmontant). Jusqu'au dernier moment nous avons cru à cette particularité qui ne diminuait en rien, à nos yeux, le mérite de Paulin Talabot. Mais que penser des gens qui, voulant faire un crime à M. Talabot des opinions philosophiques de sa jeunesse, ont accepté, sans contrôle, un bruit populaire et lui ont hypocritement reproché, à la dernière heure, d'avoir été saint-simonien... »

À l'issue de cette campagne, Talabot fut battu. Il se présenta encore en 1871 dans les Basses-Alpes, puis en 1877 en Haute-Vienne sans aucun résultat. Cette année-là, il présida le Comité conservateur de Limoges, soutenant les candidats du futur président de la République, le maréchal de Mac-Mahon. Comme le souligne Jean Lenoble, « cet homme brillant sera un médiocre politique[1] ». En effet, orateur sans grand talent, Paulin Talabot préférait amplement les actes aux discours. Il le prouva à maintes reprises, notamment au cours de l'été 1868 lorsqu'une grande sécheresse atteignit la ville de Nîmes. Les habitants n'avaient plus d'eau. Il était donc impossible de laver le linge, tous les cours d'eau de la région étant à sec. Le préfet informa Talabot de cette situation pénible. Aussitôt ordonna-t-il de mettre gratuitement 400 places de train par jour à la disposition des habitants de la ville afin qu'ils puissent atteindre le Rhône à Beaucaire[2].

Habitué à l'autorité, avare de ses paroles, ennemi de la contradiction, on comprend que Paulin Talabot n'ait pas été à son aise dans les enceintes législatives. Aussi n'y faisait-il que de rares apparitions. D'ailleurs, ses souvenirs de carrière parlementaire étaient de ceux qu'il n'évoquait pas volontiers[1].

Pour sa part, Marie ne se préoccupait pas de politique et, lorsque le sujet était abordé dans certains salons qu'elle fréquentait, elle conservait une attitude neutre. Défendre l'émancipation de la femme lui convenait davantage. Cependant elle avait horreur de ces gens qui se plaignaient sans arrêt, qui reportaient constamment leur malheur sur les autres, qui étaient incapables de faire un pas volontaire pour un lendemain meilleur. « Aide-toi et le ciel t'aidera », répétait-elle souvent ! Son amie Louise Colet, vindicative, agressive parfois[2], dotée d'un tempérament volcanique, se plaignait à tout bout de champ. À la suite de l'une de ses lettres dans laquelle elle attaquait le gouvernement, Marie lui répondit : « Pourquoi vous en prendre au gouvernement pour le dégoût bien naturel que vous cause le masochisme de notre époque ? Les journalistes, les auteurs me font l'effet de ce monsieur qui, n'hésitant pas à suivre les éventualités du mariage, disait : “Eh bien, si ma femme me fait cocu, je m'en prendrai à mon gouvernement !” C'est ainsi que les chefs d'État en France assurent une étrange responsabilité ! Travaillez à ce joli roman… qui vous fera gagner de l'argent en même temps qu'il permettra à votre vigoureux talent de se montrer sous toutes ses faces. Plus d'invectives contre ce pauvre gouvernement ! J'ai horreur du trouble, des révolutions qui amoindrissent les peuples en ruinant les États. Que les littérateurs cherchent à donner un stimulant à l'esprit en décadence ! Voilà l'œuvre à laquelle ils devraient se vouer sans les encourager à démolir leur gouvernement, leur maison propre[1] ! »

Ainsi Marie n'hésitait pas à dire ce qu'elle pensait, notamment à ses amis, qu'ils s'agissent de personnalités ou non. Franche, directe, sûre d'elle, ses réflexions, comme celles de Paulin du reste, demeuraient nettes. Mais sa fidélité en amitié occupait une place prépondérante, même si les idées politiques de ses proches divergeaient d'avec les siennes.

Inauguration du canal de Suez

Ferdinand de Lesseps et Paulin Talabot, tous deux saint-simoniens, croyaient fermement à la réalisation et surtout à l'utilité incommensurable de la création du canal de Suez. Malgré leurs divergences d'idées, leur concurrence, car même s'ils furent parfois alliés, ils furent aussi rivaux, ils étaient unis par une admiration réciproque, poussés notamment par les perspectives du libre-échange et l'internationalisme commercial[2].

Marie connaissait toute la fougue de son mari, toute l'énergie qu'il pouvait et avait déployé, avec certains amis saint-simoniens, pour la création[3] en novembre 1846 de « la Société d'études pour le canal de Suez ». Cette société avait envoyé une commission d'ingénieurs qui travailla pendant deux années sur l'isthme de Suez, sous la direction de Paul-Adrien Bourdaloue, le fidèle ami de Talabot[4].

Au cours de l'élaboration de ce projet gigantesque, Talabot devait rencontrer un compatriote de Marie, Jean-Joseph Tarayre[5]. Né à Salles-la-Source en Aveyron, il fut le premier concepteur de cette grande idée.

Familier de l'ingénieur Charles Lepère, il avait étudié, en passionné, les restes de l'ancien canal que les pharaons avaient tracé à travers le port de Suez. Robert Taussat[1] précise à cet effet dans *Rodez, un nom, une rue* : « Persuadé qu'il était nécessaire de réveiller l'Égypte, indispensable au nouvel équilibre mondial, et de lui rendre une part de l'éclat qu'elle avait connu trois millénaires plus tôt, Tarayre n'abandonnerait plus le projet qu'il venait de concevoir, celui de réunir les mers orientales et occidentales par le percement d'un canal à travers l'isthme de Suez. »

Dans son projet, Talabot préconisa un canal indirect d'Alexandrie à Suez en passant par Le Caire, dans le but de décupler l'importance commerciale. Pour sa part, son concurrent décrivit un tracé beaucoup plus direct, donc moins onéreux. Finalement, le projet lui fut accordé, ce qui permit d'asseoir la gloire très exclusive de Ferdinand de Lesseps, consul de France à Alexandrie[2]. Il resta au moins à Talabot le mérite, d'abord de ne pas avoir douté de la future réalisation, ensuite d'avoir assisté son fidèle ami Paul-Adrien Bourdaloue, qui fut le premier à reconnaître les niveaux des deux mers, ce qui orientait définitivement les projets. Il est certain que la personnalité étonnante de Ferdinand de Lesseps, son génie de la propagande et ses luttes diplomatiques ont éclipsé à Suez tous les ingénieurs et entrepreneurs qui, réellement, préparèrent et exécutèrent les travaux[3].

Le 19 mai 1855, Lesseps signa son premier acte de concession avec le vice-roi d'Égypte, Saïd Pacha[4], qui venait tout juste d'accéder au trône. Les liens amicaux que Lesseps et le vice-roi tissaient depuis plusieurs années favorisèrent grandement l'aboutissement des transactions, tant politiques que financières. De plus, le khédive bénéficiait d'une excellente réputation à la cour de Napoléon III, et l'impératrice Eugénie était apparentée, par sa mère, aux Lesseps : des conditions idéales pour que ces idées grandioses deviennent enfin réalités !

Reprenant alors à son compte personnel les projets des saint-simoniens, Ferdinand de Lesseps dépensa, à l'instar de Talabot, une énergie hors du commun afin de convaincre les milieux diplomatiques et commerciaux de l'utilité d'une telle entreprise. Destiné à relier la Méditerranée à la mer Rouge, cet ouvrage répondait aux visées impériales en faveur d'une expansion française en Orient.

Le creusement du canal maritime commença officiellement le 25 avril 1859 par un coup de pioche donné par Lesseps lui-même : « Il allait corriger l'œuvre de Dieu ! » Ainsi débuta la tâche de celui qui avait décidé de modifier la physionomie de la terre. Et le 15 novembre 1869 tombèrent les derniers obstacles opposés à la jonction des deux mers. « Par la volonté des hommes, ce canal interocéanique, ouvert aux vaisseaux de toutes les nations, avait, dans le même instant, rapetissé la terre de deux mille lieues[1] ! »

Au cours de l'été de cette même année, le nouveau khédive d'Égypte, Ismaïl Pacha[2], neveu de Saïd Pacha, s'était tout spécialement rendu à Paris afin de convier l'impératrice à l'inauguration du canal. Malgré une période d'intense agitation électorale qui se préparait en France, elle se laissa inviter à une fête sans précédent, sous les regards attentifs de l'Orient et de l'Europe. Cependant, en l'honneur du vice-roi, la souveraine organisa une fête mémorable au château de Saint-Cloud avec théâtre, feu d'artifice, bal et illumination « à la lumière électrique » des jardins. Les Talabot, ainsi que leur ami Urbain Le Verrier et sa fille Lucile, y furent conviés. Mme Le Verrier ne put venir car souffrante. La jeune fille, qui n'avait pas seize ans, devait noter ce jour-là sur son cahier intime[1] : « L'impératrice nous a aimablement demandé des nouvelles de maman », preuve d'un contact assez intime avec les souverains.

Dans les salons, on ne parlait plus que du vice-roi d'Égypte qui visitait Paris, et l'on rapportait évidemment les propos qu'il tenait au sujet des femmes[2] : « En Europe, disait-il, la femme est un objet de culte, au moins quand elle est jeune et belle. Chez nous, elle n'est qu'un objet de luxe. Nous avons des harems, comme vous avez des écuries ou des chenils. L'Européenne, j'en conviens, est supérieure à l'Orientale. Affaire d'éducation. La première des Européennes, c'est la Française, et au-dessus de toutes les Françaises, il y a la Parisienne… »

Les fêtes mondaines de Suez rassemblèrent des milliers d'invités[3] dont firent partie les Talabot. Ainsi, début octobre, traversaient-ils le Bosphore sous un beau soleil inondant un panorama sublime que Marie devait décrire avec lyrisme : « … ma vue plongeait avec volupté dans la lumière divine de Constantinople. Que de beautés ! En approchant des côtes, je commençais déjà à goûter aux clameurs orientales, à cet ensemble étrange, magique et fascinant des bruits de cette ville qui s'approchaient doucement, comme à pas de loup, et que l'on distinguait aisément entre tous les bruits de la terre. Tout cela m'émeut et me touche au plus profond de mon être[4]… »

À Suez, Marie retrouva son amie Louise Colet, qui avait été envoyée par le journal progressiste *Le Siècle* afin de couvrir l'événement. Boudée par ses collègues, elle était partie seule, se faisant accepter dans un groupe qui se rendait justement à Suez pour cette inauguration exceptionnelle. De son périple, Louise devait ramener une multitude de notes[1] et de réflexions fort intéressantes sur le mode de vie des Égyptiens, la religion, l'art, les beautés fabuleuses des sites...

Prises en charge financièrement par le khédive Ismaïl Pacha, ces fêtes se déroulèrent dans l'isthme de Suez du 17 au 20 novembre 1869. Dans un luxe rappelant les magnificences de Cléopâtre, la tribune officielle où siégeaient le khédive et l'impératrice Eugénie recevait de nombreuses altesses, des dignitaires et sommités du pouvoir, notamment l'empereur d'Autriche, François-Joseph, que Paulin Talabot connaissait en personne.

Dès le 17 novembre, une messe et un office musulman furent célébrés de part et d'autre de cette tribune. Le lendemain, dans le faste des cérémonies officielles, dans l'éclat des toilettes somptueuses et des uniformes chamarrés, un opulent buffet fut offert aux six mille invités du khédive qui, pour mener à bien cette gigantesque invitation, n'hésita pas à employer quelque cinq cents cuisiniers et mille serviteurs venus de partout et notamment de Marseille[2].

Malgré sa connaissance du grand monde, Marie fut subjuguée par la qualité, l'organisation et les splendeurs de cette inauguration exceptionnelle. Elle qui aimait la bonne chère – et qui d'ailleurs s'arrondissait régulièrement – nota sur ses tablettes le menu pléthorique que l'on servit et qu'elle tenta de reproduire, en partie seulement et en diverses occasions, sous le titre de « menu de Zeus », faisant, par cette anagramme[3], un clin d'œil à la mythologie grecque.

Les Talabot virent avec une réelle émotion cette œuvre immense qui venait d'être achevée, grâce à une énergie et une volonté uniques dont pouvaient se rendre capables les hommes. Si Vasco de Gama découvrit la route naturelle des Indes, Lesseps donna à l'Occident la voie maritime la plus rapide pour atteindre les marchés asiatiques. Fort de cet éclatant succès, celui-ci se lança, quelques années après, dans l'aventure, plus colossale encore, du percement du canal transocéanique sur l'isthme de Panama. Mais il connut, sur ce terrain, les déboires techniques et financiers que l'on sait, assombris par l'un des plus retentissants scandales politico-financiers du XIXe siècle[1].

Dès son percement, le canal de Suez supplanta la route du Cap et garda, pendant près d'un siècle, le monopole du trafic commercial entre l'Orient et l'Occident.

Le khédive appréciait hautement l'ingénieur Talabot. Il s'adressa à lui quand il fut question de la création d'une ligne de chemin de fer devant atteindre la première cataracte du Nil. « L'homme des techniques » savait jauger un projet avec une sûreté incroyable, et établit, en peu de temps, un rapport sur la question avec des aperçus d'une étonnante justesse[2].

Il convient de souligner que l'action de Paulin Talabot dans le projet du canal de Suez fut immense. À son décès, le chroniqueur du journal *Le Temps*[3] devait préciser dans son article nécrologique : « ... ce ne fut point là un simple rêve, une ambition en quelque sorte idéale ; une société fut constituée, la concession du canal de Suez demandée, les premières études furent faites. Les circonstances ont réservé à M. F. de Lesseps l'honneur de cette création, mais l'histoire associera à ce nom immortel celui de Paulin Talabot. »

XXI

La guerre de 1870

Deux femmes combatives

Ainsi passa le Second Empire, époque heureuse pour la bourgeoisie et qui devint le théâtre fastueux de fêtes éclatantes, de galanterie, de beautés, de passions mais aussi de vices d'une civilisation raffinée parfois jusqu'à la dépravation.

Dans les salons somptueux des hôtels particuliers, dans les restaurants à la mode ou les soirées prestigieuses, les amateurs de plaisirs épuisaient leurs nuits au cours de réceptions brillantes dans le tourbillon troublant « du monde où l'on s'amuse » et où l'on oubliait trop souvent, semble-t-il, les réalités de l'époque. Alors que les ombres tragiques de la guerre imminente se dessinaient, elles ne dérangeaient qu'à peine cet enchaînement de plaisirs. Les opérettes légères d'Offenbach, les valses de Strauss, les bals masqués se dissipèrent bientôt au son grave des canons… Dès le mois de juillet où elle entra en guerre contre la Prusse, et cela jusqu'à la fin de la Commune de Paris, le 28 mai 1871, la France allait connaître de profonds bouleversements.

Les premiers mois de 1870 furent d'une douceur surprenante et le calme le plus complet régnait en France. Mais, dès le printemps, la petite vérole atteignit la ville de Paris. Dans les salons, où la coquetterie était de mise, on décida de se faire vacciner, non par peur de la maladie, mais surtout pour ne pas être défiguré. Dans cette démarche, la belle Marie suivit toutes ces dames dont la crainte d'être enlaidie dépassait amplement la peur de mourir ! Au début du mois de juillet, elle partit en Angleterre pour un mois, accompagnée de son neveu de vingt-cinq ans, Pierre-Auguste Gavarni. Durant son absence, elle laissa sa loge de l'Opéra aux Le Verrier. Ceux-ci profitèrent de l'occasion pour aller écouter *La Muette de Portici,* l'opéra d'Auber. Mais il en fut autrement. Mme Le Verrier devait longtemps conserver ce souvenir qu'elle rappelait fréquemment dans les salons : « On chanta *La Marseillaise* car Faure arriva en brandissant le drapeau tricolore. Alors, toute la salle se leva : il n'y eut ni chœur, ni auditeur, mais seulement des femmes et des hommes baignés dans la même émotion[1] ! »

En ce début d'été, l'empire apparaissait plus solide que jamais après le plébiscite du 8 mai précédent qui avait accordé à l'empereur une majorité de oui. C'est alors que le 13 juillet la fameuse dépêche d'Ems adressée à Bismarck[2] déclencha la guerre qui s'avéra fatale à Napoléon III. En effet, celui-ci n'attendit pas six jours pour déclarer les hostilités à la Prusse. Aussitôt, l'opposition s'indigna, les défaites françaises s'enchaînèrent à un train d'enfer, la Lorraine, l'Alsace, puis une grande partie de la France furent occupées. Les Prussiens atteignirent Paris. Le siège était imminent…

Voyant que la situation se gâtait, Marie et Lucile, en femmes combatives, s'imaginaient volontiers à la place des hommes. Elles tenaient à s'unir au peuple dans ce « Paris désespéré », voulant même participer aux combats ! Afin d'être efficaces en cas d'attaques, elles s'exerçaient au pistolet et au fusil. En effet, les deux intrépides, qui s'étaient fort bien débrouillées pour obtenir le « chassepot », le fusil dernier modèle, s'en allaient régulièrement au bois de Boulogne, accompagnées de leur cocher. Celui-ci, en excellent chasseur, leur donnait quelques conseils utiles sur le maniement des armes. Elles tiraient alors sur des cibles suspendues aux arbres, s'encourageant mutuellement dans cette démarche patriotique. Même si elles se sentaient béotiennes en ce domaine, elles y mettaient toute leur âme « pour en découdre honorablement avec l'ennemi » ! De plus, afin de s'informer au mieux, elles achetèrent la *Théorie du garde national* qui se vendit à quatre-vingt mille exemplaires ! Cet apprentissage des armes dut vraisemblablement plaire à Marie car, par la suite, elle s'adonna à la chasse.

Le 1er septembre, la bataille de Sedan s'engagea et, le lendemain, Napoléon III fit hisser le drapeau blanc sur la citadelle de la ville. Cent mille prisonniers, dont l'empereur lui-même, furent aux mains des Allemands !

À l'aube du 4 septembre, Paris fut soudain éveillé par les cris des vendeurs de journaux : « L'empereur est prisonnier ! » Et sans tarder, les habitants des quartiers excentrés commencèrent à s'agglutiner au cœur de la capitale, noyant la rue de Rivoli, les places du Carrousel et de la Concorde. Le peuple s'amassait progressivement : bourgeois en haut-de-forme, ouvriers en blouse et casquette, gardes en uniforme. Des cris s'élevèrent jusqu'au balcon de la rue de Rivoli d'où se penchait Marie : « Vive la Révolution. Vive la Sociale. À bas Badinguet[1], à bas l'impératrice… » Et les Goncourt de noter dans leur journal du 31 octobre : « Les cris : "vive la Commune !" éclatent sur toute la place et de nouveaux bataillons se précipitent par la rue de Rivoli, suivis d'une voyoucratie vociférante et gesticulante… Pauvre France, tombée au pouvoir de ces baïonnettes inintelligentes[24] ! »

Trachaussade

Paris devenait de plus en plus hostile. C'est alors que Paulin décida de protéger son épouse et ses amis. Il insista fortement et à plusieurs reprises pour que Marie, Mme Le Verrier et Lucile quittent la capitale pour la campagne limousine. Mais les deux femmes, qui s'étaient entraînées au maniement des armes, s'accrochèrent à leurs idées de combattantes et voulurent, à tout prix, « attaquer le Prussien ».

Enfin, après de longues palabres, qui calmèrent quelque peu l'ardeur belliqueuse de ces dames, on décida de rejoindre la gentilhommière de Trachaussade[3], dépendante de la commune de Peyrilhac et située près de Limoges où habitait Mme Léonie Gavarni, veuve depuis quatre ans. En effet, depuis le décès de son mari artiste, Paul-Sulpice Chevallier Gavarni, elle avait quitté Auteuil et s'était installée, dans sa résidence limousine, avec son fils, Pierre-Auguste.

Le samedi 27 août, Marie organisa chez elle, à Paris, un dîner d'adieu[4], un dîner plutôt triste auquel elle convia ses plus proches amis. Elle quitta donc Paris le lendemain, accompagnée de Mme Le Verrier et de Lucile, ne sachant si, à leur retour, elles retrouveraient intacts leurs quartiers... Mais il devenait urgent de partir car bientôt on ne pourrait plus ni entrer ni sortir de la capitale !

Dans la campagne limousine, on suivait avec attention les dépêches qui précisaient l'avancée des armées allemandes. Le 19 septembre, Paris fut assiégé. Le général Trochu[1], gouverneur militaire de Paris, présida le gouvernement de la Défense nationale. Les fortifications imaginées et réalisées par Thiers au cours des années 1840 firent de la capitale une place forte imprenable, donnant de faux espoirs aux Parisiens.

À Trachaussade, la vie s'écoulait tranquille et morose, au rythme automnal de la campagne limousine. Celle-ci, ourlée de châtaigneraies, rappelait à Marie le site de ses premières années au hameau de son enfance. Le soir, auprès de la cheminée, dans la grande pièce qui servait de cuisine et qui s'ouvrait sur le jardin, les femmes s'adonnaient à la couture et à la broderie. On jouait aux charades, aux devinettes et aux échecs. Mais les hôtes de Mme Gavarni, habitués à une vie agitée, s'ennuyèrent assez rapidement. Surtout Marie qui trouvait la région trop calme et à qui les promenades en voiture hippomobile ou les longues marches dans les chemins creux n'apportaient pas assez de vie. Et puis leurs époux restés dans un Paris en guerre, et dont elles ne recevaient aucune nouvelle, leur manquaient.

Enfin, le directeur de l'Observatoire arriva à Trachaussade le 4 septembre et Talabot le 14, ce qui produisit un peu d'animation pour quelques jours, le temps de connaître les piteuses et alarmantes nouvelles de la capitale ! Celles-ci engendrèrent des heures sombres et tristes, maussades comme les brumes et les pluies de la saison d'automne. Les après-midi se traînaient alors dans le vague. Pour emplir le vide de l'ennui, on chantait sans trop y mettre de cœur ; on entretenait quelques distractions simples, des jeux de société, tel le jeu du corbillon, des anagrammes ou encore les exercices innocents de la dictée sous la férule d'un homme de lettres. Parfois, dans la lumière des lampes rabattues sur le tapis vert du billard, on entendait caramboler les boules d'ivoire que poussait adroitement Paulin ou l'un de ses amis. Enfin, le 25 septembre[1], accompagnée de son époux et de la famille Le Verrier, Marie quitta Limoges, en train spécial, pour rejoindre Marseille et son château ensoleillé du Roucas Blanc.

Adultère

Les jardins de la bastide respiraient encore le plein été. Les fleurs embaumaient les moindres sentiers, et la mer, éternellement bleue, faisait oublier les désastres de la guerre. Du moins, pour un temps ! La vie bourgeoise et douillette semblait revenir au château où l'on reprenait allégrement les habitudes depuis peu abandonnées. Les visites de gens oisifs s'intensifiaient. De beaux messieurs, de belles dames gravissaient les pentes du Roucas pour donner des nouvelles du pays mais surtout pour en recevoir. La place de Paulin Talabot dans la société permettait justement de penser qu'il devait être plus informé que tout un chacun.

Habituellement, Marie s'entourait de dames de compagnie qu'elle choisissait parmi les gens de théâtre et de lettres ou dans la meilleure société de Marseille. Parfois, celles-ci passaient plusieurs jours au château.

Durant des heures, on lisait, on jouait du piano ou de la harpe, on allait cueillir des fleurs ou des fruits dans les jardins, on descendait jusqu'à la mer pour se tremper pudiquement les pieds. Mais surtout, il n'était pas question d'aller en ville, Talabot s'y opposait formellement car cela devenait dangereux, « l'on s'y occupait beaucoup plus de la République que des Prussiens » !

Paulin appréciait le charme féminin et, bien sûr, la compagnie des amies de son épouse. Surtout si elles étaient jolies ! Marie n'était pas dupe et savait bien que la place qu'occupait son époux pouvait l'entraîner parfois vers une escapade amoureuse. Dans ce domaine, la nature humaine semblait bien fragile. Elle connaissait « son Paulin » comme personne, et savait très bien que la liberté sexuelle comme l'émancipation des femmes, si bien prônées dans la doctrine saint-simonienne, n'avaient jamais été oubliées par son époux, bien que le mariage soit passé par là ! Après tout, cela ne l'empêchait pas de l'aimer !

Il était facile pour certaines dames de succomber au charme de cet homme ardent et cultivé. Et lorsqu'il était seul durant de longues semaines parfois, sa nature virile reprenait naturellement ses droits. De belles personnes, qu'il rencontra alors sur son chemin, cherchèrent dans ses bras de la tendresse, de l'émotion mais ne trouvèrent certainement pas d'amour, du moins pas celui qu'il réservait à Marie. Celle-ci connaissait le désir et les pulsions qui habitaient généralement les hommes. À cet effet, elle avait une attitude assez large, du moins permissive, dès l'instant où cela se produisait assez loin de chez elle. Grâce à quelques préceptes simples, nés de la bonne raison paysanne, vraisemblablement la plus ancienne des noblesses médiévales et terriennes, Marie dirigeait remarquablement son attelage au milieu des ornières de la vie. Elle savait se défendre contre l'épaisse sottise humaine et les chausse-trapes posées par l'astuce des aigrefins et des jaloux. Elle se souvenait parfaitement des leçons de morale qu'elle avait acquises, il y avait déjà plus de trente ans, lorsqu'elle était bonne chez les Fraissinet de Marseille : ces leçons qui dictaient à la femme ses devoirs envers Dieu et son mari, les domestiques, les pauvres. Elle avait appris également que la femme devait être la gardienne des vertus morales et elle-même n'y avait jamais failli ! Cependant, par honneur, par dignité ou encore par amour, elle supportait l'humeur volage de son époux et la dispersion de ses fantaisies, mais ne voulait rien voir ni savoir !

En ce mois de novembre 1870, quelques-unes des dames de la ville montèrent à la bastide. L'une d'entre elles, qui bien souvent faisait office de dame de compagnie, Caroline Lemarquand[1], langoureuse beauté brune, très jolie et bien faite de sa personne, aimable avec tous, ne laissait guère les hommes indifférents. Marie l'appréciait car elle était toujours vive, souriante, avenante et ouverte. Peut-être un peu trop, comme ce soir-là où, en dépit de la guerre, on dansait au château. Peut-être pour ne pas trop penser au drame qui se déroulait à Paris et dont on ne recevait que de mauvaises nouvelles… Il y avait donc en cette soirée, dans le grand salon, en compagnie des Talabot, les Le Verrier et Lucile, un vieux commandant étranger, des artistes peintres et poètes, plusieurs dames de compagnie ainsi que quelques hommes de la meilleure société marseillaise. À tour de rôle, chacun animait la soirée, tant par des chants que des poèmes, des saynètes ou de la danse.

Caroline, d'humeur assez légère, s'adonnait habituellement au théâtre de salon et adorait s'y présenter sous son meilleur jour. Alors qu'elle dansait divinement, avec grâce et volupté, alors qu'elle virevoltait avec entrain, un pan de sa robe légère s'accrocha aux décors. Dans un craquement, le vêtement s'ouvrit totalement et dévoila ce que la décence ordonnait de cacher…

Bien évidemment cette aventure ravit tous les hommes présents, mais choqua les dames, non par ce qu'elles avaient aperçu, mais plutôt par la désinvolture outrecuidante dont fit preuve la belle Caroline. Celle-ci n'avait pas enfilé – volontairement ou non – sa « précaution », sorte de caleçon que les danseuses devaient naturellement porter !

De concert avec la maîtresse des lieux, les dames présentes ne manquèrent pas de sermonner la jeune femme dont le geste, un peu trop leste, portait atteinte à la morale. Mais les messieurs tempérèrent quelque peu leur jugement en précisant qu'il ne s'agissait là que d'un « malencontreux incident[1] »…

Les choses en restèrent là. Mais, quelques semaines plus tard, peu avant Noël, Caroline, en femme sensuelle et féline, s'approcha de Paulin déjà septuagénaire. Loin d'être insensible à la beauté troublante qui déambulait voluptueusement auprès de lui et offrait littéralement ses bras, Paulin succomba à l'attrait de la jeunesse…

Lorsque Marie se rendit compte de cette liaison, ce fut un coup de tonnerre dans son ciel pur de rêve. Alors sa colère se mit à rouler comme une pluie de galets. Sous le toit du Roucas Blanc, une telle sottise avait donc pu s'accomplir ! Elle avait déjà vu des femmes séduisantes tourner autour de son époux, avec parfois une impudeur provocante, à peine voilée d'un reste de délicatesse mondaine. Mais, autant elle abhorrait les dévergondages dans une pudeur qui était la sienne, autant elle détestait les vices hypocrites. Et Caroline, dont elle avait apprécié les qualités et la confiance, venait de la trahir, là, sous son propre toit et sous ses yeux ! Elle la comparait, à présent, à une comète destructrice qui avait laissé un cratère profond et fumant dans sa vie de couple !

Son altercation avec sa dame de compagnie fut plutôt sonore, et tout le monde en profita. En quelques phrases courtes, assez sèches et directes, la maîtresse des lieux chassa prestement l'impertinente Caroline du Roucas Blanc. La bouillonnante Marie était, pour le moins, déchaînée ! Elle se laissait gagner plus facilement par la colère que par le désespoir, comme si elle pressentait que la rage lui permettrait toujours de trouver une solution à ses problèmes, alors que la tristesse ne pouvait qu'être stérile. Plutôt penaude, Caroline chercha à se justifier, alléguant que les irrégularités conjugales étaient légion autour d'elle et que l'attitude de son propre mari, Cyprien Lemarquand, grand coureur de jupons, lui avait facilité ses premiers pas sur le terrain glissant de la tromperie.

Les soirs suivants, les dames se réunirent en comité restreint, évoquant les conséquences pernicieuses de « l'infidélité », essayant de comprendre les pulsions dévastatrices des hommes et les tentations perfides des femmes. Elles se remémorèrent l'histoire de cette vieille duchesse qui, dans un moment d'abandon, avouait à un ami qu'elle n'avait jamais cessé d'adorer son époux, dont elle était aimée. Malgré son amour, elle avait été tellement attirée par la fièvre de l'inconnu qu'après avoir résisté aux attaques des hommes de cour les plus aimables et les plus galants elle avait un beau soir « mangé un quartier de pomme » avec le clerc d'un procureur : « Le fruit défendu n'est pas meilleur que l'autre, ajoutait-elle, il est même souvent plus amer ;

mais faites donc comprendre cela à celles qui n'y ont pas encore goûté ! »

Quelques jours plus tard, alors que sa colère était tombée, les yeux de Marie s'ouvrirent à la constatation d'une vérité cruelle dont elle avait jusqu'alors reculé l'échéance : elle ne plaisait plus à son époux. Les marques du temps s'inscrivaient déjà dans son corps et le réseau de ses rides racontait à lui seul les années passées ! Elle se sentit alors repoussée dans la sphère tant redoutée de l'âge mûr[1] où la femme, dépouillée de ses grâces juvéniles, cesse d'être la jeune maîtresse. Elle s'aperçut qu'elle n'était plus l'épouse, mais l'associée, qu'elle n'était plus désirée, mais seulement consultée. Ce fut un grave tournant conjugal où elle vit apparaître la dernière phase de sa vie amoureuse, « les années maigres de l'amour »... Amère, elle pensa qu'elle avait offert à Paulin toute sa jeunesse, la plus tendre, la plus douce[2] !

Cependant, son bon sens lui dicta un geste envers Paulin. Certes, elle connaissait ses incartades, mais, en dépit de ses frasques, il demeurait cet être incandescent, exceptionnel et irrésistible. Elle s'aperçut qu'elle était toujours amoureuse de « son grand homme » qui avait fait de sa vie une œuvre immense, et qui l'avait extraite, elle, pauvre fille, de la gangue de misère. Elle n'avait pas le droit d'oublier ! Et elle n'avait pas non plus à accepter qu'une autre femme la supplante, narquoisement, dans sa propre demeure !

La jeune Lucile avait assisté à l'esclandre conjugal. Dans sa pureté juvénile, elle notait sur les pages de son journal intime, en date du 25 décembre 1870 : « Nous n'y retrouverons plus (au Roucas Blanc) la presque dame de compagnie de Mme Talabot, Mme Caroline Lemarquand… Oh, comme je regrette d'avoir été amie avec elle ! Mais je suis trop prête à ouvrir mon cœur. M. Talabot était donc trop ami avec Mme Lemarquand, et la pauvre chère Marie s'en est aperçue dernièrement. Elle a mis Caroline à la porte, mais, comme heureusement pour elle les impressions douloureuses ne durent pas longtemps, elle a vite pardonné à son mari. Tant mieux pour eux, mais… Oh ce doit être si cruel pour une femme dévouée ! Et en même temps, il y a quelque chose de si humiliant à se voir préférer une femme bien inférieure en qualités et en charmes[1]. »

La défaite

Avec les nouvelles de la guerre qui n'annonçaient que des drames, on avait d'autres soucis au château où l'on se tracassait pour des amis retenus dans les fortifications de la capitale. En effet, dès la fin septembre, le commandant en chef prussien, le général Moltke[2], commença à bloquer toutes les issues afin de réduire les deux millions de Parisiens à la famine. Ceux-ci se retrouvèrent prisonniers de leurs murailles. Cependant, Gambetta réussit à quitter la capitale en ballon[3] pour tenter de lever une armée républicaine afin de lutter contre l'ennemi. Mais ce fut un échec. En décembre, Paris n'avait plus ni gaz ni charbon.

La rudesse de l'hiver ajoutée aux bombardements rendirent la situation difficile, puis dramatique lorsque la nourriture vint à manquer. Les enfants et les vieillards, les premiers touchés, tombaient d'épuisement et de malnutrition. On vit nombre de femmes, pliées dans leurs maigres fichus, faisant la queue devant les boulangeries, les boucheries, durant des heures sous la pluie ou la neige, pieds et mains paralysés par le froid. Ailleurs, des femmes se prostituaient, non pour de l'argent, mais pour un morceau de pain. La dureté de la vie touchait de plein fouet les plus faibles. Dans les appartements où tout gelait, y compris les hommes, on se mit à boire pour se réchauffer. L'alcoolisme devint ainsi la plaie du siège de Paris ! On mangea les chevaux, puis l'éléphant et le chameau du jardin des Plantes, puis tous les chiens, les chats, les rats, les moineaux et les corbeaux que l'on pouvait trouver et que la faim faisait savourer avec autant de plaisir que du gibier. « On mange de l'inconnu », écrivait Victor Hugo[1] ! De plus, les soldats, qui traînaient la mort et les maladies à la semelle de leurs souliers, ne se contentaient pas de mourir au front. À leur retour, des épidémies se répandirent un peu partout, augmentant encore la peur et la détresse.

Dans le Midi, la bonne ville de Marseille n'était guère plus calme ! Les républicains locaux s'attaquèrent fortement aux bourgeois et autres grosses fortunes qui dominaient alors le pays, les blasonnant de « Crésus » et les rendant responsables des malheurs qui s'abattaient violemment sur le pays. En ville, on se battait. Le préfet fut grièvement blessé au cours d'échauffourées. Des invectives pleines de haine montaient jusqu'au château du Roucas Blanc. Des pamphlets issus de partout et de nulle part circulaient entre les mains, tels ces quatre vers d'un certain « citoyen Rocher » qui se présentait comme « international et socialiste, l'une des malheureuses victimes du financier Talabot[2] » :

« Ce fastueux domaine à la tête arrière
Menace l'horizon, écrase la cité ;

Il est bâti du sang de la classe ouvrière
Ce tombeau de la liberté. »

Les Le Verrier, comme les Talabot, reçurent des lettres d'insultes : on les traitait d'« impérialistes accapareurs » et on menaçait de les pendre[1] ! Mais l'on visait plus particulièrement le directeur de l'Observatoire qui était alors sénateur et n'avait, bien évidemment, pas que des amis…

Dans les salons feutrés du château, les hommes discutaient gravement sur le seul sujet qui les accaparait : « la guerre contre les Prussiens », commentant, avec force analyses, les dépêches provenant du général Ferri-Pisani[2], ami intime des Talabot, qui dirigeait alors la Garde nationale au siège de Paris. Dans cette ambiance terrible de guerre, où les hommes semblaient effondrés devant les nouvelles de plus en plus dramatiques qui arrivaient, seules Marie et Lucile faisaient preuve d'optimisme et remontaient le moral de chacun. Le lundi 31 octobre, du Roucas Blanc, Lucile écrivit à son grand-père résidant à Bruxelles : « Les messieurs sont plus lugubres que les dames, que Mme Talabot et moi surtout. Nous deux, nous nous accrochons toujours à une paille pour continuer d'espérer, et quand cette paille tombe, nous en attrapons vite une autre[3]… »

Marie faisait tout son possible pour garder espoir. De même qu'elle sut soutenir son époux dans les moments difficiles de son œuvre, de même conservait-elle une attitude combative et volontaire dans cette situation de guerre. « Il faut absolument croire qu'après le malheur le bonheur reviendra. Il nous faut réagir devant la douleur générale de notre pauvre peuple humilié », écrivait-elle à Mme Palangié[4].

Mais les attaques personnelles s'amplifiaient dans leur virulence, à tel point qu'un jour Talabot dit à Le Verrier : « Nous partirons si le danger augmente, mais vous êtes le point de mire, partez tout de suite[1] ! » Effrayés par les lettres de plus en plus inquiétantes qu'ils recevaient, les Le Verrier et leur fille quittèrent en catimini la bastide du Roucas Blanc pour Aix-en-Provence. Ils logèrent à l'hôtel de la *Mule-Noire*[2] sous le nom d'emprunt « de Beaudre[3] ». De cette retraite forcée et cachée, Lucile devait écrire à Marie : « Oh ! venez ma chérie, Aix nous paraîtra moins monotone lorsque nous vous y aurons vue... »

Au tout début de l'année 1871, les quartiers de la rive gauche de Paris furent touchés par des obus allemands[4] qui atteignirent les monuments civils et les immeubles, allumant des incendies, affolant les populations. Le jardin des Plantes, la place d'Italie, le Luxembourg et d'autres quartiers furent bombardés, aggravant encore la tension nerveuse des habitants.

Cependant, Bismarck exigea de négocier avec un gouvernement représentatif. La majorité de la population, lasse de la guerre, refusa de voter pour les républicains qui, avec Gambetta à leur tête, passèrent pour trop bellicistes. Les monarchistes obtinrent la majorité à l'Assemblée puis élirent Adolphe Thiers chef du pouvoir exécutif. Le 10 mai 1871, le traité de Francfort, signé entre la France et l'Allemagne, mit fin à la guerre. La France perdit l'Alsace et la Moselle au profit de l'Allemagne. Elle devait aussi payer une indemnité de cinq milliards de francs-or, étalée sur trois ans.

Les Français venaient d'être atrocement humiliés par cette défaite qui leur avait paru quelque chose d'inconcevable et de proprement monstrueux. Dès lors, ils aspirèrent légitimement à une revanche morale, un régime qui, tout en étant pacifique, eût cependant conféré à la France une grande dignité et un prestige certain parmi les têtes couronnées. « L'année terrible », ainsi qualifiée par Victor Hugo dans son récit éponyme[1], venait enfin de s'achever ! Ce fut pourtant dans ces conditions que se forma la IIIe République dont les premières années furent particulièrement difficiles, car les Parisiens eurent le sentiment réel d'avoir été trahis, suite à la capitulation du commandant en chef de l'armée française, François Bazaine.

En sa bastide marseillaise, éclairée du soleil d'hiver, Marie ne restait pas inactive. Elle aimait ouvrir ses portes et recevait beaucoup au risque de perturber son époux dans son travail. C'est ainsi qu'elle accueillit des petites filles orphelines afin qu'elles puissent bénéficier de quelques leçons de chant et de français[2]. « Le beau monde », qui montait régulièrement au château, bien souvent oisif et de plus compétent en la matière, pouvait aisément servir de précepteur à ces gamines malmenées par la guerre. Marie organisa ses cours de main de maître, aidée en cela par la comtesse Baroncelli et Blanche Pighetti[3], amies du couple Talabot. La jeune Lucile, qui venait de quitter ses parents toujours pourchassés, retrouva avec soulagement et bonheur le Roucas Blanc et ses propriétaires. Elle s'impliqua totalement dans le rôle de professeur de chant et de piano. Pour cette jeune fille, il s'agissait naturellement de remercier les Talabot pour la générosité dont ils avaient toujours fait preuve vis-à-vis d'elle et de sa famille. De plus, dotée d'un grand cœur, elle aimait rendre service.

Marie gâtait son petit monde qui grouillait dans les salons après les cours. D'excellentes pâtisseries, confectionnées avec soin par la cuisinière des lieux, régalaient ces enfants peu habitués à tant d'attention. Parfois, certains arrivaient au château malades. Les Talabot demandaient aussitôt l'intervention de leur ami le docteur Sirus Pirondi[1], médecin très réputé à Marseille et qui soignait énergiquement avec les potions habituelles de l'époque[2].

XXII

La Commune

Un beau militaire

AU SOIR DU 7 FÉVRIER, arriva de Paris un jeune militaire porteur d'espoir[1]. Paulin Talabot connaissait bien cet homme, le lieutenant Marie-Roger Lafeuillade[2] qui était, avant la guerre, au « Service des chemins de fer et des étapes ». Prisonnier le 2 septembre 1870, il réussit à s'évader quatre jours plus tard et reçut la Légion d'honneur le 8 janvier de l'année suivante.

L'officier, qui de Paris était directement descendu à Marseille, passa quelques jours à la bastide apportant mille précisions sur le déroulement et les conséquences de cette guerre. Les nouvelles étant rares[3] et de surcroît extrêmement lentes, on but, on analysa les moindres détails des commentaires apportés fraîchement de la capitale : les morts, les blessés, la famine, les transactions avec l'ennemi, les monuments historiques et les immeubles atteints… On fut soulagé d'apprendre que le quartier où vivaient les Talabot n'avait pas souffert des bombardements et que leurs immeubles demeuraient intacts. De plus, l'officier affirmait que désormais tout danger était écarté. L'espoir revenait !

Durant plusieurs jours, le lieutenant Lafeuillade répondit aux questions de Talabot et de ses amis marseillais qui « montaient à la bastide prendre des nouvelles ». On aspirait à connaître, à imaginer ce que Paris était devenu, à comprendre l'attitude des gens du pouvoir, enfin à réfléchir sur les projets futurs. L'officier subjuguait son auditoire par sa façon de s'exprimer, par les détails, les anecdotes, les événements dramatiques qu'il avait vécus. On l'écoutait avec émotion, et les dames présentes ne pensaient plus à leurs distractions habituelles ! De plus, il les troublait par son charme !

Le lieutenant Lafeuillade, cet élégant et brillant officier âgé de trente ans, passait dans le grand monde avec une aisance et un bonheur égal. Il était beau, de haute taille[1] très brun, et ne manquait ni d'esprit, ni de connaissances, ni de manières. Lorsqu'il arriva au château du Roucas Blanc, le jeune officier fit tourner bien des têtes féminines. Sur son cheval, qu'il montait avec élégance et sûreté, il présentait naturellement le meilleur de lui-même. Personnage tout en force et délicatesse, il contrastait étonnamment avec les autres militaires et leur brutalité soldatesque[2].

Marie-Roger Lafeuillade était né à Meaux, en 1840. Son oncle, le général Amiel, frère de sa mère, s'était illustré à plusieurs reprises dans des faits militaires. Le capitaine détenait un nom historique car descendant du maréchal François Lafeuillade, familier de Louis XIV. Le beau militaire collectionnait les aventures sentimentales. Le prestige de l'uniforme, son nom historique, mais surtout la séduction de cet œil bleu laissaient peu de femmes indifférentes…

Bientôt arrivèrent au château le compatriote de Marie l'abbé Faudet, qui n'était plus à la tête de la paroisse Saint-Roch depuis le 20 janvier, ainsi que l'abbé Aoust, ami intime des Le Verrier et des Talabot, savant au caractère insupportable[1]. Un autre invité de marque se présenta, l'ingénieur maritime Henri Dupuy de Lôme[2] qui venait de Paris. Membre du Comité de défense de la capitale, il suivit et vécut tout le siège avec compétence et détermination, cherchant à communiquer avec l'extérieur par le moyen d'aérostats dirigeables. À leur tour, ces gens apportèrent d'utiles précisions sur la guerre franco-prussienne. Mais toujours versé dans sa passion de l'industrie, Talabot engagea des discussions scientifiques de haute volée avec l'ingénieur maritime, laissant, comme d'habitude, l'auditoire perplexe[3]. Dotés chacun d'un esprit mathématique très développé, d'un tempérament équilibré et d'une puissance de travail hors du commun, Dupuy de Lôme et Talabot étaient faits pour s'entendre. Leurs discussions devenaient interminables. Aussi aimaient-ils se retrouver, à l'abri derrière une haie, crayon et calepin à la main. Ils élaboraient alors leurs plans, recherchaient idées et solutions, développaient leurs projets. Dans le calme bucolique qui vraisemblablement les inspirait, leurs réflexions s'intensifiaient. L'ingénieur maritime resta quelques jours en la bastide du Roucas Blanc. Cette halte lui fut d'ailleurs très salutaire. Ayant connu la dureté et les privations terribles du siège de Paris, il se régala de légumes et d'œufs frais, de poulets et de lapins qu'élevaient les jardiniers dans un recoin du parc.

Marie n'avait qu'une obsession, revenir à Paris et renouer avec la vie mondaine. Voulut-elle quitter pour un temps son époux après l'affront de la tromperie qu'elle avait reçu ? L'ayant peut-être deviné, le lieutenant Lafeuillade l'invita aimablement à le suivre, car il devait réintégrer son unité. Elle accepta volontiers, prépara avec fébrilité ses nombreuses malles, et partit enfin avec le jeune officier, le général Ferri-Pisani et l'ingénieur Dupuy de Lôme qui devaient, eux aussi, retrouver leurs fonctions. Elle laissa le Roucas Blanc aux deux abbés ainsi qu'à son époux et à Lucile Le Verrier, lesquels préféraient amplement le calme et la beauté du site. De plus, Paulin et la jeune fille s'entendaient à merveille, comme père et fille. Mais un bien triste spectacle attendait Marie...

La Croix-Rouge

Le 19 février 1871, Marie Talabot arriva à Paris, avec ses compagnons de voyage. La paix venait de succéder aux bombardements. Le spectacle de désolation qui s'offrit alors à sa vue lui arracha des larmes. Dans certains quartiers, ce n'étaient que ruines fumantes et sinistres, murs lézardés s'ils n'étaient éventrés, cavités béantes dans les boulevards obscurs, ruelles noires... Quand la terreur et l'absurdité font alliance, l'effet est effroyable... ! Il était humain de pleurer devant un tel désastre ! La peur se lisait sur les visages émaciés des rares passants qui hantaient les rues. En d'autres lieux, l'épouvante régnait : tous ces morts, ces blessés que la guerre avait provoqués, ces disparus que l'on recherchait désespérément dans les décombres ! Quelle tragédie ! Serrés par l'émotion, des infirmiers, des hommes, des femmes, des enfants, des vieillards se dévouaient corps et âmes pour sauver ceux qui pouvaient encore l'être.

Jamais, au cours de son existence, Marie ne s'était trouvée dans une situation morale aussi pénible : « Dans les rues, la mort croise la mort. Je n'ai jamais vu mon pays dans un tel état, écrivait-elle à son époux[1], il nous faut aider ces pauvres gens ! Une association dirigée par un certain Moynier[2] à Genève apporte son soutien aux blessés. Tu devrais entrer à son contact… Je n'arrête pas de pleurer. Ce Paris que nous avons connu si brillant et si animé est devenu sombre, morne et amer. Ce beau et fier Paris doit revenir à la vie et à la santé. Voilà véritablement une triste page de notre histoire, mais j'ai l'espoir que des jours meilleurs brilleront pour notre cher pays… »

Talabot connaissait cette convention internationale dont les statuts avaient officiellement été entérinés à Genève quelques années au préalable, le 22 août 1864, sous le nom de « Comité international de la Croix-Rouge ». Les textes prévoyaient que « les militaires blessés ou malades devaient être recueillis et soignés à quelque nation qu'ils appartiennent. L'idée généreuse de la Croix-Rouge avait été lancée par Henri Dunant[3] au lendemain de la victoire de Solferino[4] qui provoqua un véritable massacre[5]. Pour la première fois, cette association venait d'être mise à l'épreuve lors de la guerre franco-prussienne. Des délégués avaient été envoyés sur place pour rechercher les disparus, soigner les blessés, publier la liste des prisonniers de guerre, transmettre le courrier aux victimes[6]. Elle réussit parfaitement sa première mission, provoquant des émules dans les rangs de ses bénévoles.

En lisant la lettre de son épouse, Paulin comprit combien il était urgent d'agir contre ces atrocités. Il qualifia lui-même cette démarche comme essentielle et prit immédiatement contact avec Gustave Moynier, ce juriste suisse qui avait offert l'appui de sa société genevoise[1] à Henri Dunant. Dès lors, l'ingénieur Talabot apporta tout son poids dans la recherche de secours divers. Il utilisa ses relations afin de générer des soutiens utiles aux entreprises humanitaires. Jusqu'à sa mort, en 1885, il assuma pleinement son rôle dans cette société de secours aux blessés militaires et demeura inscrit dans les annuaires en qualité de « membre fondateur[2] ».

Mais après la guerre franco-prussienne, ce fut la guerre civile qui débuta le 18 mars avec la Commune, les Communards ne voulant plus de « centralisme despotique ». Ils se battirent alors contre le « vieux monde gouvernemental et clérical » et exigèrent l'autonomie absolue de toutes les communes de France. Le danger revenait au galop !

Seule à Paris, Marie ne se sentit plus en sécurité. Elle entendait constamment les bruits qui montaient jusqu'à son logement, bruits inhabituels et angoissants : le roulement des tambours qui ne cessaient d'appeler aux armes, le clairon qui sonnait pour regrouper les hommes, la voix tonnante du canon qui réveillait tout le monde en sursaut... Dans les rues, les bataillons arboraient le drapeau couleur de sang. On arrêtait en masse les prêtres, et les vendeurs de journaux hurlaient : « *La Sociale ! Le Vengeur ! Le Cri du peuple !* »

Guerre civile et famine se propageant, la terreur s'installait sur la ville. Au Roucas Blanc, on s'inquiétait car aucune nouvelle ne parvenait[3]. Dès le 25 mars, Marie se réfugia à Versailles auprès de l'une de ses relations, le docteur Ricard, et quatre jours plus tard retourna à Trachaussade, près de Limoges, chez son amie Léonie

Gavarni. Avant de quitter la capitale, elle avait exhorté plusieurs familles à la suivre, mais elles avaient refusé. « Notre bastide de Marseille vous est ouverte, venez dès que vous le pourrez », leur avait-elle précisé[1].

Après un périple assez mouvementé[2], Marie arriva en gare de Marseille où régnait une extrême confusion. De nombreuses personnes, qui s'étaient enfuies, revenaient, d'autres, affolées, repartaient... La ville était triste après les troubles violents qu'elle venait de vivre. À la vue des boutiques closes et des avenues vides où s'avançaient quelques convois funèbres vers le cimetière, Marie mesura avec tristesse l'ambiance morne et angoissante qui hantait chaque quartier qu'elle traversait et qui contrastait tant avec la vie qui s'y déroulait auparavant. Accompagnée de ses deux neveux, Pierre-Auguste et Georges, elle retrouva avec soulagement sa bastide et son immense parc déjà couvert de fleurs printanières.

Eugène le palefrenier

À son arrivée, Paulin lui fit part de la mort douloureuse de son cocher, Eugène. Ce brave homme, un robuste gaillard, qui travaillait au Roucas depuis la construction du château, avait été emporté par l'un de ses chevaux emballés. On l'avait retrouvé dans un état désespéré, gisant sur un talus. Il reçut cependant les meilleurs soins du docteur Pirondi et de son adjoint le docteur La Souchère. Paulin et Lucile restèrent à son chevet et le veillèrent, à tour de rôle, jour et nuit, comme un ami très proche. D'ailleurs Eugène n'avait personne, aucune famille sinon celle du Roucas. Il mourut après de longues souffrances, ses yeux creusés mais encore vifs, plantés dans ceux de Lucile qui lui tenait la main : c'était le 3 mars 1871 vers minuit[1].

Plus tard, Paulin devait raconter « l'histoire d'Eugène » dont le grand-père avait épousé l'une de ces jeunes filles envoyées par Louis XV pour peupler la Louisiane. Orpheline de père et de mère, elle avait seize ans lorsque, avec d'autres candidates, appelées alors « les filles à cassettes » – car elles n'avaient pour tout bagage qu'un maigre trousseau et une petite bourse –, on la conduisit au port de La Rochelle. Un bateau devait emmener ces jeunes filles en cette terre éloignée, ce pays qui n'intéressait guère le roi. Leur mission : faire des enfants, beaucoup d'enfants ! La jeune fille connut là-bas un Français qui vivait dans une cabane. Par la suite, ils revinrent en France et eurent quatre filles dont l'une devint la mère du palefrenier[2].

Eugène travaillait comme tâcheron lorsqu'on l'embaucha pour guider les bœufs qui devaient transporter des tombereaux de terre sur le rocher blanc de Marseille, avant que l'on y construise la bastide. Connaisseur d'hommes, Talabot apprécia son travail, son amabilité et le garda à son service. Marie fut très peinée d'apprendre cette tragique nouvelle, parce qu'elle adorait ce brave Eugène, personnage simple et délicat dans sa masse de muscles et de rusticité. Paulin lui avait offert des obsèques dignes d'un grand ami. Il le pleura longuement ! Car le grand ingénieur dispensait son attention avec autant de largesse à un pauvre hère qu'à l'hôte de marque qu'il recevait sous son toit. En souvenir de cet homme de bien, Paulin et Marie n'oublièrent jamais de fleurir sa tombe au vieux cimetière de Saint-Pierre[3].

Une ville en ruine

Le docteur Sirus Pirondi, qui habitait rue Sylvabelle à Marseille, essayait d'échapper aux soucis matériels qui le harcelaient à longueur de journée. Dès lors qu'il quittait la ville pour se réfugier sur les hauteurs de cette thébaïde, auprès des Talabot, ses préoccupations perdaient un peu de leur emprise. Le médecin devenait alors original, charmant et quelque peu enjôleur, faisant oublier aux hôtes du château les tracasseries du moment. Aussi appréciait-on sa compagnie. Presque chaque soir il montait à cheval à la bastide avec ses amis. On faisait alors salon et parfois l'on écoutait musiciens ou chanteurs qui animaient les lieux malgré les troubles de la guerre. Le groupe formait alors un excellent et passionné auditoire pour les artistes. Parfois, on goûtait tout simplement à la quiétude des lieux, ce qui était un luxe en cette période d'insécurité : « Après le dîner, écrivait Lucile Le Verrier[1], c'est le moment ravissant. Nous nous installons sur la terrasse, on regarde les étoiles du ciel et celles de la mer, les phares. On cause beaucoup plus intimement que tout le reste du jour, on écoute tantôt la musique du salon, tantôt les rossignols qui habitent les cyprès… D'autres soirs, on donne de petits concerts, on joue à quatre mains, on chante en duo, en faisant de la musique, du dessin, du croquet, de la géologie. » Et Marie de préciser : « Nous sommes heureux d'avoir des moments de bonheur complet dans les difficultés de cette pauvre France ! »

Dans la capitale, la guerre civile s'amplifiait rapidement. Les Versaillais entrèrent dans Paris le 21 mai. La ville se couvrit alors de barricades et devint le théâtre de combats violents, d'exécutions sommaires, d'exactions de toute nature. Depuis que Marie l'avait déserté, Paris vivait une fièvre douloureuse et permanente. Les gens se réunissaient en séances publiques. On créait des clubs où les plus vindicatifs distillaient des paroles fortes, s'en prenant « aux riches et au clergé », et les femmes n'étaient pas les dernières : « Les riches ne font que bien boire et bien s'amuser sans prendre aucune peine. Il faut les extirper, ainsi que les prêtres et les religieuses ! Nous ne serons heureuses que lorsque nous n'aurons plus ni patrons, ni riches, ni prêtres[1]... » Excédées par leurs conditions misérables, les femmes du peuple voulurent se battre. Par milliers, elles montèrent sur les barricades, soignèrent des blessés, organisèrent le ravitaillement. Bien souvent elles dépassèrent les hommes dans leur fougue et leur action !

Tout près du logement des Talabot, le palais des Tuileries fut brûlé. Une forte explosion acheva de ravager la partie centrale du bâtiment que les flammes avaient jusqu'alors épargnée[2]. « La semaine sanglante » battait son plein d'horreurs. Avec l'incendie de Paris, la répression de la Commune devint impitoyable : condamnations à mort, aux travaux forcés, à la déportation... Près de trente mille Parisiens furent tués au combat ou exécutés ! Ce fut une mer de sang et de feu, un véritable carnage qui prit fin le 28 mai.

Le calme revenu, Lucile quitta le Roucas Blanc à la mi-juin pour rejoindre Paris. Elle découvrit alors avec angoisse les monuments brûlés et leurs pans de murs noirâtres, avec seules quelques colonnes et quelques statues encore debout... « Les murs parlent, écrivait-elle aux Talabot, il y a une absence complète de luxe et même d'élégance... L'Hôtel de Ville est plus beau que de son vivant ; il est terrible, mais il est admirable !

Dante voyait juste lorsqu'il affirmait : « Il n'y a pas de pire douleur que de se souvenir dans la misère du bonheur perdu… » Cependant, les ruines furent longues à se relever, car la Chambre refusa de remettre un toit aux Tuileries et, par la suite, on revendit même certaines pierres[1]…

Enfin, il semblait que chacun voulait revivre. Face à ce Paris qui avait désormais tout à raconter à ceux qui le parcouraient et qui interrogeaient les blessures de ses rues, de ses monuments ou de ses demeures, le mouvement revint. Quelques fiacres et voitures de maître commencèrent timidement leurs sorties urbaines. La vie reprenait doucement.

Au Roucas Blanc, on s'ennuya assez vite après le départ de la blonde Lucile qui, en tout instant, maintenait une ambiance sympathique et enjouée. Marie lui écrivit une lettre sensible et aimante peu de temps après son retour à Paris : « Mon petit chat blanc avec une longue queue blonde (Lucile arborait une longue chevelure tressée), je te remercie de m'avoir écrit. Je t'aime et te regrette bien sincèrement, plus que tu ne peux le croire, parce que, depuis ton départ, la tristesse est entrée dans mon cœur pour longtemps… Je te serre sur mon cœur qui t'aime[2]. »

XXIII

Lendemains de guerre

Ouverture à la vie

POUR SE CONSOLER DES TRISTESSES de « l'année terrible », le pays aspirait à des fêtes, des pièces de théâtre, des bals, des spectacles. On s'y mit rapidement et avec enthousiasme. Une véritable frénésie de plaisirs s'empara à nouveau de la capitale. Les salons raffinés des princesses, duchesses et autres comtesses accueillaient en de somptueuses réceptions des invités de toute l'Europe. On recommençait à apercevoir des équipages luxueux transportant les plus belles, les plus riches femmes de Paris, nobles ou demi-mondaines, accompagnées de jeunes hommes[1] élégants jusqu'en l'âme. Chaque jour apportait plus de mouvement et plus d'espoir de résurrection.

Ce beau monde défilait avec ostentation sur les principales avenues, régalant les badauds par la fantaisie de leurs toilettes ou de leurs comportements. Les courtisanes de haute volée, ces reines de Paris qui savaient ruiner joyeusement, et surtout avec talent, aristocrates et financiers, se mêlaient à ces ballets féeriques. De la terrasse des cafés, où l'on se donnait du bon temps en sirotant de l'absinthe, on assistait à ces défilés extravagants, véritables théâtres de rue. La guerre s'oubliait jour après jour et les frères Goncourt notaient dans leur *Journal* du 6 juin : « Réapparition de la foule sur le boulevard des Italiens, sur l'asphalte désert il y a quelques jours. Ce soir, pour la première fois, on a peine à se frayer un chemin entre la badauderie des hommes et la prostitution des femmes[1]. »

Lors des rencontres, dans les salons comme dans les réunions de famille, on cherchait à se réconforter, à rire d'anecdotes où l'on s'en était bien tiré, où l'on avait fait un magistral pied de nez à la tristesse de la guerre. Ainsi, une amie de Marie Talabot, Mme Denis, sauva d'une mort certaine le jeune abbé Houette, vicaire à Saint-Jacques[2], en le faisant passer pour son époux. Présente au sortir de l'église lorsque les insurgés voulurent l'arrêter, elle se précipita, bouscula les hommes armés et se jeta au cou du prêtre, l'embrassa en lui disant d'une voix forte et pleine de reproches :

« Enfin, tu es là ! J'étais si inquiète de ton absence. Rentre vite à la maison, les enfants t'attendent. Ils ont besoin de toi ! »

Surpris, les insurgés s'adressèrent alors à la dame :

– Vous êtes sa femme ?

– Tout à fait, et désormais je le surveillerai de plus près. Il n'y a que l'absinthe qui compte pour mon assoiffé ! »

Plus tard, l'abbé Houette devait cependant reprocher son mensonge à sa salvatrice. Mais elle répliqua avec autant de verve :

« Certes, il n'est pas permis de mentir, mais, dans certaines circonstances, n'est-il pas permis de passer à côté de la vérité[1] ? »

Ainsi la vie reprenait régulièrement ses droits. Le commerce aussi. Paris se relevait douloureusement, mais avec courage, de la guerre franco-prussienne et de la Commune. L'activité se développa fortement et la ville retrouva enfin son dynamisme.

Une fête de la comtesse

La comtesse Clémence de Ricard avait ouvert à nouveau son salon auquel elle convia les Talabot. Elle voulut renouer, pour l'été 1871, avec les fêtes traditionnelles qu'elle organisait habituellement dans ses propriétés aveyronnaises, avant la terrible guerre qui venait de s'achever. Marie adhéra totalement à cette idée. Les deux amies se lancèrent donc dans les préparatifs de ces festivités, qu'elles souhaitaient toutes deux mémorables. Pour ces deux femmes positives, dynamiques et libres, « il fallait fêter le retour de la vie, et les désastres de la guerre devaient être pourchassés[2] ».

Clémence de Ricard et Marie Talabot s'entendaient à merveille, un peu comme deux sœurs[3], mais se chamaillaient en permanence. À Paris comme en province, elles partageaient des moments inoubliables en des après-midi ou des soirées qui se tenaient dans leur salon respectif.

Marie, toujours coquette et à la dernière mode, se battait constamment contre ses rides et les outrages du temps. Mais la comtesse, de trois ans plus jeune, en riait et n'avait cure de sa propre image. Lumineuse, joyeuse, bien en chair, elle avançait dans la vie avec exubérance et se moquait gentiment des tourments qui hantaient son amie au sujet de sa physionomie vieillissante. Parfois, Marie se rebiffait, lui servant adroitement quelques vers de Corneille, remplaçant marquise par comtesse[1] :

« Comtesse si mon visage a quelques traits un peu vieux, Sachez qu'à mon âge vous ne vaudrez guère mieux ! »

L'été arriva. La comtesse Clémence, Paulin et Marie, ainsi que du beau monde puisé dans les salons parisiens et marseillais, arrivèrent en la bonne ville de Saint-Geniez-d'Olt, titillant quelque peu la curiosité des autochtones[2]. En ce mois de juillet 1871, la nature se décuplait dans sa beauté. Le temps était serein, la rivière coulait limpide et abondante, les invités étrangers à la ville allaient apprécier le pays !

Mme de Ricard convia encore ses amis de Saint-Geniez-d'Olt, bourgeois et nobles, ainsi que le maire et les principaux notables de la ville[3]. Également invités, les régisseurs de ses domaines arrivèrent en des attelages rutilants, décorés de fleurs champêtres, comme s'il s'agissait de grandes noces. Dans leurs vêtements neufs, ils montraient fièrement leur situation sociale que certains enviaient. D'autres vinrent perchés sur leur jument dont les harnais luisants avaient été soigneusement astiqués par leur domestique.

Tous ceux qui avaient vécu « les fêtes de la comtesse et ses magistrales sauteries » en conservaient un souvenir tel qu'ils ne souhaitaient qu'une chose, pouvoir y revenir ! Ils les goûtaient avec une gourmandise évidente, car la table y était succulente, l'accueil convivial et l'hospitalité des plus larges[4]. De plus, régnait chez la comtesse une liberté particulière que l'on pouvait vivre sans trop de retenue derrière les hauts murs de clôture...

Afin de recevoir dignement chaque invité ou couple d'invités, la comtesse Clémence accueillait rituellement assise dans son petit vestibule octogonal du rez-de-chaussée[1], un riche salon, au sol dallé et aux huit faces de pierre sculptées avec frises et entrelacs, une petite merveille décorée encore de quatre niches dans lesquelles trônaient les statues dévêtues de la mythologie grecque. Après les salutations d'usage, les hôtes gravissaient un imposant escalier de chêne qui conduisait jusqu'au premier étage où se trouvait le grand salon. Des étages, la vue sur un jardin féerique couvert de fleurs et les ruines dentelées du château, campé sur le Pic du Roi[2], était splendide.

Pour cette fête, la comtesse Clémence avait fait dresser des tables dans ses salons du rez-de-chaussée ainsi que dans le jardin. Toutes étaient couvertes de nappes couleur de neige et parées de cristaux et d'argenterie étincelante. Une profusion de mets succulents et de fleurs enthousiasmait les invités. Des musiciens, des chanteurs, accompagnés de jongleurs et de magiciens, se déplaçaient entre les tables, entraient dans les salons, provoquaient une ambiance sympathique, le vin aidant quelque peu à franchir les étapes de la retenue mondaine.

Durant le repas qui s'éternisait sous un ciel d'étoiles, on se mit à danser. Des couples se formaient dans la pénombre, certains gambadaient dans les étages et faisaient signes des croisées, d'autres s'échappaient du cœur de la fête pour quelques pas le long de la rivière ou dans les rues de la ville. La vieille demeure vivait, vibrait au rythme de la musique et de l'amour...

Lorsque la nuit tomba, les domestiques allumèrent des feux de Bengale au pied de la rampe de pierre qui domine le Lot. D'autres furent accrochés aux seuils des vingt-deux fenêtres, illuminant l'imposante façade pour la plus grande joie des invités[1].

Les badauds de la ville s'étaient assemblés sur le pont et la grève du moulin. D'autres, plus lestes, gravissaient les ruines du château afin de bénéficier d'une vue plongeante sur « les fêtes de la comtesse ». Ces dernières amusaient toujours les habitants de la petite ville. Mais certains nobles, voire notables, délibérément « oubliés » par les organisateurs, faisaient grise mine et restaient cloîtrés chez eux, rongés par la jalousie, ne pouvant admettre que la populace puisse s'intéresser à « ces fêtes ignobles et malsaines[2] »…

La comtesse Clémence avait eu raison de vouloir réunir ses amis car, quelques mois plus tard, le 24 décembre 1871, disparaissait subitement son époux, le comte de Ricard, à peine âgé de cinquante ans. Ce fut un coup terrible pour cette femme qui offrait généreusement son sourire et sa gentillesse. Malgré un esprit positif, elle eut beaucoup de mal à s'en remettre et s'enferma dans son château de Varès pendant plusieurs mois. Le temps aidant, elle retourna à Paris puis à Marseille où elle aima passer quelques jours sur les hauteurs du Roucas. Plus tard, ayant repris goût à la vie, elle se lança dans l'organisation de nouvelles réceptions en son hôtel de Saint-Geniez, mais passa plus de temps en sa propriété de Varès[3]. Elle devait d'ailleurs s'y éteindre à l'âge de quatre-vingt-quatre ans, ne laissant aucune descendance.

Habitués du grand monde, Paulin et Marie goûtèrent avec bonheur l'invitation réussie et sympathique de leur amie Clémence. Malgré la présence de personnalités, cette fête resta simple et surtout conviviale. Le couple Talabot passa quelques jours au château de la Falque, visitant la région. Ils furent reçus chez leurs amis de Saint-Geniez-d'Olt et rencontrèrent le nouveau curé de la paroisse qu'ils ne connaissaient pas, l'abbé Galzin, ainsi que Mlle Anaïs Thédenat, qui devint l'épouse de M. Palangié, percepteur[1], et qui vécut au château de Sainte-Eulalie-d'Olt[2]. Grâce à Anaïs, alors âgée de vingt-trois ans et qui avait été l'invitée de la comtesse, de nombreux témoignages oraux ont été sauvés de l'oubli. Elle devint la confidente de Marie, fut souvent invitée à Paris et à Marseille et sut transmettre[3], autour d'elle, une partie de la vie de la prestigieuse Mme Talabot. Le soir, auprès de l'âtre qui réchauffait le grand salon du premier étage du château de Sainte-Eulalie-d'Olt, elle contait avec passion et nostalgie les anecdotes qu'elle vécut auprès d'elle, et qu'elle transmit ainsi à ses employés.

Partie de chasse

La grande dame qu'était devenue la petite Marie-Anne Savy ne s'empêchait jamais de renouer avec certains rites plébéiens tels que la culture des fleurs, la cueillette des fruits, la confection de confitures, de liqueurs, et de tous les produits classiques de charcuterie. Lorsqu'elle se rendait en province dans sa famille, Marie « retroussait ses manches », parlait son patois natal, se mêlait allégrement aux voisins qui venaient prêter main-forte. Autant elle se complaisait dans les salons confortables et douillets, entourée d'artistes et de célébrités, autant elle participait avec joie à certaines parties de campagne dès lors qu'une ambiance dynamique y régnait[1]. Sinon, l'ennui la prenait et Marie préférait alors retourner soit à Paris, soit en son château du Midi.

Autour de Marseille, les parties de chasse dans la garrigue, où il n'y avait que des pierres et, seulement de-ci de-là, quelques maigres arbres isolés, ne la ravissaient qu'à moitié. Elle préférait amplement la chasse dans des lieux boisés et vallonnés où serpentaient de petits ruisseaux et dont les grands arbres procuraient une sérénité bienfaisante. En Limousin, elle accompagnait volontiers son époux qui, lui-même, aimait s'entourer de ses domestiques et fermiers. Pour ces derniers, il s'agissait d'un honneur que d'être invités à chasser en compagnie du maître des lieux.

Il arrivait aussi qu'avec sa turbulente amie, la comtesse de Ricard, toutes deux concoctent quelques parties de chasse lorsqu'elles se retrouvaient à Saint-Geniez-d'Olt où elles fréquentaient un ami commun, un expert, un passionné. Le docteur Gustave de Fajole[2], fin limier, amoureux de la nature, excellait en effet dans la chasse à la caille, à la perdrix mais surtout à la bécasse.

C'était parfois assez pittoresque, et fort sympathique, ce départ en char à bancs découvert, jusqu'aux premières forêts de l'Aubrac qui abritaient alors un gibier abondant. Engoncées dans le costume adéquat et de dernière mode[3] que l'on avait créé tout spécialement pour « les dames qui s'adonnaient alors à ce nouveau sport », Marie et son amie ne manquaient pas de susciter la curiosité des gens de la terre. Cette émancipation féminine, dans un domaine largement réservé aux hommes, voire aux braconniers, les déconcertait. Mais Clémence et Marie ne s'occupaient plus des réflexions que l'on pouvait émettre sur leurs personnes. Elles agissaient en femmes libres, volontaires et honnêtes. Malgré la pluie ou le vent glacial, lorsque ces dames avaient décidé de partir, rien ne les arrêtait ! Des domestiques, qui accompagnaient la troupe, faisaient alors office de veneurs. Les dames déchargeaient quelques coups de fusil, déployant plus de zèle turbulent que d'adresse, et générant parfois des peurs légitimes chez leurs accompagnateurs...

La partie de chasse convenablement honorée, on rentrait au bercail où thé et vin chaud étaient servis à tous. Généralement le soir, au château de la Falque, dans l'hôtel particulier de la comtesse ou encore chez le docteur de Fajole, un bon repas rassemblait les chasseurs. L'on y conviait aimablement le curé et ses vicaires. Mais l'ambiance s'échauffait rapidement et devenait magnifiquement délurée car les chasseurs ne reculaient pas devant les histoires ou les anecdotes rocambolesques toujours, libertines parfois. D'aucuns, passablement enivrés, criaient parfois leurs secrets, dévoilant à travers la table, comme un lâcher de pigeons, quelques facettes cachées de leurs vies ou de celles des autres. Devant les hôtes gênés, Marie et son amie Clémence, habituées à entendre des propos bien plus audacieux, éclataient alors d'un rire franc à tel point que tout le monde retrouvait naturellement son aise.

Il en était à peu près de même au Roucas Blanc ou dans la propriété limousine des Talabot, Maury, lorsqu'une équipe revenait de chasse. Bons repas, rigolades, ambiance amicale et sympathique, ce genre de petites fêtes était très goûté par Paulin qui les préférait amplement aux salons mondains. Après avoir gambadé avec ses amis, il adorait s'attabler en leur compagnie afin de parachever comme il se devait « ses sorties champêtres ». Parfois l'on y dégustait le produit de la chasse. Ainsi en témoigne un dessin humoristique, signé Enea Bignami, représentant un solide « Gargantua », fort bien attablé à une table ronde, entouré d'une multitude de serviteurs attentionnés, apportant rôtis, volailles, gibiers, fruits et autres mets succulents, et qui s'informe du menu ainsi libellé[1] :

Menu de Madame Talabot, 27 novembre 1868

Bouillabaisse
Graus d'Écosse
Murène de Cassis
Gingembre des Indes
Marrons de Limoges
Champignons Bresse
Bécasse Ricard
Faisan tué par elle.

Au bas du dessin, une légende indique : « Oh ! Roucas, Paradis de tout le monde, y compris des gourmets. »

Il était fréquent que la maîtresse des lieux offre le produit de sa chasse à ses amis artistes, tel le peintre Cézanne, fils de banquier, qui avait été rejeté par la bourgeoisie aixoise. Lorsqu'il était invité, il gravissait avec entrain les pentes de la bastide afin de s'asseoir à la divine table, toujours plantureusement garnie par la belle Marie. Celle-ci retrouvait en lui un peu du même charme de loup solitaire qui émanait de son ami Ivan Tourgueniev. De même l'artiste Jean-Joseph Bonaventure Laurens, portraitiste et paysagiste recherché, auteur d'une série de tableaux représentant la bastide du Roucas Blanc, appréciait hautement la table des Talabot pour « dévorer de bon appétit le gibier de la montagne ». Marie lui écrivit un jour[1] : « C'est en rentrant de la chasse que je trouve votre mot, c'est ce qui explique le retard que j'ai mis à vous répondre. Je compte me rendre à votre atelier ce mercredi... » Et un autre jour : « Je ramène quatre perdreaux et deux faisans d'une bonne chasse. Passez après-demain au château, vous vous régalerez... »

Sur ses terres méridionales, devenues giboyeuses depuis qu'une végétation dense recouvrait plusieurs hectares de la colline, Paulin avait fait édifier une tourelle de guet en pierre de taille. L'ingénieur adorait ce poste de chasse, sa « thébaïde » comme il l'appelait. Parfois Marie lui préparait un repas froid qu'il emportait dans son repaire, car il y passait volontiers la journée. Très bon chasseur, Talabot s'appliquait autant dans cette discipline que dans son travail quotidien. En Limousin, il abattit un jour un grand cerf qu'il fit naturaliser et qu'il conserva en sa bastide du Roucas Blanc, faisant l'admiration des connaisseurs[2].

Bains de mer

Marie se rendait à Dieppe prendre ses bains de mer, logeant chez Mme Marie Raffalovich[3], femme assez timide et très douce qu'elle avait rencontrée dans les milieux artistiques et intellectuels de la capitale[4]. En d'autres temps, c'était avec les Le Verrier, originaire de Saint-Lô, ou bien les Magne. Depuis que l'impératrice s'y rendait en cure, cette plage devenait de plus en plus à la mode et, bien entendu, les bourgeois cherchaient à l'imiter. On venait de Paris, grâce à des voyages en trains directs que l'on organisait à partir du 1er juillet. Et durant tout l'été, le beau monde allait et venait entre la capitale et les plages de la Manche pour quelques jours de cure.

Près des cabanes roulantes de Dieppe ou de Trouville, si plaisamment peintes sur les toiles anglaises, sur la plage désertique animée seulement de quelques ombrelles, Marie partageait avec ses amies les plus intrépides les joies vivifiantes de l'eau : spectacle nouveau qui intriguait les curieux. Ceux-ci adoraient assister aux bains de ces personnes originales et très à la mode qui se faisaient conduire jusqu'au bord de l'eau dans d'étranges cabines à roulettes !

Les bains de mer avaient été lancés par l'énergique et romanesque duchesse de Berry[1] qui vint justement se baigner à Dieppe dans un accoutrement particulier : bottes pour se protéger des crabes, pantalon de toile épaisse et coiffe en tissu ciré afin de ne pas mouiller sa belle chevelure. Mais ce fut l'impératrice qui les mit au goût du jour. Auparavant, se baigner n'était guère recommandé ! On réservait ces bains aux personnes mordues par un chien enragé et aux fous que l'on attachait à l'extrémité d'une corde et que l'on plongeait dans l'eau froide... le temps d'un *Ave Maria* ! De ces croyances, Marie n'avait cure. En femme moderne et curieuse de tout, elle n'hésita pas à se plonger dans cette eau froide et vivifiante dont on se méfiait. Beaucoup de monde autour d'elle redoutait l'immersion. Les médecins, eux-mêmes, préconisaient d'être extrêmement vigilant et conseillaient aux femmes « un bain inférieur à quatre minutes ». Toutefois, les hommes pouvaient le supporter jusqu'à dix minutes ! Ces doctes personnes recommandaient encore « de s'essuyer et de s'habiller au plus vite et, surtout, de ne pas se sécher au soleil en regardant la mer, car de cette contemplation pouvait découler une foule d'accidents[1] »...

Bien évidemment Marie riait de ces préjugés ridicules, d'autant plus qu'étant enfant elle s'était longuement baignée dans la rivière qui coulait au bas de sa petite maison. Elle aimait l'eau, et ses parents lui en avaient appris les bienfaits mais aussi les dangers. Avec ses petits camarades, elle jouait autrefois sur les bords du Lot, recherchait de jolis galets, gambadant dans l'eau fraîche tandis que son père, à quelques pas de là, pêchait[2].

Afin de se baigner comme il convenait, Marie revêtait ses costumes de bain qui étaient, du moins pour les femmes, plutôt des prétextes à l'élégance que des tenues sportives. En chemise et pantalon plissé, on ne restait pas longtemps dans l'eau. Les dames élégantes se hasardaient à tremper les pieds dans la mer, parfois les jambes avant de remonter dans les cabines roulantes que des chevaux avaient traînées jusqu'aux premières vagues. Marie était bien plus téméraire ! Devant ses amies, elle se plongeait totalement, ce qui leur faisait pousser de hauts cris[3]. Peut-être pensait-elle aux bons moments qu'elle passait autrefois à jouer dans la rivière de son enfance ?

XXIV

En pays limousin

Une belle propriété

Lorsque ses affaires lui en laissaient le loisir, Paulin Talabot n'oubliait pas son Limousin natal. Il regagnait la propriété de Maury que lui avait laissée sa mère, à Condat-sur-Vienne, située à huit kilomètres de Limoges[1]. Il était naturel pour Paulin d'aimer cette terre, mais Marie s'y ennuyait passablement, peut-être parce qu'autrefois ses relations avec sa future belle-mère n'avaient pas été des plus agréables. De retentissantes « prises de bec » entre les deux femmes, dotées chacune d'un caractère assez impulsif, avaient indiqué clairement qu'elles ne possédaient guère d'affinités. Depuis lors, les passages de Marie dans la demeure familiale du Limousin demeuraient brefs. Ce ne fut qu'après la mort de la mère de Paulin qu'elle y revint plus souvent et plus longtemps, notamment pour « tuer le cochon ». Car les bons produits du terroir titillaient fortement sa gourmandise. Elle en remplissait ses malles pour Paris, Marseille, mais aussi pour offrir à ses amis sans oublier les orphelinats et les hospices. Lorsque la saison froide arrivait, Paulin et Marie se rendaient en Limousin pour la « fête du cochon » dont le rituel du sacrifice ressemblait à celui du Rouergue : avant d'égorger l'animal, le saigneur devait tracer un signe de croix sur son échine. Ce jour-là, on préférait la vieille lune et le vent du nord car les viandes se conservaient nettement mieux. Marie n'hésitait pas à mettre la main à la pâte. Enfant et même adolescente, elle préparait saucisses et fritons, assaisonnait les pâtés, lavait les boyaux, désossait les carcasses. Elle s'y connaissait ! Et son statut de « femme du monde » ne l'empêchait pas de se mêler à la foule des domestiques qui, ce jour-là, s'activait à cette besogne particulière. De plus, elle excellait dans la préparation des liqueurs, notamment le vin de noix, spécialité du Rouergue, et son fameux « cartagène », boisson méridionale composée d'eau-de-vie et de moût de raisin dont elle abreuvait tous ses amis.

Agrandir, développer, embellir son beau domaine passionnait Paulin Talabot qui dépensa, à cet effet, une énergie fabuleuse en études et en réflexion, mais aussi beaucoup d'argent. Son incomparable méthode de travail, sa fantaisie intellectuelle pour les occupations les plus diverses et les plus éloignées de la pratique des affaires firent merveille sur les terres de Maury.

Au cours de l'été 1871, il y entreprit d'importants travaux, lui apportant le confort moderne et l'espace nécessaire. Le chantier eut de pénibles conséquences car il ne fut pas possible d'habiter sur place. Une lettre de Marie à Lucile Le Verrier précisait : « Maury est un chantier de maçons, peintres, menuisiers, plâtriers, serruriers. On ne sait où poser le pied. La vieille maison est plus inhabitable que jamais. Et c'est là que je vais habiter lorsque “mon tyran” sera arrivé, car il ne voit que l’agrément de son berceau[1]... »

À la vénérable bâtisse de son enfance et sa jolie tour finissant en poivrière, l’ingénieur fit accoler une aile supplémentaire dans laquelle prit place une spacieuse et magnifique salle de billard, jeu dont il raffolait. La grande et longue salle à manger reçut une table de chêne immense où l’on pouvait loger une trentaine de convives. Une cheminée de marbre agrémentait encore cette pièce[2].

Sur la toiture, l’ingénieur fit installer une horloge et une cloche permettant d’appeler au loin le personnel qui travaillait dans les champs. Enfin, des consoles de maintien de la cheminée extérieure avaient été forgées en forme de T, lettre que l’on retrouvait un peu partout dans la propriété et que l’on apercevait de loin.

La propriété de Maury représentait environ trois cents hectares[3]. Un régisseur, qui dirigeait l’ensemble du domaine, notait scrupuleusement toutes les dépenses, les recettes, les actions les plus minimes qui soient. Un chef jardinier s’occupait des deux jardins potagers, des deux vergers et du parc dont la surface totale couvrait dix hectares.

Paulin donna le meilleur de lui-même dans l’aménagement des jardins. Il devint l’un des botanistes les plus zélés de France. « La botanique est la science des poètes », disait-il, et elle devint son rêve. Un rêve qu’il vivait éveillé lorsqu’il recherchait avec frénésie les plantes rares et utiles, les meilleures, les plus belles qui pousseraient plus tard dans ses jardins. Pragmatique dans ses rêves, il fit creuser un aqueduc afin d’amener l’eau à profusion, récupérant les sources disséminées sur ses terres et qui s’accumulaient en deux étangs et sept pêcheries. Dans le parc, quatre bouches d’eau et deux puits dont l'un de 32 mètres de profondeur et 16 mètres de hauteur d'eau[1] alimentaient serres, jardins, vergers, parc et château. Le potager représentait à lui seul un tour de force artistique, tant dans les plantations que dans leur agencement. Abricotiers et poiriers, palissés en espaliers sur les murs de clôture, dessinaient en lettres capitales le nom de TALABOT. Les arbres, taillés dans la plus pure tradition de La Quintinie, le jardinier du Roi-Soleil à Versailles, assuraient une récolte abondante et étalée. Quant au parc, il avait reçu une plantation ingénieuse aux perspectives agréables. Enfin, de grandes et hautes serres, remarquables par la géométrie élégante de leurs ossatures, abritaient des espèces rares et exotiques venues du monde entier. Par ailleurs, tout le matériel agricole possédait le marquage « TALABOT » jusqu'aux harnais des chevaux dont le cuir vernis et luisant laissait apparaître les deux initiales célèbres. À n'en pas douter, Paulin marquait son territoire !

Afin de mener à bien l'ensemble de ces travaux, l'ingénieur, aussi pressé que lorsqu'il entreprit l'immense chantier du Roucas Blanc, rechercha l'appui de paysagistes, architectes, horticulteurs et autres journaliers qui travaillèrent parfois, des nuits durant, à la lueur des torches[2]. Mais le résultat fut sans pareil !

Un article du *Figaro* précisait[3] : « Un beau matin [Talabot] se réveillait avec la résolution arrêtée de se transformer en agriculteur. Dès le lendemain, il partait en Angleterre, achetait à prix d'or nombre d'animaux reproducteurs et, à son retour, se rendait acquéreur d'une terre aux environ de Limoges, sa patrie, et créait une exploitation rurale perfectionnée... » Mais Talabot devait encore la développer, tant par sa surface que par son cheptel composé, avant la guerre de 1870, de cent cinquante bovins, cent soixante ovins, soixante porcs et cinq chevaux[1]. À cette époque, le régisseur dirigeait « quinze domestiques mâles (sic), six manœuvres et quinze femmes », auxquels s'ajoutaient des ouvriers auxiliaires nécessaires pour les moissons ou les fenaisons. Tout le personnel était nourri au château, ce qui impliquait encore l'emploi de cuisinières[2].

Le musée Adrien-Dubouché

Devenus d'excellents experts dans la connaissance des œuvres d'art, Paulin et Marie leur vouaient un véritable culte, sachant apprécier à leur juste valeur les objets les plus curieux, les plus rares, les plus symboliques qu'ils approchaient au travers de leurs nombreux déplacements.

L'ouverture sur les musées, les galeries, les expositions, les salons, le contact étroit avec les critiques d'art leur permettaient de développer encore leur culture. Au château de Maury, ils invitèrent à plusieurs reprises le collectionneur Adrien Dubouché[3], industriel du cognac, mécène philanthrope qui, à partir de 1865, développa considérablement le petit musée encyclopédique de Limoges. Lorsqu'il se rendait à Paris, il fréquentait assidûment les salons, dont celui de Marie, et les cercles culturels de la capitale. Aussi comptait-il parmi ses relations le célèbre critique d'art Philippe Burty[4], ami du peintre Eugène Delacroix, ainsi que des collectionneurs tels que Paul Gasnault[5] ou Albert Jacquemart[6] qui joua un rôle prépondérant dans l'organisation des expositions françaises. Très souvent, il convia Marie à ses expositions qui obtinrent un succès légitime[7].

Véritable passionné des « arts du feu » et de l'industrie céramique, Adrien Dubouché donna au musée de Limoges plus de quatre mille objets. Il voulut qu'il soit transformé en un centre d'études pour l'industrie locale, la fabrication de la porcelaine. Son idée était de former des artistes qui trouveraient sur place les sources de leur inspiration. Il avait été peut-être lui-même inspiré, en la bastide du Roucas Blanc, lorsque, invité des Talabot et entouré d'artistes, il percevait combien les facultés créatrices pouvaient être développées, dès lors que le site et l'ambiance correspondaient à ce que l'on recherchait.

Auprès de relations et de mécènes, Adrien Dubouché alla à la découverte de pièces uniques qui pourraient étoffer sa collection. Touchée par cette noble idée, Marie lui offrit quelques pièces rares et fines qu'elle possédait à Marseille et à Paris et que l'on peut toujours admirer au sein de ce musée, notamment un seau à glace, en faïence polychrome de petit feu, décoré de scènes galantes[1], une écuelle à oreilles et couvercle, ornée de guirlandes et signée[2]. Enfin, tasses, soucoupes, terrines Moustiers, décorées à la rose manganèse, soupière faïence polychrome de grand feu furent encore autant de dons qu'effectua Marie pour cette cause[3]. Ces pièces figurent auprès d'autres données par le caricaturiste Gavarni, la baronne de Rothschild, Napoléon III[4] et d'autres célébrités de l'époque.

Enfin, en 1876, au cours d'une belle cérémonie, on donna à ce musée le nom d'Adrien Dubouché, son principal mécène.

XXV

Rue Volney

Hygiène

APRÈS LEUR PÉRIPLE dans le Limousin, les Talabot retrouvèrent Paris et la rue de Rivoli qui devenait de plus en plus bruyante, ce qui énervait passablement Paulin, gêné dans son travail. Peu à peu, la vie reprenait ses droits. Mais suite aux désastres de la guerre, il fallut reconstruire. Dans l'esprit des Parisiens, seul le travail pouvait faire oublier les moments tragiques qu'ils avaient vécus. Alors on s'attela courageusement à la tâche : l'activité devint ainsi prodigieuse.

Les Talabot avaient passé une quinzaine d'années dans le quartier des Tuileries. Ils décidèrent de revendre leurs logements et d'acquérir un autre immeuble dans un secteur résidentiel et calme, au numéro 10 de la rue Volney[1], située dans le 2e arrondissement. Ils passèrent leurs tractations en juin 1872. Édifié non loin de l'Opéra et de l'église de la Madeleine, qui devint ainsi leur nouvelle paroisse[2], cet immeuble cossu avait appartenu au maréchal de Saint-Arnault. Celui-ci le détenait de

Napoléon III qui le lui avait offert en échange de services rendus lors du coup d'État.

Les Talabot prirent possession de leur hôtel particulier l'année suivante, après d'importants travaux qui permirent de le doter largement des équipements les plus modernes de l'époque. De vastes espaces successifs avaient été créés. Auprès d'un petit salon réservé aux femmes et d'un plus grand destiné aux hommes, la salle à manger, meublée avec goût et d'une façon très pratique, possédait un écran de sémaphore fixé au mur. Il permettait d'appeler les domestiques jusque dans leurs chambres situées au dernier étage de l'immeuble[1].

De même qu'en sa bastide du Roucas Blanc, Marie s'était totalement impliquée dans l'agencement et la décoration de chaque pièce de son nouveau logement. Comme cela se concevait a l'époque, elle respecta les espaces d'intimité protégés par de hautes tentures, notamment dans la salle à manger, tandis que le salon, orienté vers « l'espace public », permettait d'accueillir les visiteurs.

La plus belle pièce du logis devait être naturellement le grand salon. Ce tabernacle sacré de la maîtresse des lieux avait été finement pensé afin d'apporter le confort indispensable à la qualité des réceptions devant s'y dérouler. Dans cette pièce majestueuse de par la hauteur de ses plafonds, de grandes tentures étouffaient les bruits extérieurs et d'opulents canapés n'appelaient que détente et repos. Tableaux de maître, immense table d'acajou massif, lustres en cristal, mobiliers ornés de franges et de capitons, la décoration intérieure, à la fois abondante et raffinée, témoignait du luxe et de l'opulence des propriétaires. De nombreux miroirs en multipliaient encore les splendeurs.

Avant-gardiste en matière d'hygiène, Marie avait étudié avec attention la conception de son cabinet de toilette attenant à sa chambre. Une immense baignoire de cuivre[1], un tub, un bidet et une vasque constituaient l'essentiel de cette pièce recouverte de miroirs, véritable salon de beauté d'une femme attachée à la conserver. Sur les étagères de verre reposait une quantité impressionnante de lotions, crèmes, parfums et autres produits saponines : gouttes de violettes d'Italie, parfums des fleurs de France, rosée des abeilles, crème Pompadour... Elle achetait ses produits chez son ami Guerlain, le grand parfumeur parisien, ou dans les meilleurs salons de vente du boulevard des Capucines. Lorsqu'elle descendait dans le Midi, Marie faisait encore quelques emplettes à Grasse, notamment en la maison Violet[2] qui fournissait alors l'impératrice mais aussi les cours de Russie, d'Espagne et d'Angleterre. Enfin, une belle collection d'éventails, accessoires indispensables à la toilette et à la coquetterie féminine, emplissait ses tiroirs.

La belle Marie prenait un soin particulier de son opulente chevelure par des masques de jaunes d'œufs et de cognac. Pour sa peau, elle préférait des compresses d'huile d'olive, luttant avec acharnement contre le vieillissement. Se voulant pionnière en matière de soins, elle suivait une hygiène rigoureuse et s'adonnait à l'hydrothérapie, pratique résolument moderne pour l'époque. Car le bain demeurait rare au cours du XIXe siècle[3] et les soins corporels ne concernaient que certaines parties du corps, timidement arrosées par de simples ablutions. Il arrivait que certaines familles « aspirant à l'hygiène » louent une baignoire. Alors, tout le monde était concerné : « La maîtresse des lieux se trempait la première, puis le mari, les enfants barbotaient jusqu'à ce que l'eau devienne tiède, et parfois l'on y plongeait encore le chien[1]... »

Les progrès de l'hygiène corporelle ne s'accentuèrent qu'avec la mise en évidence de la contagion des épidémies, ce qui induisit des gestes de propreté. Dans les habitations, les domestiques durent transporter des seaux d'eau afin de permettre leurs ablutions aux membres de la famille. Parfois l'on faisait appel aux porteurs d'eau[2] qui se faisaient vertement tancer lorsque, avec leurs seaux dégoulinants, ils montaient les étages. Il est aisé de comprendre les perturbations que pouvait causer un tel va-et-vient de récipients vides ou pleins dans les escaliers de l'immeuble. Marie avait amplement vécu cette situation, tant à Saint-Geniez-d'Olt qu'à Marseille et à Nîmes, où il fallait quotidiennement remplir fontaines de cuivre, chaudrons, cuvettes et parfois baignoire. Sa condition de grande dame ne lui avait jamais fait oublier qu'elle avait connu le pénible transport de l'eau. Aussi était-elle très indulgente[3] vis-à-vis de ses domestiques, si par malheur ils renversaient quelque récipient.

Mais le développement timide de l'hygiène fut souvent anéanti par des moralistes qui se méfiaient de la sensualité de cette pratique. Les médecins eux-mêmes déconseillaient les bains trop fréquents, précisant qu'il ne fallait en faire usage « qu'une fois tous les quinze jours et que les femmes pâles et faibles devaient se borner à un par mois, après leurs époques[4] »...

Touchée par le choléra lorsqu'elle habitait Nîmes, assez souvent malade[5], Marie concevait aisément la nécessité d'une bonne hygiène. À cet effet, elle demeurait intransigeante tant pour elle que pour ses domestiques et femmes de chambre qui devaient absolument respecter certaines règles qu'elle qualifiait d'essentielles. Ses directives demeuraient les mêmes, tant à Paris qu'en province. Un jour, elle eut quelques mots assez forts vis-à-vis de sa femme de chambre du Roucas Blanc, une certaine Marie-Christiane, qui avait quelques difficultés à respecter les consignes édictées par la maîtresse des lieux. Plusieurs fois, elle dut la rappeler à l'ordre et même la menacer de renvoi pur et simple. Mais son bon cœur prit le dessus : « Ma femme de chambre est tout de même restée chez moi, mais je ne suis pas contente de ma faiblesse envers elle, car elle ne veut ou ne peut comprendre ce qu'est l'hygiène [1] » Malgré cela, Marie devait apprécier hautement Marie-Christiane car non seulement elle la conserva à son service toute sa vie, mais elle la coucha sur son testament, prévoyant de lui attribuer la belle somme de 10 000 francs[2].

Parfois son entourage lui faisait le reproche de son engouement pour l'hydrothérapie : « Le bain, lui affirmaient quelques doctes et prudes amis, impressionne l'organisme. Il est capable de réveiller plus qu'il ne faut le désir sexuel[3]... » Mais Marie se voulait moderne ; elle n'hésitait pas à écouter ses envies et refusait ce que la société souhaitait lui voir vivre. Elle était extravertie, elle était latine et aimait rire et vivre. Elle aimait cette idée d'être la maîtresse de son corps. Et le souci de son bien-être physique comptait fortement. Elle marchait des heures, montait à cheval, allait à la chasse, prenait des bains de mer, épuisait ses proches[4] par son dynamisme permanent. En revanche, elle ne veillait pas à son alimentation. D'ailleurs, cela n'était pas à la mode d'alors où l'embonpoint féminin devenait naturellement signe de sensualité.

Marie fuyait comme la peste toute épidémie qui s'annonçait. Bien informée, pouvant voyager à sa guise, elle faisait le nécessaire pour se retrouver le plus loin possible du lieu contaminé. Dans les salons de Juliette Adam[1], auxquels elle était conviée, elle fréquentait Mme et M. Eugène Poubelle qui devint, quelques années plus tard, préfet de la Seine[2]. Les Talabot estimaient ce brave homme, « magnifique barbu qui arborait fièrement son monocle ». De temps à autre, il venait dîner chez eux, rue Volney, accompagné de son épouse. Marie lui fit ainsi découvrir les installations d'hydrothérapie qu'elle avait fait installer dans son nouveau logement, une technique véritablement innovante à cette époque et dont elle pouvait être fière. Cela plut énormément à leurs amis, si bien que dans les salons on chuchotait que les Poubelle avaient pris modèle sur les « installations modernes des Talabot[3] ».

Choqué par la saleté et les immondices qui s'amoncelaient dans le nouveau Paris d'Haussmann, et surtout sensible, comme Marie, aux épidémies endémiques qui ravageaient alors la capitale, Eugène Poubelle aspirait hautement à une meilleure hygiène. Et lorsqu'il fut nommé préfet de la Seine en 1883, ce fut le premier travail de cet homme qui chercha, par tous les moyens, à prévenir le retour du choléra. Il prit un arrêté en vertu duquel il obligeait les propriétaires à fournir à chacun de leurs locataires des récipients munis de couvercles et destinés à recevoir les ordures ménagères[4]. Tous les matins, elles étaient ramassées au moyen de tombereaux prévus à cet usage. Les balayeurs municipaux annonçaient leur passage au son d'une corne semblable à celle que l'on utilisait dans les chemins de fer. On racontait que c'était Paulin Talabot, lui-même, qui avait donné cette idée au préfet et qui lui en avait même fourni[1] !

La comtesse de Castiglione

La même année de leur installation rue Volney en 1872 vint habiter auprès des Talabot la comtesse de Castiglione[2] qui revenait d'Italie. Femme fascinante et très convoitée dans la haute société, bien que mariée, elle était déjà venue à dix-neuf ans à Paris, en 1855, afin de convaincre l'empereur Napoléon III de soutenir la cause de l'unité italienne[3]. Sa beauté aidant, elle devint rapidement sa maîtresse et fut ainsi reçue, en « lionne étincelante », par les plus hauts dignitaires de l'empire.

Mystérieuse, troublante, captivante, très amoureuse de son corps parfait, la jeune comtesse en faisait alors profiter une foule d'amants, qu'elle rejetait pour un rien, tel Robert d'Orléans, duc de Chartres, frère du comte de Paris. Elle couchait dans des draps de satin noir afin que la blancheur de sa peau apparaisse encore plus éclatante, se parfumait à outrance, utilisait les meilleurs onguents, menait un train de vie opulent avec une insolence soutenue. Mais ses imprévisibles sautes d'humeur éloignèrent peu à peu ses amis. L'empereur lui-même, agacé par son comportement farfelu, la délaissa.

Lorsque les Talabot firent sa connaissance en 1872, la comtesse, qui avait alors trente-six ans, menait déjà une vie plus raisonnable. Marie l'invita à ses salons et à ses dîners élégants. Mais sa désinvolture parfois bizarre surprenait, et ses absences déconcertantes n'entraînaient guère le dialogue. Progressivement, la comtesse se repliait sur elle-même. Autant autrefois elle ne se lassait pas d'admirer son corps durant des heures, devant ses psychés qui ornaient toutes les pièces, autant à présent elle pénétrait, mois après mois, une solitude profonde. À tel point que, voyant les premiers outrages du temps qui commençaient à apparaître sur son beau visage, elle recouvrit tous ses miroirs d'un voile opaque, ses miroirs qu'elle avait tant adulés durant sa jeunesse… Elle quitta la rue Volney en 1878 pour habiter au numéro 26 de la place Vendôme, et s'enfonça plus encore dans la pauvreté et la tristesse, développant d'importants troubles psychiques. Dès lors, elle ne sortit que le soir ou la nuit, voilée de noir…

Cependant, avant qu'elle ne sombre dans sa folie, la comtesse de Castiglione s'était trouvé un terrain commun de discussion avec Marie Talabot, la photographie. Non sur le plan purement technique, car cette récente découverte nécessitait un matériel très particulier, mais sur l'aspect artistique qui révolutionnait alors fondamentalement les façons de « voir ». Les dessinateurs, les peintres traduisaient jusqu'à présent sur leurs toiles leur manière de penser, de comprendre, d'analyser, alors que cet art nouveau jetait très brutalement la réalité sur le papier.

Il est certain que, dès le début de son invention, la photographie chercha à saisir les moments de la vie des femmes, moments jusque-là secrets ou, du moins, invisibles. Mais cette démarche, dans ce monde prude et quelque peu étriqué, heurta les caractères de certains qui s'en offusquèrent très ouvertement, entraînant ainsi une sorte de révolution. Peu à peu, la passion qui animait la comtesse de Castiglione devint maladive. Alors que les premiers signes de l'âge faisaient leur apparition, elle chercha à conserver d'elle des images immuables célébrant son corps, ses costumes, ses attitudes… Fière de les montrer à son entourage, la comtesse contemplait ses albums de photographies, comme si elle voulait à nouveau retrouver la beauté magnifique qui la représentait avec tant d'éclat sur les clichés. Mais son visage vieillissant hantait véritablement son esprit, l'entraînant vers un repli de plus en plus marqué sur elle-même. Par le biais de ses nombreux albums, elle voulait certainement inscrire son image dans la postérité, car la comtesse envisageait de les exposer au public[1]. Dans leur ouvrage *Histoire des femmes en Occident,* Georges Duby et Michelle Perrot précisent : « Sur ses photographies, la comtesse porte des costumes extravagants, prend des poses audacieuses de courtisane et s'affirme ouvertement comme un objet de consommation sexuelle. Pour être plus claire encore, elle utilise des encadrements de tableaux et des miroirs sur de nombreuses photographies[2]... »

Si la comtesse faisait appel à Pierre-Louis Pierson[3] comme photographe attitré, Marie lui préférait un autre grand maître, Gustave Le Gray[4], que l'on remarqua grâce à son sens affiné de l'esthétique et que l'on considéra comme le premier des chefs d'école de cet art qui ne faisait alors que poindre.

Au contact de son époux et d'Édouard Baldus[5] leur ami, Marie s'était intéressée à cet art nouveau. Dans les salons de la rue Volney comme dans leurs demeures de province, les photographies participaient à la décoration ou s'étalaient en un nombre impressionnant d'albums, montrant l'intérêt majeur que les Talabot accordaient à cette nouveauté artistique[6]. Si Paulin avait un faible pour les daguerréotypes et les panoramas de Suez et d'Algérie qu'il exposait dans ses bureaux, tous deux appréciaient les nus artistiques qu'ils collectionnaient généralement dans des albums.

Dîners élégants et soirées d'hiver

Avec passion et entrain, Marie organisait ses dîners élégants où elle accueillait entre huit et vingt-cinq convives triés sur le volet. Douée d'un instinct très sûr qui lui faisait trouver le mot aimable, le geste attentif pour chacun de ses invités, Marie excellait dans le rôle de maîtresse de maison. Elle veillait à ce que chacun se connaisse et trouve du plaisir à se retrouver, à partager un peu de temps, à deviser sur des thèmes fort éclectiques et de bon aloi. Souvent, un fin lettré, un artiste, un poète de talent, un homme en vue se joignait à l'assemblée, apportant ainsi un intérêt complémentaire. Quelquefois, elle mariait savamment politicien et artiste, scientifique et diplomate, poète et ingénieur. D'un œil amusé, Marie suivait alors les nouveaux venus, écoutait sans mot dire les savantes dissertations, qui se révélaient parfois étranges ou tortueuses, surtout lorsque philosophes et artistes s'en mêlaient...

Afin de recevoir dignement et de donner dans le bon ton des « dîners élégants », situation et bonne fortune n'étaient pas suffisants. Il fallait aussi une grande habitude du monde, des façons aristocratiques, du goût, du tact. Marie possédait toutes ces vertus, mais encore un esprit au-dessus de la moyenne et un discernement tout particulier dans le choix des invitations. Elle faisait sienne cette devise de Brillat-Savarin : « Convier quelqu'un, c'est se charger de son bonheur pendant tout le temps qu'il est sous votre toit. » Et, de fait, on se délassait à merveille chez elle où, durant des heures, le feu des arts et des lettres éclatait en vives causeries.

Selon les règles du plus scrupuleux savoir-vivre, Marie décorait sa table avec distinction et méthode. Puriste, elle ne laissait rien au hasard, des boutons de livrée des domestiques aux décorations ou à la disposition des fleurs. Un protocole précis dictait un menu exquis, irréprochable dans sa composition et dans sa qualité. De plus, le personnel de service, tiré à quatre épingles, dans une tenue à la fois correcte et sans prétention, devait rester discret auprès des convives.

Rue Volney, les Talabot possédaient une excellente cave dont ils proposaient avec bonheur à leurs amis et invités les crus prestigieux : bourgogne, malaga, saint-estèphe, château-giscours... Lors de la liquidation des biens de l'immeuble des Talabot en 1889, quelque 4 569 bouteilles de grands vins furent vendues à l'hôtel Drouot[1]. Par ailleurs, les caves du Roucas Blanc et celles du château de Maury dans le Limousin n'avaient rien à envier à celle de Paris...

Durant les longues soirées d'hiver, en leur salon réservé, les hommes jouaient au billard ou au whist[2] et les dames, dans le leur, brodaient des tapisseries, jouaient au piano ou chantaient en duo. Les déclarations sentimentales fournissaient parfois un excellent sujet de discussion dans leurs cercles intimes où l'on évoquait volontiers les aventures amoureuses, parfois cocasses, de certaines célébrités. Elles défrayaient alors la chronique parisienne, et semblaient d'ailleurs n'attendre que cela ! Dans le caquetage des salons, les anecdotes touchant l'amour faisaient vibrer d'aise la gent féminine. Les questions brûlantes fusaient pour savoir si telle personne allait enfin céder à son caprice amoureux ou, au contraire, saurait s'opposer vertueusement aux tentacules de l'amour. Espionnage des cœurs et jalousie des femmes eurent rarement l'occasion de s'exercer autant ! Chacune donnait ses recettes de séduction ou de savoir-faire pour conquérir, conserver ou se détacher des liens amoureux. Et l'on rapportait les propos de Mme de Metternich qui affirmait : « Pour empêcher mon mari de courir, je lui casse une patte tous les matins[1] ! »

Au cours de l'un de ces dîners, Marie fut informée des frasques financières de son premier amour, Adolphe Fraissinet, dont elle connaissait le papillonnage intense qu'il assurait avec désinvolture autour des belles aventurières. À Paris, il avait ainsi rencontré une demoiselle Chaboud, demi-mondaine, danseuse ou comédienne de son état. Homme intelligent mais influençable, Adolphe éprouva pour elle une passion d'autant plus aveugle qu'elle était tardive. Cette liaison se révéla ruineuse[2]. Et bientôt, couvert de dettes comme d'une hermine, le bel Adolphe, qui s'était dépensé sans compter auprès des belles dames, se vit contraint de renoncer à sa charge de trésorier général[3]. Jamais au cours de sa vie, Marie n'avait voulu retrouver cet ancien amour d'adolescente. Cependant, elle conservait dans un coin de son cœur, comme dans une parenthèse, cet épisode d'une belle saison d'été qui lui avait fait découvrir les élans insoupçonnés de l'amour.

Venaient encore dans les discussions les frasques extravagantes des « horizontales de grande marque » dont princes, ministres, artistes, magnats et autres sommités se disputaient les faveurs à prix d'or. On les voyait partout : au théâtre, où elles étalaient leurs bijoux dans les loges les plus en vue, au bois de Boulogne, où leurs équipages rivalisaient avec ceux de l'impératrice et parfois même les surpassaient, dans les bals, où elles séduisaient ouvertement et sans retenue car elles n'avaient rien à cacher... Par leur attitude et leur présence outrancière, elles horrifiaient les moralistes de l'époque, mais fournissaient, par le fait même, un aliment de choix que l'on croquait avec grand appétit dans la douceur et le confort des appartements. Cependant, le naturel et la simplicité caractérisaient les rencontres que Marie organisait, chez elle, le dimanche soir[1]. Généralement, les soirées se terminaient en savourant quelques petits gâteaux et le traditionnel verre de porto.

L'Opéra

L'Opéra de Charles Garnier[2], que l'on venait d'inaugurer en ce début janvier 1875, représentait le symbole de l'opulence « au centre rayonnant de ce nouveau Paris de rêve ». D'emblée il s'imposa comme un monument de l'architecture du XIXe siècle, dans la continuité des transformations de Paris, sous les directives de Napoléon III et du préfet Haussmann. Il ne fut édifié que pour l'art, le luxe et le plaisir. La foule d'invités, et, parmi les premiers, Paulin et Marie, découvrait enfin avec ravissement une architecture sublime jusqu'alors cachée aux profanes. En présence du maréchal de Mac-Mahon, président de la République, du roi et de la reine-mère d'Espagne, du lord-maire de Londres et de deux mille personnalités venues de toute l'Europe[3], le beau monde, ébahi devant le majestueux escalier, les décorations inédites, les mosaïques qui ornaient les plafonds, véritable nouveauté parisienne[4], et le rouge utilisé à outrance afin de « donner bonne mine aux dames », se pâmait d'admiration. Une réussite éclatante pour l'architecte !

Les Talabot estimaient Charles Garnier. Durant une quinzaine d'années, l'ingénieur avait suivi les travaux de ce temple raffiné dont le talentueux architecte lui rapportait, avec moult détails, les nouvelles techniques de construction où le fer était très utilisé malgré l'apparence des décors[1]. À cet effet, Charles Garnier avait fait équipe avec Gustave Eiffel, symbole vivant de cette « architecture d'ingénieurs » que méprisaient alors les prix de Rome. Il en résulta une étourdissante association entre la pierre et le métal, entre une architecture classique pratiquée selon les règles de l'art et une technologie avancée des métaux[2].

Pour sa part, Marie Talabot appréciait les arcanes complexes de la décoration raffinée qui ornait le moindre recoin de cette œuvre sublime. À plusieurs reprises, elle fut admise au cœur de ce chantier, accompagnée de l'architecte ou d'artistes sculpteurs[3] comme Eugène Guillaume, qui fréquentait son salon, ou encore Louis-Ernest Barrias. Toujours très curieux, Talabot y puisait des connaissances nouvelles et son épouse des idées de décorations inédites dont elle ne se lassait jamais. Mais le chantier dura en longueur, perturbé régulièrement par une foule d'incidents, notamment des démêlés entre l'architecte et l'administration, ses ministres de tutelle et leurs bureaux. De plus, durant le conflit avec l'Allemagne, le chantier encore inachevé avait été réquisitionné pour entreposer des vivres et de la paille pour les chevaux.

Passionnée d'opéra, Marie possédait une loge qu'elle louait à l'année et dont elle faisait largement profiter ses amis. Son mari l'accompagnait rarement au théâtre ou à l'Opéra, trop souvent occupé par ses hautes fonctions. Marie s'y rendait tout de même, au bras de

Mme Haussmann, Mme Le Verrier ou la comtesse de Ricard, participant ainsi à la vie mondaine dont elle raffolait. Il est vrai que l'Opéra était par excellence le rendez-vous de la bourgeoisie. On y venait pour un moment de spectacle mais encore pour les visites que les femmes se rendaient traditionnellement de loge en loge[1].

Mais le nouvel Opéra changea quelque peu les habitudes de cette belle société. Vraisemblablement attirées par les subtilités des décors et la beauté époustouflante de l'architecture, les dames voulurent sortir de leurs loges dans lesquelles elles étaient cloîtrées. Elles voulurent déambuler à leur aise entre ces magnifiques décorations et, surtout, investir les espaces publics jusqu'alors exclusivement réservés aux hommes. Une véritable révolution des mœurs s'instaura. Marie Talabot ne fut pas la dernière à quitter sa loge et à enfreindre les attitudes traditionnelles afin d'apprécier une architecture sublime, faite justement pour être regardée. Et par le fait même, se mêler à la gent masculine qui hantait les lieux…

Comme les entractes étaient très longs, car il fallait changer les décors, on prenait le temps et l'on se retrouvait dans la rotonde du glacier où l'on mangeait, l'on papotait, l'on rencontrait… Les dames allaient encore dans le grand foyer et parcouraient « l'allée des soupirs ». Car l'attraction la plus générale et la plus vive devenait, sans contredit, le spectacle de ces dames qui se déplaçaient de loge en rotonde en une très belle émulation de toilettes et d'éclats lapidaires. Toutefois, une certaine catégorie de gens ne pouvait concevoir, dans cet antre de beautés, ce mélange de femmes et d'hommes en trop grande promiscuité, et n'y voyait que du vice… Alors, les gazettes crièrent au scandale, écrivant que la nouvelle société devenait épouvantable et que la morale fondait comme neige au soleil… Et lorsque le sculpteur Jean-Baptiste Carpeaux[1] dévoila son groupe *La Danse* destiné à la façade de l'Opéra, les esprits obscurs s'agitèrent à nouveau face au traitement réaliste et sensuel de l'œuvre. On écrivit : « Ces ménades aux chairs flasques sentent le vice et puent le vin… » alors que l'artiste ne voulait qu'exprimer les joies de la danse ! L'on alla même jusqu'à maculer d'encre l'œuvre de Carpeaux…

XXVI

Émotions et tourments

Julie Caries : une jeune fille amoureuse

L'ARRIVÉE DE JEUNES GENS et de jeunes filles, dont les éclats de rire et la bonne humeur permanente emplissaient la verte campagne limousine, émaillait la vie recluse de Maury ou de Trachaussade. Au cours des mois de fin d'été et d'automne 1873, les sentiments amoureux des uns allèrent se heurter aux soucis douloureux des autres. L'espièglerie éthérée de la jeunesse s'opposa en effet à la souffrance physique des adultes.

À la fin du mois d'août 1873 arrivèrent au château de Maury la cousine de Marie Nathalie Caries et sa fille de quinze ans, Julie. Marie ne les avait pas revues depuis six mois, depuis les obsèques de l'époux de Nathalie. C'était sous un froid vigoureux de décembre que l'on avait enterré ce pauvre Justin âgé seulement de quarante-six ans[1].

Julie était née à Saint-Geniez-d'Olt le 8 mai 1857 et passa son enfance rue de L'Hôtel-de-Ville, dans l'épicerie de son père. Celui-ci, homme affable et sensible, rendait souvent service à ses voisins. Un jour d'estive[1], des vaches s'emballèrent dans les rues de la cité. Cherchant à relever une personne bousculée par le troupeau au-devant de sa boutique, il fut blessé au bas-ventre par une bête furieuse[2]. Il ne s'en remit jamais et mourut le 4 décembre 1872, après une longue et pénible agonie, laissant une épouse éplorée et sa fille de quinze ans. La jeune veuve se retrouva alors dans une situation fort difficile et dut faire appel au Bureau de bienfaisance de la ville[3].

Lorsque Marie eut connaissance de la triste nouvelle, elle se rendit immédiatement à Saint-Geniez-d'Olt. Mais son voyage fut particulièrement long, car il y avait beaucoup de neige. Elle n'arriva que vers la fin du mois de décembre.

La mort tragique et surtout très lente de Justin avait été péniblement ressentie dans toute la famille. Marie s'inquiéta du sort de Julie, désormais orpheline, comprenant mieux que personne sa situation pour l'avoir vécue elle-même. D'emblée, elle porta un grand intérêt à l'éducation et à l'avenir de la jeune fille[4], ce qui soulagea sa mère, totalement désemparée.

Avec l'aide de M. Railhac, et suite à la décision de Nathalie, Julie fut admise dans un couvent de Rodez. Marie Talabot paya tous les frais que cette démarche entraînait, et les mois passèrent...

À leur arrivée, à la gare de Limoges, Nathalie et sa fille furent reçues chaleureusement par Marie, heureuse d'accueillir cette parenté issue de son Rouergue éloigné. Toutes trois ressentirent cette vibration du cœur qui allie si bien l'estime, l'admiration et la confiance réciproque.

Julie était donc orpheline depuis six mois lorsqu'elle retrouva sa tante au château de Maury. C'était une jeune fille très timide, blonde comme les blés, à la peau blanche comme le lait. Sa mère venait de la faire sortir du couvent[1] pour quelques semaines. À son idée, Julie devait entrer en religion...

Cependant, du haut de ses quinze printemps, son développement physique déjà bien accusé, la jeune fille possédait une élégance naturelle et un joli port de tête. À n'en pas douter, elle était prête pour entrer dans le monde. D'ailleurs, il était clair dans son esprit que sa vie ne pouvait être au couvent car elle rêvait souvent du jeune inconnu qui volerait son cœur... Julie savait déjà où se trouvait la douceur et le bonheur d'aimer : un jour, à la messe, elle avait frémi en apercevant le visage d'ange d'un jeune aristocrate et, depuis, son cœur était en émoi. Mais sa mère, dont on disait partout qu'elle était le modèle des femmes, veillait et lui imposait une autorité victorienne. Elle priait constamment pour sa fille. Depuis qu'était décédée, à l'âge de treize mois, sa seconde fille prénommé Émilie[2], Nathalie veillait peut-être plus que de raison sur Julie qui resta son unique enfant. Elle étouffait cette adolescente par une surveillance continuelle. Le couvent lui semblait donc la solution idéale.

À peine arrivée au château de Maury, sa mère rechercha pour Julie « ce qui pouvait convenir à une jeune fille de son âge ». On la fit donc coucher dans une chambre sombre et sévère, meublée d'un lit Henri II à la paillasse rêche et fort peu douillette. Mais elle ne s'en plaignit pas. La vie du couvent impliquait une rigueur naturelle de chaque jour et de chaque nuit, pour ces jeunes filles que l'on devait protéger des tentations voluptueuses et chez qui l'on retardait, par tous les moyens, notamment l'inconfort, l'éveil du désir. Même à table, les aliments jugés un peu trop « échauffants » leur étaient interdits. Le soir, elles devaient se contenter de boire un bol de lait, car toutes voluptés demeuraient suspectes. Et le réveil du lendemain ne devait pas être trop tardif…

La belle Julie dut respecter la discipline qu'on lui dicta, pratiquement la même que celle du couvent. Mais, après tout, elle en avait l'habitude ! De plus, sa mère la livra à une institutrice anglaise[1], à la rigueur spartiate, qui venait régulièrement au château de Maury donner ses leçons.

Nathalie resta quelques jours dans le Limousin puis retourna dans l'Aveyron, confiant sa fille à Marie. Celle-ci atténua quelque peu la sévérité de la préceptrice anglaise, en accordant plus de liberté à la jeune fille. Dès lors, Julie goûta avec avidité les joies simples de l'émancipation au contact de Lucile qui arrivait de Paris. Rapidement elles devinrent de bonnes amies. Ensemble, avec tout le scintillement de leur jeunesse, les deux jeunes filles s'en allaient les après-midi, à travers bois, à travers champs, dans les chemins creux, découvrir la verte campagne limousine.

Toutes deux appréciaient cette liberté unique dans l'immensité des prairies aux ondulations continuelles des terres, la beauté des arbres séculaires qui sortaient des plans d'eau sombre, la Vienne et la Briance, qui coulaient limpides au pied de châtaigniers majestueux. Elles écoutaient les bergers, chantant au loin, auprès de leurs troupeaux une sorte de ranz qui émouvait ceux qui savaient les entendre[2].

Sur les plans d'eau, Marie, Lucile, Julie, et quelquefois Léonie, naviguaient sur des barques à fond plat, au milieu d'un calme profond que, seul, le chant des oiseaux troublait. Parfois Pierre-Auguste, le fils de

Léonie, et d'autres garçons de son âge se joignaient à elles pour ramer vaillamment. Dans le parc, à l'ombre des frondaisons, on prenait des collations, on jouait à colin-maillard, on cachait des œufs colorés, comme à Pâques, dans les buissons, au creux des arbres que les enfants des domestiques et des fermiers devaient rechercher.

En cette fin d'été, alors que ses quinze printemps associaient une beauté des plus captivantes à une grâce accomplie, Julie devint passionnément amoureuse de Pierre-Auguste. Dès le premier regard, elle avait été conquise par l'allure et les belles manières du jeune homme, « un beau garçon d'apparence froide[1] ». C'était là, enfin, l'inconnu dont elle berçait parfois ses nuits ! Il lui avait manifesté son admiration par mille petites attentions discrètes qui la ravissaient. Jeune dessinateur qui avait été admis au Salon de 1870[2], Pierre-Auguste Gavarni s'amusait à dessiner le joli visage et le petit nez mutin de la jeune fille[3]. Ravie que l'on s'intéresse à sa personne, le cœur de Julie ne fit qu'un bond. Sous le beau soleil d'été, le futur artiste passait beaucoup de temps auprès de la jeune demoiselle, lui donnant aussi quelques leçons de dessin, ce qui les rapprochait… Savourant le trouble qu'ils ressentaient, les deux jeunes gens se retrouvaient dans le petit bosquet qui jouxtait le plan d'eau. Pour l'un comme pour l'autre, c'était la première fois que leurs jeunes cœurs s'émoustillaient…

Nathalie Caries revint à Maury à la mi-septembre et s'aperçut rapidement de la métamorphose de sa fille dont le soleil avait joliment doré sa peau blanche de « jeune nonne ». Ses manières excessives et langoureuses de se pendre au cou de Pierre-Auguste, de chercher à l'enlacer sans cesse pour lui prodiguer caresses et baisers horripilèrent sérieusement sa mère et entraînèrent de fréquentes disputes. Il fallut éloigner les deux tourtereaux : « Ces deux-là devraient encore réfléchir[1] ! »

D'un commun accord, Nathalie et Léonie décidèrent de séparer leurs enfants. Pierre quitta donc Maury pour Limoges, où il reprit ses cours de dessin, et Julie resta au château avec sa tante, chacun des amoureux emportant avec lui une blessure au fond de son jeune cœur. La demoiselle bouda, demeura assez distante avec sa mère, lui reprochant sa sévérité. Parfois le ton montait entre les deux êtres et l'ambiance devenait pénible pour tout le monde. Alors Marie apportait un peu de calme, donnant un conseil à la jeune fille : « Il ne faut pas juger les gens, c'est le travail de Dieu, pas le nôtre. Tu sais ce que dit la Bible, "Pardonne et aime !" » Mais Paulin s'emportait, « ne pouvant souffrir les cris et les prises de bec stériles[2] ». Comme nous allons le voir, l'ingénieur devait prendre du repos. Anxieux, il attendait la date d'une prochaine opération qu'il devait subir en sa résidence limousine.

Les derniers jours de septembre passèrent lentement et Julie ne cessait d'écrire à « son Pierre » : « Je vous attendais depuis toujours. Je n'aimerai personne d'autre que vous », jurait-elle, brûlante de passion[3]. Elle allait dans le bosquet qu'elle affectionnait, à l'endroit où le parc du château ouvrait directement sur la campagne. C'était en ce lieu bucolique qu'elle avait reçu son premier baiser…

En attendant son bien-aimé, Julie vivait au milieu de dames et de vieux messieurs de passage qui la gâtaient tout en lui faisant un peu la cour. Les jours s'écoulèrent ainsi, lentement, et les feuilles d'automne s'amoncelèrent autour des troncs d'arbres. La jeune fille dut retourner au couvent le 7 octobre suivant.

Alors que Marie la raccompagnait à la gare, Julie s'était endormie sur les coussins, bercée par les cahots de la voiture. Elle la contempla : sa nièce était déjà une femme !

Paulin atteint de cécité

Toujours sur la brèche, l'ingénieur Talabot se tourna vers l'Autriche et l'Italie afin d'aménager les lignes de chemins de fer du Brenner et des Apennins. Parfois Marie l'accompagnait car elle adorait découvrir de nouvelles régions. Alors, avant de partir, elle consultait avec attention les atlas d'histoire et de géographie afin d'approfondir ses connaissances. À son retour, elle notait soigneusement ses impressions et les comparait avec celles acquises au cours de précédents voyages. Les excursions en pays étrangers étaient un sujet de conversation récurrent dans le couple Talabot.

Lors d'une visite sur l'un de ses chantiers en Autriche, en octobre 1871, Paulin tomba, se blessant sérieusement au genou. Le fait fut même signalé dans *Le Figaro*. Cette chute avait entraîné une fracture de la rotule et condamna l'ingénieur à une douloureuse immobilité pendant plusieurs semaines. Mais cet accident devait avoir une conséquence bien plus grave[1]. Afin de calmer cette douleur tenace qui ne le quittait pas, il utilisa à forte dose un nouveau produit qui possédait des vertus anesthésiantes, le chloroforme[2]. Mais, ne connaissant pas les conséquences de l'inhalation d'une telle substance, on le découvrit parfois inanimé. Lucile Le Verrier devait écrire au mois de mai 1873 : « On l'a retrouvé à moitié mort et idiot. » Le chloroforme eut un impact déplorable sur ses yeux, provoquant un début de cécité.

Ainsi, depuis l'utilisation de cette substance, la vue de Paulin s'amenuisait régulièrement. Lorsqu'on s'aperçut de cet effet dévastateur, il était déjà trop tard. Il fallut envisager l'opération.

En plus de ses problèmes de santé qui s'aggravaient, Paulin Talabot fut affecté par une série de mauvaises nouvelles : d'abord ce fut l'annonce du décès de l'ex-empereur Napoléon III en Grande-Bretagne. Après sa libération, il s'était réfugié à Chislehurst, dans le Kent. Avec la disparition de celui qu'il considérait comme un « homme de haute valeur », l'ingénieur ressentait qu'une page de sa vie professionnelle se tournait. Peu après, ce même sentiment s'amplifia lorsqu'il perdit son fidèle ami Edmond Audibert[1], qui mourut à Paris en ce mois de mai. Après la guerre franco-prussienne, quand l'ordre matériel fut enfin rétabli, Talabot avait pensé à lui comme futur successeur à la tête de son immense réseau. Il représentait l'homme solide et intègre capable de continuer dignement l'immense chantier des chemins de fer. Audibert avait débuté sa carrière comme ingénieur aux côtés de Paulin Talabot dès 1845. Sur son conseil, il s'était perfectionné en Angleterre à l'école de Robert Stephenson et passa toute sa vie sur les réseaux ferrés du PLM. Doté des aptitudes les plus heureuses, Audibert avait acquis une instruction très solide : « Il savait beaucoup et savait bien. » Il avait pénétré le cercle intime des Talabot comme s'il eut été de la famille et, fréquemment, s'asseyait à leur table de Paris ou de province. Paulin et Marie eurent toujours pour lui une grande et sincère amitié.

Le décès de son collègue et ami affaiblit considérablement Paulin. Cependant, malgré sa douleur, son âge et ses infirmités, il reprit son travail. Dans son ouvrage

Paulin Talabot, sa vie, son œuvre, le baron Ernouf précise : « Cette perte affecta cruellement Talabot, mais sans l'abattre. Il jugea qu'elle lui imposait de nouveaux devoirs, et trouva la force de les accomplir. Il donna à ses nombreux agents de tout grade le spectacle d'un vieillard de soixante-quatorze ans ressaisissant d'une main ferme le gouvernail[1]. » Durant ce mois de mai, qui fit souffrir moralement l'ingénieur, seule l'élection du maréchal de Mac-Mahon[2] lui apporta un peu de joie, car Paulin avait appelé à ce que l'on vote pour lui.

La série des peines qui assombrissaient la vie des Talabot devait encore se prolonger par le décès de l'abbé Faudet. Le compatriote de Marie, qui avait à peu près le même âge que Paulin, venait de mourir en ce 30 juillet 1873[3]. Depuis qu'il avait quitté Saint-Roch, en janvier 1870, pour rejoindre la paroisse Saint-Jacques-du-Haut-Pas, sa santé laissait à désirer. Il avait perdu tout entrain. Paulin et Marie, qui le visitaient régulièrement, eurent beaucoup de peine.

Au lendemain des obsèques du prêtre, après avoir consulté plusieurs médecins, Paulin décida de l'opération de ses yeux. Sa vue s'affaiblissait encore et il était urgent de tenter quelque chose. Celle-ci aurait lieu dans sa demeure familiale de Maury, mais la date précise ne serait fixée par le chirurgien qu'en début septembre. Il envoya donc son épouse préparer son arrivée.

Le 20 août 1873, dans un océan de malles et de paquets, Marie retourna en Limousin, accompagnée de Mme Le Verrier et de Lucile. Elles s'arrêtèrent à Châteauroux, chez leur ami le général Ferri-Pisani, puis regagnèrent, dès le lendemain, la ville de Limoges où elles furent reçues avec chaleur par Léonie Gavarni[4]. Les discussions du moment concernaient, bien évidemment, l'opération de Paulin.

Enfin, les trois amies, auxquelles s'était joints Léonie et son fils Pierre-Auguste, regagnèrent Maury en calèche[1]. Les jours suivants, Nathalie Carlies et sa fille Julie devaient les rejoindre.

Cinq jours plus tard, le 25 août, Paulin arriva de Paris avec ses amis Urbain Le Verrier et l'architecte Auguste Magne[2]. Il devait se reposer avant son opération. Auprès de ses amis, parfois accompagné du docteur Gusco[3], Paulin essaya de profiter au mieux de la campagne limousine, s'octroyant quelques promenades paisibles sur la Vienne ou la Briance, et même une partie de chasse, qui devait être la dernière de sa vie.

Dans ses « moments de clarté », il jouait au piquet[4] avec le régisseur de sa propriété, écoutait de la musique ou les poèmes que lui déclamaient Lucile ou Marie. Malgré la désinvolture des jeunes gens, Julie et Pierre-Auguste, qui papillonnaient amoureusement, la vie semblait bien triste, d'autant plus qu'en cette fin du mois d'août il se mit à pleuvoir abondamment, aggravant l'asthme dont l'ingénieur était atteint. En certains moments, Paulin entrait dans des fureurs et une désolation terribles car il sentait qu'il allait perdre totalement la vue, sachant très bien que le résultat de ce type d'opération se révélait bien trop souvent aléatoire. À ses périodes de désespoir en succédaient heureusement d'autres, meilleures, où Paulin, oubliant sa douleur, taquinait son entourage, notamment sa chère Lucile, qu'il appelait « ma princesse », et lui demandait souvent de chanter. Ce fut toujours pour ce grand homme un moment de tendresse et de douceur infinie que d'écouter la voix pure de cette jeune fille.

En attendant des nouvelles des médecins qui devaient fixer la date de la future intervention chirurgicale, les dames de Maury s'échappaient en calèche sur les petites routes pittoresques de la région. Un jour, elles arrivèrent au village de Solignac, au pied d'une vieille abbaye[1] qui semblait totalement abandonnée. Devant le délabrement de ce magnifique édifice, Lucile devait écrire dans son journal intime : « ... il faut un grand effort de foi pour y sentir Dieu[2]. » Par la suite, elles revinrent prier dans ce même lieu pour le rétablissement de la santé de Paulin.

Enfin, le 10 septembre, une dépêche annonça l'opération imminente de Paulin qui devait se dérouler au château même de Maury, le dimanche suivant. Une opération sans anesthésie qui le traumatisa. Car, à cette époque, on se méfiait justement des « merveilles de l'anesthésie ». Certes, elle ôtait la douleur, mais aussi bien trop souvent la vie[3] !

Le samedi 13 septembre arrivèrent à Maury deux médecins de Paris ainsi qu'un chirurgien et un médecin de Limoges. Paulin fut très calme avant l'opération. Celle-ci se déroula le dimanche après-midi sur la grande table de la salle à manger où l'on avait solidement attaché le patient. On lui avait fait respirer quelques vapeurs d'éther, mais lorsque l'opération commença « il poussa de grands cris », relate Lucile Le Verrier[4]... Malgré la vue du bistouri qui s'approchait, puis la douleur, le patient ne devait absolument pas bouger, condition essentielle pour la réussite de l'opération. Le chirurgien opéra les deux yeux en même temps[5]. Une technique surprenante mais cependant classique à cette époque et qui perdura jusqu'au milieu du XXe siècle.

Marie se sentit triste, morne et abattue pendant l'opération qu'elle redoutait peut-être plus que Paulin.

Comme si elle ne supportait pas son impuissance, par moments elle s'assoupissait et semblait dormir. Tout d'un coup, les cris de Paulin la réveillaient, elle se redressait, devenait agitée, et essayait de reprendre le dessus... Puis, à la vue de son cher époux, un déluge de larmes se déclenchait et elle retombait dans son abattement, hébétée... L'ambiance demeurait douloureuse et sombre d'autant qu'une pluie incessante bouchait l'horizon. Et tous les soirs, la nuit jetait sur la campagne limousine une couverture d'encre...

Durant plusieurs jours, l'opéré resta dans le noir absolu, à gémir ou à crier. Marie ne le quitta pas un instant, déstabilisée par la souffrance de son époux qui, parfois, entrait dans des crises de nerfs épouvantables, bien difficiles à supporter pour l'entourage. Les Le Verrier et leur fille auraient souhaité que Paulin se tourne vers la religion en ces moments difficiles : « Il faudrait quelqu'un pour lui parler de Dieu », écrivit Lucile au lendemain de son opération[1]. Mais le malade s'emportait, criant : « Vous m'assommez tous ! Laissez-moi en paix, allez-vous-en[2] ! »

Les dames de Maury[3] allèrent se recueillir en l'église de Condat, une église qui croulait de toutes parts, pleine de désolation et de tristesse. Chaque jour elles s'y rendaient avec l'espoir d'une guérison ou du moins un apaisement. Les jours passèrent dans l'angoisse. Puis, peu à peu, Paulin ressentit une légère amélioration et une atténuation de la douleur, ce qui soulagea grandement Marie. Dès lors, elle afficha un sourire bienveillant et doux qui semblait jeter un rayon de lumière sur le visage fatigué de son époux.

Vers la fin septembre, le chirurgien revint à Maury. Assez pessimiste sur le résultat de l'opération, il ne cacha pas à Paulin ses craintes. « Ce fut d'abord une révolte désespérée, écrivit Lucile, c'était navrant de voir ce pauvre homme se tordre les mains. Il a pris les miennes. Il m'a rendu sa pression. J'ai trouvé que c'était bon signe. Ce soir, il était étonnamment calme. Il nous a même dit une phrase chrétienne[1]... »

Mais le sentiment religieux était inexistant chez Paulin Talabot. Il ne lui restait qu'une superstition issue de sa terre limousine, fort atténuée d'ailleurs par le bon sens. Toute sa vie, en véritable cartésien, l'ingénieur s'était orienté vers les calculs, les formules ou les théorèmes, ne s'approchant des hommes de Dieu ou des lieux de culte que par l'intermédiaire de son épouse.

Auprès de son mari souffrant, Marie comprenait trop clairement que le chemin qu'ils avaient parcouru ensemble pouvait se terminer à tout instant : « C'est une angoisse pour moi de perdre le temps qui passe, de perdre les gens aussi, que les choses s'arrêtent. J'ai réalisé que nous avons vieilli, que nous ne sommes pas éternels... », écrivait-elle à Mme Palangié.

Cependant, l'état de santé de Paulin semblait s'améliorer. Parfois « il avait des lueurs ». Mais les médecins conservaient peu d'espoir. Marie et Lucile s'en allaient tous les jours prier en la vieille abbaye de Solignac, noyée dans l'ombre puissante et rassurante de ses épaisses murailles. En ces lieux abandonnés, elles ressentaient un apaisement salutaire. Mais hélas, le ciel tant de fois imploré les jours d'épreuves, sans que les événements en fussent modifiés dans leurs cours, demeura, une fois encore, sourd et indifférent ! Alors, souvent seule, parfois accompagnée de ses amies, Marie reprenait ses dévotions avec une intensité encore plus forte. Elle alla se confier à Notre-Dame d'Arliquet[2] située dans le vallon de l'Aurance. Ce lieu où la nature et le cours de la rivière incitent à la réflexion attirait les foules depuis des temps immémoriaux. Après une période d'accalmie, d'importants pèlerinages se manifestèrent à nouveau, à tel point qu'il devint nécessaire de construire une église en remplacement d'une chapelle trop exiguë[1]. Des milliers de pèlerins s'y rendaient afin de saluer cette Vierge miraculeuse. Espérant provoquer l'intervention du ciel, Marie fit brûler d'innombrables cierges. Elle pria avec une ferveur qui ne se lassait point et passa de longues heures en méditation[2].

Jour après jour, les souffrances de Paulin s'estompèrent et le calme revint dans son esprit. Il semblait accepter cette situation handicapante. Au bras de son ami Urbain Le Verrier, il parcourait son parc et ses jardins, se faisant expliquer ce qu'il ne pouvait déjà plus apercevoir. La nuit tombait sur lui inexorablement. Un jour, le professeur Joseph Decaisne de Paris, qui lui avait rendu de bons services tant dans l'établissement des jardins du Roucas que dans sa propriété de Maury, vint lui rendre visite. Ce fut un plaisir immense pour Talabot de recevoir son ami avec lequel il parla évidemment de botanique. « Certes, je ne puis plus les voir, mais je peux les sentir, les toucher, les cueillir, les apprécier, et cela n'a pas de prix », devait-il dire à Decaisne en parlant de ses fleurs[3].

Un autre soir, c'était le 20 octobre, Lucile donna un concert aux habitants du Boucheron[4], petit village voisin, que les Talabot avaient invités chez eux. Ce concert mit du baume au cœur de Paulin, heureux de se sentir entouré des personnes qu'il aimait et d'entendre la voix de soprano de sa chère Lucile accompagnée au piano par Marie. Mais le lendemain, une terrible nouvelle devait à nouveau ébranler Paulin Talabot, sa famille et ses amis…

L'assassinat du baron

Décidément, l'automne 1873 n'apportait que de mauvais message ! Une missive, postée à Paris, informait les Talabot et les Le Verrier que leur très proche ami, le baron Adolphe de La Tombelle[1], venait d'être sauvagement assassiné à coups de hache, dans son château d'Ampouillac, situé près de Toulouse.

À Maury, on apprit le drame avec infiniment de peine. Lucile devait immédiatement écrire à son fiancé, Lucien Magne : « … c'est horrible ; il me passe des frissons d'épouvante chaque fois que je pense à ce malheureux dans ce grand château où il était allé pour affaires, en présence de ses assassins. Et sa femme qui l'attendait et qui ne lui avait dit adieu que pour quelques jours… c'est par un ouvrier et un domestique que notre ami a été tué[2]… »

Dans l'épreuve qu'ils traversaient, ce fut encore un coup très dur pour les Talabot et leurs amis, car ils avaient en haute estime cet homme affable avec lequel ils entretenaient des relations quasi familiales. La baron Adolphe de La Tombelle, homme de grande taille, de belle prestance, doté d'une force peu commune, appartenait à la haute bourgeoisie parisienne[3]. Très cultivé, il adorait la vie mondaine et possédait la réputation d'un « homme accompli et distingué ». Il avait épousé Louise Gueyraud[4], issue d'une vieille et riche famille périgourdine. Excellente pianiste, celle-ci jouait parfois dans les salons de Marie, rue Volney, où les invités furent toujours subjugués par sa dextérité et la pureté de son art.

Dans le nouveau malheur qui les accablait, Paulin et Marie resserrèrent encore leurs liens, s'unirent de cœur à leur amie Louise et à son fils unique, Fernand, qui venait d'atteindre ses dix-huit ans. Jeune homme sensible, indubitablement doué pour la musique et bien d'autres passions, il fut totalement anéanti par ce drame. Dans leur pénible situation, les Talabot ne pouvaient guère bouger. Sous la dictée de Paulin et l'écriture de Marie, ils notèrent, à l'attention de leurs amis dans la peine, toute l'affection et la tendresse qu'ils furent capables d'exprimer[1].

Quelques jours après l'annonce de ce drame, le 25 octobre, le docteur Gusco proposa à Paulin de retourner à Paris, d'autant plus que le temps devenait véritablement exécrable. De ce fait, la proposition du médecin, accueillie par tous avec le sourire, fut la bienvenue. On se dépêcha pour tuer le cochon afin de l'emporter, on fit la lessive et l'on dit adieu, pour un temps, à la terre de Maury[2]. On décida, tout de même, de faire une photographie de tout le monde devant le château. Chacun avait fait grande toilette : les maîtresses en corsage ouvert, les femmes de chambre en robe à queue et les hommes en redingote et haut-de-forme. Mais avant de repartir vers ce monde qui visiblement lui manquait, Marie rendit une dernière visite à son amie Léonie, à Trachaussade.

Sous le soleil d'automne, la vénérable demeure possédait un charme évident avec son badigeon ocre. Mais avec la pluie omniprésente, l'horizon fermé, les journées qui n'en finissaient pas de se raccourcir, la mélancolie régnait. De plus, toute la jeunesse avait déserté les lieux.

Léonie se retrouvait presque seule. Alors, pour tromper l'ennui, elle fréquentait les vieilles dames du coin qui geignaient sur leurs maladies et offraient aux enfants des friandises, sans oublier de dispenser de sages conseils aux jeunes filles. Autour de la lampe, elles faisaient alors des tricots et d'affreuses broderies dans une ambiance bourgeoise, vieillotte et bienséante. Femme droite, calme, vertueuse et un peu triste, Léonie pensait toujours aux malheurs d'autrui dans lesquels elle se complaisait parfois, ce qui la rendait encore plus triste. Pour rien au monde cette vie n'aurait convenu à Marie Talabot ! Celle-ci invita son amie à lui rendre visite à Paris et à Marseille, ce qu'elle fit d'ailleurs quatre mois plus tard. Toutes deux se quittèrent non sans verser de chaudes larmes… Paulin et Marie ne restèrent que peu de temps à Paris. La pluie abondante et froide semblait les suivre pas à pas. Aussi regagnèrent-ils le Midi rapidement.

Une dizaine de jours après avoir fait ses adieux à Trachaussade, Marie reçut, quelques jours plus tard, une missive de son amie : « … vous êtes heureuse dans votre belle bastide où semble planer dans le ciel un petit coin de terre limousine. Mais c'est bien triste depuis que vous êtes partie ! C'est si ennuyeux et si triste qu'après votre départ je me suis mise au lit pour pleurer et être malade à mon aise[1]… »

XXVII

L'église de Condat-sur-Vienne

Il faut relever cette église !

Après l'opération des yeux de son époux, au cours de l'automne 1873, Marie ne le quitta plus et l'entoura d'une présence continuelle. À cette époque, les seuls moments qu'elle s'octroyait, elle les passait en prière dans les sanctuaires proches de Maury, la plupart du temps dans la vieille église de Condat-sur-Vienne, l'église de sa paroisse limousine. Régulièrement, elle allait prier afin que le ciel puisse apporter quelques apaisements, tant moraux que physiques, à la souffrance de son mari. Mais la vieille bâtisse aux vitraux cassés, aux bois vermoulus, aux pavés défoncés, à la voûte qui s'effritait, menaçait à tout instant de s'écrouler[1]... L'église de Condat était irrécupérable, disait-on.

D'après les souvenirs que laissa autour d'elle Mme Anaïs Palangié[2], il semblerait qu'à ce moment-là Marie ait fait le vœu de faire reconstruire ou du moins de remettre dans un état décent le vieil édifice, « si son époux recouvrait la santé et se tournait vers la religion ». Or, après une révolte intérieure profonde, Paulin aspira à un calme étonnant et réparateur. Il se rapprocha de la religion de ses ancêtres, vraisemblablement encouragé par ses proches et ses amis tels que les Le Verrier, les Magne, Mme Gavarni... tous très imbus de spiritualité.

Un altruisme constant animait Marie, femme au grand cœur : « Cette ruine d'église, il faut à tout prix la relever », disait-elle. D'autant que l'ampleur des travaux effrayait les autochtones depuis longtemps car l'édifice exigeait des réparations considérables bien trop élevées en regard des finances de cette petite commune[1].

L'ingénieur s'intéressa donc à ce projet et se lança dans une estimation approximative des coûts. Et l'on disait volontiers dans le pays que cette idée de reconstruction de l'église lui avait été soufflée avec une tendre mais persuasive insistance par sa femme Marie[2]. Mais dès l'instant où Paulin acceptait de s'impliquer, il y mettait toute son âme, tout son poids d'énergie et de volonté. Ainsi, le 10 octobre 1874, un peu plus d'un an après son opération, Paulin Talabot écrivit au maire de Condat-sur-Vienne afin de lui proposer son aide pour la reconstruction de l'église et lui soumettre son projet. Un projet audacieux, puisqu'il envisageait de doubler la surface de l'édifice, vraiment insuffisante pour la population locale[3] et pour lequel il proposait de prendre à sa charge les deux tiers de la dépense totale qui pouvait s'élever à 60 000 francs, le reste devant être couvert par l'État et éventuellement par la commune. À cet effet, l'ingénieur rencontra son « cher préfet » ainsi qu'il le qualifiait dans ses lettres, afin d'obtenir une subvention de l'État. Le projet avançait. À Condat, la population enthousiaste faisait confiance à son bienfaiteur. Enfin, le 23 mars 1875, l'autorisation de démolir la vieille bâtisse fut donnée[1].

Comme partout, il y eut des esprits chagrins qui n'opposèrent que leur jalousie. D'aucuns se mirent légitimement à regretter le vieux sanctuaire, hanté par leurs pères et témoins des premières émotions religieuses de leur vie. Mais on ne pouvait sauver cette vénérable bâtisse. Les architectes interrogés avaient répondu : « Ce pauvre édifice a vécu : n'essayez pas de rendre la vie à un cadavre[2]. » Seule la façade principale construite en pierre de taille pouvait être conservée.

Talabot étudiait ses dossiers en profondeur. Sa formation de polytechnicien, son habitude à traiter de grandes œuvres, son expérience de la vie l'inclinaient à ne rien négliger. Il comprit rapidement qu'il fallait inclure à cette construction des travaux importants sur le presbytère, le cimetière ainsi que sur les abords. Et l'on se mit à l'ouvrage. L'on écrivit avec lyrisme : « Voici venir architectes et entrepreneurs, artistes et maçons ; voici les ouvriers nombreux, diligents, enthousiastes ; voici le temple saint qui émerge du sol, se dresse, monte comme par enchantement. Le voici debout, svelte, gracieux, achevé[3]... »

L'action et l'aménité de Paulin Talabot concernant cette œuvre furent soulignées par nombre de ses contemporains. Le préfet de la Haute-Vienne, Le Myre de Villiers, lui écrivit le 28 octobre 1875 : « Vous êtes le seul de mes administrés auquel je puisse m'adresser en toute confiance lorsqu'il s'agit d'une œuvre charitable[4] ! » Il le remercia en effet de l'abandon des 4 000 premiers francs que l'État avait versés et qu'il venait de répartir entre le Bon Pasteur de Limoges, la communauté religieuse et la commune de Condat.

Avec une constante attention, les Talabot suivirent ces travaux dans lesquels ils s'impliquèrent, certes avec générosité, mais surtout avec amour : il s'agissait de redonner vie à un sanctuaire qui reçut autrefois les membres de la famille de Paulin, tant pour les joies des naissances ou des mariages que les peines des décès. Il s'agissait d'une église, celle de son village, et de son cimetière dont la terre recevait les dépouilles mortelles de ses ancêtres. Ces liens ténus ne pouvaient qu'en être renforcés.

Lorsqu'il descendait en Limousin, et malgré sa cécité, Paulin accompagné de Marie se rendait sur le chantier afin d'encourager les ouvriers dans leur travail, leur apportant des boissons ou des provisions de bouche. Marie lui commentait alors l'avancement des travaux, et il appréciait de discuter autant avec les tailleurs de pierre, les charpentiers ou les maçons qu'avec les architectes ou les maîtres d'ouvrage.

De nombreuses lettres entre les Talabot, le maire de Condat et le préfet de la Haute-Vienne indiquent en effet un suivi très précis du financement des opérations. Le secrétaire particulier de Paulin écrivait ses correspondances que l'ingénieur signait.

Le dimanche 14 mai 1876, auprès d'un édifice flambant neuf, aux décorations intérieures soignées et rutilantes, l'évêque de Limoges, Mgr Alfred Duquesnay, vint bénir les cloches de la nouvelle église. À ses côtés, le préfet de la Haute-Vienne, les plus grandes familles de la contrée, les notables de la commune et une foule immense se pressaient pour « la première affirmation de cette grande œuvre qui touche à son couronnement[1] ». Dans les discours, on salua bien bas la générosité des Talabot et chacun regrettait l'absence de Paulin retenu par son travail à Paris. Seule Marie assistait à la cérémonie où elle tenait naturellement une place d'honneur, celle de marraine, « tout heureuse et tout émue, trahissant par des larmes la douce joie de son cœur[1] ». Le parrain, délégué par Paulin, n'était autre que l'un de ses amis, M. de La Chapelle. À la fin de la cérémonie, Marie assuma son rôle de marraine auprès des enfants de Condat en répandant « une pluie abondante de fines dragées[2] ».

Inauguration

Enfin, quelques mois plus tard, le 30 octobre de la même année, Mgr Duquesnay procédait à l'inauguration totale de l'édifice, seconde manifestation qui attira une nouvelle fois la foule des fidèles. On se retrouva encore à Maury où, sous les grands arbres, les domestiques en livrée impeccable apportaient de grands plateaux. Les femmes des notables, heureuses dans leurs belles toilettes, agitaient leurs éventails alors que l'on servait du vin de Champagne à la glace. Dans une ambiance sympathique, le brave abbé Perrin, curé de la paroisse, prêtre d'élite, proche de tous, ne cachait pas son bonheur. Le parc sublime, sous un soleil qui ne l'était pas moins, offrait ses frondaisons agréables, ses milliers de fleurs, ses senteurs envoûtantes à tous les invités. Paulin sortit enfin de sa vénérable demeure, au bras de Marie. Et chacun d'applaudir la grandeur de cet homme de bien qui souhaita simplement la bienvenue à tous, ne voulant pas entendre de discours.

Seules les jambes de force des cheminées, arborant les grandes initiales « P. T. », et surtout le nom de

Talabot, écrit en lettres géantes et capitales tout au long de la haute muraille du potager par des arbres fruitiers taillés en espalier, indiquaient la mégalomanie de cet homme d'exception. Il aimait en effet « matérialiser » son nom, tant sur les livres de sa bibliothèque que sur le fronton de son château méridional, jusqu'à l'outillage de sa propriété agricole[1].

Le 11 juin 1877, de Paris, Paulin écrivit au nouveau préfet de la Haute-Vienne en lui transmettant un état très précis de la situation, lui signifiant que le coût des travaux dépassait les estimations prévues[2] et qu'il veuille bien réajuster les subventions. Il précisa encore sur cet état : « Tous les ornements sacerdotaux ont été offerts par mon épouse Marie. » Mais l'esprit charitable des Talabot se manifesta encore au mois d'août de l'année suivante lorsque Paulin écrivit à nouveau au préfet. Il lui suggéra d'utiliser le reliquat de la subvention qui devait lui revenir pour des œuvres de bienfaisance : « Je verrais avec plaisir qu'une partie de cette dernière somme pût être attribuée à l'hospice des vieillards qui me paraît devoir être dans une ville comme Limoges, où les ouvriers abondent, une institution très nécessaire[3]... » Il est indéniable que Marie contribua de tout son pouvoir et de toutes ses impatiences à précipiter l'accomplissement de ce projet. En aucune occasion, son influence personnelle sur l'esprit et la volonté de Paulin ne s'affirma d'une manière aussi péremptoire.

Tous les travaux de l'église, du presbytère, du cimetière et de ses abords furent payés par les deniers propres des Talabot. Ces derniers se trouvaient donc créanciers de la totalité de la subvention de l'État. Mais ils l'abandonnèrent généreusement à diverses œuvres, et notamment au Conseil de fabrique de la paroisse, « pour être convertie en titre de rente dont les intérêts seraient affectés à l'entretien de l'église[1] ».

À titre de remerciements, le conseil municipal de Condat-sur-Vienne concéda à perpétuité, pour son bienfaiteur, un terrain nécessaire à l'édification d'un caveau. Celui-ci, en forme de chapelle très sobre, fut élevé en même temps que l'église et abrite les dépouilles mortelles de Paulin et de sa famille[2]. Avant la construction de ce caveau, Paulin savait qu'il ne partagerait pas son dernier sommeil avec Marie. Tous deux avaient évoqué cette situation, quelques années au préalable, alors qu'ils envisageaient d'acquérir une concession pour Marie au cimetière de Saint-Geniez-d'Olt. D'un commun accord, ils avaient décidé que chacun « retournerait » dans son pays pour l'ultime repos.

Trois ans plus tard, on fit apposer une plaque commémorative, en marbre noir et lettres dorées[3], dont le texte indiquait : « L'ancienne église de Condat a été construite en 1876 par les soins et aux frais de M. Paulin Talabot ; elle a été inaugurée le 30 octobre 1876 par Mgr Duquesnay, évêque de Limoges. » Au conseil, on prit ombrage de la pose de cette plaque, et l'on délibéra afin de la faire enlever ou, au moins, d'en modifier le texte[4].

Les conseillers municipaux devaient vraisemblablement ignorer que Paulin non seulement n'avait perçu aucune subvention de l'État, mais qu'il avait de plus demandé que celle attribuée par la préfecture du département – et qui aurait dû lui revenir de droit puisqu'il avait jusqu'à présent payé l'intégralité des travaux – soit redistribuée à des œuvres charitables. Mais l'évêque de Limoges s'y opposa et la plaque resta à sa place[5].

L'inondation

Au même moment, Marie fit preuve d'une semblable générosité envers les habitants de son pays. À la mi-septembre 1875, lorsqu'elle se rendit à Saint-Geniez-d'Olt, les habitants se relevaient à peine de la terrible inondation qui venait de les envahir. Le Lot[1], qui traverse la ville, n'avait jamais montré une telle ampleur de sa puissance. Quelquefois, cette rivière sortait de son lit[2], occasionnant des dégâts importants certes, mais prévisibles. Déjà, en 1856, les communes inondées s'étaient assemblées en un « Comité central de secours[3] », démarche très appréciée des riverains. Mais l'inondation de ce funeste automne 1875 devait s'inscrire profondément dans les mémoires des sinistrés, car elle fut terrible !

Le lundi 13 septembre, la rivière avait atteint un niveau insoupçonné, entraînant la destruction de moulins et de maisons d'habitation. Déjà, dans la nuit, la population, prévenue par les tambours et les clairons, s'était portée en masse sur les points les plus menaçants et s'activait, avec un dévouement et un courage exemplaires, auprès des habitants des bas quartiers. On mit en lieux sûrs les bestiaux, les denrées et tout ce que l'on pensait protéger. Mais, comme toujours en pareil cas, il y eut des imprudents et des obstinés qui ne voulurent pas se rendre aux sages conseils prodigués par les autorités, alléguant qu'ils avaient vécu d'autres inondations sans avoir été atteints…

Ce ne fut que le lundi, vers trois heures du matin, que la rivière commença à grossir démesurément. Le torrent charriait des poutres, des arbres entiers déracinés, du mobilier, des cuves vinaires, des cadavres d'animaux[4].

Tous les villages de la vallée subirent des dégâts considérables : à Saint-Laurent-d'Olt, un moulin fut détruit, de même à Pomayrols. À Saint-Geniez-d'Olt, plusieurs maisons s'écroulèrent et deux cent cinquante furent submergées. Au village de Sainte-Eulalie-d'Olt, les maisons inondées tinrent le coup, mais une partie du cimetière qui jouxtait l'église fut emportée. Plus loin, Saint-Côme-d'Olt, Espalion, Estaing ainsi que toutes les cités limitrophes payèrent également de lourds tributs. « Le fleuve d'Olt » jeta à la rue de nombreuses personnes désemparées et transies de froid.

Devant tant de désastres, la population se tourna vers la religion. On alla prier la Vierge romane d'Estables, près de Saint-Laurent-d'Olt, la Vierge de pierre de Notre-Dame-des-Buis à Saint-Geniez-d'Olt et surtout saint Antoine en l'honneur de qui l'on avait érigé une chapelle sur les pentes de la colline. L'on disait, en effet, qu'à la fin du XVIIe siècle un habitant de la ville, Antoine Serres, emporté par les eaux subitement accrues, avait fait le vœu de construire un oratoire sur les berges s'il sortait sain et sauf de la situation périlleuse où il se trouvait. Sauvé par un soldat d'une compagnie de dragons qui stationnait justement là, il respecta son engagement[1]. Depuis lors, on vénérait saint Antoine lorsque des crues importantes se manifestaient.

Il en fut de même à Sainte-Eulalie-d'Olt où l'on sortit les reliques de la Sainte Épine[2] qui furent portées en divers points de la rivière, sur une barque de pêcheur, car toutes les rues étaient noyées[3]. Depuis fort longtemps, ces reliques faisaient l'objet d'une dévotion particulière, notamment dans des circonstances analogues. Selon l'antique usage, elles furent immergées dans les eaux du « fleuve d'Olt ». À Espalion, où trois maisons s'étaient écroulées, la statue de la Negrette[1] fut sauvée d'un péril presque certain par le vicaire Louis Courtial, qui n'hésita pas à se jeter à l'eau[2]...

Ainsi, lorsque Marie arriva, sa pauvre vallée essayait de panser ses plaies. La rivière reprenait son lit naturel, laissant un spectacle criant de désolation, de maisons sens dessus dessous, de meubles à vau-l'eau et de gens sans abri. Chacun apportait l'aide qu'il pouvait. Au village voisin de Sainte-Eulalie-d'Olt, la partie basse du cimetière n'existait plus[3]. À cette époque où la mort était sacrée, que de difficultés morales, que de cas de conscience pour ces pauvres gens que d'aller ramasser, dans la fange, dans les détritus, dans les décombres, des débris de corps, d'ossements, de croix, de pierres tombales disséminées sur les bords de la rivière, accrochés aux branches des arbres parfois... Spectacle cruel, désastreux, pitoyable... Avec une dignité et un courage inouïs, dans une discrétion pathétique, les autochtones ramassèrent dans des brouettes, des corbeilles, des paniers les restes de ceux qu'ils avaient aimés, leurs parents, leurs enfants, leurs amis. Ils fabriquèrent des caisses de bois et recueillirent précieusement tout ce que la rivière en furie ne leur avait pas volé. Marie apprit qu'une vieille sépulture de sa famille, issue du hameau du Peyrastre, où naquit son père, avait été emportée. Il n'en restait plus rien[4]...

Dans cette détresse, un grand homme, tant par sa taille que par ses connaissances, homme de Dieu et homme de médecine, l'abbé Pierre Gervais, curé de la paroisse[5], se dévoua d'une façon exemplaire. Robuste, infatigable, il redressait les pierres tombales, replantait les croix, creusait de nouvelles fosses, assistait ses ouailles dans leurs épreuves morales et physiques, donnant une merveilleuse leçon de courage à ceux qui n'en avaient plus. Grâce à son élan, à sa ténacité, à ses efforts incessants, restant auprès de ceux dont il avait la charge, il réussit à faire relever la tête à ses paroissiens et à remettre un peu d'ordre dans ce chaos.

Pour les autochtones, la destruction d'une partie du cimetière avait été ressentie d'une façon si pénible, si traumatisante que l'on ne voulut pas l'ébruiter. Au sein de cette communauté autarcique, le domaine des morts étant sacré, il n'y avait que les plus proches qui pouvaient gérer cette situation. On s'y employa donc avec discrétion, dignité, humanité. L'abbé Gervais célébra des offices mortuaires spécifiques auxquels les paroissiens s'unirent avec ferveur. À la liste du nécrologue dominical, que lisait habituellement en chaire le curé, furent ajoutés les noms de défunts plus anciens dont les tombes avaient été emportées. Suite à ce drame, la décision fut prise de déplacer le cimetière[1].

Au côté des familles les plus aisées de la région, Marie offrit des draps, des couvertures, de l'argent. Elle rencontra le préfet de l'Aveyron et le sous-préfet d'Espalion, M. Alexandre, « qui aida à activer et régulariser les efforts de charité en faveur des inondés ». À cet effet, il organisa des comités collecteurs et devint président de « l'Association de Saint-Vincent-de-Paul[2] ». Marie rencontra encore le sénateur Casimir Mayran[3], qui devait transmettre plus tard à Mme la maréchale de Mac-Mahon et au ministre de l'Intérieur[4] Louis Buffet l'exposé de la situation matérielle des inondés indigents de toute la contrée[5]. Dans le même temps fut lancée une souscription nationale pour laquelle les Talabot firent jouer leurs relations. « Les Grandes Maisons de Nouveautés » de Paris s'associèrent aux victimes de cette catastrophe faisant dons d'étoffes et de couvertures[6]. Partout l'on se mobilisa. L'évêque de Rodez lança un appel pressant à la solidarité des Aveyronnais pour les sinistrés du Lot mais aussi du Tarn qui vécurent les mêmes drames. On sollicita encore le pape Pie IX qui fit envoyer pour cette cause la somme de 6 000 francs.

La générosité des Talabot se traduisit encore par l'aide considérable qu'ils apportèrent à l'aménagement, à la restauration ou à la reconstruction d'autres monuments religieux : l'église Saint-Cassien de Marseille, l'église d'Arliquet dans le Limousin, l'église et les chapelles de Saint-Geniez-d'Olt. Lorsqu'en décembre 1883 le conseil de fabrique de Saint-Geniez-d'Olt décida de doter l'église paroissiale d'un carillon de neuf cloches, on fit appel à la bourse des personnes et des familles les plus fortunées de la région. Mme Anaïs Palangié, qui vivait au château de Sainte-Eulalie, informa son amie Marie Talabot de cette démarche pour laquelle elle répondit avec générosité. Elle envoya la somme de 1 200 francs pour le paiement d'une cloche de 530 kilogrammes répondant à la note *fa*. Sur sa panse on grava : « Je m'appelle Sainte-Marie. Ma donatrice a été Mme Marie-Anne Talabot, qui est ma marraine, et mon parrain, Paulin Talabot. 1884. *Pleben voco* (J'appelle le peuple)[1]. » D'autres personnes, dont le docteur de Fajole qui chassait parfois avec Marie, Mme Anaïs Palangié, le curé et le maire de la ville offrirent également leur cloche. M. de Benoît, propriétaire du château de la Salle, donna tout le bois nécessaire à l'édification du beffroi[2].

XXVIII

Hyménées d'amour

Le mariage de Lucile et Lucien

LA CÉCITÉ N'AVAIT PAS MODIFIÉ la vigueur intellectuelle de l'ingénieur. Certes, il la supporta difficilement au début, mais sa force de caractère lui permit de gérer d'une façon exceptionnelle cette situation particulièrement handicapante. À soixante-quatorze ans, battant parmi les battants, il n'avait pas pour autant renoncé à sa colossale entreprise. Dans ses bureaux, il fit installer un système de cordage afin qu'il puisse se guider, seul, au travers des couloirs et des divers locaux. Il fit de même chez lui, rue Volney ainsi que dans ses propriétés de Marseille et de Maury, ne souhaitant recevoir l'aide de personne, « attendant de sa mémoire ce que ses yeux lui refusaient[1] ». La volonté fut le trait dominant de cette nature de fer. Ce lutteur-né demeura encore neuf ans le directeur de sa puissante compagnie de chemin de fer, « l'œuvre de sa vie » ! Doté d'une énergie et d'une activité incroyables, il travailla jusqu'à la fin de sa vie, se tenant au courant de tout ce qui se publiait sur les sciences, l'économie publique, la littérature et les voyages[1].

Heureusement, l'année 1874 fut bien meilleure pour les Talabot, même si Paulin sut définitivement qu'il ne recouvrerait jamais la vue. Il assuma cette situation délicate et pénible avec courage, sachant relever les autres plutôt que de s'apitoyer sur son sort.

Cette année-là, les Talabot participèrent à deux mariages successifs de très proches amis. D'abord celui de leur chère et tendre Lucile qui venait d'atteindre ses vingt et un ans. Elle épousa Lucien Magne[2], architecte, de trois ans son aîné. Ce fut un mariage d'amour au plein sens du terme. Les lettres de correspondance entre ces deux êtres[3] sont éloquentes à plus d'un titre et témoignent d'un amour particulièrement fort qui perdurera toute leur vie.

Lucien, fils de l'architecte Auguste Magne, ami intime des Talabot, homme droit et honnête, devint un architecte renommé à qui l'on confiera plus tard la décoration intérieure du Sacré-Cœur de Montmartre et la construction du campanile. Après la mort de Marie, il sera chargé de l'érection de son mausolée à Saint-Geniez-d'Olt.

Pour les familles Magne et Le Verrier, très pratiquantes, l'union demeurait sacrée. On respecta donc scrupuleusement ce qui devait être respecté. Le mariage civil eut lieu le 5 février, en présence de personnalités, notamment du ministre de Sourton qui devint le témoin de Lucien. À douze heures précises, car tout était « précisément et mathématiquement » organisé par l'astronome Le Verrier, père de la mariée, on alla déjeuner à la Grande Rotonde : un bon repas, mais léger, fut servi.

Enfin, dans l'après-midi, les futurs mariés déclarèrent leur union à la mairie du 1er arrondissement de Paris.

Les consentements mutuels dûment enregistrés, Lucile dut se retirer au couvent pour quelques jours et Lucien rentra chez lui... Ils se retrouvèrent enfin le samedi 7 février pour la cérémonie religieuse que l'on célébra en l'église de Saint-Germain-l'Auxerrois[1] en présence d'une foule nombreuse qui assista au mariage. Lucile eut pour témoins Adolphe Thiers, l'ancien président de la République[2], et Paulin Talabot, qui, de ses yeux désormais éteints, laissa couler, au bras de Marie, quelques larmes. À soixante-quinze ans, il mesurait l'affection qui l'avait lié durant plus de vingt ans à sa chère Lucile, sa « jolie princesse » ainsi qu'il aimait l'appeler, et qu'il avait tant de fois prise sur ses genoux.

Lucien Magne eut pour témoins le célèbre Milne-Edwards[3], doyen de la faculté des sciences et directeur du Muséum d'histoire naturelle, et le non moins célèbre Eugène Guillaume[4], directeur de l'École des beaux-arts. Ces deux personnalités avaient été reçues de nombreuses fois chez les Talabot, que ce soit rue de Rivoli, rue Volney ou à Marseille. Marie appréciait hautement Eugène Guillaume, d'ailleurs habitué de son salon, et qui devint un peu plus tard professeur d'esthétique au Collège de France[5].

En ce jour, l'émotion de Marie était grande. La fillette qu'elle avait bercée dans ses bras, alors que sa mère était souffrante[6], celle qu'elle appelait tendrement son bébé et qu'elle gâtait comme sa propre enfant, allait lui échapper. Celle avec qui elle se baignait dans la mer, faisait des escapades ou des emplettes, riait, chantait ou jouait du piano à quatre mains, sa « fille » Lucile convolait en justes noces... Le temps était passé. Marie et

Paulin pleuraient comme de vrais parents. Et Urbain, si froid à son habitude, laissait transparaître une émotion qu'il avait bien du mal à maîtriser. Mais le cœur de Lucile était en émoi, elle épousait son Lucien : « … mon cœur était terriblement gonflé d'excès de bonheur, pendant que mon Lucien, sa main dans ma main, devenait mon mari. Mon mari ! Que ce mot signifie de douces choses pour moi ! Mon mari… ma femme… Je pose ma tête sur sa poitrine et nous partons pour le ciel[1]. »

Par la suite, le jeune couple qui eut deux enfants[2] reçut fréquemment les Talabot comme de vrais membres de leur famille. Ce fut toujours une grande joie pour ceux-ci de rencontrer ainsi Lucile et Lucien plus amoureux que jamais.

Le mariage de Julie et Pierre-Auguste

Trois mois plus tard, le 11 mai 1874, sensiblement les mêmes familles se réunirent à nouveau pour le mariage de la belle Julie, nièce de Marie Talabot et originaire, comme elle, de Saint-Geniez-d'Olt. À peine âgée de dix-sept ans, elle épousait Pierre-Auguste Chevallier Gavarni, artiste peintre, de onze ans son aîné. Ils s'étaient connus l'année précédente, au château de Maury en Limousin, où Julie, bien trop occupée à séduire son futur mari, conservait la « tête légère » vis-à-vis de son oncle Paulin que l'on opérait alors des yeux.

Cet amour naissant semblait à ce moment-là bien trop prématuré, surtout pour la mère de la jeune fille. Mais les liens d'amour que Julie et Pierre-Auguste avaient commencé à tisser sur ces terres limousines furent les plus forts. Du fond de son couvent, Julie écrivit une foule de lettres enflammées à son jeune artiste qui lui répondait avec autant de passion : « Quand donc pourrais-je vous serrer sur mon cœur, vous mon Pierre que j'aime de toute mon âme ? Quand donc viendrez-vous m'enlever, car je ne suis pas faite pour le couvent ? Tous les jours je prie, et tous les jours je crois. Car nous nous retrouverons, mon Pierre adoré[1]... »

Vraisemblablement, les cieux entendirent les prières et les supplications de Julie, cloîtrée au sein de son couvent. Il semble aussi que Marie intercéda auprès de sa cousine Nathalie, la mère de la jeune fille, afin qu'elle la laissât se marier[2] avec ce « jeune homme vraiment bien sous tous rapports ». Marie connaissait comme son fils Pierre-Auguste, qu'elle avait elle-même tenu dans ses bras le jour de son baptême[3]. Elle l'avait vu grandir, elle savait les valeurs qui l'habitaient. Elle sentait la puissance de l'amour qui s'établissait fortement entre les deux jeunes gens. Un amour qui ne pouvait pas mentir. Marie croyait en lui, jeune homme sérieux, très exigeant pour lui-même, et aussi méritant. Lors de la guerre franco-prussienne de 1870, il abandonna ses crayons afin de « prendre du service », et il se fit remarquer par sa bravoure, son attitude et ses capacités. À tel point qu'il devint « capitaine d'État-major à la Garde nationale[4] ». À la fin des hostilités, il reçut la croix de la Légion d'honneur.

Par ailleurs, Pierre-Auguste était un excellent artiste, fort cultivé. Par son ascendance, il détenait de véritables dispositions artistiques, d'autant plus sérieuses qu'il savait les exploiter et les développer par un travail assidu. Son père, Paul Gavarni, décédé en 1866, avait été l'un des plus grands chroniqueurs des mœurs et des modes parisiennes et londoniennes.

Ainsi, en ce mois de mai, âgé de vingt-huit ans, Pierre-Auguste Chevallier-Gavarni convolait en justes noces avec sa « belle aimée », Julie Carlies. Il y eut pour témoins Charles de Gonet, conseiller à la cour d'appel, Jean-Baptiste Martelet, ingénieur des Mines, Urbain Le Verrier et Paulin Talabot. Une splendide robe, faite d'un drap souple, revêtait la jeune fille. Une parure d'émeraude et de perles, offerte par Paulin, lui ajoutait un éclat de reine. Ses cheveux, ramenés en boucles vers les tempes, ourlaient son visage ovale. Elle était parfaitement et somptueusement belle. Tout cela lui donnait le teint de la richesse, ce teint blanc qui rehausse la pâleur des porcelaines, les moires de satin... À l'issue du mariage, Marie rappela à sa nièce la devise du bonheur qu'elle avait faite sienne le jour de son propre mariage avec Paulin, il y avait déjà dix-sept ans ! Une formule qu'elle répétait volontiers aux gens qu'elle aimait : « Continuer à désirer ce que l'on possède ! »

Après leur mariage, les Talabot offrirent aux jeunes tourtereaux un beau voyage en chemin de fer[1]. Ils descendirent dans le Midi, logèrent au Roucas Blanc, découvrirent l'Italie, remontèrent vers le centre de la France pour une autre étape à Saint-Geniez-d'Olt, où ils furent accueillis au château de la Falque, dans la famille Railhac. Ils regagnèrent enfin le Limousin où les attendait Mme Léonie Gavarni. Plus de deux mois de voyage pour les amoureux qui ne retrouvèrent Paris qu'en début août ! À leur retour, ils furent reçus comme de vrais enfants au domicile des Talabot, rue Volney. Ils y logèrent plusieurs mois, mais pas assez longtemps au gré de leurs hôtes qui leur offraient l'hospitalité avec un réel bonheur : « ... nos enfants vivent avec nous, c'est un regain de jeunesse qui entre tous les jours. Quel bonheur pour Paulin et pour moi ; malheureusement, ils doivent bientôt nous quitter[1]... »

En effet, le jeune couple s'installa rue Pigalle et Pierre-Auguste ouvrit son atelier de peintre au 4, rue Duperré. Marie s'y rendait assez souvent. Elle y rencontrait de nombreux amis, les frères Goncourt notamment, qui appréciaient hautement le couple Gavarni : « Gentil ménage », disaient-ils[2]. Cependant, la gentilhommière de Trachaussade demeura leur séjour préféré, à tel point que leurs trois enfants naîtront dans ce joli coin du Limousin[3].

L'amour que se portait mutuellement le jeune couple fut profond, sincère et dura toute leur vie. Leurs trois enfants naquirent au château de Trachaussade, commune de Peyrilhac : Jean-Édouard, Alfred-Laurent (qui mourut au berceau) et Suzanne[9]. Ils revinrent par la suite à Saint-Geniez-d'Olt, toujours chaleureusement accueillis au domaine de la Falque.

Un site paradisiaque

Sur le parcours de leur long voyage de noces, le jeune couple approcha des paysages sublimes, surtout en Italie, « ce pays où les hommes de la Renaissance jetèrent des chefs-d'œuvre à pleines mains ». Le jeune artiste, qui ne quittait jamais ses crayons, en ramena une foule d'études. En ces moments et en femme amoureuse, Julie restait auprès de lui à le regarder dessiner. Lorsqu'ils arrivèrent à Saint-Geniez-d'Olt pour y passer une dizaine de jours, ils déposèrent leurs bagages au château de la Falque, Mme Carlies, désormais veuve, étant trop petitement logée pour accueillir sa fille et son gendre[4]. Les Railhac, invités à leur mariage parisien, se firent un plaisir de les recevoir. Julie retrouva sa petite ville natale et ses amis qu'elle avait quittés peu après la mort de son père. Elle était devenue une très jolie femme, heureuse de déambuler dans les rues de sa ville au bras de son élégant et discret mari qui allait toujours dûment coiffé, vêtu d'un pantalon noir à sous-pied et d'une stricte redingote, la canne à la main.

Au château, le jeune artiste trouva matière à son travail. Il allait s'asseoir sous les grands chênes, auprès du piédestal de la croix de pierre[1] qui signale l'entrée de l'ancien monastère. Non loin de la vénérable bâtisse, une fontaine d'eau minérale coulait doucement dans un gargouillis romantique, au sein d'une petite conque de terre[2]. Un banc de pierre, à moitié couvert de lierre, et le chant omniprésent des oiseaux qui se cachaient dans les épaisses frondaisons rendaient ce lieu propice à la méditation. Chaque fois que Marie revenait à Saint-Geniez-d'Olt, elle aimait se rendre auprès de la source en compagnie d'Edmond, le fils du maître des lieux. De longues discussions poétiques s'ensuivaient alors. En d'autres moments, chacun se penchait sur sa lecture préférée, Shakespeare, Virgile, Dante... Tous les deux appréciaient ce lieu agréable, tranquille, abrité de grands arbres, où l'inspiration coulait aussi féconde que la source. En cette thébaïde paradisiaque, le poète écrivait ses vers et sa prose dont la préface de son recueil de poésies[3] : « Admirateur de la nature, amoureux de la vérité, enthousiaste du beau, j'ai rêvé sous les grands chênes ; j'ai parlé aux fleurs, écouté les harmonieux concerts du bocage, et c'est pour me soustraire au prosaïsme de l'existence que j'ai chanté en modulant mes accords sur des chalumeaux champêtres... »

Un lien sensible unissait Marie au jeune poète. Et lorsque Pierre-Auguste découvrit à son tour ce site enchanteur, il y ressentit un bien-être unique et régénérateur qui lui permit de parachever agréablement ses dessins. Parfois les deux jeunes artistes se retrouvaient en compagnie de Marie, toujours sur ce même banc de pierre qu'ils avaient baptisé « le banc de la philosophie ». Elle évoquait alors son Roucas Blanc et les nombreux poètes et peintres qui le gravissaient. Edmond et Pierre-Auguste, devenus de bons amis, s'y rendirent ensemble plusieurs fois à l'invitation de Marie. Cependant, la vallée du Lot leur fournissait une profusion de thèmes, tant pour la prose que pour le dessin : collines élevées et tranquilles, vallons ondulés, rivière sauvage, la nature semblait s'être donné pour mission de les séduire par tous les moyens !

Le soir, en compagnie des Railhac, la même ambiance régnait ainsi qu'à Trachaussade ou au Roucas Blanc. Julie et sa mère, qui venait pour les veillées, parfois accompagnée de personnes amies, brodaient en compagnie des femmes de chambre et domestiques de la demeure. Ce travail d'aiguilles représentait une activité convenant aux femmes de toutes classes et de tous âges qui se réunissaient auprès de la maîtresse des lieux. « Cela permettait de réconcilier la destinée domestique avec la fierté du travail et le désir d'expression de soi[1]. »

Marie, qui aimait s'entourer de monde, qui goûtait avec bonheur aux ambiances de groupe, se rendit plusieurs fois au château de la Falque, notamment pour les vendanges ou les moissons. Ces travaux de la terre généraient des fêtes champêtres inoubliables qui entraînaient une liesse générale. Parfois l'on y célébrait Bacchus plus que de raison… Les bals, qui s'achevaient en des veillées interminables, égayaient les repas du soir. On y chantait, on y dansait au son de la musette, cet instrument à vent, sorte de cornemuse alimentée par un soufflet[1]. Marie n'était pas la dernière à danser. Si elle aimait souverainement les danses de salon, elle renouait avec celles du folklore rouergat auquel elle s'adonnait, sans retenue et avec joie. Lors de ces fêtes, qui célébraient la terre, elle se faisait un honneur de parler patois[2].

Au château de la Falque, les soirées se passaient dans la bonne humeur, comme l'exigeait M. Railhac. Très autoritaire et précis dans son travail[3], il ne souhaitait, en revanche, que détente, musique et poésie lorsqu'il rentrait chez lui. Dans son domaine, le percepteur veillait à ce qu'une ambiance conviviale existât entre le personnel et les membres de sa famille. Tout en s'adonnant à diverses activités, on chantait, on déclamait des vers, comme dans les salons mondains, on buvait des tisanes en savourant quelques gâteaux. Les hommes fumaient, bavardaient dans leur coin puis se mêlaient à nouveau au cercle des femmes.

Quelques jours après le mariage de Julie et Pierre-Auguste, une loi vint mettre du baume au cœur de Marie. Une loi qui la replongea dans son enfance et qu'elle désirait ardemment depuis longtemps. En effet, le gouvernement conservateur du duc de Broglie[4] se soucia de l'intérêt des familles. Dans cet esprit, on interdit le travail aux enfants de moins de douze ans et l'emploi de nuit des filles mineures et des garçons de moins de seize ans. De plus, cette loi limitait le travail à douze heures par jour et devait être entrecoupé de pauses. L'exploitation trop aisée des enfants, surtout sur des chantiers pénibles et dangereux, avait été un tourment omniprésent pour Marie qui le vécut en usine durant ses toutes jeunes années. Aussi reçut-elle avec un bonheur évident ces nouvelles dispositions qui améliorèrent sérieusement celles du 22 mars 1841, qui exigeaient de n'embaucher qu'à partir de huit ans, mais qui n'avaient jamais été respectées[1].

Marie était satisfaite de cette avancée sociale et n'hésitait pas à la chanter sur tous les toits ! Son adoration pour les enfants, la patience qu'elle avait pour eux disaient avec éloquence qu'elle aurait été une mère pleine de tendresse et d'amour. Dans une lettre destinée à Mme Anaïs Palangié, elle précisait : « Notre ami le duc de Broglie s'occupe des familles et des enfants. Bientôt ceux-ci pourront accéder à la connaissance, car on n'écrasera plus ces pauvres petits sous un travail harassant qui, malheureusement, avait raison de leur santé. Sa loi sera la bienvenue[2]. »

Soirées tranquilles

Depuis que Paulin était aveugle, il passait calmement ses soirées, en compagnie de Marie, dans leur salon de la rue Volney. L'hiver, auprès de la cheminée, où le tapage de la vie parisienne ne parvenait pas à troubler leur existence vespérale, les domestiques se joignaient familièrement à eux. Alors, dans le confort feutré, on sirotait des liqueurs de luxe ou du vin chaud, « très recommandé pour la santé » afin de lutter contre le froid. Chaque soir, Marie lisait à la petite assemblée des livres d'histoire ou de géographie, les nouvelles des journaux, les programmes des théâtres, des concerts ou des conférences qui se développaient vertigineusement au sein de la « nouvelle capitale de l'après-guerre ». Elle présentait encore des ouvrages de botanique ou d'art, relisait des auteurs anciens, déclamait des vers. Parfois, elle tapotait le piano, jouait de la harpe et chantait. En véritable animatrice, Marie faisait vivre ces soirées, les rendait chaleureuses et familiales. En ces moments, Paulin comptait beaucoup sur son épouse qui lui permettait de conserver un lien avec le monde autre que celui de son travail. Grâce à elle, il put se tenir au courant de toutes les œuvres intellectuelles.

L'incapacité désormais totale de contact avec les milliers d'ouvrages qu'il avait lus, étudiés, analysés, fut peut-être le côté le plus éprouvant de sa cécité. En épouse attentive, Marie restait auprès de lui afin de le soutenir et de lui servir de lectrice. Jamais, elle ne manqua à sa tâche. Son mari lui avait donné une existence des plus enviées de l'époque. Il lui avait permis de rencontrer une foule de personnalités intéressantes et instruites, ce qui l'avait naturellement élevée dans sa façon d'être et de vivre. Paulin étant désormais infirme, elle fut encore plus présente, encore plus aimante pour son grand homme. Ce fut une nouvelle façon pour elle de lui prouver son attachement. Alors qu'on l'avait blasonnée de demi-mondaine, de « dégrafée », Marie prouvait une fois de plus à son entourage que l'amour qu'elle dispensait à son époux était tout simplement vrai ! Certes, les tentations furent présentes dans le monde qu'elle fréquentait, d'autant plus qu'elle y pénétrait bien souvent non accompagnée de son époux. Mais pour elle, l'amour était sacré. Il en était de même de l'amitié qui ne devait jamais être trahie !

Le comportement de Paulin avait changé du tout au tout vis-à-vis de sa femme. Il avait abandonné son côté bourru et râleur. Peu à peu se développait en lui une humanité singulière, une sensibilité profonde dissimulant une tension spirituelle. Paulin s'approchait davantage de son épouse, appréciant certainement la délicatesse dont elle faisait preuve à son endroit.

Lorsque Marie recevait, Paulin goûtait davantage qu'autrefois l'ambiance de ses salons, prenant le temps d'écouter l'agilité et la finesse d'esprit qui caractérisaient parfois les invités. Causeur très spirituel, il était au courant de toutes les nouveautés artistiques, qu'elles concernent les arts, les sciences ou les lettres. Au fil des ans, son épouse avait purgé de ses salons les indélicats, les incorrects. De fait, on appréciait au plus haut point le charme et la qualité de ses réceptions. Jamais, elle ne cessa d'être animée du souci de faire partager le monde des arts et de la beauté aux autres. Lectrice passionnée, elle discutait littérature avec les Goncourt, Balzac, Colet, Flaubert ou Tourgueniev, et développa de véritables amitiés dans la gent littéraire qui fréquentait ses salons ou ses dîners élégants.

Après la mort tragique du baron Adolphe de La Tombelle, son fils unique, Fernand, rendait assez souvent visite aux Talabot, rue Volney. Ceux-ci s'enthousiasmaient de la noblesse d'âme du jeune homme qui sut réagir avec bon sens malgré la sensibilité aiguë qui le caractérisait. Dès son plus jeune âge, Fernand avait reçu les leçons de musique de sa mère. Excellent pianiste, très doué, il n'avait que sept ans lorsqu'il interprétait avec elle, à quatre mains, les *Sonatines* de Haydn ! Lorsque son père fut assassiné, il venait d'entrer au Conservatoire national supérieur de musique de Paris, alors dirigé par Ambroise Thomas[1], autre ami des Talabot et que Marie retrouvait dans certains salons mondains[2].

Le jeune baron Fernand de La Tombelle chercha à oublier ses malheurs en se plongeant délibérément dans les études. Il semble que Paulin l'ait fortement soutenu dans ces moments difficiles. Alors qu'il venait de perdre la vue, il sut redonner confiance au jeune baron qui venait parfois pleurer de désespoir dans ses bras, en lui demandant de se battre, de se prendre en main, de s'affirmer devant la sauvagerie indicible qu'il avait vécue : « Ce n'est que par le travail et la volonté que tu sortiras de cette terrible épreuve ! Tu es jeune, fort, intelligent ! Alors, travaille, travaille, travaille[1] ! »

Le baron Fernand de La Tombelle devint un maître de l'orgue et décupla son talent de musicien virtuose. Plus tard, très demandé, il inaugura une foule d'instruments de musique en France et à l'étranger. L'œuvre qu'il laissa fut remarquable.

Très heureux que leur jeune ami ait pu surmonter son épreuve, les Talabot assistaient avec un réel bonheur à ses concerts qui drainaient les musicologues les plus avertis, les mélomanes les plus difficiles. Mais au-delà de ses talents de musicien, le baron Fernand apprit beaucoup d'autres choses au contact des personnalités qui venaient régulièrement rue Volney ou au Roucas Blanc. C'est ainsi qu'il fréquenta les artistes, les hommes de lettres, les poètes que recevaient les Talabot. Sur les hauteurs de la bastide, il s'exerça à la peinture, à la sculpture et devint un fin poète. Aux côtés de l'astronome Urbain Le Verrier, également son ami, il se pencha avec frénésie, et toujours en passionné, dans l'étude des planètes, à tel point qu'il écrivit un mémoire qui lui valut les félicitations de l'Académie des sciences sur les « révolutions sidérales ». Personnage complet, Fernand de La Tombelle fut un véritable humaniste.

XXIX

Soins et souffrances

Des eaux merveilleuses

DEPUIS FORT LONGTEMPS, la qualité des eaux des Pyrénées-Atlantiques étaient reconnues. L'on y traitait alors plusieurs types de maladies, notamment celles d'ordre respiratoire et gynécologique. Le conventionnel Paul Barras, qui s'était fait soigner en ces lieux, avait écrit : « Ces eaux ne sont pas encore assez connues. Elles opèrent cependant des cures merveilleuses dans les maladies de poitrine. » C'est à cette époque qu'elles devinrent à la mode. De plus, l'intérêt de l'impératrice Eugénie pour cette région, située non loin de son pays d'origine, l'Espagne, avait amené Napoléon III à visiter ces paysages tourmentés et sauvages. De santé fragile, l'empereur séjourna dans les stations et relança la vogue du thermalisme[1]. La fréquentation des villes d'eaux se développa alors considérablement, un renouveau économique s'ensuivit. Cependant, en ce milieu du XIXe siècle, ces thermes, assez semblables aux autres, comportaient seulement quelques baignoires, une buvette et un grand salon destiné aux réceptions. Par ailleurs, les distractions n'étaient guère brillantes. On organisait bien quelques bals, mais les curistes se plaignaient de la monotonie des soirées. Peu à peu, les choses s'améliorèrent, et les clients se mirent à affluer, attirés par les bonnes vertus des eaux et la qualité des réceptions. Il est vrai que de nombreuses personnalités du monde de la politique, des sciences, des arts ou des lettres furent de constants admirateurs des Eaux-Bonnes, comme d'ailleurs l'aristocratie française et étrangère, notamment anglaise. Le philosophe Hippolyte Taine[1], que Marie fréquentait dans certains salons parisiens et londoniens, écrivit lorsqu'il découvrit cette station thermale : « Je croyais trouver ici la campagne… (et) je rencontre une rue de Paris, et les promenades du bois de Boulogne… »

Des personnages célèbres[2] s'y rendirent ainsi en cure, recherchant les bienfaits de ces eaux sulfureuses. Elles étaient « merveilleuses pour les maladies des femmes ». À tel point qu'un inspecteur devait noter au sujet des eaux de Saint-Sauveur, station thermale toute proche : « La plupart des dames y laissent leur pessaire en ex-voto[3]. » La notoriété de ces eaux s'amplifia alors rapidement. Et l'on se mit à construire d'élégants casinos et des centres de bains dotés des installations les plus modernes et qui devinrent très recherchés. Ce fut en ces lieux que Marie rencontra Mme Pauline de Castellane. Son époux, le comte de Castellane, auditeur au Conseil d'État et député du Cantal, faisait de fréquents séjours aux Eaux-Bonnes. Au contact de ses relations personnelles dans la haute société parisienne, il avait créé un courant de clientèle régulière. Sensiblement du même âge, Marie et Pauline se retrouvèrent ensemble en cure et, plus tard, dans leurs salons respectifs.

Alors qu'elle atteignait ses quarante-quatre ans, Marie fréquenta pour la première fois cette station au mois de juillet 1866 : « … cet été on m'envoie aux Eaux-Bonnes, sans quoi je finirai par avoir une maladie des bronches », écrivait-elle en juin. Il est vrai qu'elle s'en trouva bien et le signala à ses amis[15] : « … enfin, je suis guérie ; ces eaux sont recommandables et possèdent des vertus inouïes ! Elles m'ont apporté un bienfait salutaire, il était temps… » Durant plusieurs années, elle s'y rendit, parfois accompagnée de Paulin, parfois de ses amies de compagnie ou de ses femmes de chambre à qui elle offrait le séjour. En juillet 1869, elle assista à des réjouissances particulières[2] en l'honneur du khédive d'Égypte, Ismaïl Pacha, qu'elle devait rencontrer quatre mois plus tard, lors de l'inauguration du canal de Suez.

Par la suite, elle préféra se rendre à Argelès-Gazost[3], nouvelle et très à la mode station thermale, nichée coquettement dans un repli des Hautes-Pyrénées, et dont l'intérêt du site avait été rehaussé depuis que l'on y avait consacré l'église du lieu, reconstruite grâce à une aide substantielle de Napoléon III[4].

Empruntant un train de luxe, « Le Pyrénéen Express », qui desservait alors régulièrement le pays depuis la capitale, Marie accédait ainsi assez rapidement à la station d'Argelès-Gazost, puisque un jour et demi seulement de voyage était nécessaire[5]. Généralement accompagnée de sa femme de chambre attitrée, elle empruntait cette ligne de chemin de fer pour rejoindre enfin le somptueux et confortable *Hôtel du Parc et d'Angleterre,* situé face à l'établissement thermal[6], en bordure d'un jardin remarquable.

Ce grand hôtel, l'un des plus modernes et des mieux lotis de l'époque, édifié dans un site agréable, recevait bien évidemment le beau monde. Enchantée de ses séjours qui lui permettaient certes de se soigner, mais aussi de rencontrer des gens sympathiques et de hautes relations, Marie s'était attachée à des Anglais qui venaient régulièrement suivre leur cure, et dont elle s'était fait de bons amis, pouvant converser naturellement avec eux dans leur langue.

Dans le parc, on avait aménagé des jeux de *lawn-tennis*[1], venus tout récemment d'Angleterre et que l'on mettait à la disposition des baigneurs et des curistes. Marie devint une passionnée de ce sport dont elle avait goûté les prémices alors qu'elle était en villégiature à Dinard.

En son hôtel, elle occupait une belle chambre s'ouvrant sur la chaîne de montagnes et sur le parc qui se déroulait sous ses yeux. Un ruisselet le traversait, formant un petit lac aux courbes libres. Les allées sinueuses permettaient de déambuler entre les nombreuses essences d'arbres étrangères à la région, le tout baigné dans la sensibilité romantique, typique de ce XIXe siècle. L'endroit était particulièrement reposant.

Après les bains et l'absorption de l'eau sulfureuse qui imprégnait l'atmosphère de forts effluves, les soirées somptueuses occupaient les curistes aisés de la haute société. Le soir, on quittait l'hôtel pour se rendre au casino qui jouxtait les thermes. On flânait dans le parc dessiné à l'anglaise, éclairé par le système électrique dernier cri. Des concerts quotidiens étaient donnés devant un parterre de très belles toilettes féminines[2]. Bals familiaux, pièces de théâtre, soirées lyriques, désormais rien ne manquait pour assouvir la curiosité de ces gens oisifs qui, tout en goûtant aux bienfaits des eaux, n'omettaient surtout pas de se distraire ! Le casino recevait ses clients qui hantaient les salles de danse ou de lecture, ainsi que les salles de jeux. Et puis, les menus copieux, que l'on servait lors de banquets dressés à l'intérieur même du parc, ravissaient évidemment Marie et ses consœurs, toutes aussi gourmandes. Ces dames, au bon appétit, se régalaient autant des gigots à l'anglaise que des chauds-froids de paupiettes en cerises et autres plats savoureusement préparés. Certes, la qualité thérapeutique des eaux faisait son effet, mais tout le reste, repas, concerts, théâtres et feuilletons, participait allégrement aux délices des curistes.

Les habitués des salons et des boulevards parisiens se retrouvaient régulièrement dans ces stations thermales afin d'implorer le pouvoir mystérieux des eaux. Les structures se confondaient dans la même architecture, la même organisation, les mêmes fonctionnements. Les élégantes, « les lionnes magnifiques » se rendaient à Plombières, Biarritz, Vichy, Aix-les-Bains, Bade ou Argelès-Gazost… et suivaient avec entrain les grands de l'époque.

Quoique aveugle, Paulin suivait Marie dans les villes d'eaux. Ils allèrent ainsi à Vichy, invités par leurs amis les Rouher[1] qui avaient hérité d'une propriété au Pointet, commune de Broût-Vernet dans l'Allier. Les deux femmes, qui se retrouvaient parfois dans leurs salons parisiens, participaient toujours ensemble aux grandes œuvres de charité. Les deux hommes, quant à eux, ne parlaient que politique. De cette campagne tranquille, les deux couples se rendaient à Vichy afin d'assurer leurs cures, restant cependant assez éloignés des activités mondaines de la station.

Tous les ans, Marie fréquentait les bains d'Argelès-Gazost. Elle en devint naturellement une habituée à qui l'on réservait toujours la même chambre. Ce fut en ce lieu qu'elle écrivit un codicille à son testament, au soir du 20 juillet 1889, lors de son dernier périple dans les

Pyrénées, quatre mois avant sa mort… Elle y précisait de « donner une ou deux années de gage à chacun de ses domestiques » !

La mort des Le Verrier

En cette fin d'année 1877, les Talabot furent très affectés par les décès successifs de leurs amis les Le Verrier survenus à quelques semaines d'intervalle. Toute leur vie, les deux couples s'étaient suivis, épaulés, soutenus dans les épreuves inhérentes à l'existence. Pour eux, le mot amitié possédait une telle force qu'il ne devait, en aucun cas, être galvaudé. Cette profondeur de sentiment caractérisait les deux couples. En dépit du tempérament parfois exécrable des deux hommes, ceux qui avaient le bonheur de faire partie de leur cercle d'amis louaient l'ambiance agréable et sympathique qui se dégageait naturellement en leurs présences.

Subjugué par la précision de son travail, Paulin Talabot estimait hautement le savant astronome. Sa découverte de la planète Neptune lui avait valu, de la part de certains de ses collègues, des attaques assez virulentes que l'ingénieur combattit avec énergie auprès de son ami. Malgré leurs caractères autoritaires, les deux hommes s'entendaient à merveille, liés par une indéfectible amitié. Il en était de même pour les deux femmes, Marie Talabot et Marie-Lucile Le Verrier, son aînée de huit ans, qui aimaient se retrouver dans les endroits chic et à la mode. De santé fragile, l'épouse du savant fit très souvent appel à Marie pour l'aider dans les soins qu'elle devait donner à ses enfants. Les Talabot s'attachèrent surtout à « la petite dernière », Lucile. D'ailleurs, dans son testament du 24 septembre 1886,

Marie Talabot précise qu'elle donne et lègue à Mme Lucile Magne, fille de ses amis Le Verrier, la somme (très importante) de 100 000 francs, ainsi que « ma parure de turquoises composée d'un collier avec pendeloques, une broche, un beau bracelet de turquoises et diamants, une paire de boucles d'oreilles, trois autres bracelets et une bague[1] ». Une attention très maternelle de la part de Marie pour sa protégée, car il s'agissait des bijoux que Paulin lui avait offerts pour son mariage.

Depuis 1854, Urbain Le Verrier dirigeait l'Observatoire[2] où il possédait son logement familial. Les Talabot dînaient souvent chez eux et Marie y passa de longs moments. Par son mauvais caractère et son autoritarisme, l'astronome mécontenta ses collaborateurs à tel point qu'on le fit surveiller avant de le destituer de ses fonctions en février 1870. A cette époque, Lucile devait noter sur son cahier d'adolescente[3] : « La situation pénible dans laquelle nous étions depuis trop longtemps déjà vient de finir : mon père est destitué. J'écris ce mot bravement, car il est glorieux pour nous. Cette année, il s'applique à tous les grands hommes. Du reste, depuis deux ans nous étions tellement abreuvés de déceptions, de calomnies, de chagrins, qu'au soupir de regret se mêle un soupir de soulagement… »

Durant la guerre de 1870 puis la Commune, les Talabot soutinrent la famille Le Verrier particulièrement attaquée. Devant quitter rapidement les lieux de l'Observatoire, ils accueillirent le savant et sa famille rue de Rivoli, puis en leur château de Marseille.

Les Talabot eurent l'occasion de mesurer l'immense amitié que les Le Verrier leur témoignèrent lorsque Paulin dut se faire opérer des yeux. Mais surtout, lorsqu'il devint aveugle. En effet, durant cette épreuve, ils offrirent spontanément toute leur amitié et les secours qu'ils purent apporter.

Après les tourmentes de la guerre et de la Commune, Urbain Le Verrier reprit ses fonctions à l'Observatoire. Le savant se lança alors dans le projet très ambitieux de mettre au point les tables des mouvements planétaires extrêmement précises[1] et pour lequel il consacra ses dernières années. Très gravement malade du foie, il mourut le 23 septembre 1877, jour anniversaire de la découverte de « sa planète Neptune ». Son œuvre fut constituée avant tout d'un travail mathématique conséquent. Quelques semaines plus tard, le jeudi 1er novembre, décédait à son tour, presque subitement, son épouse, Marie-Lucile Clothilde Choquet âgée de soixante-trois ans. Un coup dur pour les Talabot qui perdaient ainsi trop rapidement leurs chers amis.

Quelques années plus tard, on voulut reconnaître l'œuvre du savant en lui élevant un monument. Sa statue de marbre blanc, taillée par le sculpteur Chapu[2], fut érigée dans la cour nord de l'Observatoire parisien, grâce à une souscription internationale[3] qui permit de réunir les fonds nécessaires. Ainsi, le 27 juin 1889, sous la présidence d'Armand Fallières[4], ministre de l'Instruction publique et des Beaux-Arts, auprès de ses amis et de ses proches très émus, notamment Lucien et Lucile Magne, fille du savant, et de nombreuses personnalités[5], Marie, alors veuve, participa à cette cérémonie, serrant dans ses bras « sa fille adoptive », Lucile, qui pleurait son père à chaudes larmes. Juste reconnaissance du travail et de l'énergie d'un homme d'exception !

XXX

Dans la misère du monde

« Un mourant,
hier encore, Bénissait votre nom »

Edmond Railhac à Marie Talabot

Une pauvre fille

En allant visiter les « Orphelins de l'Étoile[1] » de Marseille, Marie croisa deux hommes qui transportaient sur un brancard une femme sans âge mais dont les yeux creusés exprimaient une puissance de communication très intense. D'ailleurs, on ne voyait qu'eux : deux fers rougis qui s'imprimaient dans votre esprit et ne vous quittaient plus... On sentait que la malade ne pouvait traduire autrement que par son regard le message qu'elle voulait lancer à la visiteuse. Ces yeux, que l'on ne pouvait éviter, rencontrèrent ceux de Marie ; elle en fut déconcertée...

Quelques jours plus tard, elle revint à l'orphelinat et voulut savoir ce qu'était devenue la malade qu'elle avait croisée. Elle sut qu'elle travaillait dans l'établissement depuis plusieurs mois. Un jour, on l'avait trouvée, silhouette pitoyable, couchée en pleurs sur le pavé, suppliant qu'on l'accueille et proposant en échange de travailler. Avec sa forêt de cheveux roux, elle faisait penser à une prostituée de l'Apocalypse. Sa maigreur extrême disait qu'elle ne devait pas manger tous les jours à sa faim. Les Dames de charité, qui œuvraient au sein de l'établissement, acceptèrent sa proposition. Elle intégra donc la communauté et offrit dignement le meilleur d'elle-même, s'occupant des enfants avec une abnégation infinie. Ces enfants aussi perdus qu'elle, et à qui elle cherchait à rendre au centuple l'amour, la tendresse et le bonheur qu'ils lui donnaient. Sa joie, sa récompense demeuraient dans ces gestes-là.

Les responsables de l'orphelinat apprécièrent cette personne qui rendait discrètement, avec aménité et délicatesse, de bons services. Cependant, depuis quelques semaines, elle ne se sentait pas très bien. À tel point qu'un jour elle ne se releva plus de sa couche. Un matin, elle fut prise d'un « flux de ventre » qui la vida du reste de ses forces. C'était presque l'agonie, sordide, puante. Sa faiblesse était extrême…

Trop malade pour rester dans les locaux de l'orphelinat, on l'avait transportée à l'hôpital, justement le jour où Marie la croisa sur son brancard. Elle s'appelait Noëlle, Noëlle Castanié, lui avait-on dit…

En entendant ce nom, Marie comprit aussitôt le message que cette femme souffreteuse, allongée sur son brancard, lui avait transmis au travers de son regard intense. Car la malade l'avait reconnue, elle, Marie-Anne Savy, sa camarade d'infortune à l'orphelinat de Saint-Geniez-d'Olt !

Lorsqu'elle se rendit à l'hôpital[1], une femme sans âge lui ouvrit la porte. Elle n'avait presque plus de dents et sifflait plus qu'elle ne parlait. En boitillant, elle la guida jusqu'au premier étage. Très vite, Marie mesura la résignation, la misère, l'épuisement qui régnaient derrière ces hautes murailles. Malgré les aides diverses, malgré le dévouement sans bornes de femmes et d'hommes au service de ces malades entassés, une mauvaise hygiène régnait. Les rats et les punaises pullulaient. Sur la grande galerie, s'étalait une lignée de malades et de vieillards qui n'arrêtaient pas de gémir, engoncés sous les misérables couvertures que l'Administration prêtait parfois aux indigents.

La triste réalité de ces lieux de douleurs rappelait cruellement à Marie l'ambiance nauséabonde de mort qui régnait dans son hospice aveyronnais, où l'on n'arrivait guère à juguler la maladie et encore moins la souffrance. Seuls quelques soins rudimentaires étaient donnés, sans trop d'espoir de guérison, par des filles de salle arrivées de leur campagne ou des religieuses qui ne possédaient qu'une formation bien sommaire…

Marie Talabot découvrit son ancienne amie recroquevillée sur un grabat, à peine protégée d'une couverture qu'elle n'avait même pas la force de ramener sur ses membres engourdis. Mais ses yeux profonds dégageaient une lueur forte qui illumina son visage dès qu'elle aperçut Marie. De ses lèvres craquelées s'échappait un léger râle. La main de Marie dans la sienne, leurs deux regards ne se quittaient pas. Noëlle s'apaisa. Puis elle commença à parler… tout doucement. « Quand la vie se fait trop noire, disait-elle, alors la mort ouvre une porte sur la lumière. » Marie écoutait ses mots, puis ses silences. Ses longs et pesants silences qui disaient tout l'effroi qui la tenaillait. Enfin, elle supplia son amie de l'arracher à sa couche humide de sueur…

Condamnée à la salle commune, car les chambres particulières étaient réservées aux officiers et aux malades payants, Noëlle ne jouissait guère de repos en ces lieux de souffrances. Il arrivait que des opérations s'effectuent au beau milieu des grandes salles. Les malades assistaient alors aux préparatifs du supplice. Et l'on entendait les cris de l'opéré, car aucune anesthésie ne venait calmer la douleur. Triste et pénible spectacle pour ceux qui en étaient témoins… Alors, Noëlle se cachait sous sa couverture, fermait les yeux, attendant dans l'angoisse que le calme revienne…

Marie ne mit pas longtemps à savoir ce qu'elle devait faire. Elle appela son ami le docteur Sirus Pirondi, qui, très charitable, donnait des soins gratuits dans plusieurs établissements de la ville[1] et décida que l'on transporterait Noëlle au Roucas Blanc. Le médecin viendrait tous les jours la visiter.

Sur les hauteurs de la colline, les forces de Noëlle revinrent peu à peu. Son visage perdit de sa pâleur, elle reprenait goût à la vie. Auprès de Marie qui déploya des trésors de douceurs et de soins, auprès de Paulin aussi qui, très attentionné, veillait à ce que rien ne manquât, Noëlle allait mieux de jour en jour. « Tu as fermé la porte de l'enfer derrière moi », disait-elle souvent à Marie. Les deux amies parlèrent longtemps. Elles évoquèrent leurs chemins bien différents depuis qu'elles s'étaient perdues de vue. Un chemin de conte de fées pour Marie. Un sentier noir comme la nuit pour Noëlle. Depuis sa naissance, sa vie n'avait été qu'une succession de malheurs[2]. Sa bonne étoile s'était perdue en chemin…

Noëlle avait quitté Saint-Geniez-d'Olt six mois après Marie, en 1837, enlevée par « son Fernando », le robuste bûcheron espagnol qui l'avait séduite. Son âme s'était emballée, éperdue d'amour pour ce gentil garçon, et elle se savait alors prête à tout pour le suivre. Âgée d'à peu près seize ans, un long corps androgyne et majestueux, des cheveux roux qui rendaient son compagnon fou, Noëlle était très jolie. Sa première nuit, elle la passa sur un autel de paille, sous les yeux des vaches dans une étable perdue. « C'était avec lui qu'elle avait ressenti l'étrange frisson qui vous arrache un cri, vous terrasse et vous laisse tremblante[1]... » Huit mois de bonheur avec son amoureux qui se louait de ferme en ferme pour abattre les géants de la forêt... jusqu'au jour où un arbre le cloua définitivement à la terre...

« Il y eut d'autres hommes dans ma vie, raconta Noëlle[2] », d'autres hommes dont elle s'était amourachée mais dont les romances se finirent en lambeaux... Quatre ans plus tard, elle s'était même mariée à un vaurien qui, le soir de ses noces, totalement ivre, lui fit valoir ses droits brutalement, sans égards, et avec une violence terrible. Elle conserva un souvenir atroce de ce viol légal, et la grossesse qui s'ensuivit ne lui apporta pas d'apaisement. Et puis, ultime outrage, il l'insulta en sous-entendant qu'il n'était peut-être pas le responsable de cet état... Au moment de la délivrance, où elle souffrit de mille morts, la jeune femme accoucha d'un enfant tellement malingre qu'il mourut au bout de quelques heures. Son mauvais époux parti elle ne savait où la laissa seule auprès du petit cadavre... « Je ne ressentais plus rien, rien qu'un grand vide décourageant à l'intérieur de moi[3] », disait-elle à Marie sans cacher ses pleurs.

Femme blessée par ses amours malheureuses et dramatiques, désespérément seule, marquée par la mort tragique de son compagnon tant aimé, Noëlle traînait sa vie sinistre et étouffante comme dans une ruelle de bas quartier, sur le fumier d'une misère criante…

Un jour, sur un champ de foire, elle vit que des jeunes femmes étaient exposées sur une estrade érigée au beau milieu de la place publique. Un commissaire priseur faisait valoir la marchandise : leurs longues et opulentes chevelures qu'il vendait au plus offrant et dernier renchérisseur. Il y avait là de nombreux coiffeurs, français et anglais, qui débattaient avec fureur. Noëlle s'approcha. Sa rousse et envoûtante chevelure, aux promesses voluptueusement tactiles, fut aussitôt remarquée. On lui proposa de monter sur l'estrade. Certainement comme ses consœurs, Noëlle avait faim, et ne refusa pas de vendre sa belle toison.

Prison de femmes

Plus tard, elle se lia d'amitié avec une grande famille tzigane qui la prit en affection et l'emmena avec elle sur les chemins. Au fil des semaines, ils rempaillaient des chaises, réparaient des cuivres, aiguisaient des lames. Étape après étape, ils arrivèrent à Paris où Noëlle quitta ses amis pour vaquer à de petits métiers qui malheureusement ne pouvaient la faire vivre. Un jour, elle vendit son corps dans la chambrette d'un logement minable, seule solution pour manger un peu à sa faim. Mais ses clients n'étaient pas riches. Alors elle dut s'engager plus bassement dans son péché. Son secret ? Ne rien refuser à ses amants de passage, avec dans les yeux l'innocence d'une communiante… Elle faisait cela comme si sa vie en dépendait. Puis elle tomba sous la férule d'une solide bougresse qui l'installa dans son lupanar... En silence, Marie écoutait chaque mot que lui disait son amie et qui lui piétinait le cœur.

Un jour vint où elle décida de s'arracher à sa maquerelle, de sortir de cette geôle, de vivre au soleil, à la lumière, de respirer enfin de l'air frais. Noëlle conta alors à son amie le douloureux calvaire qui s'ensuivit et qu'elle dut subir entre les mains de gens pervers à la solde de la tenancière. On la jeta brutalement sur le pavé où elle dut rendre des comptes sous la violence de ses souteneurs. Ironie du sort, ce fut la prison qui la sauva de cet univers infernal.

Une nuit, alors qu'elle vivait le sordide racolage de rue, on l'arrêta sur le trottoir. On la pressa dans une voiture cellulaire déjà surchargée : tableau d'une crudité poignante, lamentablement pittoresque, où jeunes et vieilles, timides et effrontées, élégantes et loqueteuses, affichaient toute la misère du monde entassée dans cette carcasse grillagée. On l'enferma à Saint-Lazare, la prison tant redoutée des femmes, où l'on traitait les vénériennes comme des réprouvées. Elle y vécut des heures terribles auprès de femmes anéanties, brisées, perdues à jamais et qui ne souhaitaient plus que la mort. Leurs vies étaient devenues trop noires, trop sales, à tel point qu'elles pensaient qu'il n'y avait plus rien à sauver et que la mort leur apparaissait comme une porte salvatrice...

Lorsque Noëlle ressortit au bout d'une dizaine de jours[1], ses souteneurs semblaient l'avoir oubliée. La jeune femme ne souhaita alors qu'une chose, quitter au plus vite cet enfer de prostitution ! Or, en prison, elle avait côtoyé une vénérienne, arrêtée comme elle sur le trottoir, et dont le frère, assez fortuné, l'attendait à la sortie de Saint-Lazare afin de la ramener chez elle, à Lyon. Noëlle profita du voyage jusqu'à cette ville où elle trouva du travail dans une auberge comme rinceuse de vaisselle. Par la suite, elle rencontra un compagnon avec lequel elle fit un peu de chemin. Ils descendirent dans le Midi pour s'installer à Marseille où son ami se fit embaucher par des marins. Mais il ne rentrait guère au bercail, jusqu'au jour où Noëlle ne le revit plus. On lui raconta qu'il était resté en Italie, auprès d'une autre femme…

Noëlle tenta alors de retrouver une sorte de stabilité qui semblait malheureusement la fuir et un travail qui ne se présentait pas. Elle était devenue une vieille femme, usée, éteinte, un fantôme promenant à petits pas ce mal de vivre qui, lui, ne l'avait pas abandonnée. Dignement, jour après jour, elle hurlait son désespoir, mais personne ne semblait entendre ses appels, jusqu'au jour où elle posa ce qui restait de son baluchon à la porte de l'orphelinat…

Semaine après semaine, grâce aux bons soins du docteur Pirondi, Noëlle se portait mieux. Le réseau de rides, fugacement creusé par la misère, recommençait à s'illuminer. Son amie Marie lui avait vraisemblablement sauvé la vie, ne serait-ce que par le soutien moral et l'amitié profonde qu'elle lui témoignait. L'accueil et l'attitude des Talabot lui permirent de rompre cette infernale descente vers une décrépitude totale. Les deux femmes parlèrent longtemps, se confièrent, échangèrent leurs impressions, leurs parcours. Lorsqu'elle travaillait à l'orphelinat, Noëlle ignorait que son amie était devenue « Mme Talabot. » Certes, elle connaissait ce nom que l'on évoquait souvent autour d'elle et dans la ville de Marseille ; elle l'avait entendu encore au sein de l'orphelinat de l'Étoile où l'on soulignait sa générosité. Mais elle était loin d'imaginer que son amie de Saint-Geniez-d'Olt ait pu épouser une personne de si haute notoriété, de si grande envergure ! Même lorsqu'elle la croisa sur son brancard, Noëlle ignorait encore que son amie d'enfance et la prestigieuse Mme Talabot, la dame si généreuse envers les enfants et dont elle avait si souvent entendu parler, n'étaient en fait qu'une seule et même personne ! Elle l'apprit plus tard, par le personnel de l'hospice.

Sur les hauteurs de la bastide, dans ce havre de soleil et de paix, Noëlle se reposait enfin, goûtant à une plénitude réelle de douceur et de valeurs humaines qu'elle n'avait jamais connue. Elle devint l'amie de tous les domestiques et femmes de chambre, palefreniers et autres jardiniers qui œuvraient au sein de la propriété. Et ils étaient nombreux[1]. Tous les ans, les Talabot organisaient une grande fête de famille à laquelle était conviée la totalité du personnel. Noëlle aima ce signe de gentillesse qui semblait bien rare dans la bourgeoisie locale. Après le repas, Paulin et Marie jouaient à divers jeux de société avec leurs employés. Plus tard, peu avant sa mort, Marie aura une attention particulière, consignée sur son testament, pour chacun de ses domestiques[2].

Noëlle retrouva la sérénité et puisa auprès des Talabot la force de lutter à nouveau. Dans l'amitié de leur compagnie, elle se sentait en sécurité, sans risque de chausse-trapes dans lesquelles, trop souvent, elle avait chuté. Les deux amies discutaient des heures durant, essayant de rattraper le temps qui les avait séparées. Elles se rappelèrent leur enfance à l'orphelinat de Saint-Geniez-d'Olt, les moments difficiles à l'usine, mais, après tout, bien moins durs que ceux qu'avait vécus

Noëlle par la suite ! Elles évoquèrent les baignades émaillées de rire dans l'eau fraîche de la rivière, la cueillette des fleurs sauvages dans les champs qu'elles offraient aux vieillards de l'hospice pour un peu de bonheur, les fêtes religieuses, pour lesquelles elles recevaient de beaux vêtements donnés par les dames charitables, les jours de foire où les dirigeants de l'orphelinat leur permettaient une sortie en ville, en rangs serrés et disciplinés. Il revenait encore à la mémoire des deux amies cette vendeuse aux joues de pommes rouges qui étalaient ses brioches dorées et dont les enfants reniflaient avec envie l'odeur suave et chaude qui s'en échappait, embaumant toute la rue. Ce parfum ne les avait jamais quittées !

Depuis peu, Noëlle descendait la colline pour aller se recueillir dans les églises de la ville. Elle aimait du christianisme les visites, le soir, aux sanctuaires noyés dans la pénombre, les odeurs d'encens dont ils étaient imprégnés, les hymnes lentes et sombres qui s'amalgamaient si bien à l'ambiance des lieux. Et puis un jour, l'appel des enfants fut le plus fort. Elle voulut retourner auprès d'eux, car, dans sa pauvre vie, c'était bien là, et uniquement là, qu'elle reçut le plus ! Au cœur de cette détresse infantile, le plus souvent silencieuse, Noëlle donnait toute son âme. Elle reprit son travail et devait ainsi rester toute sa vie auprès de ses petits orphelins. Elle revoyait Marie qui, régulièrement, venait faire ses visites. Parfois, elles remontaient ensemble à la bastide pour déjeuner, mais jamais Noëlle, telle une mère, n'abandonna « ses petits » qui avaient besoin d'amour. Noëlle, l'enfant trouvée sur le parvis d'une église, avait enfin trouvé son chemin[1]...

XXXI

Paulin tire sa révérence

Le testament de l'ingénieur

ATTEIGNANT SES SOIXANTE-SEIZE ANS, Paulin Talabot décida de faire son testament. Le 4 août 1875, il convoqua deux notaires et deux témoins au 88, rue Saint-Lazare[1] où se trouvaient ses bureaux. Son testament, il l'avait réfléchi, pensé, mûri. Mais il est probable que son épouse ignorait les arrangements qu'il voulait prendre. Peut-être pensait-il lui en faire la surprise ? Car Paulin rechercha et dicta à ses notaires parisiens, Maître Dufour et Maître Jozon[2], des dispositions testamentaires[3] visant à la favoriser au mieux. Alors âgée de cinquante-trois ans, elle pouvait prétendre à une espérance de vie encore longue. À cette époque, le couple comptait dix-huit ans de mariage et vraisemblablement trente-cinq ans de vie commune. Cette démarche représentait pour l'ingénieur une nouvelle preuve d'amour envers celle qu'il n'avait jamais cessé d'aimer malgré certaines incartades.

L'ingénieur rechercha la situation la plus confortable pour son épouse, se méfiant certainement de son entourage. Précédemment, il lui avait conseillé de renoncer à la communauté légale afin de bénéficier de dispositions bien plus intéressantes. En effet, nous indique Jean Lenoble[1] : « Il lui donne la pleine propriété de l'essentiel de ses biens et l'usufruit de tout le reste, qui comprend la moitié de ses valeurs mobilières » dont il précise « qu'il entend que le partage entre les nus-propriétaires n'ait lieu qu'à l'expiration de l'usufruit, Mme Talabot ayant, pendant la durée de cet usufruit, qualité pour faire, avec le concours des exécuteurs testamentaires, tous les actes conservatoires et opérer tous changements et conversions de titres... le tout sans la participation ou l'immixtion des nus-propriétaires »...

Il s'agissait bien d'une preuve de plus dans la confiance totale que Paulin vouait à son épouse ! Car son patrimoine était très conséquent et les affaires qu'il brassait alors faisaient qu'on le considérait comme l'un des plus grands hommes d'affaires de la France du milieu et de la fin du XIXe siècle. « En 1881, à la veille de sa mort, écrit Bertrand Gille[2], on le trouve : directeur général honoraire du PLM, administrateur des Chemins de Fer du sud de l'Autriche, administrateur de la Société générale, administrateur de la Société de transport maritime à vapeur, président de la Compagnie des docks à Marseille, président de la Compagnie des mines de Mokta, président de la Compagnie des mines de Krivoï Rog, président de la Société de Denain-Anzin, administrateur de la Société du Saut du Tarn. »

Par la suite, Marie devait suivre pas à pas les consignes dictées par son mari, lesquelles effectivement la favorisèrent fortement, notamment par l'héritage d'un patrimoine mobilier de haute importance puisqu'il s'élevait à plus de 4 millions de francs, sans compter les innombrables valeurs industrielles[3].

Le décès de Paulin Talabot

En février 1882, la mort d'un ancien et intime ami, Charles Didion, fut pour Paulin Talabot un sujet de vive affliction, mais aussi l'un de ces avertissements qui ne sont redoutés que des hommes pusillanimes. Ensemble, ils avaient commencé leur grande entreprise dans la région de Nîmes. Pendant plus de quatre décennies, ils s'étaient épaulés comme de véritables frères. Charles Didion, qui avait connu Marie alors qu'elle était bonne à tout faire chez son ami, avait été le témoin de leurs premiers émois amoureux…

Cette même année, l'âge contraignit l'ingénieur Talabot à mettre un terme à une carrière qui avait débuté soixante ans auparavant et à désigner comme successeur Gustave Noblemaire[1]. Celui-ci avait été l'un de ses plus proches collaborateurs plusieurs années durant. Devenu directeur général honoraire trois ans auparavant, Paulin Talabot ne s'était nullement résigné à prendre ce titre comme une récompense honorifique et continua à suivre l'évolution de la compagnie. « Il y avait quelque chose de touchant à le voir, vers la fin de sa vie, aux assemblées annuelles, écouter avec intérêt les résultats de cette œuvre immense qu'il avait entreprise et que l'on peut dire sienne sans exagération et émettre encore parfois un de ces avis marqués au coin d'une merveilleuse sagesse et d'une expérience sans rivale », écrivait le chroniqueur du *Courrier du Centre* lorsqu'il rédigea son article nécrologique. Avec les mêmes pensées, la même force, il soutint de ses conseils les multiples entreprises qui, à travers le monde entier, avaient sollicité son concours.

Cependant, Paulin Talabot n'était plus l'homme d'acier qu'il avait été autrefois. Il continuait toutefois à recevoir ses amis en petit cercle, rue Volney, où il goûtait encore avec avidité aux échanges de haute valeur qu'il avait entretenus toute sa vie. En janvier 1885, la vie semblait encore bien stable en leur domicile parisien puisqu'une lettre[1] de Marie à Edmond Railhac, qui avait annoncé sa visite, précise tout simplement : « Je serai charmée de donner ici à votre femme la bonne place que vous avez toujours occupée et c'est une bonne nouvelle que celle de votre venue à Paris. Que ce soit en février, car en mars je pourrais bien aller à Marseille. Donc à bientôt mes chers amis. Merci du souvenir pour mon illustre mari qui se joint à moi pour tous nos sentiments affectueux… » Marie ne se doutait pas que deux mois plus tard, presque jour pour jour, Paulin ne serait plus.

Désormais, le vieil ingénieur ne sortait guère de chez lui, préférant marcher à petit pas au bras de sa compagne dans son grand appartement. Malgré sa marche hésitante, il arriva que Paulin cherche à quitter le bras qui le soutenait pour faire quelques pas en se servant de sa longue canne d'ébène. Mais un jour, le 9 mars 1885, alors qu'il voulut se débrouiller seul, Paulin fit une chute dans l'escalier. Le grand homme se cassa le col du fémur[2] et ne s'en remit pas. Auprès de lui, Marie trouva le courage qui ne lui fit jamais défaut. Elle l'assista telle une infirmière. Mais trois jours plus tard, le 11 mars, une congestion pulmonaire se déclara[3]. Malgré tous les soins de son médecin, le docteur Robin, Paulin ne put se rétablir. Alors, avec une douceur infinie, Marie s'occupa de son mari qui ne pouvait plus quitter le lit et qui s'affaiblissait de jour en jour. Malgré ses efforts pour se ressaisir, Paulin était réduit, par la maladie envahissante, à n'avoir que des velléités de résistance et des intermittences de volonté. Marie se tint à ses côtés tandis que la mort approchait, recueillant ses confidences, cheminant avec lui vers l'inéluctable. Confiante, aimante, elle ne le quitta pas un seul instant. Cet homme aimé, cet homme d'exception qu'elle eut le bonheur de rencontrer, s'en allait doucement. Elle ne pouvait s'empêcher de verser d'abondantes larmes quand elle entrevoyait dans le funeste spectacle de ses yeux humides et exaltés que les dernières heures approchaient… Et parce que cette nuit fut intolérable, Marie s'évertua justement à la défier dans un bras de fer à l'issue néanmoins fatale. Le 20 mars 1885, onze jours après sa chute que l'on avait signalée dans les journaux[1], Paulin Talabot tira sa révérence.

Le visage creusé, les yeux rougis par trop de larmes, les épaules voûtées par le poids de la douleur, Marie se mura dans sa détresse. Elle semblait totalement anéantie par le décès de son époux. Et rien, ni personne ne parvenait, ne serait-ce qu'un court instant, à la détourner de son profond désespoir. D'ailleurs, Marie ne le souhaitait pas ! Car cette insurmontable tristesse fut pour elle l'ultime lien qui l'unissait désormais à celui qui avait été le seul homme de sa vie.

La chambre de Paulin avait été transformée en chapelle ardente, débordante de fleurs. Pendant que s'accomplissaient les visites, Marie se tenait dans le corridor plongé dans une semi-obscurité. Elle restait prostrée, perdue dans une rêverie douloureuse, promenant sa mélancolie dans ses souvenirs. Les regards de chacun furent saisis en l'apercevant. Marie était en grand deuil, et à ses traits creusés, à ses yeux gonflés et rougis de larmes, on devinait la peine immense qui la tenaillait.

Le lendemain, en annonçant la mort de Paulin, les journaux l'accompagnèrent de témoignages unanimes de sympathie, soulignant les qualités, l'estime et le regret : « Malgré son grand âge et sa cécité, l'illustre ingénieur était doué encore d'un bon tempérament, et ce n'est pas sans causer une douloureuse surprise que la nouvelle de sa mort s'est répandue à Marseille. La France a perdu l'un de ses hommes les plus éminents[1]... » Et le *Courrier du Centre* du 24 mars de citer : « ... ce fut certainement l'un des membres les plus remarquables de cette école saint-simonienne qui a donné tant de serviteurs illustres à la France. Ingénieur d'une rare étendue d'esprit et d'un savoir exceptionnel, M. Paulin Talabot eut immédiatement la claire intuition de l'avenir réservé aux voies ferrées... Saluons avec respect cette gloire, elle est celle qui, fondée sur des services durables rendus à la richesse des nations et à la cause du progrès, ne peut que grandir avec le temps... » De son côté, le journal *Le Siècle* écrivait : « L'homme illustre qui vient de mourir a porté dans la formation du réseau national les lumières, la décision, la sagacité de son puissant esprit. Il avait conquis un renom européen que justifiait l'étendue de ses travaux et la fécondité de son œuvre. »

En la ville de Marseille, les habitants savaient ce qu'ils devaient à Paulin Talabot : « Il est juste de dire que M. Talabot a fait beaucoup pour notre ville et que sa merveilleuse intelligence a puissamment contribué à la prospérité de notre port. La nouvelle de sa mort a produit une impression d'autant plus profonde que le célèbre ingénieur y était particulièrement connu. Il venait passer régulièrement un tiers de l'année parmi nous, en cette belle villa du Roucas Blanc qui domine notre golfe et où il avait réuni les précieux spécimens de la flore de Provence. Toute notre région lui doit beaucoup, car c'est lui qui, en exploitant les mines de La Grand Combe, a affranchi le midi de la France du tribut payé jadis aux houillères de l'étranger... Peu d'hommes, non seulement en France mais encore en Europe, ont conçu et exécuté des entreprises plus gigantesques. Doué d'une énergie et d'une activité incroyables, il était toujours au travail[1]... »

La famille de Paulin Talabot fit alors paraître une annonce de décès[2] ainsi libellée : « Vous êtes prié d'assister aux convoi, service et enterrement de Monsieur François Paulin Talabot, Ingénieur en chef des Ponts et Chaussées en retraite, ancien député, ancien Président du conseil général du Gard, Directeur honoraire de la Compagnie des chemins de fer de Paris à Lyon et à la Méditerranée, Commandeur de la Légion d'honneur, Grand Croix des Ordres de François-Joseph d'Autriche, des Saints Maurice et Lazare, d'Isabelle la Catholique, du Christ du Portugal, décédé à Paris, en son hôtel, rue Volney nº 10, le 20 mars 1885, dans sa 86e année, muni des Sacrements de l'Église ; Qui se feront le mardi 24 du courant, à midi très précis, en l'église de la Madeleine, sa paroisse. »

Ce document était ainsi complété : « De la part de M. le Comte Clary, de Mme Léon Talabot, de M. le Baron Robert de Nervo, de M. Paul Amilhau, de Mme Georges Renouard, de M. Alexandre Jabet, de M. Alfred Borget, de Mme Henri de La Chapelle, ses neveux, de M. le Baron F. de Vaufreland, de M. le Comte Duffour de Raymond, de M. le Comte Léopold Niel, de Mme Henri Talabot, de M.M. Prosper et Léon de Nervo, de Mme Valentine Amilhau, de M. Paul Renouard, de Mme Hubert Jubet, de Mme Edmond Borget, ses petits-neveux. »

Dans l'énumération des membres de la famille, il n'est nullement fait mention du nom de Marie Talabot, la veuve de Paulin. Que s'était-il donc passé pour donner une telle gifle publique à sa veuve ? Il est certain qu'elle ne fut jamais totalement acceptée dans sa belle-famille, sauf par les deux frères de Paulin, Auguste et Léon, qui furent témoins à leur mariage. Mais depuis leurs décès[1], les liens entre Marie et la famille de Paulin s'étaient encore distendus. Revenait d'une façon récurrente, dans le cercle de cette famille qui avait conclu de magnifiques alliances, l'origine trop modeste de Marie que l'on considérait toujours et encore comme une demi-mondaine ! D'autant plus qu'elle hérita de la fortune de Paulin, notamment du château et de la propriété de Maury, fief des Talabot[2], vraisemblablement la goutte qui fit déborder le vase ! Alors, pour la punir, il fallut l'ignorer officiellement, lui jeter encore cette ultime insulte dans le chagrin qui la tourmentait. On ne voulut jamais savoir si l'amour existait entre ces deux êtres. Seule la naissance comptait. Mais Paulin n'était plus là pour soutenir envers et contre tous la passion et l'amour qu'il eut pour Marie. Se doutait-il, dix ans plus tôt, en rédigeant son testament, que son épouse pourrait avoir quelques difficultés, après sa mort, avec les membres de sa propre famille ? Cela est fort possible et c'est vraisemblablement dans ce but qu'il préconisa des arrangements particuliers afin que Marie ne souffre de rien après son décès[3] et soit bien protégée.

Les obsèques de Paulin Talabot

Une foule énorme se déplaça afin d'assister aux obsèques du « grand et noble ingénieur ». À la levée du corps, la rue Volney, noire de monde, ne put contenir les nombreux et fidèles amis des Talabot. Lorsque le char funèbre quitta pour toujours ce quartier de Paris, le 4e régiment de ligne rendit les honneurs militaires[1] au défunt : spectacle poignant que cette musique militaire rythmée et grave accompagnant le grand homme vers l'éternité. Tout près de Marie, les quatre principaux responsables du PLM tenaient le cordon du poêle[2]. Derrière la famille suivaient de nombreuses personnalités : le baron Haussmann, le général de Castelnau, Gilbert le Guay, le baron de Barante, Busson-Billaut, Cornelis de Witt, l'architecte Charles Garnier, Schneider, Eiffel, Poubelle, Calla, le baron de Rothschild, Aucoc, Godelie, Robert Demarchy, François Jourde, Portalis, Bartholdi, Marcuard, Daru, Duvergier de Hauranne[3]...

L'église de la Madeleine avait été voilée de crêpe noir, signe de grand deuil en première classe. Combien de fois Marie s'était-elle rendue en cette même église, au bras de son compagnon, pour des cérémonies officielles, la plupart du temps funèbres ? Mais à présent elle ne voyait plus sous le même jour le sanctuaire de sa propre paroisse. Plongée dans sa peine, elle fixait le cercueil abritant le corps de son mari, ne prêtant guère attention à l'orchestre du Conservatoire qui exécutait le *Requiem* de Mozart. Perdue dans ses rêves, elle suivait mécaniquement le rite des obsèques, se faisant guider par ses amies. Lucile et sa nièce Julie l'entouraient d'une tendre affection.

Après la longue cérémonie, on se dirigea vers le cimetière du Père-Lachaise où l'on déposa le corps de Paulin dans un caveau provisoire, car, selon la volonté expresse du défunt, ses restes mortels devaient être transportés sur sa terre limousine. Au pied de la tombe, plusieurs discours furent prononcés, notamment par M. Malet, président du conseil d'administration, et M. Noblemaire, directeur de la Compagnie du PLM : « ... Disons un dernier adieu à notre vieux chef. Comme naguère sa parole, son souvenir nous soutiendra encore et son nom vivra, vénéré dans la compagnie de Paris à Lyon et à la Méditerranée, aussi longtemps que l'on y saura apprécier les services rendus et qu'on y conservera le culte de l'honneur, du devoir et du travail[1]... »

Lorsque la cérémonie fut achevée au cimetière du Père-Lachaise, Marie rentra chez elle. Elle y vit le haut-de-forme de son mari encore posé sur une table, sa belle canne d'ébène comme s'il était encore là... Elle ne pouvait plus pleurer. Ses yeux demeuraient secs. Elle comprit alors l'immense vide qui venait de se creuser autour d'elle. La place énorme que Paulin avait occupée à ses côtés durant près d'un demi-siècle laissait à présent une cavité béante de solitude...

Afin d'obéir à la volonté formelle de Paulin, on transporta son corps de Paris en la petite commune de Condat-sur-Vienne. Sa dépouille mortelle, partie de Paris le vendredi 27 mars au soir, arrivée à trois heures du matin en gare de Limoges, fut aussitôt transportée à Condat où on la déposa dans une chapelle ardente préparée sous le porche de l'église. Le lendemain, à dix heures, soit huit jours après son décès, eurent lieu les obsèques religieuses célébrées par l'évêque de Limoges.

Dans une église entièrement recouverte de tentures de deuil aux initiales du défunt, on distinguait de distance en distance l'écusson de commandeur de la Légion d'honneur. « Le catafalque faisait un effet du meilleur goût », lit-on dans sa nécrologie[2] ; « les dernières draperies disparaissaient sous les masses de couronnes fleuries et parfumées : à la tête, le magnifique emblème funèbre, avec ces mots significatifs : « Marie Talabot, 20 mars 1885. » Au pied, le souvenir d'immortelles des Sauveteurs de la Haute-Vienne. Des feux de Bengale émergeant des quatre urnes funéraires et lançant dans l'espace leurs flammes vertes, symboles des divines espérances qui montaient vers le ciel ; mille cierges en faisceau ou alignés avec une pieuse industrie, telle était la vue d'ensemble... »

Auprès de Marie, entourée de ses amis mais aussi de tout le personnel employé dans sa propriété de Condat, plusieurs officiers supérieurs de la garnison de Limoges, des membres de la magistrature, une députation de la Société des sauveteurs de la Haute-Vienne dont Paulin avait été l'un des généreux fondateurs, députés, maires et conseillers généraux apportaient par leur présence officielle une dimension exceptionnelle à la cérémonie. Dimension rehaussée par la maîtrise et le bas-chœur de Limoges qui animèrent la messe de requiem. On inhuma la dépouille de Paulin Talabot dans son caveau autour duquel avaient pris place de très nombreux groupes d'ouvriers, de cultivateurs, de journaliers. Ce jour-là, unis dans une peine profonde, petits et grands eurent à cœur de donner à l'illustre défunt ce dernier témoignage de respect, d'affection et de reconnaissance.

Quelques jours plus tard, on célébra en la cathédrale de Limoges une messe chantée par la maîtrise à laquelle assistait encore une foule de notabilités[1]. La cérémonie avait été conduite par le comte de Clary, le baron de Nervo et quelques membres de la famille de Paulin.

Durant plusieurs décennies après son décès, on voulut reconnaître le travail qu'avait fourni le grand ingénieur. De nombreuses villes de France donnèrent son nom à une rue, un boulevard, une place, une école, une corniche, une salle, un parc, un pont[1]... Neuf ans après sa mort, on inaugura son buste en gare de Nîmes. Hommages de gratitude envers la mémoire de cet industriel courageux et opiniâtre dont les inaugurations permirent de rappeler à la postérité l'œuvre immense couronnée de gloires incontestées.

Après les obsèques de son époux, après les mouvements pénibles et interminables des condoléances, après les premiers accablements de son deuil, Marie voulut rechercher l'apaisement et regagna la bastide du Roucas Blanc où les fleurs printanières recouvraient les pelouses et les massifs, apportant un peu de douceur dans son cœur. Cependant, malgré la sollicitude de ses domestiques et de ses amis qui demandaient à lui présenter leurs hommages, Marie ne sortait guère, souvent même se cloîtrait dans sa chambre fermée à la lumière du jour. Si l'on persistait à s'informer de sa personne, elle renforçait les barrières de l'isolement et du silence et demeurait pareille à une grande ombre isolée, insensible à la nourriture et se complaisant dans son chagrin. Des journées lugubres suivirent...

Durant plusieurs semaines, elle s'enferma dans le culte de son mari disparu. Là, dans le silence pesant de son château, elle ne cessait de humer sa présence par l'eau de toilette qu'il portait habituellement. Alors, en fermant les yeux, elle retrouvait quelques instants son cher disparu, se laissant bercer par l'illusion... Elle parlait tout bas à son chien Carlo comme à quelqu'un d'affligé que l'on console. « Paulin était ma destinée, il était mon étoile, il était ma vie, écrivait-elle à Mme Palangié[2], personne ne saura combien je l'ai aimé. Depuis sa mort, le temps s'est arrêté pour moi, comme si le doigt de Dieu avait bloqué le balancier de l'horloge... » Marie rechercha encore longtemps un peu de chaleur dans ses souvenirs heureux rendus soudain si nets par la magie de la photographie. Elle parcourait ses albums où le visage et les attitudes de son mari disparu ravivaient fortement sa mémoire.

La mort de Paulin venait de creuser un vide profond qui entraînait Marie vers une attitude désastreuse. Du haut des croisées supérieures de son château, elle regardait souvent la mer, immense chimère mystérieuse qui remuait en elle des abîmes de pensées… Le temps s'écoulait, ne parvenant pas à adoucir sa blessure…

Et puis, grâce à l'aide constante de ses amis, grâce à leur gentillesse, le goût de la vie devint le plus fort, car Marie ne voulait pas glisser vers une vieillesse teintée de tristesse. Elle chercha à relever la tête. Dans les salons marseillais où on l'appréciait, où on la recherchait même, elle rejoignit enfin ses amis. Peu à peu elle retrouva un sourire bienveillant.

XXXII

L'après-Paulin

Le ministre à table

DÉSORMAIS VEUVE, Marie se sentait trop seule chez elle malgré la présence d'un personnel nombreux. Elle se mit à voyager entre Paris, Marseille, Monaco, Limoges, regagna des lieux de cure en France et à l'étranger, alla en Italie comme en Angleterre retrouver ses amis. Les voyages devinrent le continuel besoin de ses jours. On lui fit accueil plusieurs fois dans les châteaux comme dans de modestes demeures. Elle accomplit en mer différentes croisières, mais revint toujours vers son Roucas Blanc ou son hôtel parisien. Marie décidait ses déplacements du jour au lendemain, prise d'une sorte de fièvre : « Je vais me disposer à fuir les chaleurs de l'été. Où irai-je, je l'ignore. Ma vie est toujours très remplie », écrivait-elle à son ami Edmond Railhac[1].

L'âge venant, Marie atteignait une certaine sagesse ainsi que le témoigne cette lettre qu'elle adressa à Mme Palangié[2] : « Maintenant je vis la soixantaine comme un âge privilégié parce que l'expérience acquise me permet d'avancer avec une plus grande assurance dans la sérénité. La vie n'est jamais ce que l'on imagine. Elle vous transforme et, lorsqu'elle n'est plus telle que vous l'aviez souhaitée, il faut vous adapter pour continuer. Et surtout ne pas se replier sur soi-même ! »

Parfois, lorsque des amis lui demandaient conseil, Marie répondait avec son cœur. Ainsi, le 2 juin 1887[1], faisant suite à une missive d'Edmond Railhac de Saint-Geniez qui semblait avoir quelques difficultés dans son jeune couple avec son épouse Eugénie, Marie lui répondit : « Vous allez avoir un enfant. Votre femme a de la fortune, bien que nous n'emportons pas. Il suffit de se suffire et de vivre. Vous êtes deux à porter la tâche de la vie. Aimez-vous pour être heureux partout où vous serez à deux. C'est facile si l'on s'en préoccupe ! » Et Marie de terminer sa lettre : « Je tourne autour de la dernière page de ma vie qui n'est pas encore venue. Qu'en sera-t-il d'ici là ? En tout cas, je reste immuable pour mes amis. Je fais des vœux pour vous. Rendez-les-moi. Je félicite votre femme d'avoir un mari tel que vous… »

En novembre 1885, pour les fêtes de Toussaint, soit huit mois après le décès de Paulin, Marie retourna à Condat-sur-Vienne afin de se recueillir sur la tombe de son époux et lui porter quelques fleurs. Là encore elle trouva le château de Maury trop grand, trop vide. La présence de Paulin demeurait forte. Son beau billard, sa grande chambre emplie de centaines d'ouvrages, son jardin potager qu'il affectionnait et où s'étalaient les squelettes des arbres fruitiers dessinant son nom, ses serres magnifiques et lumineuses toujours emplies d'espèces rares rappelaient avec puissance l'homme qu'elle avait tant aimé.

Marie resta trois semaines à Maury, mettant un peu d'ordre dans les affaires de son défunt époux. Puis elle décida de passer quelques jours à Trachaussade chez son amie Léonie Gavarni où elle retrouva avec bonheur sa nièce Julie et son mari Pierre-Auguste. La gentilhommière résonnait des cris des enfants de Julie et l'ambiance était à la fête car l'on y sacrifiait le cochon : moments sacrés par excellence où toute la famille se retrouvait traditionnellement pour aider. Marie ne fut pas la dernière et retroussa ses manches comme elle le faisait habituellement en pareille occasion.

Au soir du 28 novembre[1], il y avait du beau monde dans ce petit coin du Limousin. Pierre Gomot, qui venait tout juste d'être nommé ministre de l'Agriculture[2], tranchait les viandes aux côtés de Léonie et de Marie ! Il était descendu de Paris depuis quelques jours, venant saluer ses amis de la famille Gavarni. Comme à l'accoutumée, lorsqu'un personnage important s'arrêtait en ces lieux tranquilles, un bon repas, de bons produits régionaux, de la poésie et des chansons rehaussaient immanquablement les soirées. En effet, on dîna avec force appétit. Au menu, soupe aux choux, charcuterie, oies rôties, truites régalèrent les invités ainsi qu'un beau fromage, un pontgibaud[3] à rayures bleues, qu'avait apporté le ministre.

En docte connaisseur, le ministre expliqua à l'assemblée les « qualités fameuses » de ce mets délicieux qui naissait doucement au cœur de « caves fraîches de l'Auvergne, par un phénomène difficilement explicable[4]... » À son tour Marie fit un clin d'œil au « roquefort de son pays », fromage dont elle était d'ailleurs très gourmande ! En effet, son défunt mari avait, en son temps, rencontré des industriels de Lyon auxquels l'on avait proposé d'exploiter le phénomène particulier des caves de Pontgibaud, et qui aurait pu être utile à l'industrie fromagère. Le comte de Pontgibaud, ami intime de l'ingénieur Talabot, avait autorisé des recherches scientifiques. Une société fromagère, dite de « Salinas », s'était alors intéressée à ces caves et entra en relation avec les industriels de Roquefort dans l'Aveyron[1]. Mais l'avenir du pontgibaud ne fut pas aussi prometteur que celui du fromage aveyronnais qui occupait toujours une place prépondérante à la table des Talabot. Et Marie disait avec éloquence la saveur du « fromage de son pays » que l'on commercialisait de plus en plus.

Chaque fois qu'une discussion glissait vers un sujet où son département pouvait être à l'honneur, Marie saisissait l'occasion de faire allégrement l'apologie de son pays natal. Elle semblait très au courant de ce qui s'y passait, et conservait des relations étroites avec des personnages qu'elle connut lorsque son époux était encore en vie. Ainsi, l'ingénieur aveyronnais Louis Barret, ancien collaborateur et ami intime de Paulin, continuait à lui rapporter le fameux roquefort lorsqu'il descendait au pays. En bonne ambassadrice des produits de son terroir, elle en offrait généreusement autour d'elle. De son côté, Louis Barret faisait de même. Et lorsqu'il se retrouvait assis à la même table que Marie en présence d'invités, ces derniers ne pouvaient quitter les lieux sans connaître les hautes valeurs aveyronnaises qui leur étaient dispensées avec une conviction réelle, voire chauvine, par les deux compatriotes...

Le phylloxéra

Marie décida de passer la fin de l'année 1885 et le début de la suivante à Saint-Geniez-d'Olt, au château de la Falque, où ses amis la réclamaient. Comme à l'accoutumée, lorsqu'elle se rendait dans son pays, Marie restait très attentive aux malheurs de ses compatriotes. Dans la bonne ville de Saint-Geniez-d'Olt et ses environs, on appréciait les démarches, les ouvertures de portes que Marie faisait de bon cœur, heureuse de rendre service. On avait recours aux notables de la ville, au curé de la paroisse, au maire et surtout au percepteur Railhac dont on connaissait les liens amicaux qu'il entretenait avec Marie. Ces personnes établissaient le contact entre les gens du pays qui venaient les consulter et « la grande dame Talabot[1] » qu'ils voulaient rencontrer pour obtenir enfin quelque faveur.

Lorsque le phylloxéra eut détruit la vigne de la vallée d'Olt en 1884, le désespoir des vignerons fut à son comble car elle représentait un revenu fondamental pour nombre d'entre eux. Certes, dans le Midi les ravages de cet insecte étaient déjà connus depuis une dizaine d'années, mais on n'avait guère avancé dans les traitements, et le rendement du vignoble se réduisit rapidement à une peau de chagrin. Naturellement, la compagnie du PLM accusa une baisse de trafic importante car le transport des vins représentait l'essentiel des expéditions méridionales[2]. En regard de la passivité des pouvoirs publics, la compagnie dirigée par Talabot finança alors des achats massifs de sulfure de carbone, insecticide dont l'efficacité venait juste d'être démontrée. Mais il fallut tout de même plusieurs années avant que la viticulture ait repris toute l'envergure qu'elle détenait avant l'invasion du fléau.

À Saint-Geniez-d'Olt, le docteur Lambel[3], qui dirigea la commune à partir de 1887, connaissait les traitements que l'on utilisait sur les vignobles méridionaux mais qui semblaient, *a priori,* sans effet sur les vignes de la vallée.

On ressortit alors des remèdes empiriques, comme l'enfouissement de cendres au pied des souches ou bien le badigeon des ceps avec du sang de bœuf, procédés qui se révélèrent tout aussi inefficaces. Il fit également appel au percepteur Railhac afin qu'il sollicite Marie Talabot, pensant, à juste titre, qu'elle aurait pu obtenir des informations voire des solutions à ce problème.

Il est évident que Marie ne comprenait rien au fléau qui détruisait les vignes. Cependant, soucieuse des difficultés que les cultivateurs de son pays connaissaient, elle chercha des réponses, notamment auprès du ministre de l'Agriculture, François Barbé[1], qu'elle connaissait en personne et recevait quelquefois chez elle : « Ce soir, j'ai à dîner le ministre de l'Agriculture et du Commerce. J'ai intrigué pour vous ; néanmoins je ferai l'impossible pour vous être agréable. Mon amitié pour vous est à toute épreuve... »

Ainsi, grâce à ce contact établi par Marie, le docteur Lambel put entrer en relation avec le ministre, et obtenir des conseils utiles à une époque où les traitements ne semblaient guère efficaces. Suite à cela, le médecin expérimenta de nouveaux plants et les traitements adéquats sur ses propres terres. Il put enfin recommander les ceps s'accommodant le mieux à la région[2]. Après plusieurs années de cauchemar et de misère, cette action eut le mérite de donner espoir aux vignerons de la vallée.

Retour vers le monde et l'amour

Un an après le décès de Paulin, Marie renoua avec les activités mondaines et artistiques de la capitale, reprenant ses salons, assistant à ceux dont elle était l'invitée, heureuse et fière de voir se renouveler la gloire du nom qu'elle portait.

Au fil des années, son salon teinté d'une spirituelle délectation s'était affiné. Une société brillante, qui révélait l'importance de la musique, des arts et de la littérature, s'y pressait. On y appréciait autant l'atmosphère douillette et sympathique qui régnait que le choix des sujets que l'on y traitait. En grande dame, Marie offrait une hospitalité généreuse et ouverte. Elle accueillait tous ceux qui avaient estimé son époux. Un bon niveau de conversation était naturellement tenu par un maître de haute culture. D'aucuns, tout étourdis, venaient encore cueillir chez elle un peu de gloire salonnière, car l'on y rencontrait parfois quelques causeurs éblouissants qui représentaient l'élite de la société parisienne. L'on y trouvait aussi de jeunes écrivains et poètes, si toutefois leurs opinions politiques n'étaient pas en trop grande opposition avec celles des amis de longue date qu'elle recevait au temps de Paulin. Chez Marie Talabot régnait une cordialité apaisante. Si l'on y était reçu moins facilement que dans certains salons, on y respirait cependant d'autres parfums.

Revoir du monde, revivre, telle était désormais sa volonté. Elle reprit contact avec le cercle de la rue Volney, cercle artistique et littéraire dont les membres avaient eu l'idée originale d'organiser des expositions d'œuvres d'artistes exclusivement féminines. Ce cercle, dirigé par un ami de Marie, M. de Dramare, recevait des peintres, des aquarellistes ou des sculpteurs telles Louise Abbéma, Esta Norrigard, Louise Desbordes, Élodie La Vilette, Euphrénie Muraton, Rachel Souplet, Madeleine Lemaire, Jeanne et Ève Gonzalez[1]... Un triomphe évident couronnait chaque exposition soulignée par les Goncourt comme « le tréfonds de la féminité ». Marie se sentait bien dans cet univers artistique, ravie que l'on choisisse enfin de mettre en évidence le talent féminin, et surtout que le succès couronne cette initiative. Celle-ci devint un exemple et s'étendit progressivement à d'autres cercles. Mais celui de la rue Volney devint l'un des plus grands de Paris, attirant une clientèle surtout masculine[1]. Dans cette société urbaine, l'art entra véritablement dans les circuits de l'économie capitaliste, devenant une marchandise comme une autre, soumise aux lois du marché. Les toiles de ces artistes féminines occupèrent alors une place prépondérante dans l'activité de ce commerce.

Marie Talabot reprit ses activités mondaines avec entrain. Elle allait au bois de Boulogne avec ses amies, assistait à nouveau aux courses, au théâtre, à l'Opéra, continuant plus que jamais ses œuvres charitables. Pour ses déplacements, elle empruntait parfois « l'Obéissante », un énorme break d'une douzaine de places actionné à la vapeur. Cette machine nouvelle[2] faisait sensation au cœur de Paris, tant par sa masse imposante que par son confort.

Alors qu'elle se rendait aux courses sur l'hippodrome de Longchamp, elle rencontra le capitaine Marie-Roger Lafeuillade. Seize années étaient passées depuis la guerre de 1870, depuis qu'il avait rendu visite aux Talabot reclus dans leur bastide du Roucas Blanc. Il n'avait guère vieilli, s'était affirmé, et la rare beauté de sa physionomie soulignait toujours, et peut-être avec plus d'éclat, son regard de braise. Le capitaine était un fort bel homme…

Depuis qu'ils avaient fait le voyage de Marseille à Paris, accompagnés du général Ferri-Pisani et de l'ingénieur maritime Dupuy de Lôme, leurs routes s'étaient séparées. La Commune était passée par là, désorganisant les contacts, renvoyant chacun à ses devoirs immédiats. Lafeuillade, alors lieutenant, s'était illustré auprès de ses chefs en s'évadant, lors de la guerre de 1870, du camp de la presqu'île d'Igles. Pour ce fait militaire, il avait été récompensé et, deux ans plus tard, reçut le grade de capitaine[1].

Lorsque Marie le rencontra aux courses de Longchamp, Marie-Roger Lafeuillade, alors âgé de quarante-six ans, était chef d'escadron du 20e dragons. Toujours très élégant et distingué, il n'avait rien perdu de sa superbe et communiquait avec une aisance remarquable. Marie fut heureuse de le revoir et vraisemblablement captivée lorsqu'elle le vit monter à cheval avec une allure dictée par une secrète intention de séduire…

Cependant, esseulée, malheureuse après le choc de la mort de son époux, Marie ne se sentait pas en grande forme. Souffrant assez régulièrement de problèmes respiratoires, elle pensait être atteinte de tuberculose. Son médecin l'envoya à Aix-les-Bains pour une cure.

Était-ce le destin ? Toujours est-il qu'elle retrouva dans cette ville d'eaux le capitaine Lafeuillade. Depuis plusieurs années il se rendait dans ces lieux à la mode, non pour des cures de santé, mais pour s'adonner dans les salons au plaisir des jeux où il détenait souvent la banque. Le militaire jouait au « cercle de la Villa aux Fleurs » dont il était un fervent habitué[2] !

À cette époque, le veuvage était peut-être la seule occasion pour une femme de conquérir cette liberté que la société refusait aux épouses : celle d'aimer à nouveau, de revivre. Devant cet homme cultivé, élégant, qui passait pour avoir des qualités solides, de la ténacité dans les idées et une vraie connaissance des valeurs militaires, Marie fut séduite. Il est vrai que la pratique des séjours balnéaires, l'ambiance sensuelle qui s'en dégageait facilitaient naturellement le flirt. D'ailleurs on n'hésitait pas à persifler : « L'argent va, le plaisir vient, la morale va et vient, l'amour gagne ce que la vertu perd[1]... » Et le cœur de Marie s'emballa pour ce bel homme aux yeux couleur d'acier...

Il était plutôt rare, en cette période victorienne, que dans un couple la femme soit plus âgée que son compagnon. Surtout de dix-huit ans ! Mais Marie, en femme libre, ne s'était jamais préoccupée du qu'en-dira-t-on. À soixante-quatre ans, elle faisait tout pour maintenir sa beauté, son allure altière et déterminée. Et elle y parvenait ! Certainement que ce dernier élan amoureux, qui se manifesta peu de temps après son veuvage, entraîna dans son esprit une dynamique nouvelle. Après tout, elle était libre de ses sentiments et rien ne l'empêchait de vivre une nouvelle histoire d'amour, un amour qui se manifestait autrement. Car si Paulin n'avait jamais été un Apollon, s'il l'avait séduite par des sentiments autrement plus profonds, Marie rechercha peut-être auprès de ce beau et bouillant militaire l'exubérance de cette flamme qui malgré tout s'éteignait progressivement en elle. Marie, que l'on imagine volontiers autoritaire, qui ne réclamait pas l'égalité avec les hommes mais la prenait de droit, accepta à nouveau de s'attendrir sur les choses de l'amour...

Elle ne voulait pas vieillir ou, du moins, n'avait-elle pas encore apprivoisé cette peur de vieillir. Elle se sentait toujours belle et se le prouva en succombant à l'attrait de la jeunesse. Cette jeunesse qu'elle avait connue trop furtivement dans les bras de son tout premier amour, le bel Adolphe, lorsque, à Roquefavour, sous les épaisses frondaisons, elle avait goûté à ses prémices. Elle souhaita retrouver cette vibration unique et aujourd'hui régénératrice qu'elle avait ressentie pour la première fois à seize ans dans les bras du jeune homme marseillais. Une fois encore elle décida de s'extirper de son destin tout tracé et de s'offrir ce jeune amant ! Elle devint amoureuse, ressentant une pulsion de désir dont elle avait oublié le feu depuis des lustres. Elle redevenait femme sous le regard de cet homme jeune, savourant le cadeau que la vie lui offrait. Même s'il représentait le parfait gigolo ! Et même lorsqu'elle apprit les embarras financiers qui le tenaillaient… Car les démons du jeu encerclaient véritablement Lafeuillade[1], et cela depuis de longues années !

Mais qui était ce bel homme dont nous avons dit précédemment qu'il descendait d'une grande famille qui s'était maintes fois illustrée dans des faits militaires ? Les premiers rapports[2] dont il fit l'objet au sein de son activité d'officier le traduisent comme un « homme rigoureux, actif, très intelligent et distingué, au caractère énergique, au talent de plume et de parole remarquable, auteur d'un système de cryptographie des plus ingénieux et des plus pratiques. Monte à cheval avec vigueur et élégance… »

Issu de l'Inspection générale, ce rapport soulignait nettement ses valeurs militaires. Mais, au fil des ans, si ses supérieurs continuaient à noter les mêmes qualités, ils demeuraient perplexes quant à son attitude en privé, qualifiée de peu claire : « Quoique sans fortune, Lafeuillade mène l'existence d'un homme qui en possède. Il n'a pas de dette. Homme très séduisant au premier abord, mène toujours un genre d'existence difficile à comprendre pour ceux qui savent qu'il est sans fortune[3]… »

Sur un autre rapport, son supérieur nota : « J'ai déjà depuis plusieurs années inspecté M. Lafeuillade et j'ai toujours vu cet officier vivre avec facilité, sans la moindre fortune. Il y a là un point obscur que ses chefs n'ont jamais pu éclaircir… Il ne doit pas être perdu de vue par ses chefs qui doivent même exercer une grande surveillance sur sa conduite privée… Peu de fortune mais dépense. Se livre sans retenue à la passion du jeu… »

Les choses n'allaient pas trop bien pour le capitaine qui continuait allégrement à jouer gros et devenait de plus en plus indiscipliné, ce qui se traduisit par des jours d'arrêt[1]. À tel point qu'un rapport particulier fut envoyé au ministère de la Guerre, un rapport qui signalait encore cette passion invétérée du jeu et des dépenses inconsidérées : « Il ne manque aucune occasion de dépense. Pendant la saison des eaux d'Aix-les-Bains, le capitaine Lafeuillade se rend habituellement de Chambéry à Aix dans une calèche de louage qu'il paie chaque fois 50 ou 55 francs tandis qu'il pourrait s'y rendre comme ses camarades par le chemin de fer moyennant 50 ou 75 centimes… Le voisinage des eaux d'Aix a exercé une très mauvaise influence sur la conduite du capitaine Lafeuillade. Il y fréquente une société de Chiliens, Péruviens, Brésiliens et autres étrangers plus ou moins exotiques dont on ne connaît pas l'origine ni le moyen d'existence… »

Toutefois, malgré ces mauvais rapports qui se succédèrent d'année en année, le capitaine Lafeuillade fut soutenu par plusieurs hauts fonctionnaires : « On dit qu'il joue, mais tous les officiers du régiment s'accordent à dire qu'il le fait très loyalement et l'on n'a jamais entendu dire qu'il puisse ternir sa réputation d'honorabilité[2]… »

Il semble que Marie ait aidé son amant à s'extirper de cette situation déplorable en épongeant ses dettes, car les rapports à son égard s'améliorèrent nettement : « Semble mieux se conduire. Paraît sortir de ses embarras financiers. Officier d'une très grande valeur… » Au cours de l'automne 1886 alors qu'elle rédigeait son testament[1] au château de Maury, Marie n'oublia pas son « cher ami », prévoyant de lui établir une rente, sachant que l'argent lui filait trop facilement entre les doigts : « Je donne et lègue au commandant (sic) Lafeuillade la somme de soixante mille francs en souvenir de notre cordiale amitié. Comme on connaît les saints[2]… Je prie mes exécuteurs testamentaires de placer sur la tête du cher et brillant officier cette somme de façon à ce qu'elle lui fasse une petite rente viagère, puis il choisira dans mon mobilier de Paris tel objet qui pourrait lui faire plaisir… »

Marie vécut cette relation en femme passionnée, libre et ouverte mais demeura discrète[3], faisant preuve de sagesse. Il était évident pour elle que l'âge ou la naissance n'avaient rien à voir avec le désir et l'amour. Elle était bien placée pour penser cela. Et son analyse graphologique[4] de préciser : « Il s'agit clairement d'un personnage extraverti qui sait étonnamment profiter de la vie, parfois sans réserve ni retenue. Elle veut tenir sa route et sa place, et souhaite être jugée comme quelqu'un de bien en gardant pour elle ses déceptions, ses inquiétudes, ses nostalgies… »

Au bras de son jeune amant, Marie fit quelques voyages notamment à l'étranger. Ils empruntèrent le Grand Express d'Orient[5], le premier train à couchettes d'Europe continentale qui incarnait tout à la fois le charme de l'Orient, les frissons du voyage au long cours et l'exquis raffinement de l'époque. Les messieurs en haut-de-forme, les dames parées de bijoux prenaient ce train de légende au côté de millionnaires, princes et belles aventurières, mais aussi espions et malfaiteurs de tous poils. Il fallait se méfier ! Élégante parmi les élégantes et dûment bijoutée, Marie faillit être volée au cours de ce voyage par un malfrat bien habile mais pas très leste car l'énergique militaire le rattrapa[1] et lui infligea une sévère correction !

Terres d'Aubrac

Les deux amants s'élancèrent encore vers un autre voyage bien différent et autrement rustique. Rompant avec le luxe raffiné du Grand Express d'Orient et les hôtels de grande classe, ils regagnèrent le bien discret département de l'Aveyron en compagnie de la comtesse de Ricard chez laquelle ils logèrent, avec quelques amis parisiens, dans son hôtel particulier de Saint-Geniez-d'Olt. Mais le but de ce voyage n'était pas en ces lieux. Ils s'échappèrent bientôt vers la solitude des monts d'Aubrac où croissait une herbe tendre. Sur ces hautes terres balayées par les vents, qui accueillaient traditionnellement des dizaines de milliers[2] de bovins, on fabriquait dans les burons[3] la fourme à la pâte grasse et parfumée, à la croûte épaisse.

La comtesse Clémence de Ricard possédait des terres sur ces hauteurs. Elle avait conseillé à son amie Marie d'entreprendre une cure de santé, cure de petit-lait, résidu de la fabrication du fromage et que l'on appelait dans le langage du pays, la « gaspa[4] ». Ils firent partie des premiers curistes que l'on appela rapidement dans le pays les « gaspéjaïres[5] ». La belle et opulente comtesse raffolait du petit-lait et racontait jusque dans les salons parisiens les bienfaits qu'elle en tirait, notamment la fraîcheur de son teint ! Très chauvine, elle ne manquait jamais de vanter les mérites de l'air de l'Aubrac et les cures qui en découlaient. Il suffisait, en fait, de boire lentement et à petites gorgées de grands bols de « gaspa » matin et soir. Marie et Clémence suivaient avec régularité la thérapeutique prônée par les doctes buronniers[1] qui conseillaient encore de bien manger ! Le bon air et les promenades dans les bois et sur les immenses prairies stimulaient naturellement l'appétit. Alors, saucisses, viandes farcies, crêpes au blé noir, fouace et fromages locaux faisaient allégrement partie des menus.

Les buronniers, ces hommes robustes qui fabriquaient le fromage, recevaient la visite de leurs premiers « gaspéjaïres » dans leurs burons obscurs qu'aucune fenêtre n'éclairait[2]. Par la suite, les curistes arrivèrent de Paris, entraînés par les Rouergats expatriés, excellents ambassadeurs de ces cures particulières. D'aucuns venaient admirer la nonchalance de ces belles habitantes de l'estive, ces vaches rustiques « aux yeux fardés et troublants comme ceux des femmes de mauvaise vie ». Le jour, par leurs sonnailles, elles hantaient agréablement la solitude de ces hautes terres et, le soir, les curistes, plus endiablés que les bêtes à la robe couleur de fauve, s'adonnaient aux accents du folklore local. Marie Talabot et la comtesse Clémence ne furent pas les dernières à se joindre aux groupes de danseurs. Mais, disait-on, le beau militaire qui les accompagnait ne comprit jamais rien aux rythmes et à la subtilité des danses du pays[3]...

XXXIII

1889, l'année de la fin

La tour Eiffel

MARIE TALABOT ne survécut pas longtemps à son époux. Était-ce une prémonition pour elle quand, deux ans auparavant, en 1887, elle écrivait[1] à son ami marmot : « Je tourne la dernière page de ma vie ? »… Quatre ans et huit mois après la mort de Paulin, le 25 mars 1885, elle devait le rejoindre dans l'autre monde. Une mort rapide que rien ne présageait, une mort qui surprit ses amis et laissa perplexe tout son entourage…

À Paris, le monde se mettait en mouvement comme jamais. La grande, la superbe, l'extraordinaire Exposition universelle de 1889 – la dernière de ce XIXe siècle – se préparait dans une fièvre inouïe et un grand optimisme[2]. « La technique » allait enfin résoudre tous les problèmes à venir !

La passion de l'époque demeurait le fer que l'on utilisait massivement pour les rails des trains et pour l'édification de grandes structures audacieuses. L'ingénieur Gustave Eiffel[1] allait montrer au monde entier les prouesses de ce métal : il édifiait alors sa fameuse tour haute de mille pieds[2]. Depuis deux ans, il y travaillait avec une énergie fabuleuse, cette même énergie qui caractérisait les ingénieurs du XIXe siècle, empreints de l'idéologie saint-simonienne comme le fut en son temps Paulin Talabot.

Commencés le 26 janvier 1887, les travaux durèrent deux ans, deux mois et cinq jours. Lors de leurs promenades dominicales au Champ-de-Mars, des milliers de Parisiens venaient admirer l'érection de la Tour. Invitée personnellement par Gustave Eiffel à visiter l'étrange chantier, Marie Talabot fut vraisemblablement l'une des rares femmes à escalader les premières marches du colosse d'acier[3] – alors qu'il n'était pas encore terminé – et qui s'élevait en moyenne de vingt-deux mètres par mois !

Après le décès de Paulin, Marie resta très proche de Gustave Eiffel. En tant que directeur du PLM, Talabot avait fait appel à la compétence de cet habile ingénieur, spécialisé dans les constructions métalliques[4], afin d'édifier des ponts parfois audacieux pour les chemins de fer[5]. Ce fut donc à titre amical, et parce que cela la passionnait, qu'Eiffel convia à plusieurs reprises Marie Talabot à la visite du chantier. Entre 1887 et 1889, elle fit souvent le trajet de Marseille à Paris, principalement dans ce but, heureuse de rapporter en province les péripéties techniques de cette extraordinaire épopée.

Au fur et à mesure que les travaux avançaient, et dans la perspective de l'inauguration de cette tour de métal qui déjà se dressait fièrement, une foule énorme stagnait à son pied, déjà prise par un frisson de peur et de plaisir. La perspective de gravir les nombreuses marches ou de se faire entraîner vers le sommet par ces étranges machines que l'on nommait « ascenseurs[1] » excitait les badauds.

Dans cette ambiance excitante de nouveautés, une ronde de fracs noirs et de froufrous de soie, de boutonnières fleuries et d'aigrettes légères se faufilait en tout sens. Les dames, les demoiselles, les hommes rivalisaient de zèle, excités par l'effervescence de l'inauguration. On se montrait partout où se trouvait la foule, aux Champs-Élysées, sur le Champ-de-Mars, au palais des Glaces. On se promenait au bois en tilbury et, le soir, on courait au théâtre ou à l'Opéra. La grande fête se préparait !

Dans son éclectisme, l'Exposition de 1889 permit de réunir des œuvres d'art uniques et de toute beauté. Marie trouva son bonheur dans cette ville qui décidément offrait le meilleur d'elle-même en ce domaine. Au Trocadéro, elle put admirer des pièces exceptionnelles venues de l'abbaye de Conques, village aveyronnais : tapisseries, retables, orfèvreries, statuettes d'argent et d'ivoire, croix processionnelles constituaient ce magnifique trésor accumulé par les moines de l'abbaye depuis l'empereur Charlemagne[2].

Marie ne fut pas peu fière de montrer à son jeune amant le trésor de son Rouergue. Depuis qu'ils s'étaient retrouvés, elle lui faisait approcher la magnificence des œuvres d'art qui peuplaient la France, la virtuosité et le talent de certains artistes qui les réalisaient, un domaine nouveau pour le militaire qui, jusqu'alors, n'était passionné que de jeu.

Lorsque Paulin était encore en activité, Marie avait assisté, en sa compagnie, à plusieurs expositions en France et à l'étranger[3]. Les nouveautés que l'on présentait déclenchaient chez elle un regain d'intérêt pour ce monde en mouvement. Les progrès technologiques, qu'elle découvrait au bras de son époux, la passionnaient car elle y ressentait poindre une énergie bienfaitrice, celle de l'intelligence. Depuis le décès de Paulin en 1885, elle n'avait assisté à aucune inauguration. Mais l'insistance de Gustave Eiffel, en souvenir de son illustre mari, l'incita à revenir à Paris en ce mois exécrable de juin 1889, afin d'assister à l'inauguration officielle. Elle y revint donc, vers la fin mai, accompagnée de son amie marmotte la comtesse de Ricard, afin d'accéder à la dernière plate-forme… Cependant, le mauvais temps se maintenait avec une régularité désespérante. Il n'arrêtait pas de pleuvoir et la température chutait régulièrement, à tel point que les gazettes notaient dans leurs colonnes : « Il est écrit que le beau temps ne s'installera pas en France cet été[1]… »

Au 1er juin, malgré le froid, ce fut une grande fête de nuit avec illumination du palais du Champ-de-Mars, de la Tour et du Trocadéro à laquelle assistaient Marie, Lucile et Lucien Magne ainsi que la comtesse de Ricard[2]. Cependant, l'ascension de la Tour était encore limitée au premier étage. Quelques jours plus tard, Gustave Eiffel écrivit sur le livre d'or[3] : « S. M. le Roi Edouard VII, alors prince de Galles, et sa famille ont fait les premiers, le 10 juin 1889, l'ascension de la Tour jusqu'au sommet. » Ravis de prendre d'assaut ce dernier endroit à la mode, les visiteurs de l'Exposition ne tarissaient pas d'éloges envers cette grande et très élégante dame de fer. Malgré les attaques de célèbres intellectuels qui unissaient leurs plumes pour dénoncer cette « inutile et monstrueuse tour de Babel », le public devenait de plus en plus enthousiaste.

Pour cette visite officielle, auprès de l'ingénieur Eiffel et de nombreuses personnalités, Marie s'était faite belle. Elle arborait sa plus jolie toilette, une toilette de printemps en trop fine mousseline, malgré le mauvais temps qui continuait à régner[1]. Le châle qui couvrait ses épaules était insuffisant. Dans le courant d'air glacé qui tourbillonnait en rafales entre les structures métalliques de la Tour, trop légèrement vêtue, Marie prit froid, tout simplement froid ! Sacrifiant sa vie à son idéal de beauté… elle allait en mourir ! Ainsi, à cette époque, un simple refroidissement pouvait devenir synonyme de mort !

La mort de Marie

La santé de Marie se dégrada. Des problèmes respiratoires sérieux se manifestèrent de plus en plus fréquemment, d'autant plus que toute sa vie elle en souffrit, surtout depuis qu'elle avait été atteinte par le choléra alors qu'elle vivait à Nîmes. Son médecin lui conseilla une nouvelle cure dans les Hautes-Pyrénées. C'est ainsi qu'au mois de juillet, accompagnée de sa femme de chambre Marie-Christiane, elle quitta Paris pour retrouver l'*Hôtel du Parc* à Argelès-Gazost et sa chambre habituelle. Ce fut en ces lieux que, au soir du 20 juillet 1889, elle ajouta un deuxième et dernier codicille à son testament[2].

Après cette cure qui lui fit beaucoup de bien, Marie regagna Paris, ses activités mondaines et de femmes d'affaires. En effet, elle avait décidé de vendre son hôtel particulier de la rue Volney et de se retirer définitivement en sa bastide marseillaise dont elle aimait le soleil bienfaisant et réparateur. Mais cette transaction n'était pas chose aisée ! Elle s'y employa avec ses hommes de loi aidés par quatre commissaires-priseurs afin de revendre l'essentiel du mobilier. La vente était d'une telle importance qu'un catalogue[1] de soixante-quatre pages fut édité. La première page informait ainsi le lecteur :

« Catalogue du riche mobilier, ancien et de style comprenant : deux salons XVIIIe siècle avec sièges élégants de formes variées, salle à manger, chambres à coucher, boudoir, cabinet de toilette, antichambre, etc. Très beaux meubles en bois sculpté, glaces, billard, piano à queue d'Érard. Magnifiques tapisseries à sujets mythologiques et d'après Téniers. Bronzes d'art et d'ameublement, marbres, terres cuites, porcelaines anciennes, faïences. Tableaux modernes et anciens. Argenterie, verrerie, rideaux, tentures, tapis de Smyrne, étoffes... Cave importante. Le tout appartenant à Mme Paulin Talabot et dont la vente aura lieu par suite de départ, hôtel Drouot, salle nº 8, les jeudi 14, vendredi 15 et samedi 16 novembre 1889. »

Ainsi trois jours de vente furent nécessaires pour ce mobilier divisé en 407 lots distincts, hormis les vins qui donnèrent lieu à une vente particulière les 18 et 19 novembre suivant[2]. Jean Lenoble nous précise dans son ouvrage : « Les lots sont classés en plusieurs rubriques ; j'ai dénombré vingt-quatre tableaux (dont un Breughel), une dizaine de dessins et aquarelles dont plusieurs de Gavarni dont on connaît les rapports avec la famille, six grandes tapisseries dont deux d'Aubusson... Le mobilier proprement dit est bien sûr à l'avenant ; la pièce la plus importante est constituée par un meuble à deux corps, placé dans l'antichambre de l'hôtel de la rue Volney, dont le catalogue conclut la description détaillée par l'indication qu'il s'agit "d'un meuble du temps de Louis XIV qui provient des ducs d'Auvergne, absolument remarquable par son architecture et sa conservation[1]". »

Lorsque Marie organisa cette vente dont l'importance attira des collectionneurs et des amateurs de toutes parts, elle ne pensait certainement pas que la mort viendrait la rejoindre quelques jours plus tard ! En effet, elle se trouvait plus dynamique que jamais et se crut sortie d'affaire. Son incroyable énergie semblait avoir arrêté le mal dans sa marche en avant. Mais l'illusion ne fut que de courte durée... Prise d'une indisposition subite, elle voulut regagner Marseille et fit immédiatement appel à son médecin et ami le docteur Sirus Pirondi. Devant l'état d'urgence dans lequel elle se trouvait, le praticien appela à son chevet les meilleurs médecins de la ville, les docteurs Oddo, Thiermey et Pilatte[2]. Marie sentit alors que la mort approchait : « Je ne peux pas mourir, disait-elle à l'un de ses familiers, je n'ai pas encore assez joui de mon Roucas[3] ! »

Le mercredi 20 novembre, une fluxion de poitrine entraîna Marie dans un état désespéré. La mort la guettait. Les soins les plus dévoués devinrent inutiles. Elle se sentait perdue. Quatre jours plus tard, à deux heures du matin, on fit appel au curé de Saint-Cassien, l'abbé Laurent Moisset, qui vint administrer la malade. Le lundi 26 novembre, dans l'après-midi, très calme, elle reçut à son chevet tout son personnel qui pleurait à chaudes larmes et qu'elle réconfortait à sa manière. À six heures du soir[4], Marie Talabot expirait. Elle allait atteindre ses soixante-sept ans. L'orpheline devenue châtelaine refermait ce soir-là le grand livre de sa vie...

Un domestique arrêta le balancier de toutes les pendules et le deuil s'appesantit sur la bastide. Dehors, sur les hauteurs du Roucas Blanc, il neigeait, attestant peut-être selon une croyance populaire juive que « les anges pleurent et accueillent parmi eux l'âme du défunt ». Il neigeait sur les hauteurs de Marseille, comme il neigeait soixante-sept ans plus tôt sur le hameau de Lous lorsqu'une petite fille naquit dans un foyer pauvre mais honorable… à six heures du soir ! La naissance et la mort de Marie-Anne Savy s'étaient donné rendez-vous exactement à la même heure !

Le docteur Sirus Pirondi, ami intime de la famille, ferma les yeux de Marie. Tout le personnel revêtit une tenue de deuil. Le silence pénétra dans la demeure qui avait résonné de mille rires, de tant de notes musicales et de poèmes. On parlait à voix basse, on se déplaçait lentement, chacun pensant, mais sans en dire un mot, à ce que deviendrait désormais la belle bastide. D'autres, ne pouvant contenir leur chagrin, pleuraient en silence…

Dès le lendemain, les journaux de Paris[1] comme de province signalèrent le décès dans leurs colonnes. *Le Siècle* du 27 novembre publiait : « Une triste nouvelle nous arrive de Marseille. Mme Paulin Talabot s'est éteinte hier dans sa propriété du Roucas Blanc, faubourg de la vieille cité phocéenne… Elle avait fait disperser, par le marteau du commissaire-priseur, les superbes bronzes, tapisseries anciennes et meubles élégants qui composaient sa belle demeure parisienne. Son salon avait été sous l'Empire des plus hospitaliers et des plus artistiques de Paris… » Pour sa part, *Le Figaro* de ce même jour signalait : « Mme Paulin Talabot, la veuve de l'ancien directeur de la Compagnie des chemins de fer, est morte hier. Très riche, possédant à Paris une fort belle installation, un immense domaine près de Limoges et, à Marseille, le magnifique château du Roucas Blanc…

c'est dans cette dernière résidence qu'elle a succombé à une courte maladie... »

Les journaux locaux de Nîmes, Marseille, Arles, Avignon, Limoges, Rodez, Espalion... relayèrent ces annonces nécrologiques, soulignant les qualités de Marie : « ... la franche cordialité qu'elle apportait dans ses relations lui avait attiré des sympathies aussi sincères que nombreuses. Sa grande fortune, d'ailleurs, n'avait pas altéré les qualités de son cœur et sa main fut toujours ouverte aux malheureux qui ne frappaient jamais en vain à sa porte[1]... »

Les obsèques de Marie

Le jeudi 28 novembre, à neuf heures, eurent lieu les obsèques de Marie Talabot avec une pompe exceptionnelle en l'église Saint-Cassien du vallon de l'Oriol, sa paroisse marseillaise. À l'heure dite, les voitures affluèrent de toutes parts vers la bastide du Roucas Blanc. M. Paul Savy[2], petit-neveu de la défunte, et M. Georges Renouard, neveu de Paulin Talabot, recevaient les arrivants dans les grands salons du rez-de-jardin qui avaient été transformés en chapelle ardente.

À la levée du corps, le cortège se mit en marche[3]. Le corbillard, avec dôme et riches tentures de velours brodé d'argent[4], disparaissait quasiment sous les couronnes de fleurs. Dans le long cortège, de nombreuses personnalités locales, du monde de la politique, des chemins de fer, des arts et lettres, ainsi que les dames de la plus haute société de la ville témoignaient ouvertement de la place qu'occupait la défunte.

L'église Saint-Cassien, où elle avait tant de fois prié et où chacun pouvait apercevoir le vitrail qui portait son nom, ne put contenir la foule qui dut s'étaler jusque sur les bords de mer. Tout l'édifice avait été voilé de noir. Des obsèques de première classe y furent célébrées, animées par la chorale des Orphelins de l'Étoile dont elle avait été une grande bienfaitrice. Après le service funèbre, le convoi se dirigea par la corniche et le Prado vers la gare Saint-Charles, celle qu'avait fait construire son mari et dont elle avait assisté à l'inauguration alors qu'elle était sa toute jeune maîtresse. À midi et demi, le train quittait Marseille, emportant la dépouille mortelle de Marie-Anne Savy, la grande Marie Talabot, vers son Rouergue natal. Pour la cité phocéenne, une page était tournée !

Son corps arriva le vendredi 29 novembre au matin à Saint-Geniez-d'Olt, où il fut déposé dans une chapelle ardente chez M. Paul Savy[1] en attendant les obsèques prévues pour le lendemain. L'église paroissiale avait été elle aussi entièrement voilée de crêpe.

Paul Savy conduisait le deuil, escorté par les sapeurs-pompiers de la ville, la municipalité au grand complet et les religieuses de l'hospice, sa famille adoptive. Ses obsèques eurent le caractère d'un deuil public. L'abbé Joly, curé de Saint-Geniez-d'Olt, rendit un juste hommage à la mémoire de la défunte : « C'est une femme d'une grande intelligence et de haute culture qui nous quitte. Sa force d'esprit, sa générosité inouïe envers les pauvres et les orphelins, envers nos églises et nos institutions rayonnaient de grâce et de bonté, car elle était bonne, vraiment bien bonne[2]... »

Quel contraste entre son baptême, où elle avait été reçue comme une enfant de pauvres dans cette même église, et son enterrement, où sa dépouille mortelle, couverte de fleurs, pénétrait pour la dernière fois dans cet antre de la foi… Quel contraste encore entre le cercueil de bois blanc dans lequel était couchée sa pauvre mère un jour d'octobre 1827, et la décoration ostentatoire de tissus brodés d'argent et de centaines de cierges qui brûlaient autour de son magnifique catafalque ! La richesse, la gloire, la reconnaissance étaient passées par là… Dans le pays, la salive coulait !

Le docteur Lambel, maire, qui plusieurs fois bénéficia de l'aide de Marie pour des démarches administratives, notamment auprès du ministre de l'Agriculture lorsque le phylloxéra s'abattit sur la région, prononça au cimetière une allocution sensible[1], devant sa tombe provisoire :

« … Mme Talabot affectionnait Saint-Geniez-d'Olt ; elle a voulu prendre son dernier repos dans sa ville natale qui avait été l'objet de sa sollicitude et où elle aimait plus particulièrement à faire des actes de bienfaisance. Depuis de longues années, de nombreux orphelins ont pu, par ses libéralités, trouver un asile à l'hospice de Saint-Geniez-d'Olt : c'était l'une de ses œuvres de prédilection… La part qu'elle prenait aux œuvres charitables de notre ville était pour elle plus qu'un acte de bienfaisance ; c'était aussi un acte d'attachement pour le pays où vivait sa famille et où elle avait passé son enfance. Sa dernière pensée a été pour nos pauvres : notre hospice de vieillards, notre asile d'orphelins, où l'exiguïté de nos ressources ne nous permet encore qu'une assistance très limitée, vont recevoir une nouvelle et généreuse dotation.

« Aussi, au nom des indigents de la commune, au nom de la municipalité, des commissions administratives, de l'hospice et du bureau de bienfaisance, je viens devant ce cercueil, avec nos regrets et notre plus profonde sympathie, porter l'hommage de notre reconnaissance…

« La vie de Mme Talabot nous offre d'autres motifs de sympathie et de respect. En entendant parler d'elle, nous regrettions qu'elle ne vécut pas dans son pays natal, et nous savions ce qu'il y avait eu d'élévation et de bonté. Elle avait cette noblesse d'âme qui, seule et véritable, celle qui, étant toute spontanée, fait partie intégrante de notre fonds. C'est à cela qu'elle a dû, malgré la modestie de son origine, d'avoir mérité d'entrer dans un milieu social très élevé où elle a porté la supériorité de sa nature. Compagne dévouée d'un ingénieur éminent, l'un de ceux qui ont le plus contribué à construire nos chemins de fer, elle a su acquérir, par un effort personnel, une vie intellectuelle digne du milieu où l'introduisait son mariage, en y ajoutant, ce qui est la tendance des âmes élevées, la grâce d'un esprit toujours bienveillant et le prestige moral de la bienfaisance… »

Enfin, l'on emmena le corps de Marie sur les hauteurs de la ville où se situe le cimetière dans lequel son père et sa mère reposent. On ensevelit[1] provisoirement le lourd cercueil de plomb, recouvert d'un cercueil de chêne, dans le terrain qu'elle avait acquis six ans plus tôt et qui jouxtait alors les fosses communes des enfants et des adultes. De son vivant, Marie avait acheté cette concession d'une surface de cent mètres carrés, située sur le versant ouest du cimetière, dans la partie la plus haute et la plus éloignée, non visible de la ville. C'était en cet endroit reculé qu'elle avait formulé la volonté de faire construire un tombeau somptueux. En ce XIXe siècle, pour les gens aisés, il s'agissait en fait d'une tendance qui se manifestait dans les cimetières par le désir d'édifier des mausolées plus ou moins discrets… Nombre d'amis des Talabot reçurent en effet de tels sépulcres.

Ainsi, Marie souhaita nettement qu'une belle et riche sépulture puisse accueillir sa dépouille mortelle. Cette démarche semble née du désir de matérialiser sa réussite. Comme les grands de son époque, notamment certaines de ses relations qui s'offrirent des mausolées de valeur, elle coucha sur son testament le détail de ses obsèques et la volonté de dormir dans un tombeau honorable : « Vieille ambition, porteuse de cultes, de mythes et de croyances, tout imprégnée d'espérance, véhémente idée qui a fait jaillir et édifier au cours des siècles tant et tant de sépultures », écrivit Émile Dupuy[1].

XXXIV

Le mausolée de Marie Talabot

Glorification

DÉSORMAIS, SUR LE PROMONTOIRE rocheux dominant le cours du Lot, se dresse fièrement le tombeau immaculé de Marie Talabot[1]. Véritable glorification de cette petite gamine qui sut s'extirper de la pauvreté pour s'élever jusqu'aux marches des plus grands. Glorification évidente par la forme même du baldaquin abritant la statue, dans ces scènes de bas-reliefs racontant les œuvres de la défunte. Glorification encore dans cette ornementation délicate d'exécution si soignée, autant à l'intérieur du dais qu'à l'extérieur, et que l'architecte a justement distribuée depuis le socle du soubassement jusqu'au fleuron du couronnement[2]…

Lorsque Marie participait aux exubérantes fêtes de la comtesse de Ricard, et que de son beau jardin elle apercevait les ruines herbacées de l'ancien castel, se doutait-elle qu'un jour son mausolée dominerait toute la ville et les belles demeures de cette aristocratie vieillissante qui l'avait jadis vouée aux gémonies ? Non ! Car tel n'était pas son but. Si ce tombeau avait été élevé sur le terrain qu'elle avait elle-même acquis, il n'aurait pas été visible de la ville. Ainsi, sa fameuse sentence, celle qu'elle aurait jetée avec dédain : « Vous ne voulez pas me voir vivante ? Je vous dominerai après ma mort ! » n'a pas lieu d'être. Mais cette légende tenace, et qui hante encore les esprits, fut vraisemblablement crachée par certains, jaloux de sa trop belle réussite : « C'est un mausolée pour une garce ! » D'autres encore affirmaient que cette riche héritière ne pouvait se faire pardonner son ascension : « Elle ne put se défendre d'une vanité mêlée de rancune contre ses compatriotes et veut, à présent, nous dominer en dormant sous le faste de son tombeau… »

Lucien Magne, architecte du ministère de l'Instruction publique, des Lettres et des Beaux-Arts, avait assisté aux obsèques de Marie Talabot à Marseille. Chargé de la construction du tombeau, il se rendit à Saint-Geniez-d'Olt, au mois d'avril 1890, afin d'évaluer le site devant recevoir le futur mausolée. Mais la concession acquise par Marie ne remplissait aucune des conditions voulues par l'architecte pour pouvoir édifier un monument funéraire de la valeur artistique, mais surtout de l'ampleur qu'il envisageait : « L'emplacement est mal choisi, la nature du sol, l'aspect se prêtent très mal pour y édifier un monument de cette valeur. De plus, il n'y a pas la surface nécessaire[1]… »

Au-devant du cimetière, sur la partie orientée au midi et située à l'opposé de la concession achetée par Mme Talabot, les ruines dentelées de l'ancienne forteresse abandonnée aux herbes folles suintaient d'humidité malodorante : Lucien Magne allait et venait sur ces murailles de pierre tendre, et pensait enfin avoir trouvé la solution pour une implantation convenable de son projet. Pour l'homme de l'art, il n'y avait donc qu'un seul moyen pour présenter son « œuvre » qui devait s'élever jusqu'à 13 mètres de hauteur : l'acquisition des terrains qui contenaient alors les ruines de l'ancienne forteresse et d'où la vue s'étendait, superbe, sur toute la ville. En somme, le site idéal !

Au 1er juin 1891, Lucien Magne lança les opérations d'achat des terres et étudia une nouvelle voie d'accès. Le conseil municipal vit une aubaine[1] dans ce projet qui lui permettait d'agrandir le cimetière, de créer un chemin d'accès carrossable et d'assainir l'église paroissiale accolée au contrefort de la colline. Les travaux commencèrent par le cisaillement du rocher sur lequel s'appuyait l'église, le chemin d'accès à la plate-forme devant être terminé au plus tard le 31 mars 1891[2].

L'œuvre de Lucien Magne

Alors que les ouvriers de Saint-Geniez-d'Olt s'affairaient sur les pentes rocheuses du Pic du Roi, l'architecte Magne confiait le détail de ses dessins à des artistes parisiens. Il avait décidé que l'ensemble du monument, à l'exception toutefois de la statue et des bas-reliefs de soubassement, serait construit et sculpté en pierre blanche d'Euville[3]. Les fûts de colonne, posés en délit et devant supporter une charge assez considérable, devraient être taillés en pierre d'Hauteville, bien plus dure. Quant aux bas-reliefs et à la statue, le marbre blanc serait retenu. Magne voulait une œuvre claire, lumineuse qui trancherait dans la nature verdoyante.

À Paris, dans les ateliers Albert Guy, situés au 10, de l'avenue de Villiers[1], des sculpteurs d'un grand mérite s'affairaient sous les yeux de l'architecte. Sur un soubassement robuste, Lucien Magne désira élever l'abri monumental d'une statue agenouillée rappelant les belles effigies usitées, en certains cas, au Moyen Âge et à la Renaissance. Il souhaita que l'ensemble du monument, par sa silhouette sévère, rappelle ces sortes de dais ou « ciborium » qui abritaient, à l'époque romano-byzantine, le maître-autel de quelques églises italiennes[2].

Par ailleurs, un maître de la sculpture, Louis-Ernest Barrias[3], membre de l'Institut, ami de Marie Talabot, travaillait sans relâche à la statue colossale qui devait prendre place à l'intérieur du mausolée. Pour sa belle et noble silhouette, qu'accompagnent d'amples et moelleuses draperies, Barrias donna une empreinte à la fois de vivante sérénité et d'un calme bien funéraire[4]. Il représenta Marie Talabot en oraison, drapée dans un manteau royal, à genoux et les mains jointes. Avant de l'installer dans l'habitacle, le sculpteur exposa son œuvre au salon de la Société des artistes français[5], au palais des Champs-Élysées, ainsi qu'un bas-relief en marbre blanc, intitulé « L'histoire écrivant le nom de Mme Talabot ». Ce bas-relief était destiné à la décoration de l'un des côtés du monument. En effet, les quatre faces du soubassement devaient chacune être ornée d'un groupe allégorique en relief. Celui que sculpta Barrias représente une figure de la Postérité, une muse vêtue à l'antique, assise au milieu d'œillets et de marguerites, qui inscrit sur le marbre le nom de la vénérée défunte. Dans ce bas-relief, deux chérubins cueillant des fleurs et tressant des couronnes complètent le groupe dont la composition autant que l'arrangement des draperies sur un nu complètement modelé forment un petit chef-d'œuvre rappelant à la fois les beautés de l'antique, les finesses de la Renaissance et la souple exécution du XVIIIe siècle[1]. Avant d'effectuer sa sculpture sur du marbre, Barrias réalisa un plâtre qu'il exposa aux Salons suivants de 1894 et 1895[2].

Les sculptures de Louis-Ernest Barrias ne se résumèrent pas seulement à la statue et au bas-relief orienté au sud. Il sut faire vivre et modeler la pierre en sculptant encore les quatre anges de la Passion, dont les figures amortissent les angles de la maçonnerie supérieure[3], et décorent la rencontre des tympans. Il leur fit porter les « instruments de la crucifixion » : la croix, la couronne d'épines, les clous et l'éponge[4].

Lucien Magne choisit un autre grand artiste de l'époque, prix de Rome, compatriote de Marie, Denys Puech[5], pour sculpter dans son atelier les trois autres bas-reliefs dans du marbre. Ils étaient destinés aux trois autres faces du soubassement. Dans son œuvre, Denys Puech présenta les trois vertus théologales : la Foi, l'Espérance et la Charité, vertus largement pratiquées par la défunte.

Sur la face orientée à l'est, au milieu d'un chantier en construction, Marie est représentée dans un geste de foi, faisant l'offrande d'une église : vraisemblablement celle de Condat-sur-Vienne ou celle d'Arliquet ou bien d'autres monuments religieux comme la chapelle du couvent de Saint-Geniez-d'Olt. Dix personnages travaillent sur ce chantier où l'on semble reconnaître l'architecte Lucien Magne, personnage robuste et barbu, qui donne ses instructions à un tailleur de pierre.

Sur le côté disposé à l'arrière du monument et orienté au nord, un ange aux ailes immenses et déployées, aux longs cheveux tressés en nattes, prend Marie par la main et lui désigne le ciel, signe d'espérance. Marie, en femme pratiquante, tient son livre de prières dans son autre main.

La face ouest contient six personnages sur un fond de vieilles masures aux vitres cassées indiquant un quartier pauvre de la ville. Il représente Marie pratiquant la charité parmi les déshérités. Une petite fille, assise à ses pieds, lui tend la main, tandis qu'un vieillard, soutenu par ses béquilles, lui demande aussi l'aumône. « Ne serait-ce pas une évocation discrète de l'enfance de Marie-Anne ? », s'interroge Émile Dupuy[1]. D'autres virent dans ce bas-relief l'attitude de Marie, femme hautaine ne daignant même pas regarder le pauvre à qui elle donne l'aumône. Ce geste, gravé dans le marbre, fit encore agiter les langues car l'on n'hésita pas à dire qu'elle redoutait de voir la misère en face ! À ceux-là, certains répondaient : « Marie regarde l'enfant qui la sollicite, l'enfant qu'elle ne put avoir… »

Une photographie nous montre le monument complet, doté de sa statue et de ses bas-reliefs, érigé à Paris, avant qu'il ne soit démonté puis transporté vers l'Aveyron. Un chef-d'œuvre qui fit l'admiration des connaisseurs de l'époque, notamment celle des architectes et des sculpteurs en regard du fini de l'exécution, de la pureté des profils et de la délicatesse de la sculpture ornementale.

À la fin de l'été 1892, on démonta le monument pièce par pièce et on le rangea dans cent soixante caisses de bois représentant un poids de 110 tonnes que l'on confia à douze wagons de chemin de fer. Il quitta définitivement Paris au regret de certains : « C'est pitié de voir emmener si loin de la capitale, et de tout centre d'appréciation, un tel morceau taillé pour des délicats et que seuls, peut-être, des touristes d'outre-Manche iront contempler là-bas[1]... »

De la gare de Campagnac, point de livraison, à la plate-forme où serait érigé définitivement le mausolée, ce ne fut qu'un long charroi animé qui fit sortir les gens aux fenêtres et délier les langues. On engagea de nombreux voituriers, des paysans et leurs tombereaux, des hommes de main, des ouvriers qui vinrent transporter les caisses renfermant les précieuses sculptures. Il fallut encore fabriquer tout spécialement des chars à bœufs dotés de petites roues[2] afin d'amener sans trop d'efforts les lourdes pierres sur le plateau... Un chantier unique et effervescent pour la petite ville aveyronnaise, un chantier dont tout le monde parlait !

En présence de Paul Savy, Haon et son équipe bâtirent le caveau dans lequel fut déposé dans l'intimité, le 19 août, le cercueil de Marie. Puis, on le recouvrit de l'immense socle de pierre qui allait recevoir le mausolée. Des ouvriers parisiens, choisis par l'architecte, prirent alors le relais. Ils ne s'arrêtèrent jamais dans la construction, travaillant même le dimanche, une hérésie, voire une insulte pour les gens du pays... Le 30 septembre 1892, le mausolée de Marie était enfin terminé. Seule, la statue de marbre n'avait pas encore pris sa place définitive...

Celle-ci était arrivée à Saint-Geniez-d'Olt le 22 septembre. On l'avait déposée au pied de l'escalier de l'église où chacun pouvait la voir, l'apprécier, la juger, la redouter peut-être... Elle y resta une semaine, scrutée sous toutes ses faces par la curiosité locale. « Le poids, affirmait-on, est de 5 000 kilos, la hauteur de 2,60 m, le prix de 40 000 mille francs[3]... » L'effervescence était à son comble dans la petite cité. On n'avait jamais vu cela : ces grands travaux qui découpaient la montagne, ces ouvriers parisiens qui s'affairaient avec d'étranges palans, et qui communiquaient dans un jargon parfois incompréhensible, ce mausolée immense couleur de neige qui s'édifiait vertigineusement... La foule des badauds n'en finissait pas de jacasser. Et l'on venait de loin admirer ou dénigrer l'œuvre de l'architecte...

Mais le 2 octobre, un tollé général s'éleva lorsqu'on voulut installer la statue à sa place définitive. Ce jour-là se trouvait être non seulement un dimanche, mais encore la fête du Rosaire[1] ! C'était trop pour ces paroissiens qui considéraient ces jours et ces fêtes comme sacrés. Décidément, les ouvriers parisiens ne respectaient plus rien ! Au sortir de la grand-messe dominicale, chacun apporta son mot. Il n'en fallut pas davantage pour déclencher une vive polémique en cette époque où les dissensions religieuses et politiques échauffaient déjà les esprits. Ce soir-là, alors que l'horizon se zébrait d'éclairs d'acier, comme pour donner plus de solennité à l'événement, on parla longuement autour de la table. Pour les uns, Marie priait face à sa ville et pour sa ville. Pour les autres, elle n'était que cette parvenue, fièrement drapée dans un manteau royal, dont l'effigie allait désormais narguer ses compatriotes !

Le lundi 17 octobre 1892, le mausolée de Marie Talabot fut inauguré en présence de Paul Savy et de sa famille. Lucien Magne, Denys Puech, plusieurs personnalités de Paris, Marseille et Rodez ainsi que le maire, le conseil municipal et les notables de Saint-Geniez-d'Olt, auxquels s'étaient joints de nombreux ecclésiastiques venus de tout le département, se rassemblèrent au pied de l'œuvre d'art.

Un défilé continuel

Dès lors, sous le soleil d'automne, la pierre neuve et blanche du monument éclatait et rayonnait avec puissance et orgueil, semblant anéantir les ruines séculaires qui, cependant, le soutenaient. Le sujet des conversations attirait évidemment les membres des familles éloignées. On venait tout spécialement « voir le tombeau de la parvenue » ! Le dimanche, c'était un défilé continuel. Et les critiques pleuvaient : les uns affirmaient qu'à la place de ce mausolée elle aurait dû faire replanter les vignes phylloxérées ou bien reconstruire le collège ou du moins sa chapelle… Les autres soutenaient qu'élever une église aurait été profitable à tous ou qu'elle aurait dû distribuer les 160 000 francs à 160 pauvres[1]… *L'Union catholique* du 29 septembre précise à cet effet : « On ne lui avait pas pardonné son élévation et plusieurs fois on le lui fit grossièrement sentir. De toute nécessité, on se verra maintenant obligé de subir la vue de celle qu'on n'appelait plus qu'une parvenue[2]… » De son côté, Émile Dupuy[3] précise : « Dans l'attitude et le comportement de Mme Talabot, pas un fait, pas une parole ne démontrent que le monument soit dû à l'esprit de vengeance d'une “parvenue”. Parvenue soit, elle l'est en vérité, mais ennoblie par ses qualités d'âme et de cœur. »

Dans la petite ville, où les œuvres et les pauvres étaient en deuil de leur bienfaitrice, ceux qui l'avaient réellement approchée considéraient que cette ultime glorification à sa mémoire était méritée. Il semble qu'il y ait eu quelques accointances entre les rédacteurs de la *Revue religieuse* et ceux qui n'avaient jamais pu accepter la réussite de Marie. Jusqu'après sa mort, il fallut encore s'attaquer perfidement à sa mémoire et à celle de son époux. Un article, paru dans la *Revue religieuse* du 28 octobre[1], erroné en de nombreux points, passant sous silence la description des bas-reliefs et affirmant que Mme Talabot avait fait dresser les plans de ce tombeau, relate l'inauguration en des termes peu amènes :

« Le clergé a été appelé à prêter le concours de ses prières sur la tombe de Mme Talabot... Sans doute, son inspiration aurait été plus heureuse si elle avait cherché à immortaliser sa mémoire par des œuvres de charité, dont les pauvres auraient bénéficié et dont elle-même et M. Talabot auraient tiré profit par les prières qui auraient été faites pour elle... »

Outré par de tels propos, Paul Savy apporta une réponse sensée et digne, deux numéros plus loin[2] :

« Ayant toujours considéré la *Revue religieuse* comme un journal digne de foi, je ne veux pas mettre en doute la sincérité du rédacteur, mais je tiens à vous informer que sa bonne foi a été surprise et qu'il lui a été donné des renseignements inexacts sur le compte des personnes dont il parle.

« Pour quiconque a connu M. et Mme Talabot, il est impossible de les retrouver dans le portrait qui en est reproduit dans cet article. La bonté et la générosité étaient, en effet, le trait dominant de leur caractère, et l'on peut affirmer hautement qu'ils ont été l'un et l'autre des bienfaiteurs de l'humanité et de la religion.

« Revenir sur quelques-uns des nombreux bienfaits qu'ils se sont plu à répandre autour d'eux n'est pas conforme à leur manière d'agir, ils étaient de ceux dont la main gauche ignore ce que donne la main droite ; mais cela devient un devoir pour moi, puisque leurs intentions sont méconnues et mal interprétées.

« Il me suffira d'ailleurs pour faire connaître leurs bons sentiments vis-à-vis de la religion de dire qu'ils ont fait construire une église à Condat, près de Limoges, et qu'ils n'ont jamais cessé de protéger et de soutenir l'école des sœurs où sont élevés chrétiennement les enfants de cette paroisse. On n'ignore pas cela à Limoges puisque tout le clergé, précédé de Mgr l'Évêque, s'est rendu au-devant du cercueil de M. Talabot lorsqu'on l'a transporté pour être enterré dans son pays natal.

« Et sans aller si loin, la bienfaisance de Mme Talabot n'est-elle pas suffisamment connue à l'hospice et même à l'église de Saint-Geniez ? Interrogez plutôt les orphelins qui, grâce à sa générosité, ont pu recevoir les bons soins des religieuses pendant toute leur enfance.

« Je ne croyais pas avoir jamais à rappeler ces faits dans un pays comme l'Aveyron pour lequel Mme Talabot a toujours été remplie de sollicitude et de dévouement ; le dernier souvenir qu'elle laisse aux pauvres dans son testament en est une preuve irréfutable ; mais il est des circonstances où il faut faire appel à l'éloquence des actes pour faire paraître la vérité au grand jour… »

Après cet incident, on n'évoqua plus guère dans les journaux « le mausolée ostentatoire de Marie Talabot ». Cependant, on venait régulièrement le visiter, tant pour les polémiques dont il avait fait l'objet que pour admirer l'œuvre talentueuse des artistes. Parfois, au fil du temps, quelques articles de presse rappelaient la mémoire de la défunte en désignant de façon récurrente et erronée « ce tombeau d'une parvenue qu'elle avait, elle-même, fait élever sur ce site privilégié ».

Épilogue

L'ŒUVRE DE L'INGÉNIEUR Paulin Talabot se poursuivit après sa mort, tant en France qu'à l'étranger, grâce à des hommes qui croyaient, eux aussi, en l'avenir du rail. Charles Mallet, président du Conseil d'administration de la société du PLM, et Gustave Noblemaire, directeur, succédèrent à Paulin Talabot. Les bases d'une police spécifique aux chemins de fer, établies dès 1845, sont encore en vigueur de nos jours, même si de nombreux règlements ont été rajoutés, au fil des décennies, dans l'organisation de ce service public. Les développements techniques en tout domaine permirent d'améliorer le confort, la sécurité et la vitesse. De ses débuts à 20 kilomètres à l'heure, les nouveaux ingénieurs atteignirent le record mondial de vitesse sur autorail à 130 kilomètres à l'heure en 1935.

La période de grand développement des réseaux de chemins de fer se poursuivra, principalement en Europe, jusqu'à la Première Guerre mondiale où ils seront alors concurrencés par les camions et les voitures. À partir du 1er janvier 1938, la signature d'une convention entre l'État et les Grandes Compagnies établira la Société nationale des chemins de fer français, la SNCF.

Nul doute que Paulin Talabot fut un visionnaire, car les tracés des voies, leurs courbes à très grands rayons et les déclivités modérées qu'il avait calculés en son temps sont pratiquement les mêmes de nos jours et permettent aux T.G.V. de circuler[1] !

Après la mort de Marie Talabot, ses propriétés furent dispersées. Le château du Roucas Blanc et ses dépendances, dont elle avait précisé dans son testament qu'ils seraient difficile à vendre du fait de leur importance, furent pourtant acquis, après une vente aux enchères publiques, par monsieur de La Chesnais pour une part, et par la Société foncière du Roucas Blanc pour le reste des terres.

Mais l'étendue et la qualité du parc suscitaient des envies, autant du côté des administrateurs du Jardin des Plantes de la ville que du côté de la Société immobilière de l'étang de Berre. Celle-ci déposa un projet de lotissement sur ces terres pour le compte de la Société foncière du Roucas Blanc. La mairie de Marseille demanda alors un rapport sur ce projet à l'un de ses conseillers municipaux, Albert Carbonnel, qui qualifia immédiatement le site de « paradis terrestre » : « …Ce serait une véritable profanation de laisser ainsi mutiler ce domaine unique. »[2] Mais il ne fut pas écouté et la propriété fut démantelée. Aujourd'hui, plusieurs propriétaires privés se partagent l'ancien domaine du Roucas Blanc tel que l'ont connu Paulin et Marie.

Le château Talabot, magnifiquement restauré, appartient maintenant au docteur Alain Fogli et à son épouse. Ils ont su recréer, avec une grande délicatesse et dans les moindres détails, l'atmosphère originelle de cette demeure désormais historique, rendant ainsi un juste hommage à Paulin et à Marie Talabot.

Dans le Limousin, le château de Maury a été dissocié de l'importante exploitation agricole lors de la vente des biens de Marie au lendemain de sa mort. Le château et son parc ont été acquis par M. Charles Lacaux, vice-consul d'Espagne[1]. Il est aujourd'hui propriété de M. Hervé Bonnafy. Quant à l'exploitation agricole, dans les limites mêmes qui étaient les siennes à l'époque des Talabot, elle est conduite par M. Jacques Monchaussé[2].

Le petit château de Trachaussade, jolie demeure du XVIIe siècle érigée sur la commune de Peyrilhac, avait été acquis au début du XXe siècle par un acheteur allemand. Ne connaissant vraisemblablement pas la valeur des documents qu'il découvrit, il brûla nombre d'archives, gravures et dessins, œuvres des Gavarni père et fils... De nos jours, restaurée avec goût, la gentilhommière, toujours à l'abri de grands arbres, est la propriété de M. Emmanuel Thomas.

Le château de la Falque, à Saint-Geniez-d'Olt, où logeait Marie Talabot lorsqu'elle rendait visite à ses amis, fut plusieurs fois revendu. Il est la propriété actuelle de M. Compeyron qui en a entrepris la restauration.

Enfin, après le décès de la comtesse de Ricard, sa vénérable demeure de Saint-Geniez-d'Olt fut revendue plusieurs fois. Elle abrita un temps l'école Saint-Louis. De nos jours, après d'importants travaux, une résidence de tourisme a pris place en ses murs.

Paul Savy, le petit-neveu de Marie Talabot, qui devint avocat à Marseille, hérita de ses biens. Il eut des enfants et petits-enfants dont André Savy, médecin psychiatre à Marseille. De nombreuses ramifications, issues de cette famille d'Auvergne qui vint s'installer dans le Rouergue, s'étendent dans plusieurs départements français. Il en est de même pour la famille Talabot qui eut une descendance nombreuse[1].

Annexes

Notes

Page 14 :

1 – Le château de Saint-Geniez-d'Olt (Castel del Rey) qui s'élevait sur le Pic du Roi, propriété des rois de France, avait été démantelé en 1620. Il n'en restait que des ruines. Il ne fut jamais pris, ni par les Anglais, ni par les Routiers, ni au cours des guerres de Religion. Richelieu le fit raser. L. Mercadié, *Saint-Geniez-d'Olt en Rouergue,* Éditions de la Chantellerie, p. 160 à 166.

2 – D'une superficie de 100 m^2, formant un trapèze de 13,33 × 7,50 m, le prix de cette concession acquise par Mme Talabot avait été fixé à 40 francs le m^2. Archives municipales de Saint-Geniez-d'Olt, août 1883. Registre des délibérations.

3 – Plusieurs phrases ont été citées : « Mes compatriotes ont refusé de m'accueillir vivante : morte, je m'imposerai à eux éternellement. » « Ils n'ont pas voulu me recevoir vivante, ils me contempleront morte à jamais. » « Vous m'abaissez de mon vivant, je vous dominerai après ma mort ! » « Vous m'avez mise à l'écart de mon vivant, mais vous me supporterez après ma mort. » Informations de

Mlle Marielle Cayzac, MM. Boudou, Mercadié, Solignac, Ayral, Verlaguet…

4 – Il semble cependant que, sous le mausolée et le cimetière, des galeries creusées dans le roc pourraient un jour être réouvertes et étudiées. Des renseignements précieux concernant ce château, réputé comme inexpugnable, sortiraient alors de l'oubli pour servir à l'histoire locale.

Page 15 :

1 – « Testament olographe écrit sur six feuilles de papier par Marie-Anne Savy de Lous, veuve de Paulin Talabot », Archives départementales des Bouches-du-Rhône. Fonds Maître Raynaud.

2 – Henry Ginesty, parent de Marie, était sous-chef de section à la Compagnie PLM. Il demeurait à Orange.

3 – Blondel et Guilbert, ces deux artistes, amis des Talabot, venaient parfois au Roucas Blanc.

4 – Schommer, François, peintre de portraits, professeur, grand ami de Marie, il exposa au Salon de 1889 et obtint la médaille d'argent. Il avait réalisé le portrait en pied de Marie cinq ans plus tôt alors qu'il n'était âgé que de trente-quatre ans. Marie l'encouragea dans ses débuts d'artiste.

Page 16 :

1 – Document généalogique issu de Mme Rose-Marie Calmet, épouse de Charles Cayzac, huissier à Saint-Geniez-d'Olt. Archives privées, archives municipales de Sainte-Eulalie-d'Olt et Saint-Geniez-d'Olt.

Page 18 :

1 – Les grandes horizontales ne voyaient pas d'inconvénient à poser nues ou même à se montrer nues en public. J. Laver, *Les Idées et les mœurs au siècle de l'optimisme 1848-1914,* Flammarion, 1970.

Page 19 :

1 – L. Mirisch, *Journal d'une jeune fille Second Empire, Lucile Le Verrier,* Zulma, 1994.

2 – Née à Sainte-Eulalie-d'Olt le 14 septembre 1848, Marie-Anne Anaïs Thédenat épousa un membre de la famille Palangié qui devint percepteur à Sauveterre. Elle mourut le 12 mars 1940.

3 – Informations de Mme Juliette Domergue qui travailla chez Mme Palangié au château de Sainte-Eulalie-d'Olt.

Page 21 :

1 – Lous, hameau de 24 habitants en 1822, situé sur les contreforts de l'Aubrac, en bordure de la rivière Lot, dans le Nord-Aveyron. Les conditions climatiques de cette période, particulièrement froide, furent décrites dans le livre de paroisse de Sainte-Eulalie-d'Olt.

Page 22 :

1 – « Olt », en langue celte, était le nom de la rivière Lot. Quand la rivière entre en Rouergue, elle conserve encore, pour quelques lieues de son haut cours, ce vocable.

2 – « L'oustal des Saby » : la maison de la famille Savy – qui existe toujours – ainsi nommée depuis fort longtemps. Information de M. Albert Rous, voisin, qui habitait le hameau.

3 – Oule : récipient en fonte dans lequel on cuisinait quotidiennement sur le feu de cheminée.

4 – Cantou : siège de bois formant un coffre que l'on installait près de la cheminée et dans lequel on conservait la réserve de sel.

5 – Ces accoucheuses, que l'on appelait « mère-sage » ou « bonne-mère », se dévouaient auprès de leurs semblables car l'accouchement était exclusivement une affaire

de femmes. Leurs connaissances s'appuyaient sur l'observation, même si certaines pratiques magiques, telles que des incantations, intervenaient.

6 – Vers la fin du XVIIIe siècle, le responsable de l'administration provinciale, l'intendant de Montauban, décrivait à ce sujet un tableau bien noir : « … ces femmes n'ont pas la moindre connaissance anatomique des parties de la génération sur lesquelles elles doivent opérer ; la témérité seule leur aplanit toutes difficultés : rien ne les arrête ; aussi fréquemment elles estropient, mutilent, tuent les enfants, elles occasionnent des inflammations à la matrice, par leurs mauvaises manœuvres déchirent l'orifice de ce viscère, le vagin, la fourchette, et la plupart des mères qui échappent à leurs mains meurtrières n'ont plus d'espoir de le devenir… » Archives départementales du Lot.

7 – L'accouchement se pratiquait toujours à la maison, dans des conditions d'hygiène bien souvent aléatoires, et dans une atmosphère d'angoisse et de souffrance pour la femme et pour ses proches. Mais, pour l'Église, il était naturel que « la femme, symbole du péché d'Ève, souffre pour donner la vie. Tant il est vrai qu'une femme qui accouche est un être coupable et impur, et que l'enfantement peut lui permettre de se racheter ». (*Les Collections de l'Histoire,* n° 32.)

Page 23 :

1 – Rogéry Simon (1773-1843). Nous évoquerons plusieurs fois ce médecin exceptionnel et très proche des pauvres qui fut maire de Saint-Geniez-d'Olt de 1804 à 1843.

2 – Guillaume était né le 17 décembre 1789, du premier mariage entre Antoine Savy et Catherine Vilate, célébré le 12 février 1784, Archives municipales de Saint-Geniez-d'Olt.

3 – Marie-Anne, deuxième enfant d'Antoine Savy et de Catherine Vilate, naquit le 31 mars 1791. La mort des enfants demeurait une réalité quotidienne, admise avec fatalité par les parents.

4 – Premières noces avec Catherine Vilate le 12 février 1784. Deuxièmes noces avec Marie Fumel, veuve, le 21 novembre 1802. Troisièmes noces avec Françoise Andrieu, veuve, le 28 janvier 1812.

Page 24 :

1 – R. Béteille, *La Vie quotidienne en Rouergue avant 1914,* Hachette, 1978.

Page 25 :

1 – Sur les premiers documents officiels, naissance et baptême, le prénom est inscrit : « Marieanne ». Par la suite, sur les lettres, les actes de mariage civil et religieux, les actes notariés, les testaments et codicilles, jusqu'à l'inscription sur une cloche qu'elle offrit à sa paroisse aveyronnaise, son prénom est ainsi notifié : « Marie-Anne ». De ce fait, nous avons conservé cette graphie.

2 – Les sobriquets étaient donnés parfois par dérision. Empruntés bien souvent à la profession, aux particularités physiques ou morales de l'individu ou au milieu géographique, ils ont eu, peut-être, quelque utilité pour distinguer les familles portant le même patronyme. L. Mercadié, *Sainte-Eulalie-d'Olt en Rouergue,* Éditions Subervie, 1983, p. 137.

3 – Delbosc, Antoine-Joseph, curé de Saint-Geniez-d'Olt après le Concordat de 1801. Prêtre très aimé, il mourut en 1837 en léguant tous ses biens aux pauvres. L'abbé Bousquet écrivit à son sujet : « On trouvait du plaisir dans son amitié, sa conversation était pleine de charme. On y goûtait la satisfaction et la joie. »

– Le vicaire Pestre était le fils d'un teinturier de la ville et le petit-neveu de l'abbé Jean Pestre, collaborateur de d'Alembert et de Diderot et ami de Turgot. Très nerveux et fort excentrique, il devint chapelain de Notre-Dame de Lenne.

4 – Considérée comme impure, la jeune mère devait se soumettre à cette cérémonie. Par ailleurs, certaines fonctions lui étaient interdites durant cette période, telle la traite des brebis ou des vaches : son « impureté » aurait pu faire tourner le lait ! R. Béteille, *La Vie quotidienne en Rouergue avant 1914, op. cit.*

5 – Très bel escalier, divisé en trois paliers, construit par l'architecte Jean Parate, au XVIIIe siècle.

Page 26 :

1 – Le cadeau était une coutume fort ancienne en Rouergue. Les plus riches offraient de la volaille, du cochon, du vin. Les plus pauvres, des œufs, des châtaignes, des champignons.

2 – Informations de M. Louis Boudou, Sainte-Eulalie-d'Olt.

3 – Au XIIIe siècle, le village de Lous appartenait aux Montvallat. Il passa ensuite à la famille de Curières, l'une des plus anciennes et des plus illustres du Rouergue. L. Mercadié, *Sainte-Eulalie-d'Olt en Rouergue, op. cit.*, p. 140.

Page 28 :

1 – Moment important dans la vie rurale de cette époque où le cochon représentait un élément essentiel pour la nourriture de la maisonnée.

2 – Les propriétés médicinales du frêne sont connues depuis l'Antiquité. Au XIXe siècle, on les utilisait comme fébrifuge, faute de quinine.

Page 29 :

1 – L'été, on recherchait les vipères que l'on tuait à l'aide d'un bâton. Elles étaient écorchées immédiatement, puis on les faisait sécher, enroulées sur elles-mêmes.

2 – Docteur H. Sulbré, *Quelques charlatans célèbres au* XVIIe *siècle,* Toulouse, 1922.

3 – À cette époque, on appelait très rarement le médecin. Il n'intervenait, bien souvent, qu'en dernière extrémité.

Page 30 :

1 – Ruche installée dans un tronc évidé de châtaignier et recouvert d'une lauze épaisse.

Page 31 :

1 – J.-J. Simoneau-Rozié, propriétaire, habitait rue de la Poujade. Il avait vingt-neuf ans. Philippe Bousquet, vingt-quatre ans, tisserand, vivait rue du Moulin. Archives municipales de Saint-Geniez-d'Olt.

2 – Il s'agissait du cercueil le plus ordinaire, confectionné avec un bois bon marché, tel que le peuplier ou le bouleau, des bois clairs.

3 – Trois niveaux d'obsèques existaient à cette époque, les premières classes étant les plus chères et assez ostentatoires, les secondes, plus simples, et les troisièmes, réservées à ceux qui ne pouvaient payer.

Page 32 :

1 – Vierge de pierre découverte dans les buis au milieu du XVIIIe siècle. Elle fit l'objet d'une grande dévotion. L. Mercadié, *Saint-Geniez-d'Olt en Rouergue, op. cit.*

Page 33 :

1 – Informations de sœur Marie-Antoine, directrice de la maison de retraite de Cruéjouls.

Page 35 :

1 – Raynal, Guillaume, Thomas (1713-1796). Historien et philosophe, auteur de *L'Histoire philosophique et politique des établissements et du commerce des Européens dans les deux Indes,* Il fit ses premières études à Saint-Geniez-d'Olt.

2 – Bonnaterre, Pierre-Joseph (1752-1806). Né à Saint-Geniez-d'Olt, il fut professeur à Rodez et membre de plusieurs académies savantes. On lui confia « l'enfant sauvage » découvert en Aveyron en 1800.

3 – Benoît, Aimé, maire de Saint-Geniez-d'Olt de 1858 à 1865 et juge de paix du canton.

4 – Chabot, François (1756-1794). Né à Saint-Geniez-d'Olt, conventionnel, il fut décapité sous la Terreur.

5 – Higonet, Joseph (1772-1806). Né à Saint-Geniez-d'Olt. Colonel, commandeur de la Légion d'honneur, il fut tué à Iéna à l'âge de trente-quatre ans. Il est l'un des quatre colonels dont l'Empereur décida de graver le nom sur l'Arc de triomphe.
– Higonet, Philippe (1782-1859). Frère cadet de Joseph, baron, maréchal de camp, commandeur de la Légion d'honneur.

6 – Girou de Buzareingues, Charles (1773-1856), né à Marnhac, siège de la paroisse de Saint-Geniez-d'Olt à cette époque. Agronome, philosophe, membre de l'Institut.

Page 36 :

1 – Le monastère de la Bénissons-Dieu, fondé en 1660, devint au XIXe siècle la propriété de M. Edmond Railhac, poète. Adulte, Marie-Anne devait souvent s'y rendre.

2 – Couret du Terrail (1759-1834). Religieuse, femme de tête, fondatrice de plusieurs couvents. Voir L. Mercadié, *Saint-Geniez-d'Olt en Rouergue, op. cit.*

3 – R. Béteille, *La Vie quotidienne en Rouergue avant 1914, op. cit.*

Page 37 :

1 – Le comte d'Arros devint préfet de l'Aveyron le 19 juillet 1820. Il le resta jusqu'en mars 1828.

2 – Archives privées.

Page 38 :

1 – Le bureau était composé de Rouquayrol, notaire et secrétaire ; Solanet, président du tribunal de commerce ; Demosi, prêtre ; Benoît Aimé, juge de paix. Tedenat, recteur honoraire ; Talon, aîné ; Rouquayrol Antoine ; Planard et Gardes, membres du conseil. Archives communales de Saint-Geniez-d'Olt.

2 – Cahiers des délibérations du conseil municipal. Archives municipales de Saint-Geniez-d'Olt.

3 – Elles étaient chargées de visiter une fois par semaine tous les indigents que leur âge, leur infirmité ou toute autre cause mettait dans l'impossibilité de pourvoir à leur subsistance par le travail, ou de solliciter eux-mêmes la charité publique.

Page 39 :

1 – Registre du Bureau de bienfaisance, juillet 1819. Archives municipales de Saint-Geniez-d'Olt.

2 – Le patois de la région est une variété du grand dialecte de l'ancienne province d'Aquitaine. Il dérive principalement du latin.

3 – Falloux, Frédéric (1811-1886). Il soutint en 1848 la candidature du prince Louis-Napoléon qui le nomma, après son élection, ministre de l'Instruction publique. C'est alors qu'il élabora la loi portant son nom, mais qui fut votée après que l'on eut mis fin à ses fonctions. Elle permit

l'ouverture de 118 écoles secondaires. La loi Falloux consacra la liberté d'enseignement qui favorisa l'enseignement confessionnel.

Page 40 :

1 – « Cabussaïres », de « cabusser » en patois, ce qui signifie plonger la tête la première.

Page 41 :

1 – Informations de M. Antoine Mercadié et Louis Boudou de Sainte-Eulalie-d'Olt et de M. Lucien Cabrolier d'Espalion.

Page 42 :

1 – L'histoire de Noëlle Castanié nous a été transmise par sœur Marie-Germain qui fut institutrice au couvent de Sainte-Eulalie-d'Olt, Louis Boudou, poète du terroir, et Maria Blandin. Ces informations provenaient de Mme Palangié, contemporaine et amie de Marie Talabot.

2 – Informations de M. Boudou, Sainte-Eulalie-d'Olt.

Page 43 :

1 – Un état de recensement, signé par P. Couret, maire, indique une population de 3 333 habitants en 1800, et ainsi répartie : 625 hommes mariés ou veufs, 666 femmes mariées ou veuves, 915 garçons et 1 041 filles. La population s'accrut rapidement et passa à 3 615 habitants en 1822.

Page 45 :

1 – De nombreux enfants perdirent la vie, tant par l'insalubrité des lieux que par la dangerosité de certaines machines ou tout simplement des locaux qui n'étaient équipés d'aucune protection particulière. La loi du 22 mars 1841 interdit le travail des moins de huit ans, limite à huit heures par jour celui des enfants âgés de huit à douze ans et à douze heures celui des 12-16 ans. La loi de 1874 fixe à

douze ans l'âge minimal d'admission dans les filatures pour une durée maximale de six heures.

2 – Gemähling, Paul (1883-1962). Auteur, sociologue. *La Décroissance de la natalité et l'avenir de la France,* 1913. BNF, Paris.

Page 46 :

1 – Au tout début du XXe siècle, les femmes travaillaient en usine 10 heures 30 par jour et six jours par semaine.

2 – Information de sœur Marie-Antoine, directrice de la maison de retraite de Cruéjouls. Dans une même filature, si le père gagne 1,50 franc par jour, la mère obtiendra 75 centimes, le fils 50 centimes et la fille 20 centimes. Dans de nombreuses familles, le salaire d'appoint obtenu par les enfants se révélait indispensable à la survie.

3 – Villermé, Louis-René (1782-1863). Médecin français, auteur d'ouvrages d'économie sociale. En 1840, il publia un document intitulé *Tableau de l'état physique et moral des ouvriers dans les fabriques de coton, de laine et de soie.* Son travail contribua à faire voter la loi sur la limitation du travail des enfants.

Page 47 :

1 – Règlement de police intérieur à l'hospice. Archives privées.

2 – Abbé Chaliès, *Notice historique sur la ville de Saint-Geniez-d'Olt,* Imprimerie Carrère, 1932.

3 – Bastide, Célestin. Il fut vicaire de l'abbé Delbosc à partir de 1825, puis devint aumônier du couvent de Lenne.

4 – Archives paroissiales de Saint-Geniez-d'Olt.

Page 48 :

1 – C. Delmas, *Les Enfants du Rouergue,* musée du Rouergue, Espalion, 1979. En ce début du XIXe siècle,

l'abandon devint un phénomène massif lié notamment à l'accroissement de la population et de ce fait à la misère grandissante. Il était en effet difficile de nourrir les enfants qui naissaient : la terre ne fournissait que ce qu'elle pouvait !

2 – Malgré les échecs répétés, l'assistance par le travail fut considérée, avec une remarquable persévérance, comme une solution aux problèmes de vagabondage et de mendicité.

3 – Giraud, Pierre, évêque de Rodez de 1830 à 1841. Il fut le premier évêque qui pria les curés du diocèse de relater dans un registre de paroisse les diverses informations qui pourraient intéresser les curés leurs successeurs.

Page 49 :

1 – Le pape Grégoire XVI confirma cette association. Abbé Bousquet, *Études historiques sur la ville de Saint-Geniez-d'Olt,* Imprimerie Ratery, 1846.

2 – Naves d'Aubrac, petit village accroché à 1 000 mètres d'altitude sur les monts d'Aubrac. À cette époque, il comptait 89 habitants.

Page 50 :

1 – Il était courant de dire que l'on « plaçait » un homme, un enfant, un domestique, une bonne chez quelqu'un.

2 – Elle donna trois maires à la ville : Jean-Louis Palangié, de 1848 à 1858, Henri Palangié, de 1876 à 1887, et Louis Palangié, de 1941 à 1944.

3 – Un jour que l'on coiffait Marie-Anne, on lui fit cet éloge. Information de Mme Palangié, propriétaire du château de Sainte-Eulalie-d'Olt.

4 – Depuis plusieurs générations un réseau de relations commerciales et familiales reliant Saint-Geniez-d'Olt à l'Italie avait été établi par des familles locales.

Page 51 :

1 – Information de Mme Fleury, Rouen.

2 – *Id.*

3 – Les Aveyronnais issus surtout de la haute vallée du Lot fondèrent la ville de Pigüé en Argentine, à la fin du XIXe siècle.

Page 52 :

1 – R. Béteille, *Rouergue, terre d'exode,* Hachette, 1978.

Page 54 :

1 – Vraisemblablement le plus rapide, le Courrier de Paris reliait Rodez en 85 heures. Douze heures de patache étaient nécessaires pour aller de Saint-Affrique à Rodez. R. Béteille, *La Vie quotidienne en Rouergue avant 1914, op. cit.*

2 – Prosper Mérimée fut inspecteur général des Monuments historiques entre 1834 et 1852. Dans le cadre d'une visite au centre de la France, il passa à Conques (Aveyron) et fit classer la célèbre abbaye en 1838.

3 – Les habitants des campagnes se rendaient à la ville la plus proche bien souvent à pied. Mais les riches fermiers se déplaçaient juchés sur le dos de leur jument, élément ostentatoire de richesse et de prospérité. R. Béteille, *La Vie quotidienne en Rouergue avant 1914, op. cit.*

Page 55 :

1 – Informations de M. Louis Boudou et M. Verlaguet.

2 – Serge : laine grossière de 0,47 mètre sur 40 mètres.

Escot : laine plus fine de 0,76 mètre sur 40 mètres. Ces tissus de différentes valeurs et dimensions intéressaient toutes les classes de la société.

3 – Beaucaire apparut très tôt comme une place commerciale de première importance. Dès 1464, la foire de la Madeleine fut confirmée et laissera sur la ville les traces indélébiles d'un rayonnement européen, en particulier aux XVIIe et XVIIIe siècles. Des hôtels particuliers et riches demeures urbaines étalaient leurs fières façades, témoignages d'un passé glorieux, directement issu d'une activité commerciale intense.

Page 56 :

1 – Informations de Mlle Marielle Cayzac, descendante de la famille Savy, Saint-Geniez-d'Olt. *Revue du Rouergue,* n° 3, 1969. Marc-Constantin Fraissinet fut un grand notable protestant. Il épousa sa cousine qui lui donna douze enfants. Homme austère, père de famille autoritaire et rigoureux, il possédait un hôtel particulier au 33, cours Bonaparte, correspondant de nos jours au 23, cours Pierre-Puget, une propriété d'agrément sur le Prado et le domaine de Roquefavour, près d'Aix-en-Provence. R. Caty et É. Richard, *Armateurs marseillais au XIXe siècle,* chambre de commerce et d'industrie de Marseille, 1986.

2 – Informations de Mme Fleury, Rouen.

3 – R. Caty et É. Richard, *op. cit.*

Page 57 :

1 – Le père de Marc-Constantin, Jean-Marc Fraissinet, avait été courtier royal à Marseille.

Page 59 :

1 – Marc-Constantin Fraissinet fut aussi maire adjoint de Marseille de 1832 à 1843.

2 – Ces hommes cosignèrent les statuts de la société le 27 juillet 1837. G. Goy, *Hommes et choses du PLM,* Imprimerie Devambez, 1911.

Page 60 :

1 – R. Caty et É. Richard, *op. cit.*

2 – Informations de Mme Tourette et Mme Evesque, Saint-Geniez-d'Olt.

Page 61 :

1 – Informations de Mme Fleury, Rouen.

2 – À cette époque, une vingtaine de personnes vivait auprès des Fraissinet, sous le même toit, domestiques compris. R. Caty et É. Richard, *op. cit.*

Page 62 :

1 – Le collège de Sorèze (Tarn) était établi dans les bâtiments d'une ancienne abbaye bénédictine. Lacordaire en fut le directeur de 1854 à 1861.

2 – Informations de Mme Fleury, Rouen.

3 – *Id.*

Page 63 :

1 – Adolphe deviendra plus tard député, conseiller municipal, trésorier payeur général. Mais si Marc-Constantin était un homme très rigoureux, il semble que son fils Adolphe ait été plus faible, se laissant aisément tenter par les plaisirs. Les femmes ont été pour lui une grande passion, jusqu'à pratiquement tout perdre pour elles. Informations de Mme Éliane Richard, Marseille.

Page 64 :

1 – Informations de Mme Fleury, Rouen.

2 – Discours de M. Noblemaire lors des obsèques de Paulin Talabot. Almanach limousin, 1894.

Page 65 :

1 – Didion, Charles (1803-1883), rencontra Talabot à Decize en 1828. Puis ils travaillèrent ensemble sur le chemin de fer de La Grand-Combe et sur la ligne Avignon-Marseille. Dès 1840, Didion entra au service de l'État. Il marqua de son empreinte les chemins de fer de Bordeaux à Sète, puis de Paris en Belgique. Il entra ensuite au « Paris-Orléans » (PO) dont il assura la direction jusqu'en 1865.

Page 67 :

1 – Talabot Léon (1796-1863), négociant, député de la Haute-Vienne.
Talabot Edmond (1804-1832), avocat, apôtre saint-simonien.

2 – Rouvroy, de – comte de Saint-Simon – (1760-1825). Philosophe, chef de l'école politique et sociale des saint-simoniens. Il mourut au milieu de l'indifférence quasi générale. Sur le mouvement saint-simonien, on peut consulter S. Charlety, *Histoire du saint-simonisme,* Éditions Hartmann, 1931.

3 – Enfantin, Prosper (dit le Père Enfantin, 1796-1864). Ingénieur, polytechnicien, il fonda deux journaux, *Le Globe* et *Le Producteur,* puis établit, à Ménilmontant, une communauté du saint-simonisme. On l'appela familièrement « le pape des cheminots ».

Page 68 :

1 – L'école du saint-simonisme connut sa véritable apogée autour de 1830, avant d'être fortement ébranlée, deux ans plus tard, par un procès pour « outrage à la morale publique et désobéissance aux lois qui régissent la propriété. » À l'issue de ce procès, la société saint-simonienne sera interdite,

mais l'esprit de son créateur fécondera d'autres courants socialistes.

2 – G. Noblemaire, *Notice sur la vie et les travaux de M. Didion,* Imprimerie Dupont, Paris, 1905.

3 – « Histoire de la construction du chemin de fer dans le département du Rhône » Archives départementales du Rhône.

4 – É. Dupuy, « Mme Talabot ou le destin exceptionnel d'une Marmotte », *Revue du Rouergue,* n° 14, 1988, p. 217.

Page 69 :

1 – « Histoire de la construction du chemin de fer dans le département du Rhône ». Archives départementales du Rhône.

2 – Bourdaloue, Paul-Adrien (1794-1868), ingénieur et promoteur du nivellement de la France. En 1847, il écrivit une notice concernant le nivellement de l'isthme de Suez.

3 – Soult Nicolas, Jean de Dieu (1769-1851). Maréchal de France. Il décida de la victoire à Austerlitz. Ministre de la Guerre et des Affaires étrangères sous Louis-Philippe.

4 – Alais = Alès dans le département du Gard. La graphie Alais était officielle en 1694. Dans le but de respecter notamment l'étymologie, le conseil municipal de cette ville demanda le rétablissement de l'orthographie du mot Alais, le 3 mars 1926, ce qui fut entériné par le président G. Doumergue, le 29 juillet 1926 (archives municipales d'Alès). Dans cet ouvrage, nous conserverons la graphie Alais car elle correspond à celle utilisée à cette époque.

Page 70 :

1 – Stephenson, George (1781-1864). Originaire d'une famille très modeste du bassin minier de Newcastle (Angleterre), enfant, il fut placé chez un fermier puis devint

ouvrier agricole. À quatorze ans, il entra à la mine sans savoir ni lire ni écrire. Passionné de mécanique et animé d'une volonté extraordinaire d'apprendre et d'entreprendre, il remporta le concours de la locomotive à vapeur en triomphant aisément de ses concurrents. Son fils, Robert, commerça avec le PLM, et fut très proche de Paulin et de Marie.

2 – La première voie ferrée au monde fut construite en 1825 en Angleterre, entre Stockton et Darlington, près de Newcastle. Cette ligne ne transportait que du charbon.

Page 72 :

1 – Arago, François (1786-1853). Physicien et astronome, il fit partie du Gouvernement provisoire de 1848.

2 – G. Goy, *op. cit.*

3 – *Ibid.*

4 – *Le Globe* fut dirigé par le saint-simonien Michel Chevalier de 1830 à 1832.

Page 73 :

1 – J. Méan, *Nîmes-Uzès-Le Gard,* 1979. Médiathèque d'Aix-en-Provence.

2 – Délibération du conseil municipal de Beaucaire. Archives municipales de Beaucaire.

3 – G. Goy, *op. cit.*

Page 74 :

1 – J. Méan, *Nîmes-Uzès-Le Gard, op. cit.*

2 – *Ibid.*

3 – Pereire, Isaac (1806-1880), Pereire, Émile (1800-1875), nés à Bordeaux, banquiers, parlementaires, ils fondèrent le Crédit mobilier en 1863.

Page 75 :

1 – Lettre du 20 mars 1844, de Paulin Talabot à M. Pouzin, maire de Tarascon. À noter toutefois que Talabot avait envisagé de faire passer une voie de chemin de fer sur les remparts d'Avignon, un véritable sacrilège ! Archives municipales de Tarascon.

Page 76 :

1 – Cette demeure appartenait à la famille Novi dès 1665. La fille unique de Léon-Jules Novi, Angélique, épousa en 1799 le comte Raffelis-Soisson. En 1856, l'immeuble fut vendu au comte Armand de Bernis, ses héritiers le cédèrent en 1901 au docteur F. Mazel. Affaires culturelles, mairie de Nîmes.

Page 77 :

1 – Durand, Charles (1762-1840). Architecte de la ville de Nîmes, il entreprit d'importants travaux, mais les événements politiques de 1814 et 1815 arrêtèrent un plan gigantesque d'alimentation en eau qu'il avait développé.

2 – C. Lassalle, *Urbanisme et paysage urbain nîmois à la fin du XVIIIe siècle et au début du XIXe siècle,* Société d'histoire moderne et contemporaine de Nîmes, 2001.

3 – En 1849, alors que le plan d'urbanisme de la ville était en restructuration, par une singulière coïncidence, cet habile architecte mourut, le jour même où la première colonne du palais de justice de Nîmes qu'il avait fait construire tombait sous le marteau démolisseur. M. Nicolas, *Histoire des artistes, peintres, sculpteurs, architectes, musiciens, compositeurs nés dans le Gard,* Imprimerie de Ballivet, Nîmes, 1859.

Page 78 :

1 – Selon une légende tenace, répandue dans la famille Talabot, Paulin aurait eu plusieurs enfants naturels.

J. Lenoble, *Les Frères Talabot, une grande famille d'entrepreneurs au XIXe siècle*, CCSTI Lucien Souny, Limoges, 1989, p. 300.

2 – Haute de 32 mètres, la tour Magne signalait autrefois la présence de la cité et du sanctuaire impérial situé au pied de la colline. Elle fut restaurée par l'architecte Charles Durand.

3 – Pour certains, le nom de la rue Lampèze proviendrait d'une lampe dont les habitants devaient fournir l'huile ; pour d'autres, du soleil qui illumine particulièrement cette rue.

Page 79 :

1 – L'eau arrivait jadis d'Uzès par le pont du Gard pour se jeter dans ce bassin circulaire de près de 6 mètres de diamètre. De là, des canalisations en plomb acheminaient l'eau vers les différents quartiers et fontaines de la ville. Le conseil municipal acheta cet antique bassin en 1852.

2 – Charles Durand repose sous une tombe modeste composée d'un bloc monolithe sculpté et qui semble aujourd'hui abandonnée.

3 – Talabot, François (1754-1839), était né à Limoges. Il eut huit enfants dont cinq garçons et trois filles. Paulin fut le quatrième.

Page 80 :

1 – Analyse graphologique de Mme Tei Tel Balim, Maisons-Lafitte. Cette analyse a été demandée par l'auteur afin d'apporter un nouvel éclairage à la personnalité de Marie Talabot.

Page 81 :

1 – *Le Sémaphore* du 16 juillet 1839. Bibliothèque centrale, L'Alcazar, Marseille.

Page 82 :

1 – A. Dor, *La Gare Saint-Charles et gare du Prado,* Imprimerie du Petit Marseillais, 1890. Fonds patrimoniaux, Bibliothèque centrale, L'Alcazar, Marseille.

2 – La ligne d'Alais à Beaucaire fut inaugurée le 19 août 1840.

3 – *La Vie du rail* n° 177 du 13 décembre 1948.

4 – À cette époque, la France était en retard par rapport à l'Angleterre et à l'Allemagne. En 1848, la Grande-Bretagne comptait 18 110 kilomètres de voie ferrée, la France seulement 4 702.

Page 83 :

1 – En 1840, les 88 kilomètres de la ligne qui joignait La Grand-Combe à Beaucaire en passant par Nîmes constituaient la plus longue voie ferrée en exploitation sur le territoire national. Dès 1840, la ligne Alais-Beaucaire est achevée. Près de 140 000 tonnes de charbon cévenol parviennent alors sur les bords du Rhône avant d'être acheminées par bateaux jusqu'à Marseille. Ce sera le début de la conquête de la vallée du Rhône.

2 – Informations de M. Louis Boudou, recueillies auprès de Mme Roumiguier, Sainte-Eulalie-d'Olt.

3 – *Id.*

Page 84 :

1 – É. Dupuy, « Mme Talabot ou le destin exceptionnel d'une Marmotte », *Revue du Rouergue,* n° 14, 1988, p. 213.

Page 85 :

1 – *Ibid.* Thiers affirmait publiquement que le chemin de fer était sans avenir pour le pays, mais Talabot sut lui démontrer le contraire.

2 – Dumont d'Urville, Jules Sébastien, César (1790-1842). Il venait d'exploiter les régions antarctiques, découvrant la Terre Louis-Philippe, l'île Joinville et la Terre Adélie.

3 – Desenat, Joseph, félibre, écrivit ce long poème de vingt-deux pages. Fonds patrimoniaux, bibliothèque du Carré d'Art, Nîmes.

Page 86 :

1 – Huysmans, Joris Karl (1848-1907). Né à Paris, il mena une vie de bohème à ses débuts, fréquenta Zola et les frères Goncourt.

2 – Archives municipales de Tarascon.

Page 88 :

1 – Gayrard, Raymond (1777-1858). Sculpteur, né à Rodez. Graveur officiel de Louis XVIII et Charles X. Attaché au Cabinet du roi, il fit partie des officiels de la couronne.

2 – Frayssinous, Denis (1765-1841). Décédé à Saint-Geniez-d'Olt le 12 décembre 1841. Auteurs des *Conférences.* Voir L. Mercadié, *Saint-Geniez-d'Olt en Rouergue, op. cit.,* p. 54.

Page 89 :

1 – Frayssinous succéda à l'Académie française à l'abbé Sicard, professeur et fondateur de l'Institut national des sourds et muets. On lui avait confié l'enfant sauvage découvert dans l'Aveyron en 1800.

2 – Information transmise à Mme Maria Blandin qui travailla au château de Sainte-Eulalie-d'Olt, propriété de Mme Palangié.

3 – Un critique du *Journal des artistes* du 2 avril 1837 notait : « … c'est le plus beau de l'exposition, on ne peut voir plus d'individualité, plus de vie et en même temps plus de caractère que dans cette tête de marbre. La souplesse de

la chair et la franchise d'exécution s'y marient d'une manière étonnante. »

Page 90 :

1 – Adolescente, Marie s'y était rendue avec ses camarades orphelins à l'occasion d'une fête religieuse.

2 – Il s'agissait de Paul et Marie Gardes, deux enfants bloqués sous les décombres durant 24 heures et protégés par la pierre du foyer. Paul eut cependant le poignet écrasé. On l'amputa. Archives paroissiales de Naves d'Aubrac.

3 – Mgr Croizier fut évêque de Rodez de 1842 à 1855. Il marqua fortement son passage sur le diocèse. Archives de l'évêché de Rodez.

4 – De Blanc de Guizard, Louis (1797-1879), était aveyronnais. Né près de Villecomtal, au château de la Guizardie.

5 – Informations données par sœur Marie-Antoine, directrice de la maison de retraite de Cruéjouls.

6 – De Guizard fut préfet de l'Aveyron durant deux législatures : la première d'août 1830 à mai 1834, la seconde d'août 1839 à mars 1848. De tous les préfets de ce département, c'est lui qui assura la plus longue période, soit neuf ans.

Page 91 :

1 – Informations de MM. Pouget et Delmas, Rodez.

2 – Cunin, Laurent (1778-1859), travailla à la fabrique Gridaine de Sedan (Ardennes). Il épousa la fille de son patron, et devint ainsi Laurent Cunin-Gridaine.

3 – Cunin-Gridaine eut cinq enfants. L'une des filles, Eugénie, épousa Jules Talabot, le frère de Paulin, en 1826.

Page 92 :

1 – Journal *L'Avenir national,* n° 317, du 13 février 1847. Archives départementales de la Haute-Vienne.

2 – Marie communiquait régulièrement avec son père, rue de la Poujade, mais aussi avec la famille Palangié chez qui elle avait travaillé. Informations de sœur Marie-Germain.

Page 93 :

1 – À cette époque, l'hospice de la ville comprenait deux salles de treize lits, l'une pour les hommes et l'autre pour les femmes.

Page 94 :

1 – Informations données par sœur Marie-Germain, qui fut institutrice à Sainte-Eulalie-d'Olt.

Page 95 :

1 – *Id.*

2 – Informations de l'abbé Paul Foulquier, curé de Sainte-Eulalie-d'Olt.

Page 96 :

1 – Conformément aux intentions de son fondateur, l'hospice devait être le refuge des pèlerins et des voyageurs. Grâce à de nombreux dons, il devint l'une des plus belles commanderies de l'Aubrac, dont le commandeur était à la nomination du dom de cette célèbre abbaye.

2 – Rue de la Poujade, autrefois rue des Foulons. Voir G. Cayron, *Saint-Geniez-d'Olt. Arrêt sur images,* Imprimerie Rigal, 2005.

Page 97 :

1 – Cette chapelle avait été construite peu avant 1700, suite au vœu d'un habitant de Saint-Geniez-d'Olt, Antoine Serres. M. Petit, *Bulletin d'Espalion,* 2003.

2 – Informations de Mme Maria Blandin et de Louis Boudou.

Page 98 :

1 – Lors de ce mariage, Antoine était âgé de soixante-deux ans, Anne de trente-six ans.

2 – Si les futurs mariés avaient les moyens de payer une somme convenable, ils pouvaient être « exemptés » de charivari. Des règlements concernant ce type de pratique, différents d'une région à l'autre, ont été édictés afin d'éviter certaines rixes scandaleuses. H. Affre, *Dictionnaire des institutions, mœurs et coutumes du Rouergue,* Imprimerie Carrère, 1903.

3 – Informations de MM. Verlaguet et Solignac, Saint-Geniez-d'Olt et Rodez.

Page 99 :

1 – *Id.*

2 – Informations de M. Jacques Juillet, parent de la famille Talabot.

3 – Quelques témoignages nous ont indiqué que Marie-Anne Savy aurait suivi des cours de bonnes manières en l'abbaye aux Oiseaux, à Paris.

Page 100 :

1 – « Description d'un voyageur anonyme », Archives nationales. Document transmis par Mme Lassalle, Académie des lettres, sciences et arts de Nîmes. De nos jours, cette belle demeure n'existe plus. Des immeubles ont été construits sur son emplacement.

Page 101 :

1 – Baron Ernouf, *Paulin Talabot, sa vie, son œuvre,* Nourrit et Cie, 1886.

2 – G. Goy, *op. cit.*, p. 35.

Page 102 :

1 – J. Lenoble, *op. cit.*

Page 103 :

1 – Le métal était de plus en plus employé en architecture. L'Angleterre montre, en ce domaine, la voie du progrès.

Page 104 :

1 – Le Verrier, Urbain (1811-1877), astronome, directeur de l'observatoire de Paris, découvrit la planète Neptune le 31 août 1846. Il fut député de la Manche en 1849 et sénateur en 1852. Voir L. Mirisch, *op. cit.*

2 – J. Lenoble, *op. cit.*

Page 105 :

1 – Marie Lucile Clothilde Le Verrier, née Choquet.

2 – Delacroix, Eugène (1798-1863). Chef de l'école romantique, il termina ses fresques le 15 novembre 1846. Stendhal lui aurait recommandé : « Ne négligez rien de ce qui peut vous faire grand. » Charles Delacroix, le père d'Eugène, avait été préfet des Bouches-du-Rhône.

3 – Siegfried, André (1875-1959). Géologue, géographe et sociologue français réputé, auteur d'ouvrages de sociologie politique et économique.

Page 107 :

1 – Le rapport, présenté à la Chambre des Communes le 21 avril 1842, est accablant. Il indique que, dans les mines, garçons et filles peuvent se faire embaucher dès l'âge de 4 ans pour des journées ou des nuits de 12 heures et plus. Le rapport constate l'abandon physique et moral des enfants, soumis à des coups qui punissent toute incartade ou signe de fatigue.

Page 108 :

1 – *L'Histoire,* nº 295. *op. cit.,* p. 100.

2 – É. Dupuy, *Revue du Rouergue,* nº 14, 1988, p. 225.

Page 109 :

1 – *Le Dimanche illustré* du 16 janvier 1848.

Page 110 :

1 – A. Dor, *op. cit.*

2 – Audibert, Edmond (1820-1873). Ingénieur des Mines, polytechnicien, il fut un grand ami de Paulin Talabot.

Page 111 :

1 – *Le Sémaphore* du 11 janvier 1848, archives municipales de Marseille.

2 – Informations de M. Pouget, Nîmes.

3 – Dans la pensée de Talabot, cette voie représentait l'amorce d'une grande artère Paris, Lyon, Marseille, et devait se raccorder aux chemins de fer du Gard par la traversée du Rhône à Tarascon. Archives départementales de la Haute-Vienne.

Page 112 :

1 – À noter que les machinistes appelaient parfois ainsi leurs locomotives.

Page 113 :

1 – R. Maurice, *Paulin Talabot,* Paris, 1867.

Page 114 :

1 – *Paulin Talabot, un grand Limousin méconnu,* Lemouzi. Archives départementales de la Haute-Vienne.

2 – Ce journal satirique fut fondé à Paris en 1832 et perdura jusqu'en 1892. Il comptait, parmi ses collaborateurs,

Grandville, Daumier et Gavarni que nous évoquerons plus loin.

Page 115 :

1 – George Sand (1804-1876) est entrée dans le monde des lettres en 1830. En 1832, elle publia *Indiana* qui rencontra un vif succès. Aurore Dupin, épouse Dudevant, devint alors George Sand. Née dans un siècle d'une extrême misogynie, elle fut qualifiée par son ami Flaubert de représentante du « troisième sexe ».

2 – La situation de la femme n'évoluera que très lentement. Ce sera la Grande Guerre, au XXe siècle, qui précipitera les réformes car les femmes montreront leur détermination et leurs compétences face aux responsabilités.

Page 116 :

1 – Pauline Roland (1805-1852), fille du directeur des postes de Falaise (Calvados). Arrêtée et déportée en Algérie.

Page 117 :

1 – Ce fait eut lieu le 5 juillet 1845, passage Saint-Roch, tout près du futur domicile des Talabot.

2 – Juliette Drouet (1806-1883), de son nom Julienne Gauvain, était actrice.

3 – Ironiquement, Lamartine écrivit : « En France, on se relève de tout, même d'un canapé. »

4 – Le divorce pour faute, aboli en 1816, ne sera rétabli qu'en 1884 par la loi Naquet.

Page 118 :

1 – Affre, Denis, Auguste (1793-1848), né à Saint-Rome-de-Tarn (Aveyron). Il avait été nommé archevêque de Paris en 1840. Il fonda l'école des Carmes.

2 – Décédé le 12 décembre 1841. Des funérailles grandioses se déroulèrent à Saint-Geniez-d'Olt le 21 décembre suivant. Voir L. Mercadié, *Saint-Geniez-d'Olt en Rouergue, op. cit.*, p. 150.

Page 119 :

1 – Simon Rogéry mourut le 14 décembre 1843, à l'âge de soixante-dix ans. Il repose sous une simple dalle de pierre, près du chevet de l'église paroissiale. Rappelons que Marie avait quitté l'Aveyron en 1837, à l'âge de quinze ans.

Page 120 :

1 – Combes de Patris, *Revue du Rouergue*, nº 1, 1948.

2 – Du 23 au 26 juin, pas moins de 3 000 barricades furent édifiées dans les quartiers de Paris.

Page 121 :

1 – Combes de Patris, *Revue du Rouergue*, nº 1, *op. cit.*

2 – Le lendemain eurent lieu, en la chapelle des Missions-Étrangères, rue du Bac, les obsèques de Chateaubriand. Au milieu des troubles politiques, la mort de celui qui les avait prédits passa presque inaperçue.

3 – Au cours du XIXe siècle, trois prélats devaient périr d'une mort violente : Mgr Affre, victime de la Révolution de 1848, Mgr Sibour, assassiné en l'église Saint-Étienne-du-Mont en 1857, et Mgr Darboy, otage de la Commune en 1871, fusillé.

4 – Montalembert, Charles (1810-1870), politicien, historien, l'un des principaux théoriciens en France du catholicisme libéral. La mort de Mgr Affre fut l'une des plus médiatisées du XIXe siècle. Près de 160 articles, notes et ouvrages lui furent consacrés.

5 – On éleva d'abord une statue dans son village natal à Saint-Rome-de-Tarn, en 1860, puis une autre à Rodez, place de la Cité.

6 – À sa naissance, il ne s'agissait que d'un petit hameau regroupant des déportés politiques vivant de peu. Pôle d'attraction des villages environnants, Affreville devint la capitale de sa région.

7 – L'éphémère IIe République ne parvint pas à résoudre la grave crise sociale et économique qui aboutit aux terribles journées de juin 1848.

Page 122 :

1 – À Saint-Geniez-d'Olt on fêta la République comme la génération précédente avait accueilli la Révolution de 1789. En grande pompe, sous la bénédiction du clergé, un arbre de la liberté fut planté sur la place Neuve aux vibrants accents de *La Marseillaise.* L. Fontanié, *Résumé de l'histoire de Saint-Geniez-d'Olt,* Imprimerie Carrère, 1913, p. 42.

Page 123 :

1 – François Talabot, le père de Paulin, était décédé le 15 décembre 1839 ; sa mère, Marie-Agathe Martin-Lagrave, le 1er novembre 1848.

2 – Information de M. Louis Boudou.

Page 124 :

1 – Bessières, Jérôme (1798-1867). Il dirigea la cure de Saint-Geniez-d'Olt de 1837 à sa mort.

Page 125 :

1 – Jean-Louis François Séguret avait été nommé maire de la ville le 29 décembre 1843. Il donna sa démission au préfet le 7 novembre 1848.

2 – Ce château était autrefois le monastère de la « Bénissons-Dieu » qui avait été bâti en 1660. Il était alors sous la dépendance immédiate de l'abbé de Bonneval. En 1751, une lettre de cachet avait supprimé ce monastère sous prétexte qu'il n'était pas autorisé par lettres patentes.

En fait, il continua d'exister jusqu'à la Révolution de 1789, puis vendu comme bien national. L. Mercadié, *Saint-Geniez-d'Olt en Rouergue, op. cit.*

3 – Jean-Louis Palangié est né le 20 messidor an 3 de la République. Il fut maire de la ville de 1848 jusqu'à sa mort le 23 janvier 1858, survenue subitement à l'âge de soixante-deux ans. Il a épousé Damaris Rivière de Larque.

Page 126 :

1 – Ce cercle, dont le siège était à l'emplacement actuel de la poste, existait à Saint-Geniez-d'Olt depuis déjà un demi-siècle. Archives municipales de Saint-Geniez-d'Olt, cahier des délibérations.

2 – Ce portrait fut inauguré par M. Séguret, maire, le 7 février 1848. Archives municipales de Saint-Geniez-d'Olt, cahier des délibérations.

3 – Séance extraordinaire du conseil municipal : cette ligne pouvait passer soit par Pézenas, soit par Agde. Le conseil préféra le passage par Pézenas car plus profitable à l'Aveyron.

4 – *Gazette de France* du 7 mai 1842. Bibliothèque du Centre Pompidou, Paris.

Page 128 :

1 – *Le Figaro* du 21 mars 1885. Bibliothèque du Centre Pompidou, Paris.

2 – Information de M. Louis Boudou.

Page 129 :

1 – À cette époque, tout avortement provoqué était assimilé à un infanticide, donc puni de mort.

2 – Parmi les travaux projetés : remplacement de la chaire en bois par une chaire en bronze, remplacement de l'orgue

à rouleaux par un orgue à tuyaux, enduits à l'intérieur et à l'extérieur de l'église, réfection des vitraux du chœur…

Page 132 :

1 – *Entreprise,* n° 442 du 29 février 1964. Paulin Talabot devint l'un des trois membres du premier comité de direction.

Page 133 :

1 – Le PLM (Paris-Lyon-Méditerranée) fut nationalisé comme les autres compagnies et devint la SNCF le 1er janvier 1938.

Page 134 :

1 – Victime de son ambition, le Grand Central, qui venait d'être autorisé par décret du 21 avril 1853, ne devait pas mener à terme les travaux et, dès 1857, ses différentes concessions furent partagées entre trois compagnies : la Compagnie du Midi, la Compagnie du Paris-Orléans (PO) et la Compagnie du Paris-Lyon-Méditerranée (PLM) que dirigeait Talabot.

Page 135 :

1 – Cahier des délibérations du conseil municipal de Saint-Geniez-d'Olt, juin 1853.

2 – *Ibid.*

3 – Le premier train arriva dans le département de l'Aveyron à Villefranche-de-Rouergue en 1858, puis à proximité de Rodez en 1864. Il s'arrêta en effet à 4 kilomètres de la ville, faute de pont, ce ne sera qu'en 1878 qu'il atteindra la ville de Rodez.

4 – Le prince impérial, Eugène, Louis Napoléon, fils unique de Napoléon III et d'Eugénie de Montijo, ne devait vivre que vingt-trois ans. Il sera tragiquement tué par une troupe de Zoulous en Afrique du Sud, le 1er juin 1879.

5 – Archives municipales de Saint-Geniez-d'Olt.

Page 136 :

1 – *Ibid.*

2 – *Ibid.*

Page 137 :

1 – Massabuau, Philippe, maire de 1865 à 1876. Il devait assumer deux mandats distincts.

2 – Lettre adressée au ministre de l'Agriculture, du Commerce et des Travaux publics le 10 mai 1869. Archives municipales de Saint-Geniez-d'Olt.

3 – Rouennerie : toile de coton dont les fils ont été teints avant le tissage.

4 – Délibération du 10 mai 1869. Ces vœux sont consignés dans les comptes rendus des séances des 24 août 1872, 23 avril et 20 août 1873, etc.

Page 138 :

1 – Cette intéressante description est consignée dans la délibération du 11 février 1877, et sur laquelle il est précisé :
Importation
Laines : 600 tonnes
Huiles oléines : 100 tonnes
Drogues de teinture : 100 tonnes
Houilles : 2 000 tonnes
Épiceries : 800 tonnes
Peaux en bourre : 50 tonnes
Fers, plâtres, quincaillerie : 600 tonnes
Vins et liquides : 700 tonnes
Chaux pour chaulage : 1 000 tonnes
Exportation
Étoffes diverses : 300 tonnes
Cuirs et gants : 50 tonnes

Fruits et fromages : 1 200 tonnes
Bois de construction : 1 000 tonnes
Douelles écorcées : 600 tonnes
Bestiaux : 600 tonnes
Total importation : 5 950 tonnes
Total exportation : 3 750 tonnes.
Et le maire de conclure : « Total minimum, 9 700 tonnes. Ce chiffre sera, pour sûr, doublé ! »

Page 139 :

1 – La gare de Campagnac, la plus proche de Saint-Geniez-d'Olt, se situe sur la ligne Paris-Béziers. La section aveyronnaise sera mise en exploitation dans les premiers mois de 1883. Elle ajoutera 20 kilomètres au réseau du Midi et à la longueur des chemins de fer aveyronnais.

2 – Archives de l'hospice de Saint-Geniez-d'Olt.

3 – L. Mercadié, *Saint-Geniez-d'Olt en Rouergue, op. cit.*, p. 208.

4 – B. Lunet, *Chemins de fer dans l'Aveyron,* Imprimerie H. de Broca, 1882. Société des lettres, sciences et arts de l'Aveyron.

5 – Rapport du préfet et procès-verbaux des séances du conseil général. Archives départementales de l'Aveyron.

Page 140 :

1 – É. Dupuy, *Revue du Rouergue,* nº 14, 1988, p. 220.

2 – *Ibid.*

Page 141 :

1 – La section Millau-Roquefort fut ouverte le 18 octobre 1874 et la section Rodez-Millau le 14 mai 1880. *Vivre en Rouergue,* nº 25, 1977.

2 – É. Dupuy, *Revue du Rouergue,* nº 14, 1988, p. 220.

3 – Venu de l'Inde, le choléra gagna l'Europe en 1832, entraînant plus de 100 000 morts en France. L'épidémie se répandit à plusieurs reprises jusqu'en 1892. Sa cause : un bacille qui ne fut découvert qu'en 1883. En quelques mois, durant l'année 1832, près de 20 000 Parisiens périrent de cette épidémie dont certaines personnalités telles que Champollion, Lamarque, Perier, Daumesnil…

Page 142 :

1 – Informations de M. Louis Boudou et de sœur Marie-Antoine, directrice du couvent de Cruéjouls.

2 – Edmond Talabot tomba malade le 16 juillet 1832. Il mourut la nuit suivante. On enferma son corps dans un cercueil de plomb. Une foule immense vint saluer sa dépouille. Les obsèques furent célébrées au cimetière du Père-Lachaise le mercredi 18 juillet 1832, selon le rite saint-simonien.

Page 143 :

1 – *Le Journal du Temps* du mois de juin 1832. BNF, Paris.

Page 144 :

1 – Dans le département de l'Aveyron il y eut officiellement 343 morts. R. Béteille, *La Vie quotidienne en Rouergue avant 1914, op. cit.,* p. 164.

2 – Entre 1853 et 1854, le choléra fit en France 145 000 victimes.

Page 145 :

1 – M. Baragnon fut préfet de l'Aveyron du 26 novembre 1856 au 1er mai 1857. Archives municipales de Saint-Geniez-d'Olt.

2 – Archives de Saint-Geniez-d'Olt. Informations de M. Louis Boudou, Jean Foulquier et de Mme Tourette.

Page 147 :

1 – Haussmann, Georges (1809-1891). Il avait été nommé préfet de la Seine le 23 juin 1857 à l'âge de quarante-quatre ans.

Page 148 :

1 – En visionnaire, Voltaire écrivait en 1739 dans *Les Embellissements de Paris* : « Fasse le ciel qu'il se trouve quelque homme assez zélé pour embrasser de tels projets, d'une âme assez ferme pour les suivre, d'un esprit assez éclairé pour les faire réussir. »

Page 149 :

1 – À la fin de l'année 1852, un décret avait déclaré la construction de ces immeubles qui devaient être affranchis de contributions foncières et mobilières durant sept ans, et exonérés de l'impôt sur les portes et les fenêtres pendant vingt ans.

2 – On a parfois indiqué à tort qu'il s'agissait du 210, rue de Rivoli. Mais il s'agit bien du 216.

3 – Archives nationales.

4 – Paulin conserva la maison qu'il avait achetée à son ami Charles Durand. Elle servait de résidence au couple chaque fois qu'il regagnait le Midi.

5 – La rue de Rivoli a été ouverte en deux parties. La première de 1800 à 1835, entre la rue Saint-Florentin et la rue du Louvre, la seconde, de 1849 à 1856, entre la rue du Louvre et la rue Sévigné. Les immeubles achetés par Talabot étaient situés dans la première partie. Mairie de Paris, direction de l'Aménagement urbain et de la Construction.

Page 150 :

1 – Le détail de l'argenterie possédée par les Talabot est donné très précisément dans l'inventaire réalisé au lendemain de la mort de Marie. Archives départementales des Bouches-du-Rhône.

2 – Informations de Mme Maria Blandin.

Page 152 :

1 – Informations de Mme Maria Blandin et de Mme Tourette.

2 – Jusqu'au milieu du XIXe siècle, le Rouergue n'entretenait avec Paris que des relations irrégulières. R. Béteille, *Rouergue, terre d'exode, op. cit.*

Page 153 :

1 – On appela cet enfant Victor. Il ne vécut que quelques années. Il ne put être éduqué peut-être parce que sa prise en charge fut trop tardive, ou peut-être était-il autiste. François Truffaut réalisa un film sur ce thème : *L'Enfant sauvage.* Voir aussi les procès-verbaux de la Société des lettres, sciences et arts de l'Aveyron, 1992.

2 – Bonnaterre, Pierre-Joseph (1751-1804), naquit à Saint-Geniez-d'Olt où il fit ses premières études. Il travailla sur une œuvre considérable d'encyclopédies en collaboration avec Diderot, Lamarck, Condorcet, Daubenton. Membre de l'Académie des sciences de Paris en 1786. Professeur de botanique à l'école centrale de Rodez, il s'occupa de Victor de février à août 1800.

3 – Pinel, Philippe (1745-1826), médecin. Il substitua des mesures de douceur aux violences dont les aliénés étaient jusqu'alors victimes.

4 – Itard, Jean-Marie Gaspard (1774-1838), médecin, il travailla sur la rééducation des enfants sourds et muets et, notamment, sur la rétrogradation intellectuelle que

subissent les humains abandonnés à un mutisme total dès les premières années de leur vie

Page 154 :

1 – Dans cette affaire, on mêla rapidement des considérations politiques, car le magistrat était bonapartiste et ses assassins, royalistes. Il y eut trois procès, l'un à Rodez, les deux autres à Albi, qui aboutirent à une erreur judiciaire. Les accusés protestèrent de leur innocence jusque sur l'échafaud. Voir E. Rual, *L'Affaire Fualdès,* Imprimerie Carrère, 1923, et P. Méraux, *Clarisse et les égorgeurs,* Éditions du Rouergue, 1999.

Page 155 :

1 – Estourmel, Joseph Marie Créton, comte, (1783-1852). Préfet de l'Aveyron le 12 juillet 1815, il vécut le triste procès de l'affaire Fualdès.

Page 156 :

1 – Colet, Louise, née Revoil (1810-1876). Elle fut élevée au château de Servanne, près d'Aix-en-Provence. En 1835, elle épousa le musicien Hippolyte Colet.

Page 157 :

1 – Elle composa *Fleurs du Midi* en 1836.

2 – Récamier, Jeanne Françoise Bernard, (1777-1849). Elle fut célèbre tant pour sa beauté que son esprit et son salon de l'Abbaye-aux-Bois.

3 – Cousin, Victor (1792-1867), philosophe, professeur, ministre de l'Instruction publique.

4 – Sa liaison avec Flaubert dura de 1846 à 1855.

5 – *Bulletin du bibliophile et du bibliothécaire,* Techener, Paris, 1876. BNF, Paris.

Page 158 :

1 – Nombreux furent les amants de Louise qui succédèrent à Victor Cousin : Musset, Vigny, Villemain, Champfleury…

2 – Son salon fut fréquenté de 1842 à 1859.

3 – Poème inédit de Louise Colet daté du 24 octobre 1859. Archives privées de M. Savy, Marseille.

Page 159 :

1 – Louise Colet et Gustave Flaubert se rencontrèrent pour la première fois en juin 1846. Dès le 4 août, ils s'échangèrent une longue série de lettres. Leur liaison, longue et orageuse, entrecoupée de plusieurs ruptures, dura jusqu'en 1855.

2 – Lettre de Marie Talabot à Louise Colet. Bibliothèque municipale d'Avignon.

3 – *Id.*

Page 160 :

1 – Louise Colet mourut à Paris le 8 mars 1876, oubliée de tous.

2 – Lettres de Marie Talabot à Louise Colet des 29 octobre 1864 et 6 juin 1865. Bibliothèque municipale d'Avignon.

3 – Sur cette lettre, Louise Colet propose à Marie de la rembourser au mois d'août. Archives municipales d'Avignon.

Page 161 :

1 – Archives privées.

2 – Émile de Girardin venait justement d'acquérir le journal *La Liberté* en 1868.

3 – Lettres à Louise Colet des 29 octobre 1864 et 6 juin 1865. Bibliothèque municipale d'Avignon.

Page 162 :

1 – Maître Dufour, notaire et ami intime des Talabot, vivait à Paris.

2 – Cependant, Marie maîtrisait mieux l'anglais que l'italien.

Page 163 :

1 – Lettre de Marie Talabot à Louise Colet du 29 octobre 1864. Bibliothèque municipale d'Avignon.

2 – Louise Colet est enterrée sous une simple tombe monolithe sur laquelle est sculptée en relief une couronne.

3 – L'un des plus illustres prélats dont s'honore la ville de Paris, Mgr de Quelen, disait en parlant de cette église : « Saint-Roch, c'est la première cure de France. »

Page 164 :

1 – Faudet, Pierre Augustin, né à Saint-Geniez-d'Olt le 29 juin 1798, décédé à Paris le 30 juillet 1873 à l'âge de soixante-quinze ans. Il était le neveu de Pierre-Joseph Bonnaterre, curé de Sainte-Eulalie-d'Olt. Il tint la paroisse de Saint-Roch du 16 novembre 1852 au 20 janvier 1870. Archives nationales.

Page 165 :

1 – Informations de Mme Martin, Paris.

Page 166 :

1 – L. Mercadié, *Saint-Geniez-d'Olt en Rouergue, op. cit.*, p 151.

2 – Cette statue avait été présentée au Salon de 1819. Louis XVIII fut enthousiasmé par cette œuvre intitulée *L'Amour essayant ses flèches.* Robert Taussat, *Rodez, un nom, une rue,* Société des lettres, sciences et arts de l'Aveyron, 1998, p. 302.

Page 167 :

1 – Le palais de l'Industrie fit place par la suite au Grand Palais.

Page 168 :

1 – Entre 1855 et 1900, cinq Expositions universelles se déroulèrent à Paris, alors qu'une seule aura lieu au XXe siècle, en 1937. Elles célébrèrent le monde en marche et les progrès technologiques.

2 – Inspecteur des Monuments historiques, Prosper Mérimée (1803-1870) fut sous le Second Empire l'un des familiers de Napoléon III et de l'impératrice. Il traduisit alors les écrivains russes. Romantique par le choix de ses sujets, il appartient à l'art classique par la concision de son style.

3 – Bernard, Claude (1813-1878). Père de la physiologie moderne, il posa les principes de la médecine expérimentale. Marie rencontrera plus tard ce grand savant.

Page 169 :

1 – Le peintre Delacroix exposa le célèbre tableau *La Grande Chasse aux lions,* œuvre qui sera partiellement détruite par un incendie en 1870. Au-delà de la peinture, l'artiste s'intéressa aux nouveautés, notamment à la photographie. Cet art nouveau le passionna à tel point qu'il prit des leçons de daguerréotypie dont il fit profiter Marie et Paulin.

2 – Ingres, Dominique (1780-1867). Lors de la distribution des médailles d'honneur, Ingres ne vint qu'au deuxième rang après Horace Vernet. Mais l'empereur le nomma, et lui seul, grand officier.

3 – Barret, Louis (1828-1887). Ingénieur des docks à Marseille, il avait été appelé à cette fonction par Talabot en 1859. Il est enterré à Marseille au cimetière Saint-Pierre.

4 – *Bulletin administratif de l'École nationale des arts et métiers,* août 1887, nº 8. Musée des arts et métiers, Paris.

Page 170 :

1 – *Id.*

2 – Claire-Clémence Daniel née en 1838, mourut à Constantinople en 1891. Informations de M. Claude Barret, Montpellier.

Page 171 :

1 – Près de 5 millions de visiteurs pour une recette de plus de 3 millions de francs : un succès considérable pour l'époque.

Page 174 :

1 – L'article du *Petit Journal de Paris* a été repris par le *Bulletin d'Espalion* du 30 novembre 1889.

2 – Dans son ouvrage, Claude Vento signale la présence de Marie Talabot dans l'un de ses salons au côté d'une assemblée indiscutablement relevée : Mme Baïhaut, le ministre des Travaux publics, Mme Poubelle, la princesse de Rutteinsten, Nazar-Agha, le colonel Iung, Mme Ambroise Thomas, le vicomte et la vicomtesse Henri de Bornier, Mme Napoléon Ney, Mme Fuchs, Mme Viardot, le marquis de Villeneuve, le prince Troubetzkoï, le prince de Polignac, le prince Gédroye, Leconte de Lisle, le vicomte d'Abzac, Savorgnan de Brazza, la comtesse de Trobiant, le vicomte de Latour, Georges Berger, Raoul Duval, Jules Barbier, Guillaume Dubuffe, Henry Becque, Augustin Thierry, Louis Gallet, Aristide Astruc, Jules Lemaître, le colonel Belly, le général Caroll… C. Vento, *Les Salons de Paris,* Éditions Dentu, 1886. BNF, Paris.

3 – *Strophes* est le titre de ce poème dédié à Marie Talabot. Écrit en mai 1874 à Paris par E. Railhac, il fut publié par A. Bru en 1903 dans *Myrtes et primevères.*

Page 175 :

1 – Herz Henri fut l'amant de la Païva. Il se faisait fabriquer des pianos sous son nom.

Page 176 :

1 – Informations de Mme Martin.

Page 181 :

1 – Si, sous le Premier Empire, les robes étaient étroites, vint ensuite l'époque des crinolines, qui s'étendit de 1854 à 1868. Le père de la haute couture, chez qui Marie se servait, était le célèbre Worth.

Page 182 :

1 – Tennyson, Alfred (1809-1892). Il fut le poète aristocratique de l'ère victorienne.

Page 183 :

1 – Informations de Mme Martin, Paris.

2 – F. Bac, *Intimités du Second Empire,* Hachette, 1931.

Page 184 :

1 – Informations de Mme Martin.

2 – Douglas, Home, naquit en 1833 en Écosse et quitta son pays à l'âge de neuf ans pour le Nouveau Monde. Lors d'un voyage en Europe, il révéla ses talents de spirite au monde parisien et fit merveille à la cour. Certains de ses contemporains changèrent la graphie de Home en Hume.

Page 185 :

1 – Léopoldine, âgée de dix-neuf ans, et son mari, Charles Vacquerie, mariés six mois plutôt, se noyèrent dans la Seine, le septembre 1843.

2 – Houdin, Robert (1805-1871). Il donna « ses fameuses soirées fantastiques » entre 1845 et 1852. En 1856, l'armée

fit appel à lui pour combattre, au moyen de ses tours de prestidigitateur, l'influence des marabouts et autres mages. Par la suite, il consacra ses travaux à la science.

3 – En cette maison du magnétisme, on y « formait » également des somnambules...

Page 186 :

1 – De même l'Aveyronnais Mgr Denis Affre, archevêque de Paris, avait été l'un de ses clients.

2 – Informations de Mme Martin.

Page 187 :

1 – Le comte de Fleury était chroniqueur mondain, l'un des plus à la mode de l'époque.

Page 188 :

1 – *Le Figaro* du 7 janvier 1857.

2 – Le 1er mai 1838, alors qu'il habitait Nîmes, Paulin reçut sa nomination au grade de chevalier de la Légion d'honneur.

3 – Informations de Mme Martin.

Page 189 :

1 – L'un des plus grands et des plus beaux hôtels de Paris dont les Talabot étaient coutumiers.

2 – Rouher, Eugène (1814-1884). Avocat, plusieurs fois ministre, président du Sénat, ami intime des Talabot, il contribua à faire adopter de nombreuses mesures en faveur du chemin de fer. Son épouse était également très proche de Marie.

3 – Jeanne-Léonie Bonabry était née le 22 août 1822. Excellente pianiste, elle épousa le caricaturiste Gavarni le 27 décembre 1844. Mais, quatre ans après leur mariage, Gavarni partit à Londres, la laissant seule avec ses deux

enfants. Elle se reposa toujours sur l'amitié que lui offrirent Marie et Paulin.

4 – Gavarni, Paul, pseudonyme de Chevallier, Sulpice Guillaume, (1804-1866). À quarante ans, il rencontra et épousa Jeanne-Léonie Martin de Bonabry, vingt-deux ans, domiciliée près de Limoges dans un joli petit château du domaine de Trachaussade. Marie Talabot s'y rendit souvent, notamment pendant la guerre de 1870.

Page 190 :

1 – Julie Caries naquit le 8 mai 1857 à Saint-Geniez-d'Olt. Elle était la nièce de Marie et épousa le second fils de Gavarni, Pierre-Auguste, en 1874, à l'âge de dix-sept ans. Marie veilla affectueusement sur elle toute sa vie.

2 – *Le mariage de Gavarni en Limousin,* Société archéologique et historique du Limousin. Mairie de Peyrilhac, Haute-Vienne.

3 – Lucile Le Verrier naquit le 18 février 1853. L. Mirisch, *op. cit.,* p. 15.

4 – Mme Le Verrier souffrait d'une maladie nerveuse, probablement une grave neurasthénie. *Id.*

Page 191 :

1 – Lettres de Marie à Louise Colet. Bibliothèque municipale d'Avignon.

Page 192 :

1 – Érigé rue d'Isoard, il bénéficia de dons de la haute bourgeoisie marseillaise.

2 – Il fut ouvert en 1849, suite à une violente épidémie, et tenu par le chanoine Vitagliano, « prévôt du vénérable chapitre de Marseille ». Cet orphelinat était rattaché à la Fondation d'Auteuil.

Page 193 :

1 – Les Palangié étaient l'une des familles les plus estimées de la ville. L'un de ses membres, l'abbé François Palangié, fut traduit devant le tribunal révolutionnaire, puis exécuté à Rodez le 31 mai 1794, à l'âge de vingt-huit ans. L. Mercadié, *Saint-Geniez-d'Olt, op. cit.,* p 102.

2 – Informations de sœur Marie-Antoine, Couvent de Cruéjouls.

Page 194 :

1 – D'après les historiens Alexis Monteil et l'abbé Bousquet, Saint-Geniez-d'Olt fut longtemps considérée comme la ville la plus aristocratique de l'Aveyron. Il n'en est plus de même aujourd'hui.

2 – *Le Demi-Monde,* comédie en cinq actes, écrite par Alexandre Dumas Fils, et qui connut un vif succès, caractérisa le monde des femmes entretenues. Le terme passa dans le langage courant.

3 – Informations de M. Louis Boudou.

Page 195 :

1 – L'ouvroir de Saint-Geniez-d'Olt fut créé en 1840 mais ne dura guère plus d'un demi-siècle. Les dames se réunissaient habituellement tous les lundis dans une salle de l'hospice. Abbé Chaliès, *op. cit.,* p. 157.

Page 196 :

1 – On les appelait « les mécaniciennes », car elles allaient travailler à la mécanique, c'est-à-dire à l'usine.

2 – Ce quatrain fut notamment publié sur une carte postale du début du XXe siècle.

3 – Jules Simon (1814-1896), professeur de philosophie, ministre de l'Intérieur en 1876. Il écrivit un grand nombre d'ouvrages de politique et d'économie sociale dans lesquels

il donna l'image d'un défenseur des droits de la femme et de l'enfant.

Page 197 :

1 – La Païva, née Thérèse Lachmann (1819-1884). Née à Moscou, elle eut une fille du pianiste Henri Herz, amant fortuné qu'elle quitta après l'avoir ruiné. Ses nombreuses conquêtes la rendirent très riche.

2 – La construction commencée en 1860 dura une dizaine d'années. La Païva dirigeait elle-même ses travaux.

Page 198 :

1 – Cet escalier coûta la fabuleuse somme de 100 000 francs or.

2 – Publié sous le titre *Invidia* dans *Myrtes et primevères,* Edmond Railhac, *op. cit.,* p. 47 et 48.

Page 199 :

1 – La sexualité était dérangeante et considérée comme source de déséquilibre dans l'Europe victorienne du XIXe siècle.

Page 200 :

1 – E. Pelletan, *La Famille, la mère,* Pagnerre, 1865, p. 321.

2 – Napoléon avait formulé la théorie que le mari seul avait des droits et que la femme n'avait que des devoirs.

Page 201 :

1 – La crainte du déshonneur explique aussi le nombre élevé d'infanticides, notamment dans les régions méditerranéennes de la France.

Page 202 :

1 – Informations de Mme Louis Talabot, Royan.

2 – Durant tout le XIXe siècle, l'absinthe, avec ses 72° d'alcool, conduisit de nombreux assoiffés dans les asiles d'aliénés. Cette « fée verte », chère à Musset et à Degas, fut interdite le 16 mars 1915.

Page 205 :

1 – Informations de Mme Juliette Domergue.

Page 206 :

1 – Nathalie Triadou était la nièce du père de Marie-Anne Savy et la fille de Cécile Savy. Elle aura une fille, prénommée Julie, qui épousera Pierre-Auguste Gavarni, artiste-peintre et fils de l'illustre caricaturiste Paul Gavarni.

2 – Informations de Mme Justine Mazel, Saint-Geniez-d'Olt.

Page 207 :

1 – L. Mercadié, *Saint-Geniez-d'Olt en Rouergue, op. cit.*

2 – Informations de Mme Maria Blandin.

Page 208 :

1 – Il y avait quatre foires importantes : la foire du mardi après Pâques, la foire de la Saint-Barnabé, qui débutait le 11 juin, la foire de la Saint-Barthélemy, qui commençait le 26 août, et celle de la Saint-Amans.

Page 209 :

1 – Informations de M. Louis Boudou.

Page 210 :

1 – Afin de gagner quelques sous, les femmes pauvres vendaient ainsi leurs cheveux ou ceux de leurs filles. Les femmes riches pouvaient se payer ces postiches.

2 – Informations de Mme Vioulac, Montpellier.

Page 211 :

1 – *Id.*

2 – *Id.*

Page 213 :

1 – Une terre ingrate et des conditions climatiques difficiles engendrèrent, chez les paysans aveyronnais, un souci d'économie nécessaire à leur survie. La région était si pauvre que nombre d'entre eux durent s'expatrier.

Page 214 :

1 – À cette époque, l'hospice hébergeait et soignait des orphelins, des malades civils, des malades militaires, des marins de passage, des vieillards invalides et des indigents. Archives de l'hôpital de Saint-Geniez-d'Olt.

2 – Informations de Sœur Marie-Germain.

3 – L'église des Pénitents, autrefois des Augustins, construite aux XIVe et XVe siècles, servait d'annexe à l'église paroissiale. Le couvent, dont il ne reste plus qu'une aile, avait été rebâti au commencement du XVIIe siècle avec des pierres provenant du rasement du château de Saint-Geniez-d'Olt. Abbé Bousquet, *op. cit.*, p. 137-152.

4 – Informations de Mme Martin, Paris.

Page 215 :

1 – De nombreuses personnes de la région de Saint-Geniez-d'Olt confirmèrent ces faits.

2 – Informations de sœur Marie-Antoine, directrice du couvent de Cruéjouls.

Page 217 :

1 – J. Lenoble, *op. cit.*, p. 113.

2 – Du moins, c'est ce qu'indique Louis Blanc dans son *Histoire de dix ans,* Germer-Baillière, Paris, 1877. BNF, Paris.

3 – Le saint-simonien Hoart était ingénieur issu de Polytechnique. Il mourut lors d'une terrible épidémie de peste deux ans après cette attaque, en 1835, lors des travaux du barrage sur le Nil.

4 – Le *Journal de l'Aveyron* du 1er mai 1833 précise à cet effet : « ... quelque ridicule que soient le costume et les doctrines des disciples de Saint-Simon qui s'en vont courant le monde pour réaliser des chimères, dont la saine raison et le simple bon sens font suffisamment justice, nous ne pouvons que déplorer le stupide fanatisme qui se rue ainsi contre ces hommes qui devraient plutôt exciter la pitié que la colère et qui se livre envers eux à des actes de férocité dignes des temps de barbarie... »

Page 218 :

1 – Informations de Mme Martin, Paris.

2 – Il est vrai que les habitants des campagnes n'étaient pas toujours très tendres entre eux. Lorsqu'on n'aimait pas quelqu'un, l'injure pouvait être forte, même après la mort. Ainsi, quelques décennies après les insultes dont Marie Talabot fit les frais, au moment de la séparation de l'Église et de l'État, la tension demeurait vive à Saint-Geniez-d'Olt. Un habitant de la ville, M. Talon, qui se suicida à Paris, n'avait pas laissé un très bon souvenir parmi ses compatriotes. Sur sa tombe, on écrivit cette épitaphe en patois qui fit le tour du pays :
« Ci-gît Talon, mauvais garçon,
– Vous qui passez, pissez-lui dessus,
– Pour une âme damnée
– Autant vaut la pisse que l'eau bénite ! » Informations de Mme Mazel et Mme Sugnot.

3 – En 1840, on dénombrait 2 628 débits de boissons et, trente ans après, en 1870, 5 338. Mais déjà, en 1771, lorsque l'évêque de Rodez lança une enquête auprès des curés, celui de Sainte-Eulalie-d'Olt répondit à la question : « Combien y a-t-il de métiers sur la paroisse ? – Il y a plus de cabaretiers qu'il n'en faudrait ! » R. Béteille, *Rouergue, terre d'exode, op. cit.*, p. 83.

Page 219 :

1 – Informations de Mme Sugnot..

2 – Informations de M. Pouget, Nîmes.

Page 220 :

1 – Informations de M. Maréchal, Paris.

2 – Les saint-simoniens se retrouvaient, dans une grande maison entourée d'un parc, au 145, de la rue de Ménilmontant.

Page 221 :

1 – J. Lenoble, *op. cit.*, p. 120.

Page 223 :

1 – Le château Borély, dont les Panisse-Passis héritèrent, fut édifié selon les plans de Marie-Joseph Peyre, directeur des Bâtiments du Roi, de 1768 à 1778, pour le compte de la famille Borély, laquelle fut anoblie sous Louis XV.

Page 224 :

1 – Informations de Mme Martin.

Page 225 :

1 – Le portait de l'abbé Faudet, conservé à la mairie de Saint-Geniez-d'Olt, le représente ainsi.

Page 226 :

1 – En 1857, des 42 sociétés exploitant des lignes de chemin de fer qui existaient au moment où Louis Napoléon arriva au pouvoir, il ne restait que six compagnies : Nord, Orléans, Midi, Est, Ouest et PLM, régnant chacune sur une région. *L'Histoire*, nº 211, juin 1997. *op. cit.*, p. 41.

Page 227 :

1 – G. Goy, *op. cit.*, p. 17.

2 – Muséum contemporain. La fusion des deux compagnies avait eu lieu le 29 avril 1857. R. Maurice, *Paulin Talabot, op. cit.*

3 – L'inauguration eut lieu le 11 octobre 1857. Jusqu'en 1965, l'Alcazar lyrique proposa les meilleures comédies, music-hall et revues.

Page 228 :

1 – Le château fut construit par Esprit Joseph Brun de 1767 à 1778. Cet architecte de talent édifia de nombreux immeubles de caractère sur la Canebière.

Page 230 :

1 – Rappelons qu'ils s'étaient rencontrés chez les Fraissinet, famille marseillaise, au milieu de l'année 1837.

2 – Informations de M. Marchal, Nîmes.

3 – Jules Talabot épousa Eugénie Cunin-Gridaine, fille du ministre de l'Agriculture. Son frère Léon épousa Louise Redon de Beaupréau. J. Lenoble. *op. cit.*, p. 30.

Page 231 :

1 – Parure composée d'un collier, d'une broche, d'un bracelet de turquoises et diamants, d'une paire de boucles d'oreilles, d'une bague et de divers autres bracelets. Testament de Marie Talabot du 24 septembre 1886. Archives

départementales des Bouches-du-Rhône et archives privées.

2 – À cette époque, la capitale comptait douze arrondissements. Ce ne sera qu'en 1860 qu'elle s'étendra à vingt.

3 – Lettre de Marie à Mme Palangié. Archives privées.

Page 232 :

1 – Testament de Marie Talabot. Archives départementales des Bouches-du-Rhône.

2 – La comtesse de Renneville tenait salon rue de la Ville-l'Évêque. On appréciait sa beauté. Son époux était député de la Somme.

Page 233 :

1 – *Le Figaro,* du 14 décembre 1856.

Page 234 :

1 – Testament de Marie Talabot. Archives départementales des Bouches-du-Rhône et archives privées.

2 – Lettre de Marie à Mme Palangié. Archives privées.

Page 235 :

1 – Acte du mariage civil de Paulin Talabot et Marie-Anne Savy. Archives nationales.

2 – *Id.*

Page 236 :

1 – Archives nationales, donation de Mme Talabot.

2 – R. Béteille, *La Vie quotidienne en Rouergue avant 1914, op. cit.,* p. 89.

Page 237 :

1 – Acte du mariage religieux, archives de la paroisse Saint-Roch, à Paris. Sur cet acte, il est précisé que Paulin habite

toujours au 210, rue de Rivoli et Marie au 216 de cette même rue.

2 – Franck, César (1822-1890). Né à Liège, il vint à Paris en 1843. Il fut l'organiste de l'église Sainte-Clotilde. Compositeur dont la puissance et le lyrisme ne cessèrent de se développer, il laissa des œuvres magistrales. Professeur de piano et ami des Le Verrier et des Talabot, il enseigna cet instrument à Marie.

3 – Rouher, Eugène (1814-1884). À cette époque, il était ministre du Commerce, de l'Agriculture et des Travaux publics. À ce titre, il contribua à faire adopter d'importantes mesures sur le développement du chemin de fer.

4 – Informations de Mme Martin.

Page 240 :

1 – Informations de MM. Méraux, Bioulac, Boudou, Verlaguet.

Page 241 :

1 – De nombreux témoignages nous sont parvenus à ce sujet, notamment de Marseille, Nîmes, Limoges et Paris.

Page 242 :

1 – Combien de « criminels de cette nature » ne furent jamais inquiétés, protégés par la façade hypocrite qu'ils présentaient publiquement !

Page 243 :

1 – Valentine Haussmann (1844-1901) épousa Georges Renouard, neveu de Paulin Talabot en 1891. Il était alors veuf depuis 1872. J. Lenoble, *op. cit.*

2 – Marie Clémence Rouvelet naquit le 4 juin 1825 et mourut au château de Varès, commune de Recoules-Prévinquières, le 27 juillet 1908, à quatre-vingt-trois ans.

Archives départementales de l'Aveyron, et *Courrier de l'Aveyron* du 31 juillet 1908.

3 – Il fut sous-préfet de 1830 à 1848 et maire de 1848 à 1855. Il fut encore membre du conseil général de l'Aveyron et chevalier de la Légion d'honneur.

4 – Étienne, Jules, Edmond, comte de Ricard, naquit à Paris le 20 mai 1821 et mourut à Rodez le 24 décembre 1871. Archives départementales de l'Aveyron.

Page 244 :

1 – Informations de M. Claude Petit, Rodez.

2 – L'hôtel de Ricard est une demeure du XVIIIe siècle, construite par Jean Parate, compagnon de François Mansart, architecte à Versailles.

3 – Le château de Varès, construit dans la seconde moitié du XVe siècle, fut considérablement agrandi et remanié. Sur l'Aubrac et la vallée d'Olt, les Ricard détenaient notamment les domaines du Bournhou, Bonnefon, Born, Montorzier, Nayrolles, le moulin du Gourg, près de Saint-Côme.

4 – Verlac, village de 360 paroissiens au milieu du XIXe siècle. Il possède une très belle église romane.

5 – Informations de M. Louis Boudou et M. Claude Petit. Le curé de l'époque était l'abbé Palangié, parent de celui qui fut guillotiné sous la Révolution de 1789.

Page 246 :

1 – Informations de M. Louis Boudou. À l'instar de Marie Talabot, la comtesse de Ricard maîtrisait parfaitement le patois.

2 – Archives privées.

3 – Article nécrologique, *Courrier de l'Aveyron* du 31 juillet 1908.

Page 247 :

1 – L. Mercadié, *Saint-Geniez-d'Olt en Rouergue, op. cit.*, p. 58.

2 – Abbé Chaliès, *op. cit.*, p. 112.

3 – Ce sera l'abbé Galzin, que nous évoquerons plus bas, qui, en administrateur habile et fort avisé, mènera à bien ce projet.

Page 249 :

1 – Cette vente eut le mérite de préserver le château d'un remaniement certain et vraisemblablement dommageable. Dès 1863, la ville de Marseille le transforma en musée. De nos jours, château et parc témoignent des splendeurs d'autrefois.

Page 250 :

1 – F. Mazuy, *Essai historique sur les mœurs et coutumes de Marseille au* XIX*e siècle,* Arnaud, 1854, p. 155. Archives départementales des Bouches-du-Rhône.

2 – Les premiers travaux commencèrent en 1620. Ils se poursuivirent par les deux fils de Carlo III Borromeo, le cardinal Gilberto III et Vitalino VI.

Page 251 :

1 – La gare de Valence, dans la Drôme, inspirée du Grand Trianon de Versailles est l'œuvre de Jules Bouchot. Thomas Dupin fut architecte diocésain de Marseille après 1871.

2 – Durant le chantier, des hommes d'affaires américains assistaient à la démonstration de dragues géantes construites par des entreprises françaises et acheminées depuis Marseille.

Page 252 :

1 – Ce site exceptionnel bénéficie certainement d'un micro-climat car les térébenthines y foisonnent encore. Informations du docteur Alain Fogli.
Par ailleurs, un état très intéressant, véritable promenade botanique au travers d'espèces rares, est donné dans un document d'une vingtaine de pages, écrit par V. Davin et concernant la bastide du Roucas Blanc. Cet ouvrage précis et scientifique, énumérant les végétaux exotiques et indigènes, leurs parfums et leurs caractéristiques, représente en quelque sorte la signature de Paulin Talabot, véritable expert en botanique. V. Davin, *La Bastide du Roucas Blanc, notes dendrologiques.* Bibliothèque centrale, L'Alcazar, Marseille.

2 – *Ibid.*

3 – Dans son testament du 24 septembre 1886, Marie donnera le premier tableau de tapisserie au vicomte de Saint-Marie et le second à M. Léon Fiot. Archives départementales des Bouches-du-Rhône.

Page 253 :

1 – D'après une photographie du jardin d'hiver. Archives privées du docteur André Savy, Marseille.

2 – Archives départementales des Bouches-du-Rhône.

Page 254 :

1 – César Franck, très proche des Talabot et des Le Verrier, enseignait également le chant à Lucile Le Verrier qui devint *prima donna.*

2 – Ce très beau billard figure dans l'inventaire du mobilier fait au lendemain de la mort de Marie. Archives départementales des Bouches-du-Rhône.

3 – *Pensa, lettor, se vivere si puo senza amor.* Archives du docteur André Savy, Marseille.

Page 255 :

1 – Archives départementales des Bouches-du-Rhône.

2 – *Ibid.* L'inventaire dura quatre jours.

3 – Maury est le nom de la propriété Talabot, de quelque 300 hectares, sise sur la commune de Condat-sur-Vienne, à 8 kilomètres de Limoges.

Page 256 :

1 – Informations de M. Jacques Coulet, Paris. Jacques Babinet (1794-1872), ami de Louise Colet, était doté d'une grande culture littéraire. Marie l'avait connu dans ses salons parisiens. On disait de lui qu'il était « le plus spirituel des savants et le plus savant des gens d'esprit ».

2 – Testament de Marie Talabot. Archives départementales des Bouches-du-Rhône.

Page 257 :

1 – Talabot avait fondé cette société en 1845. *Cévennes Magazine* nº 1083 du 14 avril 2001.

2 – *Ibid.*

3 – Ces steamers avaient été baptisés du nom d'une province française : *Alsace, Artois, Auvergne, Bretagne, Dauphiné, Franche-Comté, Lorraine, Normandie* et *Touraine.*

Page 258 :

1 – É. Dupuy, *Revue du Rouergue,* 1988, p. 224.

2 – Inventée par le physicien français Nicéphore Niépce (1765-1833).

3 – Daguerre, Jacques (1787-1851). Il s'était associé à Niépce. À la mort de ce dernier, il développa un procédé d'image unique sur plaque de métal que l'on appela « daguerréotype ».

4 – Talbot, William (1800-1877). Il mit au point la photographie avec négatif sur papier.

5 – Baldus, Édouard (1813-1889). Peintre et photographe allemand, naturalisé français. En photographie, il se tourna essentiellement vers des sujets architecturaux.

Page 259 :

1 – La première pierre du palais du Pharo fut posée le 15 août 1858. La construction dura jusqu'en 1870, mais jamais Napoléon III n'y résida.

2 – Informations de M. Armengaud, M. Estaing et M. Martin, Lyon.

3 – Laurens Jean-Joseph Bonaventure (1801-1890), né à Carpentras, était un habitué du Roucas Blanc.

4 – J. Laurens, *Jean-Joseph Bonaventure Laurens, sa vie et ses œuvres,* Brun et Cie, 1890, p. 224. Bibliothèque Inguimbertine, Carpentras.

Page 261 :

1 – Lettre de Marie Talabot à Louise Colet, bibliothèque municipale, Avignon.

Page 262 :

1 – Au château de la Falque, les éclats de rire provoqués par l'envergure de ces robes étaient fréquents, car les portes trop étroites de l'ancien monastère n'étaient guère adaptées à cette mode ! Informations de M. Louis Boudou.

2 – Worth, Charles Frédéric (1825-1895). Il créa sa maison de couture dès 1858. La maison Worth prospéra jusqu'en 1952, date à laquelle elle fusionna avec Paquin.

Page 263 :

1 – La princesse Pauline de Metternich avait la haute main sur le divertissement de la cour à Compiègne.

2 – Worth s'était installé rue de la Paix, non loin du logement de Marie Talabot. C'est en ce lieu qu'elle se rendait fréquemment avec Mme Haussmann, Mme Le Verrier, la comtesse de Ricard…

Page 264 :

1 – Ce fut notamment le cas, le 27 avril 1862, lorsque Napoléon III reçut aux Tuileries toute une délégation pour les chemins de fer du Midi. Marie avait littéralement transformé « son cher mari. »

2 – F. Boucher, *Histoire des costumes en Occident,* Flammarion, 1996.

Page 265 :

1 – Le *Véfour* était situé sous les arcades du Palais-Royal et sous l'appartement de Colette.

Page 266 :

1 – L'hôtel *Meurice* était installé, au milieu du XVIIIe siècle, rue Saint-Honoré. Puis, à partir de 1835, rue de Rivoli. Une publicité de l'époque indiquait : « Pour un voyageur anglais, aucun hôtel de Paris n'offre autant d'avantages que le *Meurice.* »

2 – Informations transmises par l'hôtel *Meurice,* Paris.

3 – Guerlain, Pierre, François, Pascal (1798-1864). Ingénieur chimiste, il créa « l'eau de Cologne impériale » et devint le parfumeur officiel de la cour de Napoléon III.

Page 267 :

1 – Il revendit cette maison après 1880.

2 – Haussmann fut surtout attaqué par les républicains Jules Ferry et Émile Ollivier, garde des Sceaux.

Page 268 :

1 – Tourgueniev, Ivan (1818-1883). Marqué par le despotisme de sa mère, il quitta la Russie. En France, il se lia à Flaubert et fut l'un des meilleurs peintres de la vie populaire russe.

2 – Il vécut de 1860 à 1864 au 210, rue de Rivoli, alors que les Talabot habitaient au 212. L'un de leurs voisins, Léon Tolstoï (1828-1910), logeait au 206 de cette même rue dans une pension de famille.

3 – Viardot, Pauline (1821-1910), née Garcia, sœur de la célèbre Maria Malibran. Cantatrice, amie de George Sand, elle fit une brillante carrière dans toute l'Europe. Marie la rencontra dans certains salons. Décédée à vingt-huit ans, elle était l'épouse du directeur du Théâtre-Italien de Paris. Lorsque Tourgueniev l'avait rencontrée, elle avait vingt-deux ans.

4 – E. et J. Goncourt, *Journal,* Laffont, 1989-2004.

5 – Sa mère possédait en Russie dix villages qu'elle maintenait sous une poigne de fer.

6 – Dans son *Journal,* Edmond Goncourt décrivit son ami : « Tourgueniev, le doux géant, l'aimable barbare avec ses blancs cheveux lui tombant sur les yeux, le pli profond qui creuse son front d'une tempe à l'autre, pareil à un sillon de charrue, avec son parler enfantin nous charme… par ce mélange de naïveté et de finesse… »

Page 269 :

1 – Marie, qui voyageait beaucoup, possédait de nombreux costumes de voyage. L'art de ce type d'habillement appartient aux Anglais. Grâce à leurs lainages chauds et légers, à leurs formes semi-garçonnières et, par cela même, peu

encombrantes et peu fragiles, ces vêtements eurent beaucoup de succès.

2 – Blanche d'Antigny (1840-1874). D'origine modeste, actrice et demi-mondaine, elle consacra sa courte et tumultueuse vie à l'argent et à la galanterie. Elle mourut d'une fièvre typhoïde à l'âge de trente-quatre ans. Zola immortalisa sa vie en composant *Nana.*

3 – Blanche s'appelait en réalité Marie. Mais son nom lui fut donné car son teint était couleur de lait.

Page 270 :

1 – Entretenue par un riche banquier parisien, elle raconta qu'un jour elle fit remplir sa baignoire avec deux cents bouteilles de champagne.

2 – Informations du docteur André Savy, Marseille.

3 – Marie Raffalovich (1833-1921) et son mari Hermann étaient venus d'Odessa (Ukraine) à Paris en 1863. Une amitié sincère l'unissait au savant Claude Bernard. Service des archives et du patrimoine historique de l'Institut de France, Académie des sciences, Paris.

4 – Alexandre II (1818-1881), Empereur de 1855 à 1881. Sitôt couronné, il engagea des réformes pour moderniser son pays, notamment envers la liberté et l'humanisation de la justice, ce qui lui valut le titre de « Tsar libérateur ». Après la guerre de Crimée, il signa la paix avec la France.

Page 271 :

1 – Hamon, André, Jean-Marie (1795-1874), grand prédicateur et homme d'action, il resta curé de cette paroisse jusqu'à sa mort.

2 – Dès 1801, l'abbé Denis Frayssinous assura sa réputation par de nombreuses conférences qu'il publia sous le titre de *Défenses du Christianisme.* Le succès fut considérable et la

traduction assurée en plusieurs langues. Dès lors, il prêcha à la cour et dans de nombreuses villes de France. On le considéra comme le premier orateur catholique.

3 – Cavaillé-Coll, Aristide (1811-1899). Facteur d'orgues qui se rendit très célèbre en construisant notamment les orgues de Saint-Denis, la Madeleine, Saint-Sulpice, Sainte-Clotilde, Notre-Dame, etc.

4 – Ces grandes orgues furent composées de sept étages, de la tribune à la voûte, et sur une hauteur de 18 mètres.

Page 272 :

1 – En ce XIXe siècle, de nombreux habitants quittèrent le département de l'Aveyron pour Paris. Les femmes devenaient bonnes à tout faire, les hommes, porteurs d'eau ou de charbon (bougnats), allumeurs de réverbère ou cochers de fiacre.

2 – Le cocher était originaire d'un village des pentes de l'Aubrac, situé non loin du hameau de Lous où naquit Marie-Anne Savy.

3 – Informations de Mme Sugnot.

Page 273 :

1 – Decaisne, Joseph (1807-1882). Depuis 1824, il était attaché au jardin des Plantes. Dix ans plus tard, il fut nommé aide naturaliste puis, en 1850, professeur de culture au Muséum. Il publia son *Traité de botanique* en 1867. Paulin appréciait son travail, et le reçut dans ses propriétés du Limousin et de Marseille. Informations de Mme Frimont, Paris.

Page 274 :

1 – Durangel, Léopold (1828-1898). À partir de 1859, il participa régulièrement aux salons parisiens. Par l'intermédiaire des Talabot, il obtint de nombreuses commandes.

2 – Cézanne, Paul (1839-1906), né à Aix-en-Provence. Les Talabot l'avait connu à Paris chez leur ami l'artiste peintre Eugène Delacroix dont il était un admirateur. Cézanne peignait surtout en Provence, et ne se souciait guère d'une critique qui rejeta longtemps ses toiles.

3 – Ce tableau, peint à l'huile et daté du 1er janvier 1863, représente le château du Roucas Blanc, propriété de la famille Savy de Marseille.

Page 275 :

1 – R. Maurice, *op. cit.*

Page 276 :

1 – « Klecksographie », de l'allemand *klecks,* qui signifie « tache d'encre ».

Page 279 :

1 – Informations du docteur André Savy, Marseille.

2 – Jean-Joseph Bonaventure Laurens, *Album du château Talabot, dit Bastido d'oou Roucas Blanc, recueil de vues dessinées d'après nature et lithographiées,* Imprimerie Boehm et Fils, Montpellier, 1873, p. 354. Transmis par le docteur Alain Fogli, Marseille.

3 – Analyse graphologique de Mme Tei Tel Balim, Maisons-Laffitte.

Page 280 :

1 – Acrostiche transmis par le docteur André Savy.

Page 281 :

1 – La Villa Médicis avait été rachetée puis restaurée par Napoléon en 1803 afin d'y transférer l'Académie de France à Rome.

Page 282 :

1 – Sardou, Victorien (1831-1908). Auteur dramatique qui connut le succès et la gloire pendant plus de quarante ans. Il fut élu à l'Académie française en 1877. On connaît surtout de lui la pièce *Madame Sans-Gêne,* écrite en 1893.

2 – Barthélemy, Auguste Marseille (1796-1867), originaire de Marseille. Il fut l'auteur, avec Joseph Méry, de *La Némésis,* journal satirique dirigé contre la monarchie de Juillet. Il écrivit plusieurs satires politiques, brillantes et populaires, qui lui valurent plusieurs séjours en prison.

3 – *L'Illustration* du 16 février 1861.

4 – Henner, Jean-Jacques (1829-1905). Fils de cultivateur du Sundgau, ce peintre introduisit dans la peinture de salon un souffle élégiaque au travers duquel se manifesta une puissance créatrice remarquable. Un musée lui est consacré à Paris.

Page 283 :

1 – Informations transmises par Mme Isabelle de Lannoy. Musée J.-J.-Henner, Paris.

2 – *Id.*

Page 284 :

1 – Cette précision est notée sur l'agenda du peintre en date du 23 mai 1881. Informations de Mme Isabelle de Lannoy.

2 – Schommer, François (1850-1935). Premier prix de Rome en 1878. Professeur. Il décora les plafonds de la nouvelle Sorbonne, l'École des beaux-arts de Paris et l'hôtel de ville de Tours.

3 – Épouse du duc Élie Decazes (1780-1860) qui donna son nom à la ville aveyronnaise de Decazeville, laquelle, sous son impulsion, développa les mines de charbon à partir de 1825.

4 – Guilbert, Ernest (1848-1913). Ami des Talabot, sculpteur, auteur de nombreux bustes de personnalités.

Page 285 :

1 – L'inventaire réalisé au lendemain de la mort de Marie Talabot répertoria une série impressionnante de toiles, de bustes, de statues, de médaillons… Archives départementales des Bouches-du-Rhône.

2 – Barrias, Louis-Ernest (1841-1905). Il excella dans la sculpture à la fin du XIXe siècle dans un style néo-classique. Par son œuvre, il devint l'un des sculpteurs officiels les plus populaires de la IIIe République. S. Lami, *Dictionnaire des sculpteurs de l'École française au XIXe siècle,* Éditions de Paris, 1914, tome I.

3 – Puech, Denys (1854-1942). Sculpteur aveyronnais, grand prix de Rome, ami de Barrias, de Guilbert et de Lucien Magne, ils travailleront ensemble à la construction du mausolée de Marie Talabot.

4 – Informations de Mme Evesque et M. Bonnefous. La comtesse en exposait dans son salon du rez-de-chaussée à Saint-Geniez-d'Olt ainsi que dans son château de Varès.

5 – Durand, Charles (1838-1917), dit Carolus Duran. Peintre et sculpteur né à Lille. Spécialiste du portrait, il se fit une renommée rapide en ce domaine. À ne pas confondre avec l'architecte de Nîmes Charles Durand, dit « Durand Colonne », décédé en 1840.

Page 286 :

1 – Comme on le verra plus loin, Paulin avait été surpris en flagrant délit d'adultère par Marie elle-même, au château du Roucas Blanc.

2 – Informations de Mme Evesque et de M. Louis Boudou.

3 – C. Bernard, *Lettres parisiennes,* J. Sonolet et Fondation Mérieux, 1978.

4 – Durangel fut chargé de réaliser des peintures décoratives de grande importance, notamment au Muséum et au palais Longchamp de Marseille ainsi qu'au Palais de Justice de Paris.

Page 287 :

1 – *L'Illustration* du 16 février 1861. Bibliothèque du Centre Pompidou, Paris.

Page 288 :

1 – La scène représentée dans *Le Déjeuner sur l'herbe* s'accordait peu avec la morale puritaine de l'époque. Sur les bords d'une rivière, une jeune femme est assise, nue, entourée de deux hommes en costume, alors que plus loin une autre femme se baigne.

2 – James Whistler (1834-1903), peintre américain, vint travailler à Paris et se lia à Manet, Courbet, Degas…

Page 289 :

1 – Informations de M. Marchal.

2 – Ce fut en Allemagne d'abord, puis en France que le cubisme trouva son meilleur terrain.

3 – J. Lenoble, *op. cit.,* p. 289.

4 – Certaines gravures, réalisées d'après ces aquarelles et tirées de l'*Album du château Talabot* de Jean-Joseph Bonaventure Laurens, figurent dans le cahier de photographies de l'ouvrage.

Page 292 :

1 – Lucile appelait aussi Marie Talabot « ma minette chérie ».

2 – L. Mirisch, *op. cit.,* p. 132.

3 – *Ibid.*, p. 77.

4 – Archives privées de M. Lionel Mirisch.

5 – L. Mirisch, *op. cit.*, p. 293.

Page 294 :

1 – Lettre de Marie Talabot à Louise Colet, bibliothèque municipale d'Avignon.

2 – Informations de Mme Louis Talabot.

Page 295 :

1 – De Mazenod, Eugène (1782-1861). Devenu évêque de Marseille le 24 décembre 1837, il fut canonisé par Jean-Paul II le 3 décembre 1995.

2 – Les autres vitraux portent les noms suivants : Jauffret, Delestrade, Roubion, Grange, Clément, Vaisse, Bellon, Cruvellié, Roux.

3 – Guillaume de Grimoard (1310-1370) accéda au souverain pontificat le 28 septembre 1362 sous le nom d'Urbain V. Il naquit en Gévaudan au château de Grizac. Le poète Pétrarque écrivit à son sujet : « Ô grand homme, sans pareil dans notre temps et dont les pareils en tous temps sont trop rares. »

4 – Urbain V fut béatifié mais son procès de canonisation ayant été interrompu par la crise du Grand Schisme, il ne fut jamais canonisé, bien que son vitrail le signale comme saint.

Page 296 :

1 – Informations de Mme Evesque et de M. Bonnefous.

2 – *Id.*

3 – *Id.*

Page 297 :

1 – *Id.*

Page 298 :

1 – Lettre de Léonie Gavarni. Archives privées.

Page 299 :

1 – La comtesse de La Tombelle, née Louise Gueyraud, fut une brillante élève des deux grands pianistes de la monarchie de Juillet : Sigismond Thalberg et Franz Liszt.

2 – Jean-Pierre Dantan, dit le Jeune (1800-1869), était fils d'un sculpteur ornemaniste sur bois. Son frère, Antoine-Laurent, était l'aîné.

Page 300 :

1 – La statuette représentant Paulin Talabot, signée Dantan, porte la date de 1865.

Page 301 :

1 – Le Play, Frédéric (1806-1882). Si cet ingénieur se fit remarquer dans l'industrie, il n'en demeura pas moins un penseur illustre.

Page 302 :

1 – L'aller et le retour entre Rodez et Paris coûtait 48 francs en deuxième classe et 33 francs en troisième classe.

2 – *L'Économie nouvelle* (1852-1869), BNF, Paris.

3 – *Ibid.*

4 – Ils se partagèrent la France avec un monopole d'exploitation de 99 ans. *L'Économie nouvelle* (1852-1869), BNF, Paris.

5 – L'Exposition accueillit quinze millions de visiteurs et dura jusqu'au 3 novembre 1867.

Page 303 :

1 – Revue *Entreprise* du 29 février 1964.

Page 304 :

1 – Cette calèche fit partie de la vente à l'hôtel Drouot des biens que possédait Marie à Paris après la mort de Paulin.

2 – Informations de M. Martin, M. Millau, Mme Bouldoire et Mme Ricard.

3 – *Id.*

Page 305 :

1 – Maria Taglioni (1804-1884) fit ses débuts sur la scène à Vienne en 1822. En 1848, elle devint inspectrice de la danse à l'Opéra de Paris et forma de nombreux élèves. Sa célébrité fut telle que Victor Hugo lui écrivit : « À vos pieds, à vos ailes. »

Page 306 :

1 – Talabot fut élu par 17 294 voix contre 2 436 pour Louis Combet. J. Lenoble, *op. cit.*, p. 236.

2 – L'article paru dans le *Courrier du Gard* du 8 juin 1869 était signé par Ernest Roussel. Archives départementales de Nîmes.

Page 307 :

1 – J. Lenoble, *op. cit.*, p. 240.

2 – Au cours de cet été de sécheresse, 32 000 places de train gratuites ont été distribuées aux habitants de Nîmes.

Page 308 :

1 – *Le Figaro* du 21 mars 1885, article nécrologique de Paulin Talabot.

2 – Louise Colet n'avait pas hésité à poignarder dans le dos le critique Alphonse Karr, suite à des allusions perfides sur sa liaison avec Victor Cousin.

Page 309 :

1 – Lettre de Marie Talabot à Louise Colet du 25 juin 1868. Bibliothèque municipale d'Avignon.

2 – *Le Temps* du 22 mars 1885. Bibliothèque du Centre Pompidou, Paris.

3 – Le 27 novembre, le père Enfantin avait convié à son domicile parisien Paulin Talabot, Robert Stephenson et plusieurs autres polytechniciens afin de former cette société d'études dont l'intérêt commercial et stratégique était évident.

4 – Lors de leurs travaux dans l'isthme, ils découvrirent une erreur capitale de dénivellement qu'avaient faite les ingénieurs dépêchés par le vice-roi : une différence de niveau de 10 mètres entre la mer Rouge et la mer Méditerranée !

5 – Tarayre, Jean-Joseph (1770-1855). Colonel, intendant général des Armées, député, agronome, il servit sous les ordres de Louis Bonaparte. Il fut aussi membre de la Société des lettres, sciences et arts de l'Aveyron.

Page 310 :

1 – R. Taussat, *op. cit.*, p. 616.

2 – Lesseps, Ferdinand de (1805-1894). Saint-simonien, il se plaisait à répéter leur maxime : *Aperire terrant gentibus.* « Ouvrir la terre aux hommes. »

3 – J. Lenoble, *op. cit.*

4 – Saïd Pacha Mehmet (1822-1863), fils de Mehemed Ali, s'impliqua étroitement dans la réalisation de ce grand projet, dont il cosigna, avec Lesseps, une concession de 99 ans,

le 25 novembre 1854. Il travailla encore à la mise en place du réseau ferroviaire du pays.

Page 311 :

1 – F. Loliée, *La Vie d'une impératrice,* F. Juven, Paris, 1907, p. 221.

2 – Ismaïl Pacha (1830-1895), second fils d'Ibrahim Pacha et neveu de Saïd Pacha. Il fut khédive d'Égypte de 1863 à 1879.

Page 312 :

1 – L. Mirisch, *op. cit.,* p. 225.

2 – F. Loliée, *op. cit.,* p. 225.

3 – Toutes les têtes couronnées d'Europe suivirent, en yacht luxueux, l'impératrice Eugénie qui, à bord du yacht *Aigle,* était escortée par 77 navires de toutes les nations maritimes.

4 – Lettre de Marie Talabot à son amie Léonie Gavarni de Trachaussade. Archives privées de M. Pierre Joffroy, Bourges.

Page 313 :

1 – Ses notes et observations furent rassemblées dans un ouvrage qui ne parut qu'après sa mort, en 1879.

2 – D. Lamy, P. Pichon, *Résumé de l'histoire du canal de Suez,* Devel, 1879, p. 42.

3 – Suez est l'anagramme de Zeus.

Page 314 :

1 – Dans la construction du canal qui relia l'Atlantique au Pacifique, sur une longueur de près de 80 kilomètres, on sous-estima les difficultés techniques. Après l'échec de Lesseps, les travaux furent repris par les Américains en 1904, puis inaugurés en 1914.

2 – *Le Temps* du 22 mars 1885. Bibliothèque Centre Pompidou, Paris.

3 – *Ibid.*

Page 316 :

1 – L. Mirisch, *op. cit.,* p. 113.

2 – Bismarck, Otto (1815-1898). Premier ministre de Prusse depuis 1862, il devint le maître de l'unité allemande. C'est de cette ville d'Allemagne, Ems, que fut rédigée la dépêche adressée à Bismarck au sujet de la candidature Hohenzollern au trône d'Espagne. Cette dépêche, modifiée par Bismarck puis communiquée à la presse, entraîna la guerre. La chute du Second Empire français survint après les défaites de Lorraine.

Page 318 :

1 – Louis Napoléon Bonaparte, emprisonné au fort de Ham (1846), s'échappa sous le nom de « Badinguet ». Plus tard, ses ennemis politiques désignèrent ainsi Louis Napoléon lorsqu'il devint l'empereur Napoléon III.

2 – E. et J. de Goncourt, *op. cit.,* p. 327.

3 – Trachaussade-sur-Neuil, petit village situé à une vingtaine de kilomètres de Limoges, propriété du caricaturiste Paul-Sulpice Chevallier, dit Gavarni, qui épousa Léonie.

4 – L. Mirisch, *op. cit.,* p. 118.

Page 319 :

1 – Trochu, Louis, Jules (1815-1896). Après la déchéance de Napoléon III, il fut chargé de la défense de Paris à la tête d'un demi-million d'hommes, mais fut contraint de démissionner en 1871.

Page 320 :

1 – L. Mirisch, *op. cit.,* p. 124.

Page 322 :

1 – Caroline Lemarquand était une jeune Marseillaise de trente ans, mariée à un homme de loi.

Page 323 :

1 – Informations de Mme Alazard et M. Marchal.

Page 325 :

1 – À cette date, Marie venait d'atteindre l'âge de quarante-huit ans.

2 – Lettres de Marie à Léonie. Archives privées.

Page 326 :

1 – L. Mirisch, *op. cit.,* p. 146.

2 – Moltke, Helmut (1800-1891). Maréchal prussien, chef du grand état-major.

3 – Le 7 octobre, sous le regard admiratif des Parisiens, Gambetta quitta la ville assiégée en ballon, seul moyen d'évasion. Le célèbre photographe Nadar, qui dirigea les opérations, fit de même.

Page 327 :

1 – Sur les marchés de Paris on vendait du chat 8 francs pièce, viande trop chère pour les pauvres qui se contentaient d'acheter du rat pour 50 à 80 centimes pièce.

2 – J. Lenoble, *op. cit.,* p. 285.

Page 328 :

1 – L. Mirisch, *op. cit.,* p. 129.

2 – Ferri-Pisani, Marcel, Victor (1819-1893). Petit-fils de l'illustre vainqueur de Wattignies et de Fleurus. Après la guerre de 1870-1871, il fut nommé général de brigade à Châteauroux, puis général de division à Amiens. Il fut un

grand ami des Talabot qui le recevaient à Paris et à Marseille. Archives militaires de Vincennes.

3 – Lettre de Lucile Le Verrier à son grand-père, Charles Choquet, demeurant à Bruxelles. L. Mirisch, *op. cit.*

4 – Archives privées.

Page 329 :

1 – Lettre de Lucile Le Verrier à son grand-père. Archives privées de M. Lionel Mirisch.

2 – L'hôtel de la *Mule-Noire* n'existe plus aujourd'hui. Seule la rue étroite qui le desservait au cœur du vieux Aix porte encore son nom. Les Le Verrier y restèrent cachés un mois, puis durent plusieurs fois changer de ville et de nom afin de ne pas être arrêtés.

3 – De Beaudre était le nom de la mère de Lucile Le Verrier.

4 – Les batteries allemandes furent installées sur les hauteurs de Clamart, Châtillon, L'Haÿ, Fontenay. La portée de cette artillerie lourde était de 7 000 à 8 000 mètres, ce qui permettait d'atteindre Paris.

Page 330 :

1 – *L'Année terrible, épopée sur la guerre de 1870 et sur la Commune* de Victor Hugo, publié en avril 1872.

2 – Informations de Mme Tourette et de M. Savy. Il faudra attendre les années 1880 pour que l'instruction primaire soit dispensée à toutes les filles dont certaines pourront ensuite accéder à l'enseignement primaire supérieur.

3 – Ces deux dames partageaient leur temps entre Paris et Marseille. Elles rendaient souvent visite aux Talabot.

Page 331 :

1 – Sirus Pirondi, médecin, chirurgien en chef de l'hôtel-Dieu de Marseille. Il publia un grand nombre d'ouvrages

sur les sciences médicales. En 1847, il reçut de l'empereur de Russie la médaille d'or décernée aux savants étrangers. Il fut un ami très intime des Talabot.

2 – Il utilisait avec succès la belladone, la digitale, l'arsenic, l'aconit, la valériane, le laudanum et parfois l'éther, substances efficaces mais dangereuses !

Page 333 :

1 – Dès le lendemain de son arrivée au Roucas Blanc, le 8 février 1871, une Assemblée chargée de faire la paix avec l'Allemagne fut élue. Adolphe Thiers devint le chef du gouvernement et prit, peut-être trop rapidement, des mesures, qui furent très impopulaires. Moins d'un mois plus tard, Paris s'insurgeait.

2 – Lafeuillade, Marie-Roger, Charles, Gaston, naquit le 31 mars à Meaux. Fils de Jean, Pierre, Alphonse et de Philippine Ameil. Il termina sa carrière comme commandant en chef d'escadron au 20e dragons. Archives militaires de Vincennes.

3 – Les rares nouvelles que recevaient les Talabot provenaient de leur ami le général Ferri-Pisani qui dirigeait alors la Garde nationale.

Page 334 :

1 – Le capitaine mesurait 1,76 mètre. Archives militaires de Vincennes.

2 – *Ibid.*

Page 335 :

1 – Aoust, Barthélemy (1811-1885), mathématicien, docteur ès sciences, il enseigna à Paris puis à Marseille. Ce savant passionné aimait s'entretenir avec son ami Le Verrier sur l'astronomie et la géométrie. Informations de M. Henri Tachoire, Marseille.

2 – Dupuy de Lôme, Henri (1816-1885). Il dirigea les Messageries de Marseille à partir de 1852. Il révolutionna l'architecture navale en construisant en 1850 le premier vaisseau de ligne à hélice. Puis, en 1859, le premier cuirassé de guerre océanique.

3 – L'ingénieur réussit à faire sortir de Paris assiégé une soixantaine d'aérostats. Il construisit un aérostat dont la grande hélice, actionnée par l'homme, permit plusieurs ascensions l'année suivante. Il travailla également sur un projet de « navire-port-train » pour la traversée de la Manche.

Page 337 :

1 – Lettre du 21 février 1871. Archives privées.

2 – Moynier, Gustave (1826-1910). Juriste suisse. Il fut un soutien efficace à Henri Dunant et présida le Comité international de la Croix-Rouge (CICR).

3 – Dunant Henri (1825-1910). Prix Nobel de la paix en 1901. Venu rencontrer Napoléon III pour défendre des intérêts privés, Henri Dunant assista à la bataille de Solferino. Bouleversé par l'indifférence avec laquelle on traitait les blessés, il décida de créer un organisme neutre de secours en temps de guerre. Ce projet prit forme le 17 février 1863 sous le nom de la Croix-Rouge et s'établit de manière permanente en 1864 grâce aux conventions de Genève.

4 – Solferino : victoire sanglante des Français et des Italiens sur les Autrichiens, le 22 juin 1859.

5 – Pendant plus de 15 jours, on batailla. Près de 40 000 morts et blessés, français, italiens et autrichiens gisaient sur un front de cinq lieues. Henri Dunant a assisté à l'affreuse tragédie.

6 – Lors de cette guerre fut introduit par la Croix-Rouge le port de la plaque d'identité qui permettait d'identifier les victimes. Archives de la Croix-Rouge française.

Page 338 :

1 – Dès 1863, cette association se réunit en une commission de cinq personnes afin d'étudier les idées émises dans « un souvenir de Solferino ».

2 – Les membres fondateurs étaient des personnes qui souscrivaient à une cotisation annuelle de 30 francs minimum. Archives de la Croix-Rouge française.

3 – Les lettres devaient être postées hors des murs de la ville et arriver par l'intermédiaire de personnes connues.

Page 339 :

1 – Informations de Mme Martin.

2 – Durant cette période de trouble, les voyages étaient très perturbés. Cependant, dès 1862 fut mise en place une ligne directe reliant Paris à Marseille à une vitesse de 53 kilomètres à l'heure. Il s'agissait du « train rapide » dont le départ de Paris à 19 h 45 permettait d'arriver à Marseille à midi, soit après plus de seize heures de voyage. Pour l'époque, c'était un progrès considérable !

Page 340 :

1 – L. Mirisch, *op. cit.*

2 – Lettre de Marie à Mme Léonie Gavarni. Archives privées.

3 – Informations de M. Marchal.

Page 341 :

1 – Lettre de Lucile Le Verrier à Mme Gavarni du 8 mai 1871. L. Mirisch, *op. cit.*, p. 176.

Page 342 :

1 – Discours d'une citoyenne au « Club de la Délivrance » qui se tenait alors en l'église de la Trinité, le 12 mai 1871.

2 – Durant les deux décennies du Second Empire, les Tuileries furent le centre des fêtes impériales. Dix ans après l'incendie, le palais était encore en ruine. De nos jours, entre pavillon de Flore et pavillon Marsan, son emplacement demeure un lieu vide, une béance au cœur de la cité.

Page 343 :

1 – Certaines pierres du palais des Tuileries partirent vers la Corse chez les Pozzo di Borgo, famille rivale des Bonaparte.

2 – Lettre de Marie Talabot à Lucile Le Verrier, écrite au Roucas Blanc en juin 1871. Archives privées de M. Lionel Mirisch.

Page 345 :

1 – On appelait ces jeunes hommes, considérés comme débauchés, « gandins », « petits crevés » ou encore « crevés ».

Page 346 :

1 – E. et J. de Goncourt, *op. cit.*, p. 454.

2 – L. Mirisch, *op. cit.*, p. 189.

Page 347 :

1 – Informations de l'abbé Paul Foulquier, curé de Sainte-Eulalie-d'Olt.

2 – Lettre de Marie Talabot à Edmond Railhac. Archives privées.

3 – Marie était née en 1822, Clémence en 1825.

Page 348 :

1 – Informations de Mme Roumiguier, Sainte-Eulalie-d'Olt, et retransmises par M. Louis Boudou.

2 – *Ibid.*

3 – À cette époque, M. Philippe Massabuau était maire de la ville.

4 – Informations de Mme Ferlat et de M. Boudou.

Page 349 :

1 – Informations de M. Louis Boudou.

2 – Le château de Saint-Geniez-d'Olt, véritable oppidum érigé sur le Pic du Roi, l'un des contreforts de l'Aubrac, était jadis l'une des quatre châtellenies du Rouergue. Malheureusement en partie détruit sur ordre de Richelieu, en 1620, les ruines furent abandonnées aux ravages du temps.

Page 350 :

1 – Informations de M. Louis Boudou.

2 – *Id.*

3 – En son château de Varès, la comtesse organisait quelques concerts dans une pièce du rez-de-jardin. Un beau tableau représentant sainte Cécile, patronne des musiciens, trône toujours dans cette pièce.

Page 351 :

1 – Ils n'eurent qu'un seul enfant qu'ils perdirent à l'âge de quatorze mois du croup, une laryngite de nature diphtérique. Informations de Mme Juliette Domergue.

2 – Depuis 1828, le château de Sainte-Eulalie-d'Olt était propriété des Thédenat.

3 – Anaïs Palangié évoqua souvent Marie autour d'elle, surtout après l'érection de son mausolée. Devant les attaques non fondées à l'encontre de celle-ci, elle chercha à rétablir la vérité auprès de ses bonnes et domestiques du château de Sainte-Eulalie-d'Olt dont certaines sont encore en vie.

Décédée à l'âge de quatre-vingt-douze ans, Mme Palangié fut ensevelie dans un mausolée de pierre toujours existant.

Page 352 :

1 – Informations du poète Louis Boudou. Rappelons que Marie avait appris à utiliser un fusil avant la guerre de 1870 lorsqu'elle s'entraînait avec sa jeune amie Lucile Le Verrier.

2 – De Fajole, Gustave (1831-1899). Médecin issu d'une des plus anciennes familles de Saint-Geniez-d'Olt, homme remarquable, très humain et apprécié, il aimait la nature et la poésie. L'un de ses poèmes concernant le « Chasseur aveyronnais » fut couronné par le jury ruthénois en 1868.

3 – Marie et son amie s'habillaient généralement chez Worth, le célèbre couturier parisien. Elles y achetaient leurs costumes de chasse et de voyage.

Page 354 :

1 – Informations et gravure transmises par le docteur André Savy, Marseille.

Page 355 :

1 – Lettre de Marie Talabot à Jean-Joseph Bonaventure Laurens. Bibliothèque Inguimbertine, Carpentras.

2 – Ce cerf, monté sur un socle de bois, figure dans l'inventaire fait au Roucas Blanc après le décès de Marie. Archives départementales des Bouches-du-Rhône.

3 – À Dieppe, les Raffalovich possédaient une somptueuse villa en front de mer.

4 – Informations de M. Louis Boudou et Mme Chevalier. Mme Raffalovich s'adonnait à sa passion pour la peinture, passion qu'elle maîtrisait avec talent. Mme Raffalovich était une femme très cultivée qui parlait une dizaine de langues. Elle rendait service à son ami, le savant Claude Bernard, en lui traduisant des documents. À son contact, Marie apprit

beaucoup, notamment quelques notions de russe et d'allemand, ce qui lui fut très utile lorsqu'elle fréquenta ces pays.

Page 356 :

1 – Dès 1822, Marie-Caroline de Bourbon-Siciles, duchesse de Berry, se baignait à Dieppe.

Page 357 :

1 – A. Castelot, *L'Almanach de l'histoire,* Perrin, 1972, p. 411.

2 – Informations de Mme C. Alazard et M. Boudou.

3 – Informations de Mme Chevalier et Mme Martin.

Page 359 :

1 – La commune de Condat-sur-Vienne est située au confluent de la Vienne et de la Briance. Elle compte 4 350 habitants. La propriété de Maury dépend de cette commune.

Page 361 :

1 – Nom plaisamment donné à Paulin par ses proches. Lettre de Marie Talabot à Lucile Le Verrier, écrite de Trachaussade en août 1871. Archives privées de M. Lionel Mirisch.

2 – Informations de M. Jacques Monchaussé, Maury.

3 – Ces 300 hectares étaient ainsi répartis : 110 hectares de prairies, 100 hectares de terres arables, 10 hectares de jardins potagers, vergers et parc, 80 hectares de bois, châtaigneraies, taillis et bruyères. J.-A. Barral, *L'Agriculture, les prairies, les irrigations de la Haute-Vienne,* Imprimerie nationale, 1884. Médiathèque de Limoges.

Page 362 :

1 – Lors du creusement de cet immense puits, un tombereau et une paire de bœufs tenaient facilement l'espace du fond. Informations de M. J. Monchaussé.

2 – *Limoges illustré,* 1901, n° 2, 4e année. Archives départementales de la Haute-Vienne.

3 – *Le Figaro* du 28 mars 1885. Bibliothèque du Centre Pompidou, Paris.

Page 363 :

1 – *Limoges illustré,* 1901, n° 2, 4e année. Archives départementales de la Haute-Vienne.

2 – Le salaire moyen des hommes était de 350 francs par an. Ils étaient nourris et recevaient un litre de vin par jour. Celui des femmes était de 250 francs par an. Elles recevaient aussi un demi-litre de vin et de la nourriture. Archives départementales de la Haute-Vienne.

3 – Adrien Dubouché (1818-1881) naquit à Limoges où son père tenait un commerce de draperie. Il épousa Hermance Bisquit et entra alors dans la petite entreprise d'eau-de-vie créée par son beau-père, en 1819, à Jarnac. Il connut une large notoriété de son vivant, à Paris comme en Limousin.

4 – Burty, Philippe (1830-1890). Inspecteur des Beaux-Arts, ami des Goncourt et du peintre Eugène Delacroix dont il défendit les magnifiques estampes. Il catalogua l'œuvre de Jean-François Millet.

5 – Gasnault, Paul (1828-1898). Conservateur du musée des Arts décoratifs de Paris.

6 – Jacquemart, Albert (1808-1875). Spécialiste de la céramique orientale. Peintre et dessinateur, il tint une place importante dans le développement de l'art décoratif et dans l'organisation des expositions françaises.

7 – Adrien Dubouché exposa aux Salons de 1857, 1859, 1861, 1863 et 1865.

Page 364 :

1 – Ce seau à glace, véritable petite merveille, fut fabriqué par Gaspard Robert à Marseille en 1770.

2 – Cette écuelle est un vieux Lyon daté de 1756.

3 – Adrien Dubouché comprit combien il serait utile d'acquérir certaines pièces à l'Exposition universelle de Paris en 1878. Membre du jury, il fut reconnu alors comme « l'homme de France, et peut-être du monde, le plus compétent en la matière ».

4 – En 1863, l'empereur donna au musée de Limoges cinquante-six céramiques antiques et huit majoliques, représentant une partie de la fameuse collection Campana que Napoléon avait achetée en 1861 au marquis italien Campana Di Cavelli. Archives du musée Adrien-Dubouché.

Page 365 :

1 – Percée en 1854, cette rue prit le nom de « Saint-Arnault », nom du maréchal décédé en mer Noire cette année-là. Ce ne sera qu'en 1879 qu'elle sera débaptisée pour prendre le nom du philosophe Chassebœuf de Volney (1757-1820).

2 – Le compatriote de Marie Mgr Affre avait consacré cette église comme l'église principale du 1er arrondissement de Paris le 9 octobre 1845.

Page 366 :

1 – Informations de M. Jacques Ferlat. Les Talabot ne se servaient que très peu de cette sonnette et préféraient amplement le contact direct.

Page 367 :

1 – À cette époque, rares étaient les appartements équipés de baignoires. Il était donc courant d'en louer une pour quelques heures à des porteurs d'eau.

2 – La marque de fabrique de la maison Violet était « À la reine des abeilles ».

3 – Un statisticien de la fin du XIXe siècle affirmait que, sur cent personnes, deux seulement utilisaient régulièrement la baignoire, dix-huit se trempaient les pieds quand ils changeaient de chaussettes, cinquante-deux se lavaient les pieds deux fois par hiver, la figure et les mains tous les samedis, le cuir chevelu jamais. Enfin, vingt-huit ne se lavaient rien du tout… A. Castelot, *op. cit.*, p. 205.

Page 368 :

1 – *Id.*

2 – À cette époque, ils étaient très nombreux à Paris, issus notamment du département de l'Aveyron.

3 – Informations de M. Jacques Ferlat et Mme Chevalier.

4 – P. Perrot, *Le Travail des apparences ou les transformations du corps féminin aux XVIIIe et XIXe siècles,* Seuil, 1984.

5 – Sur ses lettres, Marie évoque parfois ses problèmes de santé, respiratoires et gynécologiques.

Page 369 :

1 – Lettre de Marie à l'une de ses amies. Archives privées.

2 – Codicille du 1er avril 1887. Archives départementales des Bouches-du-Rhône.

3 – Les principes d'hygiène conduisaient à prohiber toute sexualité extraconjugale, surtout à une époque où la syphilis hantait l'imaginaire bourgeois.

4 – Informations de M. Pierre Bousquet.

Page 370 :

1 – Adam, Juliette, née Lambert (1836-1936). Elle arriva de sa province dans le Paris des crinolines. Amie de George Sand, Flaubert, Hugo, Tourgueniev, elle écrivit contre l'antiféminisme. Durant trois décennies, elle tint un salon politique et joua un rôle d'égérie auprès de Gambetta.

2 – Poubelle, Eugène (1831-1907). Il resta préfet de la Seine de 1883 à 1896.

3 – Informations de Mme Martin, Paris, et Mme Chevalier, Rouen.

4 – Trois récipients étaient obligatoires : l'un pour la collecte des matières putrescibles, l'autre pour la faïence, le verre et les coquilles d'huîtres, et le troisième pour les papiers et les chiffons. Ainsi naquirent les « poubelles ».

Page 371 :

1 – Informations de M. Pierre Martin.

2 – Victoria, comtesse de Castiglione (1837-1899). Aristocrate italienne, mariée à dix-huit ans.

3 – La comtesse avait été envoyée par son cousin, le comte de Cavour, ministre du royaume de Piémont-Sardaigne.

Page 373 :

1 – En une quarantaine d'années, la comtesse commanda plus de 400 photographies à Pierre-Louis Pierson.

2 – G. Duby, M. Perrot, *Histoire des femmes en Occident, le XIXe siècle,* Perrin, 2002, p. 353.

3 – Pierre-Louis Pierson (1822-1913) avait ouvert un studio de daguerréotypes en 1844. Il photographia aussi la cour de Napoléon III, lui aussi féru de cette nouvelle forme d'art.

4 – Le Gray, Gustave (1820-1884). Son œuvre, où il développa maîtrise technique et sens esthétique, fut considérable.

5 – Baldus travailla en tant que photographe pour le compte du PLM. Talabot le recevait au Roucas Blanc.

6 – Informations de M. Marchal, M. Bousquet, Mme Tourette.

Page 375 :

1 – Vente à l'Hôtel Drouot des 14, 15, 16 novembre 1889. Dans cette cave prestigieuse se trouvaient 645 bouteilles de saint-estèphe 1881, 505 château-giscours de 1878, 375 bourgognes de 1878, 313 malagas de 1874 et de nombreux autres crus. J. Lenoble, *op. cit.*, p. 290.

2 – Jeu de cartes, ancêtre du bridge, qui se joue à quatre personnes, deux contre deux.

Page 376 :

1 – Informations de M. Bousquet.

2 – R. Caty et É. Richard, *op. cit.*, p. 122.

3 – *Id.* Adolphe termina sa vie à Roquefavour, là où il avait séduit Marie, alors toute jeune fille.

Page 377 :

1 – Archives privées de M. Lionel Mirisch.

2 – Garnier, Charles (1825-1898). Au travers de cette œuvre, il révéla une facture de tendance baroque par une décoration très chargée. L'Opéra fut inauguré le 5 janvier 1875.

3 – *Palais Garnier, Opéra national de Paris,* bibliothèque de l'Opéra, Paris.

4 – À cette époque, on ne connaissait que très peu les mosaïques à Paris. Plus tard, Marie souhaitera que son effigie soit réalisée en mosaïques sur son tombeau.

Page 378 :

1 – Le marbre, le stuc, les velours et les ors habillent somptueusement une ossature métallique très robuste et insoupçonnée.

2 – *Palais Garnier, Opéra national de Paris,* bibliothèque de l'Opéra, Paris.

3 – Bibliothèque de l'Opéra Garnier.

Page 379 :

1 – Informations de Mme Chevalier, Rouen, et de M. Bousquet, Paris.

Page 380 :

1 – Carpeaux, Jean-Baptiste (1827-1875). Sculpteur, mais aussi dessinateur et peintre, il fréquenta les Talabot.

Page 381 :

1 – Jean-François Justin Carles était né à Saint-Côme le 17 mai 1826. Il avait épousé Nathalie Triadou, cousine de Marie, originaire de Sainte-Eulalie-d'Olt. Archives municipales de Saint-Geniez-d'Olt.

Page 382 :

1 – Pâturages d'été sur les monts de l'Aubrac.

2 – Cet accident survint le 25 juin 1871. Archives municipales de Saint-Geniez-d'Olt.

3 – Bureau de bienfaisance, 1873. Archives municipales de Saint-Geniez-d'Olt.

4 – *Le Mariage de Gavarni en Limousin, op. cit.,* p. 56.

Page 383 :

1 – L. Mirisch, *op. cit.,* p. 232.

2 – Émilie, deuxième fille des époux Carles, naquit quatre ans après Julie. Elle mourut à l'âge de treize mois, le

29 octobre 1861. Archives municipales de Saint-Geniez-d'Olt

Page 384 :

1 – L. Mirisch, *op. cit.*, p. 232.

2 – *Ibid.*

Page 385 :

1 – *Le Mariage de Gavarni en Limousin, op. cit.*, p. 56.

2 – Alors qu'il venait seulement d'atteindre ses vingt-trois ans, il fut admis au Salon avec *Étude de femme.*

3 – Informations de M. André Savy, d'après les dessins de Pierre-Auguste Gavarni.

Page 386 :

1 – Informations de Mme Collet, Limoges.

2 – *Id.*

3 – *Id.*

Page 387 :

1 – Baron Ernouf, *op. cit.*, p. 206.

2 – L'avènement en 1847 de l'anesthésie par inhalation d'éther ou de chloroforme mit un terme aux terribles souffrances opératoires. Cependant, au XIXe siècle, l'anesthésie fut perçue comme une menace pour l'ordre public et la morale. Plonger l'opéré dans un état proche de l'ivresse, de la démence ou des paradis artificiels paraissait inconvenant. Perrin, Maurice, Constantin, Lallemand, Ludger, *Traité d'anesthésie chirurgicale,* Chamerot, Paris, 1863.

Page 388 :

1 – Audibert, Jacques, Antoine, Edmond (1820-1873). Polytechnicien, il débuta sa carrière auprès de Talabot dans les réseaux ferrés du Gard. Il appréciait hautement Paulin et

Marie. En 1859, on lui confia l'organisation du transport des troupes vers l'Italie.

Page 389 :

1 – Baron Ernouf, *op. cit.*, p. 206.

2 – Le maréchal de Mac-Mahon, duc de Magenta, avait été élu le 24 mai à Versailles, remplaçant Adolphe Thiers accusé de ne pas mener une politique « assez conservatrice ».

3 – Archives nationales.

4 – Les Gavarni possédaient une résidence à Limoges et une autre à Trachaussade.

Page 390 :

1 – Il fallut trois quarts d'heure pour atteindre Maury. L. Mirisch, *op. cit.*, p. 242.

2 – Magne, Auguste (1816-1885). Architecte de la ville de Paris, il construisit notamment le théâtre de Vaudeville et l'église Saint-Bernard. Il était issu d'une longue lignée d'architectes.

3 – Le docteur Gusco était un ami très proche des Talabot. Il exerçait à Limoges.

4 – Jeux de 32 cartes.

Page 391 :

1 – Abbaye de Solignac, église abbatiale à la nef unique et admirable, reconstruite en 1175 et située dans la vallée de la Briance. Au XIXe siècle, elle servit successivement de prison, de pensionnat puis d'usine de porcelaine avant de retrouver sa fonction première d'église.

2 – L. Mirisch, *op. cit.*, p. 242

3 – Perrin, Maurice, Constantin, Lallemand, Ludger, *op. cit.*

4 – L. Mirisch, *op. cit.*, p. 241.

5 – À cette époque, cette difficile et précise opération se déroulait sans anesthésie. Elle consistait à inciser le bas de l'œil afin d'expulser le cristallin, sans faire sourdre le liquide vitréen. L'iris était remis à sa place et la cornée rabattue sans aucune suture.

Page 392 :

1 – Cahier de Lucile Le Verrier. Archives privées de M. Lionel Mirisch.

2 – *Id.*

3 – Il y avait donc avec Marie, Mme Léonie Gavarni, Lucile et sa mère, ainsi que la nièce de Marie, Julie Carles.

Page 393 :

1 – Cahier de Lucile Le Verrier, archives privées de M. Lionel Mirisch.

2 – Notre-Dame d'Arliquet se situe sur la commune d'Aixe-sur-Vienne, dans le Limousin. La construction de l'édifice, de brique et de pierre calcaire, nécessita une main-d'œuvre spécialisée car on utilisa la terre locale que l'on fit cuire sur place. François Chapelle, curé, fit édifier le sanctuaire entre 1865 et 1868. Marie Talabot donna beaucoup d'argent pour cette œuvre.

Page 394 :

1 – Cette église, de style gothique, fut inaugurée le 8 décembre 1868.

2 – Informations de M. Collet.

3 – *Id.*

4 – Le Boucheron, commune de Bosmie-l'Aiguille en Haute-Vienne, situé non loin de Condat-sur-Vienne.

Page 395 :

1 – Le baron Adolphe de La Tombelle (1817-1873) vivait à Paris, rue de Tivoli, de nos jours rue d'Athènes, mais passait le plus clair de son temps dans la propriété périgourdine de son épouse.

2 – L. Mirisch, *op. cit.*, p. 255.

3 – Les Tombelle possédaient une autre grande propriété à Feyrac, commune de Castelnau-la-Chapelle, canton de Domme, dans le Périgord noir. Informations de la mairie de Cintegabelle.

4 – Louise Gueyraud était issue de l'une des quatre plus grandes fortunes de Cintegabelle.

Page 396 :

1 – Informations de Mme Collet.

2 – L. Mirisch, *op. cit.*, p. 259.

Page 397 :

1 – Lettre de Léonie Gavarni à Marie Talabot. Archives privées de M. Lionel Mirisch.

Page 399 :

1 – La *Semaine religieuse*, mai 1876. Archives de l'évêché de Limoges.

2 – Plusieurs personnes de Paris, Limoges et Marseille ont confirmé ces informations.

Page 400 :

1 – Archives communales de Condat-sur-Vienne, transmises par Mme Cabanes.

2 – Informations de M. Marchal.

3 – Le vieil édifice mesurait 17 mètres sur 6, soit 102 mètres carrés pour 8 mètres de hauteur. Le projet tel que le

présenta Talabot indiquait une surface de 200 mètres carrés (25 x 8) pour une hauteur de 9 mètres. Archives départementales de la Haute-Vienne.

Page 401 :

1 – *Id.*

2 – La *Semaine religieuse,* mai 1876. Archives de l'évêché de Limoges.

3 – *Id.*

4 – J. Lenoble, *op. cit.,* p. 290.

Page 402 :

1 – La *Semaine religieuse,* mai 1876. Archives de l'évêché de Limoges.

Page 403 :

1 – *Id.*

2 – *Id.*

Page 404 :

1 – J. Lenoble, *op. cit.,* p. 291.

2 – Initialement prévu à 60 000 francs, le coût passa à 87 470 francs. Archives départementales de la Haute-Vienne.

3 – *Id.*

Page 405 :

1 – *Id.*

2 – *Id.* Construit en pierre blanche, ce caveau détonne quelque peu avec l'architecture voisine.

3 – Cette plaque de marbre est toujours à sa place.

4 – Sur la délibération municipale il est précisé : « … M. Paulin Talabot a, sans aucune autorisation, fait

poser dans l'église une plaque commémorative... Attendu que par cette rédaction par laquelle M. Paulin Talabot s'attribue tout l'honneur de la réédification de ce monument, ce qui n'est pas exact, puisque l'État a contribué pour une somme importante ; attendu que cette rédaction omnipotente froisse l'esprit populaire et national des habitants de la commune de Condat, les membres du Conseil invitent M. le Maire à écrire à M. Talabot d'avoir à faire enlever cette inscription ou de la rectifier en mentionnant la somme attribuée par l'État, et dans ce cas où il ne tiendrait pas compte de cette signification de prendre un arrêté pour faire enlever ladite plaque. » Archives communales de Condat-sur-Vienne.

5 – Le rapport de l'évêque de Limoges indique : « Vu la générosité avec laquelle M. Paulin Talabot a reconstruit à ses frais l'église paroissiale de Condat. Vu qu'en reconnaissance de ce bienfait signalé une plaque commémorative a été fixée sur un mur intérieur de ladite église. Considérant qu'il a toujours été dans l'esprit et dans les usages de la Sainte Église catholique de perpétuer le souvenir des bienfaits qu'elle reçoit des fidèles en gravant dans le marbre le nom de ses bienfaiteurs. Considérant en outre que la police intérieure de l'Église appartient à l'autorité ecclésiastique. Nous louons hautement l'acte de gratitude accompli à l'égard d'un insigne bienfaiteur, et voulons que la plaque destinée à conserver le souvenir de la libéralité de M. Paulin Talabot envers la paroisse de Condat reste au lieu où elle a été placée... » Archives départementales de la Haute-Vienne.

Page 406 :

1 – Le Lot devient parfois impétueux. Dans les textes anciens il a pour nom « Flumens Oltis », le fleuve d'Olt.

2 – Neuf ans plus tôt, en 1866, la crue avait été importante, mais de beaucoup inférieure à celle de 1875. On peut lire également des détails intéressants dans *Saint-Geniez-d'Olt. Arrêt sur images,* de Guy Cayron, pp. 27 à 33.

3 – Devaient obligatoirement en faire partie : le maire, le curé, un membre du conseil municipal et deux ou trois notables de chaque commune.

4 – *L'Aveyronnais* du 16 septembre 1875. Depuis cette inondation, qui dura quatorze heures et qui fit date, jamais, à ce jour, une telle hauteur d'eau ne fut atteinte. À Espalion, la crue s'éleva de 7 mètres au-dessus de l'étiage, surpassant ainsi de 0,37 m celle de 1705, de 0,75 celle de 1766, de 0,92 celle du 25 septembre 1866. À Saint-Geniez-d'Olt, elle dépassa de 2 mètres celle de 1866 !

Page 407 :

1 – Cette chapelle fut érigée quelques années avant 1700. Voir à cet effet *Études historiques sur la ville de Saint-Geniez-d'Olt,* de l'abbé Bousquet, paru en 1846, ainsi qu'un article de C. Petit sur sa fondation dans le *Bulletin d'Espalion* du 7 novembre 2003.

2 – L'église de Sainte-Eulalie-d'Olt abrite sous ses voûtes presque millénaires deux épines de la couronne du Christ dont l'une, la plus ancienne, fut rapportée lors de la septième croisade par deux damoiseaux de Curières. Le roi Saint Louis, en personne, leur donna cette relique qui se trouve, depuis, consignée dans cette église. L. Mercadié, *Sainte-Eulalie-d'Olt en Rouergue, op. cit.*

3 – L'eau de la rivière était montée jusqu'à l'intersection des rues de Tresques et de la Raynaldie, le bas de la maison Guibert étant noyé. Informations de Mme Eliane Valéry et de M. Thomas Vaquerie.

Page 408 :

1 – Vierge miraculeuse de bois, teintée de noir, exposée de nos jours dans la chapelle de l'hôpital d'Espalion.

2 – Si l'on en croit *L'Aveyronnais* du 15 septembre 1875.

3 – Informations de MM. Louis Boudou, Jean Foulquier, Antoine Mercadié et de l'abbé Paul Foulquier, curé de Sainte- Eulalie-d'Olt.

4 – *Id.*

5 – Pierre Gervais, natif de Cruéjouls, fut curé de Sainte-Eulalie-d'Olt de 1851 à 1877. L. Mercadié, *Sainte-Eulalie-d'Olt, op. cit.*, p. 34.

Page 409 :

1 – Dès l'année suivante, paroisse et commune s'unirent afin de créer un « nouveau champ des morts ». Il fut béni le 1er novembre 1877. *Ibid.*, p. 51.

2 – Archives municipales de Saint-Geniez-d'Olt.

3 – Mayran, Casimir (1818-1892). Maire d'Espalion, sénateur de 1876 à 1892, il vivait au hameau de Lévinhac, commune de Saint-Côme-d'Olt. Quelques années plus tôt, le 2 juillet 1867, il avait reçu chez lui le ministre de l'Instruction publique, Victor Duruy, qui, venant de Mende, était passé par Saint-Geniez-d'Olt. Quelques mois auparavant, il avait fait envoyer 50 volumes afin de créer une bibliothèque pour les écoles de Castelnau et de Saint-Côme-d'Olt. Un peu plus tard, l'école de Mandailles reçut également une dotation de livres.

4 – Louis Buffet fut ministre de l'Intérieur du 10 mars 1875 au 23 février 1876. Les Talabot entretenaient de bonnes relations avec lui ainsi qu'avec le maréchal de Mac-Mahon. Paulin avait fait campagne pour lui lorsqu'il s'était présenté comme candidat à la présidence de la République.

5 – Au palais de l'Élysée, un comité central se réunit sous la présidence de la maréchale de Mac-Mahon. Plus tard, le ministre fit envoyer une somme de 2 000 francs qui devait être distribuée entre les nécessiteux de l'arrondissement.

6 – Cette année-là, plusieurs départements furent sinistrés : l'Allier, l'Aveyron, l'Hérault, la Haute-Loire, la Lozère, l'Aude, le Tarn, les Pyrénées-Orientales…

Page 410 :

1 – Sur chacune des neuf cloches furent gravées les noms des parrains et marraines ainsi que le poids, la date et une légende latine. L. Mercadié, *Saint-Geniez-d'Olt en Rouergue, op. cit.*, p. 58 et 59.

2 – Archives paroissiales de Saint-Geniez-d'Olt.

Page 411 :

1 – Discours donné lors de l'inauguration du buste de Paulin Talabot en gare de Nîmes.

Page 412 :

1 – *Le Forum républicain* du 29 mars 1885.

2 – Magne, Lucien (1849-1916). Il commença sa carrière au service de l'architecture de la ville de Paris, devint inspecteur en 1875 et architecte en 1885. Dossier de la Légion d'honneur, Archives nationales.

3 – L. Mirisch, *op. cit.*

Page 413 :

1 – *Id.*

2 – Thiers était président de la République depuis 1871 ; il venait d'être remplacé par Mac-Mahon, en 1873.

3 – Edwards-Milne, Henri (1800-1885). Naturaliste, spécialiste de la zoologie. Doyen de la faculté des sciences, directeur du Muséum d'histoire naturelle, il fut l'un des

fondateurs de la physiologie moderne. Il prêta un appui politique et scientifique à Pasteur.

4 – Guillaume Eugène (1822-1905) statuaire, professeur puis directeur de l'École des beaux-arts, critique d'art, il finit sa carrière comme directeur de l'Académie de France à Rome. Du même âge que Marie Talabot, il s'entendait très bien avec elle.

5 – Devant le Collège de France, on dressa la statue du savant Claude Bernard, œuvre d'Eugène Guillaume.

6 – Rappelons que Mme Le Verrier était très souvent malade et faisait alors appel à Marie pour qu'elle s'occupe de Lucile.

Page 414 :

1 – Trois mois après son mariage, Lucile écrivit cela dans son journal privé. L. Mirisch, *op. cit.*, p. 266.

2 – Lucile et Lucien Magne eurent deux enfants, René et Marcel. *Ibid,* p. 13.

Page 415 :

1 – Lettres de Julie Carles à Pierre-Auguste Gavarni, novembre 1873. Archives privées.

2 – Informations de M. Bonal.

3 – Le baptême avait eu lieu en décembre 1846 à Auteuil. Paulin en fut le parrain.

4 – *Le Mariage de Gavarni en Limousin, op. cit.*, p. 56.

Page 416 :

1 – Dès 1862, le PLM lança son « train rapide », reliant Paris à Marseille en 16 heures et 15 minutes. Les Talabot empruntaient souvent ce train.

Page 417 :

1 – Lettre de Marie à Mme Thédenat. Archives privées.

2 – Les Goncourt avaient été très proches du caricaturiste Paul Gavarni, père de Pierre-Auguste. *Le Mariage de Gavarni en Limousin, op. cit.*, p. 57.

3 – Informations de Mme Gisèle Pacherie, Peyrilhac.

4 – Depuis que Mme Carlies était veuve, elle logeait dans le quartier du Barribès. Informations de M. Boudou.

Page 418 :

1 – Belle croix prophylactique datée de 1836.

2 – De nos jours, l'eau de cette source, très ferrugineuse, coule toujours et colore abondamment les pierres.

3 – Préface d'Edmond Railhac dans son recueil de poèmes fugitifs, écrits à diverses époques, *Myrtes et primevères*. C'est au contact des poètes que recevait Marie tant au Roucas que dans ses salons parisiens que le jeune Edmond fut attiré par la poésie.

Page 419 :

1 – G. Duby, M. Perrot, *op. cit.*

Page 420 :

1 – Au XIXe siècle, on dansait au son de cet instrument. L'accordéon, introduit en France par les Italiens, l'a totalement remplacé. Mais le bal musette subsiste.

2 – Informations de M. Louis Boudou.

3 – Percepteur à Rodez, il avait été employé, dans sa jeunesse, à la préfecture de l'Aveyron afin de gérer l'impôt sur la gabelle. Informations de M. Philippe Méraux.

4 – Duc de Broglie, Albert (1821-1901), président du premier Cabinet du gouvernement du maréchal de Mac-Mahon et ami des Talabot.

Page 421 :

1 – Cette nouvelle législation entraîna la création du corps des inspecteurs du travail qui pourront visiter les chantiers, les usines, les mines ainsi qu'accéder aux registres et dénoncer les illégalités.

2 – Lettre de Marie Talabot à Mme Palangié. Archives privées.

Page 423 :

1 – Thomas, Ambroise (1811-1896). Compositeur, premier prix de Rome, directeur du Conservatoire de Paris en 1871, il composa des opéras, des cantates, des messes, très appréciés du grand public.

2 – Il participait avec son épouse aux salons mondains. Marie les rencontra au salon de Juliette Adam et les invita également à ses salons de la rue de Rivoli puis de la rue Volney.

Page 424 :

1 – Informations de M. Mérial et M. Martin.

Page 425 :

1 – On prescrivit de nombreuses cures à Napoléon III, car il souffrait de la maladie de la pierre. Par erreur, les médecins l'envoyèrent à Vichy sans savoir que ces eaux n'ont pas la propriété de soulager les calculs rénaux. Cependant, par sa venue, il en fit une station thermale à la mode.

Page 426 :

1 – Taine, Hippolyte (1828-1893). Historien, docteur en droit de l'université d'Oxford, il fut professeur d'histoire de l'art à l'École des beaux-arts et écrivit de nombreux ouvrages sur la littérature de la France, de l'Italie et de l'Angleterre.

2 – Parmi les personnages célèbres du XIXe siècle, citons : Eugène Delacroix, Gustave Flaubert, le duc de Montpensier, Adolphe Thiers, le duc de Nemours, Jules Grévy, Sarah Bernhardt… Informations de la Société d'études des Sept Vallées, Argelès-Gazost.

3 – *Id.*

Page 427 :

1 – Lettre de Marie à son amie Léonie Gavarni, archives privées.

2 – Le 11 juillet 1869, le khédive fut accueilli par 80 cavaliers et guides montagnards issus de la station.

3 – Argelès-Gazost est située à 460 mètres d'altitude, non loin du site de Gavarnie.

4 – En séjour aux thermes de Luz-Saint-Sauveur, Napoléon III avait donné une bourse de 20 000 francs afin de reconstruire l'église Saint-Saturnin du village. L'inauguration eut lieu le 15 août 1861, en ce temps-là fête de la Saint-Napoléon.

5 – Cette ligne « spéciale » avait été mise en service en 1868.

6 – L'ensemble thermal fut construit entre 1880 et 1885 sur l'initiative d'Hector Sassere. L'eau minérale provenait de la source Hount-Pudio.

Page 428 :

1 – Ce nouveau sport fit sa première apparition en France en 1878, à Dinard. Il s'inspirait de l'ancien jeu de paume français. Les Anglais en raffolaient.

2 – *Le Pyrénéen d'Argelès* du 17 juillet 1887.

Page 429 :

1 – Eugène Rouher et Paulin Talabot étaient liés d'amitié depuis fort longtemps. Ils avaient œuvré ensemble lorsque

Rouher était ministre du Commerce, de l'Agriculture et des Travaux publics. Rouher se fera ensevelir dans un tombeau monumental, en forme de chapelle, au cimetière de Broût-Vernet.

Page 431 :

1 – Archives départementales des Bouches-du-Rhône.

2 – L'observatoire fut construit sous Louis XIV, de 1668 à 1672.

3 – L. Mirisch, *op. cit.*, p. 101.

Page 432 :

1 – Ces tables scientifiques concernaient Saturne et Neptune. Fondateur de *l'Association scientifique de France,* Le Verrier mit en place le service des avertissements météorologiques.

2 – Chapu, Henri-Michel (1833-1891). Prix de Rome, il consacra une partie de son temps à la copie de statues antiques.

3 – L'architecte Lucien Magne, gendre du savant Urbain Le Verrier, rassembla des fonds qui s'élevèrent à plus de 30 000 francs. Les Talabot donnèrent pour cette œuvre d'art la somme de 1 000 francs. Informations de Mme Josette Alexandre, bibliothèque de l'Observatoire.

4 – Fallières, Armand (1841-1931). Député de la gauche républicaine, il fut nommé plusieurs fois ministre et devint président de la République.

5 – Plusieurs discours ont été prononcés par de hautes personnalités, notamment par M. Tisserand, membre de l'Académie au nom du Bureau des longitudes, M. Struve, directeur de l'Observatoire de Poulkovo (Russie), M. Bertrand, de l'Académie des sciences, M. Mouchez,

contre-amiral, directeur de l'Observatoire de Paris... Archives de l'Observatoire de Paris.

Page 433 :

1 – « Les Orphelins ou les Enfants de l'Étoile » dont l'association fut fondée par « Les hommes de la Providence », comptaient plus de deux cents orphelins nés à Marseille ou de parents marseillais. Elle se tenait au 46, rue Reinard. Archives municipales de Marseille.

Page 435 :

1 – Nous n'avons pu savoir de quel hôpital il s'agissait. Peut-être celui de la « Vieille Charité », ensemble architectural remarquable du XVIIe siècle.

Page 436 :

1 – Le docteur Pirondi apporta une aide remarquable à ceux qui avaient besoin de soins, notamment dans des établissements tels que celui de la cité ouvrière, l'œuvre du Refuge, de la Préservation, des crèches... Archives départementales des Bouches-du-Rhône.

2 – Rappelons que Noëlle était « une enfant trouvée » abandonnée sur le parvis de l'église de Saint-Geniez-d'Olt.

Page 437 :

1 – Informations de M. Louis Boudou qui les détenait de Mme Anaïs Palangié.

2 – *Id.*

3 – *Id.*

Page 439 :

1 – Généralement, à Saint-Lazare, les femmes de mauvaise vie étaient incarcérées par simple mesure de police, pour une période de quatre à quinze jours.

Page 441 :

1 – L'inventaire, effectué au lendemain de la mort de Marie dans la lingerie du château du Roucas Blanc, révèle le nombre important de domestiques qui œuvraient dans la propriété marseillaise. En effet, ce local renfermait 98 tabliers en toile blanche de valet de chambre, 36 tabliers de chef de cuisine, 70 tabliers pour femmes de chambre, 24 tabliers bleus pour hommes et 20 tabliers bleus pour femmes. De plus, sur la liste impressionnante de linge, on relève 70 paires de draps de maître, en toile de fil sans couture, et 70 paires de draps de lis pour domestique. Archives départementales des Bouches-du-Rhône.

2 – Marie notera dans son codicille la volonté de donner une ou deux années de gages à chacun de ses employés. Archives départementales des Bouches-du-Rhône.

Page 442 :

1 – Noëlle survécut à Marie Talabot, mais nous n'avons pu connaître la date de son décès.

Page 443 :

1 – La direction générale de la SNCF occupait encore ces locaux il y a seulement quelques années.

2 – Ces deux notaires étaient des amis de longue date des Talabot.

3 – Archives nationales.

Page 444 :

1 – J. Lenoble, *op. cit.*, p. 287.

2 – *Id.*

3 – Cela correspondait à plus de 10 000 actions dans les forges, les mines, les chemins de fer, les Docks de Marseille, la Société des ateliers et chantiers de la Loire, les Chargeurs réunis, etc. J. Lenoble, *op. cit.*, pp. 288-289.

Page 445 :

1 – Noblemaire, Gustave (1832-1924), éminent ingénieur, succéda à Paulin Talabot et laissa une empreinte profonde en tant que directeur général du PLM.

Page 446 :

1 – Lettre de Marie Talabot à Edmond Railhac datée du 23 janvier 1885, transmise par M. Philippe Méraux.

2 – Certificat de décès de Paulin Talabot signé par le docteur Robin. J. Lenoble, *op. cit.*, p. 294.

3 – *Id.*

Page 447 :

1 – *Le Sémaphore,* 23 mars 1885.

Page 448 :

1 – *Id.*

Page 449 :

1 – *Id.*

2 – J. Lenoble, *op. cit.*, p. 295.

Page 450 :

1 – Léon mourut le 23 septembre 1863 et Auguste le 5 mai 1867.

2 – Testament de Marie Talabot du 24 septembre 1886. Archives départementales des Bouches-du-Rhône.

3 – Marie Talabot n'a eu aucun problème d'ordre financier après la mort de son mari, note Jean Lenoble. Toutes les précautions prises par Paulin l'avaient mise à l'abri d'éventuels litiges lors de sa succession. J. Lenoble, *op. cit.*, p. 287.

Page 451 :

1 – *L'Écho de Paris,* BNF, Paris.

2 – Les cordons du poêle (drap recouvrant le cercueil) étaient tenus par M. Gendre, directeur des Chemins de fer au ministère des Travaux publics, Gustave Noblemaire, directeur du PLM, Charles Mallet, président du CA, et Armand Béhic, directeur de la Compagnie Mokta El-Hadid.

3 – *Le Matin,* BNF, Paris, 1885.

Page 452 :

1 – Archives départementales de la Haute-Vienne.

2 – La *Semaine religieuse,* 1885. Archives de l'évêché de Limoges.

Page 453 :

1 – La *Gazette du Centre,* 30 mars 1885. Archives départementales de la Haute-Vienne.

Page 454 :

1 – On retrouve le nom de Paulin Talabot à Nîmes, Alès, Marseille, La Grand-Combe, Dijon, Limoges, Toulouse, Valenciennes… À la gare de Nîmes, on peut toujours voir son buste, d'une ressemblance frappante, mais la plaque commémorative contient une date erronée.

2 – Lettre de Marie Talabot à Mme Palangié. Archives privées.

Page 457 :

1 – Lettre de Marie Talabot à Edmond Railhac du 2 juin 1887, transmise par M. Philippe Méraux, Paris.

2 – Archives privées.

Page 458 :

1 – *Id.*

Page 459 :

1 – *Id.*

2 – Gomot, Pierre, ministre de l'Agriculture du 9 novembre 1885 au 7 janvier 1886.

3 – Fromage de la région d'Auvergne.

4 – A. Tardieu, *Monographie des villes et villages de France, Puy-de-Dôme, guide complet illustré,* Res-Universis, 1993. Bibliothèque municipale de Pontgibaud.

Page 460 :

1 – *Id.*

Page 461 :

1 – Informations de M. Philippe Méreaux.

2 – En 1876, les expéditions représentaient 71 % du tonnage général des vins.

3 – Le docteur Lambel fut maire de Saint-Geniez-d'Olt de 1887 à 1892 ainsi que président du syndicat viticole. L. Mercadié, *Saint-Geniez-d'Olt en Rouergue, op. cit.,* p. 176.

Page 462 :

1 – Lettre de Marie Talabot du 2 juin 1877. Barbé, François, ministre de l'Agriculture du 30 mai 1887 au 12 décembre 1887, sous le ministère Rouvier. Polytechnicien, il avait établi la première fabrique de dynamite en 1870. Le PLM, que dirigeait Talabot, était un gros client de son entreprise.

2 – Il recommanda le Ripéria-Rupestri, le petit gamay, le pinot, le jacquet, le grand noir, le durifer, le négret, le petit bouché, l'alicanthe et l'aramon. L. Mercadié, *Saint-Geniez-d'Olt en Rouergue, op. cit.,* p. 176.

Page 463 :

1 – *Le Gaulois,* 15 mars 1882. Bibliothèque du Centre Pompidou, Paris.

Page 464 :

1 – Sous le Second Empire et le début de la IIIe République, les collections privées d'œuvres d'art se multiplièrent, mêlant tableaux anciens et récents, toiles venues de toutes les provinces françaises et de l'étranger.

2 – Cette voiture à vapeur, conçue par Amédée Bollée, était arrivée dans Paris au mois d'octobre 1875.

Page 465 :

1 – Archives militaires de Vincennes, ministère de la Défense.

2 – *Id.*

Page 466 :

1 – Félicien Mallefille, dans la pièce *Le Cœur et la dot* jouée à Vichy.

Page 467 :

1 – Archives militaires de Vincennes, ministère de la Défense.

2 – *Id.*

3 – *Id.*

Page 468 :

1 – *Id.* De 1871 à 1876, le capitaine Lafeuillade écopa de 173 jours d'arrêt simple, 15 jours d'arrêt de rigueur et 30 jours de prison !

2 – *Id.*

Page 469 :

1 – Archives départementales des Bouches-du-Rhône.

2 – « C'est-à-dire, je sais que le commandant Lafeuillade n'est pas ménager de sa fortune, qu'il se livre même à certaines prodigalités, c'est pourquoi je désire lui attribuer

une rente viagère qu'il ne puisse aliéner et qui le mettra à l'abri du besoin. » Jugement du palais de justice à Marseille, du 4 janvier 1896. Archives départementales des Bouches-du-Rhône.

3 – Informations de M. François Jean, Paris.

4 – Analyse graphologique de Mme Tei Tel Balim.

5 – Le fondateur de ce train était le Belge G. Nagelmackers, ingénieur des Mines que Paulin Talabot avait côtoyé. Il ouvrit la première ligne ferroviaire de luxe en Europe en juin 1883. La ligne reliait Paris à Constantinople, actuellement Istanbul.

Page 470 :

1 – Informations de M. François Jean.

2 – À la naissance de Marie, en 1822, les monts d'Aubrac recevaient quelque 20 000 bovins et près du double d'ovins. Mais, quelques décennies plus tard, les troupeaux de bovins représentaient l'essentiel de la transhumance, laissant la part belle à la race d'Aubrac.

3 – Buron, bâtiment de montagne aux murs épais et couvert de lauzes. Il n'était muni que d'une seule porte afin de conserver la fraîcheur intérieure.

4 – Gaspa, ou gaspo, suivant les dictionnaires occitans. On en tirait également du beurre.

5 – Gaspéjaires, ou gasparous, suivant les secteurs.

Page 471 :

1 – Informations de Louis Boudou. « Buronniers » était le nom donné aux hommes qui travaillaient dans les burons.

2 – Par la suite, les curistes furent accueillis dans un sanatorium et dans plusieurs hôtels regroupés dans le village d'Aubrac. La petite cité devint pour un temps un lieu de cure très prisé des Parisiens.

3 – Informations de Louis Boudou.

Page 473 :

1 – Lettre de Marie Talabot à Edmond Railhac du 2 juin 1887. Archives privées de M. Philippe Méraux.

2 – Cette année avait été choisie à l'occasion du centenaire de la Révolution de 1789.

Page 474 :

1 – Eiffel, Gustave (1832-1923). Homme de sciences et d'industrie, ingénieur spécialiste des constructions métalliques, il travailla pour le compte du PLM, notamment pour l'édification de ponts. Archives de la tour Eiffel.

2 – Record mondial de hauteur, resté inégalé jusqu'en 1930.

3 – Informations de M. Louis Boudou, Mme Blandin, Mme Evesque.

4 – Eiffel utilisait la technique de « la poutre en treillis ».

5 – Archives de la tour Eiffel. Livre de commande de Gustave Eiffel au 30 octobre 1881.

Page 475 :

1 – *Le Figaro* du 1er juin 1889 précise : « Les ascenseurs de la tour Eiffel, ascenseurs Edoux et Ottis, seront livrés au public mardi ou mercredi… Il faudra 7 ou 8 minutes tout au plus pour atteindre la troisième plate-forme. »

2 – Surgi de la foi, de l'esprit et des mains des moines bâtisseurs, le site de Conques abrite ce trésor, le plus expressif des grands trésors médiévaux, dont la statue-reliquaire dite « majesté de Sainte-Foy » fait partie.

3 – Londres, Dublin, Munich, Florence… Paulin entraînait volontiers sa compagne dans ces expositions qui les passionnaient autant l'un que l'autre.

Page 476 :

1 – *Le Figaro,* 3 juin 1889. Bibliothèque du Centre Pompidou, Paris.

2 – Informations de M. François Jean.

3 – L'original de ce document est conservé au musée d'Orsay, à Paris.

Page 477 :

1 – Informations de M. François Jean et dans *Le Petit Marseillais* du 27 novembre 1889.

2 – Marie avait écrit son testament au château de Maury le 24 septembre 1886 et le compléta par un premier codicille le 1er avril 1887.

Page 478 :

1 – J. Lenoble, *op. cit.,* p. 290.

2 – *Id.* La cave comportait 4 569 bouteilles dont certaines étaient de très grands crus.

Page 479 :

1 – *Id.*

2 – *Le Petit Marseillais,* 27 novembre 1889. Bibliothèque centrale, L'Alcazar, Marseille.

3 – *Id.*

4 – Bulletin de décès de Marie Talabot signé par le docteur Sirus Pirondi.

Page 480 :

1 – *Le Siècle, Le Gaulois, Le Petit Journal de Paris, Le Figaro…* relatèrent le décès de Marie.

Page 481 :

1 – *Le Petit Marseillais,* 27 novembre 1889. Bibliothèque centrale, L'Alcazar, Marseille.

2 – Paul Savy naquit en 1867. Son père était fabricant de chaises et de sabots, rue du Barribès à Saint-Geniez-d'Olt. Il fit des études chez les Jésuites à Tours, puis Marie le reçut chez elle, au Roucas Blanc, lorsqu'il commença ses études de droit à Marseille.

3 – Le cortège était ouvert par les « Orphelins de l'Étoile » suivis par le clergé de sept paroisses et plusieurs congrégations religieuses.

4 – *Le Petit Marseillais,* 29 novembre 1889. Bibliothèque centrale, L'Alcazar, Marseille.

Page 482 :

1 – Le *Bulletin d'Espalion,* 7 décembre 1889.

2 – Archives paroissiales de Saint-Geniez-d'Olt.

Page 483 :

1 – Le *Bulletin d'Espalion,* 7 décembre 1889.

Page 484 :

1 – Quelques mois après les obsèques, Lucien Magne vint à Saint-Geniez-d'Olt et constata que l'inhumation de son amie avait été faite dans des conditions déplorables. Le sol n'ayant pas été drainé, le cercueil reposait dans une poche d'eau. Il demanda au sieur Haon, maître maçon, de lui fournir un caveau provisoire afin d'accueillir plus dignement les restes de Marie. Le transfert se fit le 29 juin 1890. Archives municipales de Saint-Geniez-d'Olt.

Page 485 :

1 – É. Dupuy, *Revue du Rouergue,* 1988.

Page 487 :

1 – Il aurait coûté la somme de 150 000 francs.

2 – *La Semaine des constructeurs,* 25 mars 1893. BNF, Paris.

Page 488 :

1 – D'une superficie de 100 mètres carrés, formant un trapèze de 13,33 sur 7,50 mètres, le prix de cette concession avait été fixé à 40 francs. Archives municipales de Saint-Geniez-d'Olt.

Page 489 :

1 – Ces travaux permirent aussi d'assainir l'ensemble du quartier en supprimant des maisons en ruine et un dépôt d'ordures pestilentiel. Archives municipales de Saint-Geniez-d'Olt.

2 – On enleva environ 2 000 m^3 de terre et de roche. Les trois contreforts de l'église, l'angle nord du clocher furent repris sur une hauteur de 17 mètres. On prépara encore une immense charpente en sapin nécessaire au montage du monument. Le maître charpentier Meilhac se chargea du travail, aidé pour le transport du bois par un certain Teyssier, dit « le fermier de Sainte-Eulalie ». Archives de l'hôpital de Saint-Geniez-d'Olt.

3 – *La Semaine des constructeurs,* 29 mars 1893. BNF, Paris.

Page 490 :

1 – Cette avenue conduisait jadis au village de Villiers-la-Garenne qui a été absorbé par la commune de Levallois-Perret. En 1858, elle faisait partie de la route départementale n° 15. Archives de l'hôpital de Saint-Geniez-d'Olt.

2 – E. Rivoalen, *La Construction moderne,* 5 novembre 1892. BNF, Paris.

3 – Barrias, Louis-Ernest (1841-1905). Sensible aux grâces de la Renaissance, réaliste, minutieux, auteur de nombreux

monuments, il sculpta en outre deux statues admirables pour le fameux hôtel de la Païva : *Vigie* et *Le Printemps.*

4 – E. Rivoalen, *La Construction moderne,* novembre 1892. BNF, Paris.

5 – L'exposition eut lieu du 1er mai au 30 juin 1892. Antoinette Lenormand-Romain, *Mémoire de Marbre, la Sculpture funéraire en France, 1804-1914,* Éditions Paris-Bibliothèques 1995. Bibliothèque historique de la ville de Paris, 1995.

Page 491 :

1 – E. Rivoalen, *La Construction moderne,* 12 novembre 1892. BNF, Paris.

2 – Ce plâtre fut acquis par un grand amateur de bas-reliefs, Cari Jacobsen (1842-1914), entrepreneur danois qui offrit la fameuse statue de la petite sirène à la ville de Copenhague. *Catalogue French Sculpture,* Ny Carlsberg Glyptoteck, Copenhague, 1999.

3 – E. Rivoalen, *La Construction moderne,* 12 novembre 1892. BNF, Paris.

4 – Ces sculptures méritent qu'on leur accorde une certaine attention. Elles sont remarquables par leur grâce, leur finesse, leur fraîcheur et leur réalisme. É. Dupuy, *Revue du Rouergue.*

5 – Puech, Denys (1854-1942). L'obtention du prix de Rome fut pour lui la clé de la réussite : il obtint des commandes de l'État et entama une carrière officielle. Il entra à la Villa Médicis à Rome en 1885 et en deviendra directeur. Ses fonctions à la Villa lui permirent de rencontrer le pape Benoît XV, la reine de Roumanie et Mussolini dont il réalisa le buste en 1925. Archives du musée Denys-Puech, Rodez.

Page 492 :

1 – É. Dupuy, *Revue du Rouergue,* 1988, p. 232.

Page 493 :

1 – E. Rivoalen, *La Construction moderne,* 12 novembre 1892. BNF, Paris.

2 – Informations de Mmes Verlaguet et Cayzac.

3 – *L'Union catholique,* 29 septembre 1892. Archives de l'évêché de Rodez.

Page 494 :

1 – *L'Union catholique,* 6 octobre 1892. Archives de l'évêché de Rodez.

Page 495 :

1 – *L'Union catholique,* 29 septembre 1892. Archives de l'évêché de Rodez.

2 – *Id.*

3 – É. Dupuy, *Revue du Rouergue,* 1988.

Page 496 :

1 – N° 44, 26e année. Archives de la Société des lettres, sciences et arts de l'Aveyron.

2 – *La Revue religieuse,* 11 novembre 1892, n° 46. Archives de la Société des lettres, sciences et arts de l'Aveyron.

Page 500 :

1 – P. Mazier, J.-P. Pignède, *Nîmes et le Rail,* Édition du Cabri, 2001.

2 – Rapport de M. Carbonnel « Projet de morcellement de la propriété Talabot », 14 août 1931. Archives privées. Dans ce rapport, M. Carbonnel propose à la ville l'acquisition de toutes les terres au prix de 17 500 000 francs.

Page 501 :

1 – Charles Lacaux possédait ses bureaux à Limoges et une importante fabrique de papiers au Val-Isabelle. Archives départementales de la Haute-Vienne.

2 – J. Lenoble, *op. cit,* p 285.

Page 502 :

1 – *Id.*

Sources

I – Archives

Archives de l'Académie des lettres, sciences et arts de Nîmes.

Archives de la Croix-Rouge.

Archives de la mairie de Paris, direction de l'Aménagement urbain et de la Construction.

Archives de la Société archéologique et historique du Limousin.

Archives de la Société des lettres, sciences et arts de l'Aveyron.

Archives de la Société d'études des Sept Vallées, Argelès-Gazost.

Archives de la tour Eiffel.

Archives de la ville de Paris, boulevard Sérurier.

Archives de l'hôpital de Saint-Geniez-d'Olt.

Archives de l'Institut de France, Académie des sciences de Paris.

Archives de l'Institut français d'architecture, Paris.

Archives de l'Observatoire de Paris.

Archives de l'Opéra Garnier, Paris.

Archives départementales de l'Aveyron, des Bouches-du-Rhône, de la Creuse, du Gard, de la Haute-Vienne, du Rhône, du Tarn, du Vaucluse, de la Vendée.

Archives des évêchés de Limoges, Marseille, Paris, Rodez.

Archives des sapeurs-pompiers de Saint-Geniez-d'Olt.

Archives du Comité du Vieux Marseille.

Archives du musée Adrien-Dubouché, Limoges.

Archives du musée Jean-Jacques-Henner, Paris.

Archives du personnel de la SNCF, Béziers.

Archives historiques de la SNCF, Le Mans.

Archives militaires de Vincennes.

Archives municipales d'Alès, Argelès-Gazost, Aurelle-Verlac, Avignon, Beaucaire, Châteauroux, Cintegabelle, Condat-sur-Vienne, Limoges, Nîmes, Peyrilhac, Saint-Geniez-d'Olt, Sainte-Eulalie-d'Olt, Sète, Tarascon.

Archives nationales, Paris.

Archives paroissiales d'Aixe-sur-Vienne, Condat-sur-Vienne (Haute-Vienne), la Madeleine (Paris), Naves-d'Aubrac, Sainte-Eulalie-d'Olt, Saint-Geniez-d'Olt (Aveyron), Saint-Roch (Paris), Saint-Cassien (Marseille).

Archives privées.

II – Bibliothèques et médiathèques

Bibliothèque administrative, Paris.

Bibliothèque centrale de l'École polytechnique de Palaiseau.

Bibliothèque centrale, L'Alcazar, Marseille.

Bibliothèque de Limoges.

Bibliothèque de l'Observatoire de Paris.

Bibliothèque de l'Opéra Garnier.

Bibliothèque du Carré d'Art, Nîmes.

Bibliothèque du Centre Pompidou, Paris.

Bibliothèque Forney, Paris.

Bibliothèque historique de la ville de Paris.
Bibliothèque Inguimbertine, Carpentras.
Bibliothèque interuniversitaire de médecine de Paris.
Bibliothèque interuniversitaire, droit et sciences économiques, Montpellier.
Bibliothèque municipale d'Argelès-Gazost.
Bibliothèque municipale d'Avignon.
Bibliothèque municipale de Cintegabelle.
Bibliothèque municipale de Pontgibaud.
Bibliothèque municipale de Saint-Geniez-d'Olt.
Bibliothèque municipale de Tarascon.
Bibliothèque nationale de France, Paris.
Bibliothèque nationale des ponts et chaussées, université, Marne-la-Vallée.
Médiathèques d'Arles, Denain, La Part-Dieu, Lyon, Rodez.

III – Musées
Musée Adrien-Dubouché, Limoges.
Musée de la Médecine, Paris.
Musée de la Mode et du Costume, Galliera, Paris.
Musée Denys-Puech, Rodez.
Musée des Arts et Métiers, Paris.
Musée d'Orsay, Paris.
Musée du Rouergue, Espalion.
Musée Ingres, Montauban.
Musée Jean-Jacques-Henner, Paris.
Musée national de la Légion d'honneur, Paris.
Musée Rodin, Paris.

IV – Chambres
Chambre de commerce et d'industrie de Lyon.
Chambre de commerce et d'industrie de Marseille.
Chambre de commerce et d'industrie de Paris.

Bibliographie

I – Ouvrages généraux

AFFRE (H.), *Dictionnaire des institutions, mœurs et coutumes du Rouergue,* Imprimerie Carrère, 1903.

BARRAL (J.-A.), *L'Agriculture, les prairies, les irrigations de la Haute-Vienne,* Imprimerie nationale, 1884.

BERNARD (C), *Lettres parisiennes,* Jacqueline Sonolet et Fondation Mérieux, 1978.

BOUCHER (F.), *Histoire des costumes en Occident,* Flammarion, 1996.

BOURDELLE (J.), *Limoges, la mémoire ouvrière, 1870-1919,* Pierre Fanlac, 1984.

CASTELOT (A), *L'Almanach de l'histoire,* Perrin, 1972.

CASTELOT (A), *Drames et tragédies de l'histoire,* Perrin, 1966.

CHARLE (C), *Histoire sociale de la France au XIXe siècle,* Seuil, 1991.

CHARLOT (B.), FIGEAT (M.), *Histoire de la formation des ouvriers, 1189-1984,* Minerve, 1985.

CHASTENET (J.), *La Vie quotidienne en Angleterre au début du règne de Victoria, 1837-1851,* Hachette, 1961.

CONSTANTIN, LALLEMAND, LUDGER, MAURICE, PERRIN, *Traité d'anesthésie chirurgicale,* Chamerot, Paris, 1863.

CORROCHER (J.), REYMOND (P.), *Vichy historique et médical,* Éditions M. Dole, 1982.

DAVIN (V.), *La Bastide du Roucas Blanc, notes dendrologiques,* L'Alcazar, Marseille, 1920.

DECAUX (A.), *Dossiers secrets de l'histoire,* Perrin, 1968.

DUBOIS (M.), GAFFANET (P.), SAMAT (J.-B.), *Histoire de Marseille,* Imprimerie nationale, 1928.

DUCOURTIEUX (J.), *Histoire de Limoges,* Librairie Picard, 1925.

GEMAHLING (P.), *La Décroissance de la natalité et l'avenir de la France,* Publication Bordeaux, 1913.

GONCOURT (E.) ET (J.), *Journal, 1851-1865* et *1866-1886,* Robert Laffont, 1989-2004, tomes I et II.

HAHN (L.), THOMAS (L.), *Dictionnaire encyclopédique des sciences médicales,* Imprimerie Asselin et Masson, 1886.

LACHÈVRE (F.), *Œuvres libertines de Claude Le Petit,* Slatkine, 1918.

LAVER (J.), *Les Idées et les mœurs au siècle de l'optimisme, 1848-1914,* Flammarion, 1970.

LE BRETON (D.), *Anthropologie du corps et modernité,* PUF, 1995.

MAZUY (F.), Essai historique sur les mœurs et coutumes de Marseille au XIXe siècle, Arnaud, 1854.

PARISIS (J.-L.), *Les Folies de la corniche, Marseille 1800-1990,* Jeanne Laffitte, 1992.

PIEYRE (A.), *Histoire de la ville de Nîmes,* Catelan, Nîmes, 1886.

SULBRÉ (H.), *Quelques charlatans célèbres au XVIIe siècle,* Toulouse, 1922.

TARDIEU (A.), *Monographie des villes et villages de France, Puy-de-Dôme, guide complet illustré,* Res-Universis, 1993.

II – Les arts

Catalogue illustré des ouvrages de peinture et sculpture, Salon de 1892, Lemercier, Paris, 1890.

Catalogue officiel, exposition de 1878, publication Baudry, Paris, 1878, tome I, groupe I.

ADHÉMAR (J.), LETHÈVE (J.), *Inventaire du fonds français,* BNF, 1954.

AUVRAY (L.), *Dictionnaire général des artistes de l'école française,* H. Loones, Paris, 1882.

CARLSBERG (N.), *Catalogue French Sculpture,* Ny Carlsberg Glyptoteck, 1999.

JAUDON (H.), *Denys Puech et son œuvre,* Imprimerie Carrère, Rodez, 1908.

LAMI (S.), *Dictionnaire des sculpteurs de l'École française au XIXe siècle,* Éditions de Paris, 1914.

LAURENS (J.), *J.-J. B. Laurens, sa vie et ses œuvres,* Brun et Cie, 1890.

LENORMAND-ROMAIN (A.), *Mémoire de marbre, la Sculpture funéraire en France, 1804-1914,* Éditions Paris-Bibliothèques 1995.

NICOLAS (M.), *Histoire des artistes, peintres, sculpteurs, architectes, musiciens, compositeurs nés dans le Gard,* Imprimerie de Ballivet, Nîmes, 1859.

RAILHAC (E.), *Myrtes et primevères,* A. Bru, Rodez, 1893.

RIVOALEN (E.), *La Construction moderne,* Publication Paris, 1892.

III – La femme

ADLER (L.), *Secrets d'alcôve, Histoire du couple de 1830 à 1930,* Hachette, 1983.

Bac (F.), *Intimités du Second Empire,* Hachette, 1931.

Bac (F.), *La Princesse Mathilde,* Hachette, 1928.

Billot (M.), *Journal de l'abbé Mugnier,* Mercure de France, 2003.

Cayron (G.), *Saint-Geniez-d'Olt. Arrêt sur images,* Imprimerie Rigal, 2005.

Chaliès (Abbé), *Notice historique sur la ville de Saint-Geniez-d'Olt,* Imprimerie Carrère, 1932.

Duby (G.), Perrot (M.), *Histoire des femmes en Occident, le* XIX*e siècle, Plon, 1992.*

Fontanié (L.), *Résumé de l'histoire de Saint-Geniez,* Imprimerie Carrère, 1913.

Loliée (F.), *La Vie d'une impératrice,* F. Juven, Paris, 1907.

Martin-Fugier (A.), *Les Salons de la III*e *République,* Perrin, 2003.

Mirisch (L.), *Journal d'une jeune fille Second Empire, Lucile Le Verrier,* Zulma, 1994.

Perrot (M.), *Les Femmes ou les Silences de l'histoire,* Flammarion, 1998.

Perrot (P.), *Le Travail des apparences ou les transformations du corps féminin aux* XVIII*e et* XIX*e siècles,* Seuil, 1984.

IV – La vie d'autrefois

Affre (H.), *Dictionnaire des institutions, mœurs et coutumes du Rouergue,* Imprimerie Carrère, 1903.

Béteille (R.), *Rouergue, terre d'exode,* Hachette, 1978.

Béteille (R.), *La Vie quotidienne en Rouergue avant 1914,* Hachette, 1978.

Crozes (D.), *Douze Métiers, treize coutumes,* Éditions du Rouergue, 1987.

FOURNOL (É.), LACOMBE (L.), *Pour notre Rouergue,* Imprimerie Virenque-Cassant, 1910.

GAZAVE (J.), *Rouergue,* Salingardes, 1942.

MÉRAUX (P.), *Clarisse et les égorgeurs,* Éditions du Rouergue, 1999.

MERCADIÉ (L.), *Sainte-Eulalie-d'Olt en Rouergue,* Éditions Subervie, 1983.

MERCADIÉ (L.), *Saint-Geniez-d'Olt en Rouergue,* Éditions de la Chantellerie, 1990.

PELLETAN (E.), *La Famille, la mère,* Pagnerre, 1865.

RUAL (E.), *L'Affaire Fualdès,* Imprimerie Carrère, 1817.

TAUSSAT (R.), *Rodez, un nom, une rue,* Société des lettres, sciences et arts de l'Aveyron, 1998.

VENTO (C), *Les Salons de Paris,* Éditions Dentu, 1886.

V – L'éducation

BOUSQUET (ABBÉ), *Études historiques sur la ville de Saint-Geniez-d'Olt,* Imprimerie Ratery, 1846.

COMBES (A.), *Histoire de l'école de Sorèze,* Toulouse, 1847.

GARRISSON-ESTEBE (J.), *L'Homme protestant,* Hachette, 1980.

MAYEUR (F.), *Éducation des filles en France au XIXe siècle,* Hachette, 1979.

VI – Paulin Talabot

BOIS (P.), *Histoire du commerce et de l'industrie de Marseille, XIXe et XXe siècle, 1831-1988,* chambre de commerce et d'industrie de Marseille, 1986.

BUISSON (J.), *Naissance du chemin de fer en Languedoc-Roussillon,* La Regordane, 1989.

CATY (R.), RICHARD (É.), *Armateurs marseillais au XIXe siècle,* chambre de commerce et d'industrie de Marseille, 1986, tome I.

DOR (A.), *La Gare Saint-Charles et gare du Prado,* Imprimerie du Petit Marseillais, T. Samat et Cie, 1890.

DRAY-BENSOUSAN (R.), *Marseillaises, vingt-six siècles d'histoire,* Édisud, 1999.

ERNOUF (B.), *Paulin Talabot, sa vie, son œuvre,* Nourrit et Cie, 1886.

GOY (G.), *Hommes et choses du PLM,* Imprimerie Devambez, 1911.

GRAS (L.-J.), *Histoire des premiers chemins de fer français, de Saint-Etienne à Andrézieux,* Imprimerie Théolier, Saint-Étienne, 1924.

LASSALLE (C), *Urbanisme et paysage urbain nîmois à la fin du XVIIIe siècle et au début du XIXe siècle,* Société d'histoire moderne et contemporaine de Nîmes, 2001.

LENOBLE (J.), *Les Frères Talabot, une grande famille d'entrepreneurs au XIXe siècle,* CCSTI Lucien Souny, Limoges, 1989.

LUNET (B.), *Chemins de fer dans l'Aveyron,* Imprimerie H. de Broca, 1882.

MAITRON (J.), PENNETIER (C), *Dictionnaire biographique du mouvement ouvrier français,* Les Éditions Ouvrières, 1910-1987.

MARKWELL (W.), *Histoire du chemin de fer en France,* Marinon, 1848.

MAURICE (R.), *Paulin Talabot,* publication Robe, Paris, 1867.

MAZIER (P.), PIGNÈDE (J.-P.), *Nîmes et le rail,* Éditions du Cabri, 2001.

NOBLEMAIRE (G.), *Notice sur la vie et les travaux de M. Didion,* Imprimerie Dupont, Paris, 1905.

RIBEIL (G.), *La Révolution ferroviaire, 1823-1870,* Belin, 1993.

TEMINE (É.), *Histoire de Marseille de la Révolution à nos jours,* Perrin, 1999.

THÉRY (E.-A.), *Histoire des grandes compagnies françaises de chemin de fer,* L'Économiste européen, Paris, 1894.

THILLIEZ (H.), *Le Défi du rail,* Éditions France-Empire, 1970.

VII – Les saint-simoniens et leurs chantiers

BAC (F.), *Napoléon III inconnu,* Alcan, 1932.

BARRAULT (A.) et (E.), « Le canal de Suez et la question du tracé », *Revue des deux mondes,* 1856.

BERSTEIN (S.), MILZA (P.), *Histoire du XIXe siècle,* Hatier, 2002.

CARON (F.), *Histoire des chemins de fer en France, 1740-1883,* Fayard, 1997, tome I.

CHARLETY (S.), *Histoire du saint-simonisme, 1825-1864,* Éditions Hartmann, 1931.

FIGUIÈRES (P.-E.), *Le Canal de Suez et l'histoire extérieure du Second Empire,* 1936.

LAMY (D.), PICHON (P.), *Résumé de l'histoire du canal de Suez,* Devel, 1879.

MANUEL (F.-E), *The New World of Henri St Simon,* Cambridge, Massachusetts, Harward University Press, 1956.

MONTEL (N.), *Le Chantier du canal de Suez,* Presses de l'École nationale des ponts et chaussées, 1998.

RIBEILL (G.), *La Révolution ferroviaire, 1823-1870.*

SAINT-SIMON (DUC DE), *Mémoires,* Hachette, Paris, 1858-1870, 20 vol.

Séguin (P.), *Louis-Napoléon le Grand,* Grasset et Fasquelle, 1990.

Simon (J.), *Notice historique sur la vie et les travaux de Michel Chevalier,* Académie des sciences morales et politiques, 1889.

Talabot (P.), « Le canal des deux mers d'Alexandrie à Suez, moyens d'exécution », *Revue des deux mondes,* 1855.

VIII – Journaux, revues, opuscules, bulletins

L'Avenir national, n° 317.

L'Aveyronnais, septembre 1875.

Bulletins administratifs de l'École nationale des arts et métiers, 1887.

Bulletin d'Espalion, 1889, 1890, 1892, 1893, 1993, 2003.

Bulletin du bibliophile et du bibliothécaire, Techener, Paris, 1860.

Cévennes magazine, nos 1083, 2001.

Les Collections de l'Histoire, n° 32.

Courrier de l'Aveyron, 1889, 1908.

Courrier du Centre, 1885.

Courrier du Gard, juin 1889.

Le Dimanche illustré, 1848.

L'Écho de Paris, 1885.

L'Économie nouvelle, 1852-1869.

Les Enfants du Rouergue, Musée du Rouergue, Espalion, 1979.

Entreprise, n° 442 du 29 février 1964.

Le Figaro, mars 1885, juin 1889.

Le Forum républicain, mars 1885.

Le Gaulois, mars 1882.

Gazette de France, 1842.

Gazette du Centre, 1885.

Gazette du Midi, 1885.
L'Histoire, n°s 211 et 295.
L'Illustration, février 1861.
Journal de l'Aveyron, 1833, 1885, 1889.
Le Journal du temps, juin 1832.
Le Matin, mars 1885.
Limoges illustré, 1901.
Midi libre, 24 août 1992.
Nîmes-Uzès-Le Gard, 1979.
Notre métier, 1848.
Pays cévenol et Cévennes, 1986.
Le Petit Journal de Paris, 1889.
Le Petit Marseillais, nov.-déc. 1889.
Le Pyrénéen d'Argelès, juillet 1887.
Revue du Rouergue, 1848, 1969, 1970, 1988.
Revue du Tarn, n° 90, 1978.
Revue religieuse, 1892.
Le Rouergue amicaliste, juillet 1966.
La Semaine des constructeurs, 1876, 1893.
La Semaine religieuse, mai 1876, mars 1885.
Le Sémaphore, 1885 et 1889.
Le Siècle, mars 1885.
Le Temps, mars 1885.
L'Union catholique, 1892, 1911.
La Vie du rail, publication SNCF, n°s 177, 536, 538, 540.
Vivre en Rouergue, n° 25, 1977.

Remerciements

Je tiens à exprimer une reconnaissance toute particulière à celles et ceux qui, ayant un lien direct avec les familles de Marie-Anne Savy et de Paulin Talabot, m'ont communiqué très aimablement témoignages, lettres, archives, photographies, gravures, ou m'ont reçu dans leur demeure.

Je remercie en particulier les docteurs André Savy et Alain Fogli de Marseille, M. Lionel Mirisch et M. Jean Lenoble, ainsi que les conservatrices et conservateurs des différents musées et archives de France.

J'exprime également une reconnaissance, toute particulière à madame Michelle Perrot, professeur émérite d'Histoire contemporaine à l'université de Jussieu, Paris VII, et auteur de nombreux ouvrages sur « l'histoire des femmes », qui a gentiment accepté de préfacer cet ouvrage.

Table des matières

Imprimé en U.E.
Dépôt légal : octobre 2013
ISBN : 978-2-8129-0896-5